# 毕节统计年鉴

## BIJIE STATISTICAL YEARBOOK 2016

毕 节 市 统 计 局
国家统计局毕节调查队 编

中国统计出版社
China Statistics Press

**图书在版编目(CIP)数据**

毕节统计年鉴. 2016 / 毕节市统计局, 国家统计局毕节调查队编. -- 北京 : 中国统计出版社, 2016.11
ISBN 978-7-5037-8017-2

Ⅰ. ①毕… Ⅱ. ①毕… ②国… Ⅲ. ①统计资料—毕节—2016—年鉴 Ⅳ. ①C832.733-54

中国版本图书馆CIP数据核字(2016)第245236号

毕节统计年鉴-2016

作　　者/ 毕节市统计局　国家统计局毕节调查队
责任编辑/ 陈越月
出版发行/ 中国统计出版社
地　　址/ 北京市丰台区西三环南路甲6号　邮政编码/100073
电　　话/ 邮购(010)63376909　书店(010)68783171
网　　址/ http://csp.stats.gov.cn
印　　刷/ 贵州省毕节市闻达报业有限责任公司
经　　销/ 新华书店
开　　本/ 890mm×1240mm　1/16
字　　数/ 650千字
印　　张/ 21.125
版　　别/ 2016年11月第1版
版　　次/ 2016年11月第1次印刷
定　　价/200.00元

如有印装差错，由本社发行部调换。

# 编 者 说 明

一、2015年毕节市统计年鉴经由中国统计出版社公开出版发行，为与国家、贵州统计年鉴保持一致，不再沿用原有年份标识，现将年鉴名称正式确定为《毕节统计年鉴-2016》，本年鉴主要收录了2015年毕节市国民经济和社会发展等各方面的统计数据，是反映毕节市情的重要工具书。

二、本年鉴包括17个部分：行政区划、气象情况；综合；国民经济核算；人口、劳动就业；农业；工业；能源；建筑、投资、房地产；批发零售、住宿餐饮；财政、税收、金融、保险；城市（县城）建设；交通运输、邮电通信业；生态、环境、安全；物价；人民生活；文化、体育、广播电视、旅游、科技、教育、卫生；社会保障。

三、本年鉴中，凡由有关部门（单位）提供的数据都在表式注释中说明了数据来源；部分指标统计范围、口径发生变化在标下均有注释，使用时请读者注意。

四、分县数据由于分级测算和部分数据因原双山新区和经济开发区整合组建成立金海湖新区等原因不等于全市数据。

五、本年鉴中部分数据由于计算单位或取舍不同而产生的计算误差，均未作机械调整。

六、本年鉴表中符号使用说明："空格"或"–"表示该统计指标数据不详或无数据；"#"表示该指标的其中项。

本年鉴在编辑、出版、发行过程中，得到了有关部门（单位）的大力支持和帮助，在此谨致衷心感谢！

# 编辑人员

**主　　编：** 王世雄　李诗刚　王允铎

**副 主 编：** 廖昌昕　王　彦　胡晓敏　杨安群
陈朝荣　王桂林　夏荣国
宋　毅　唐玉萍　史开慧

**责任编辑：** 袁　媛　蒋　旻

**编辑人员**

**综合、部门资料：** 袁　媛　邹　娟

**国民经济核算：** 杨　博　姚金龙

**人口、劳动工资：** 李　青　糜　桃　张才元

**农　　业：** 周　琴　何　勇　殷娟子

**工　　业：** 陈　娜　李　坤

**固定资产投资：** 欧阳丽娟　孙春全

**房地产开发：** 张旭平

**建 筑 业：** 李天雪

**批零住餐：** 龙　艳

**能源消耗：** 陈文娟　代　敏

**物　　价：** 刘玉梅　刘　宇

**人民生活：** 邓　超

**其他人员：** 王世洪　罗德萍　刘　杰　胡　兰　王　建　李明荣　马汝仙
王志璟　余毕春　刘　恋　高桂云　张　璇　胡　波　魏建华
杨　瑞　蔡旻蔼　沈　涛　丁书楠　张　恒　吉　焱　赵　军
李开琴　李　静　翟　梅　樊国品　邹　欣　马　静　葛　君
王　煜　王　阳　代立新　丁　平　张国会　张　琼　李成仙
熊　钰　刘　建　郭　华

# 年末户籍人口(万人)

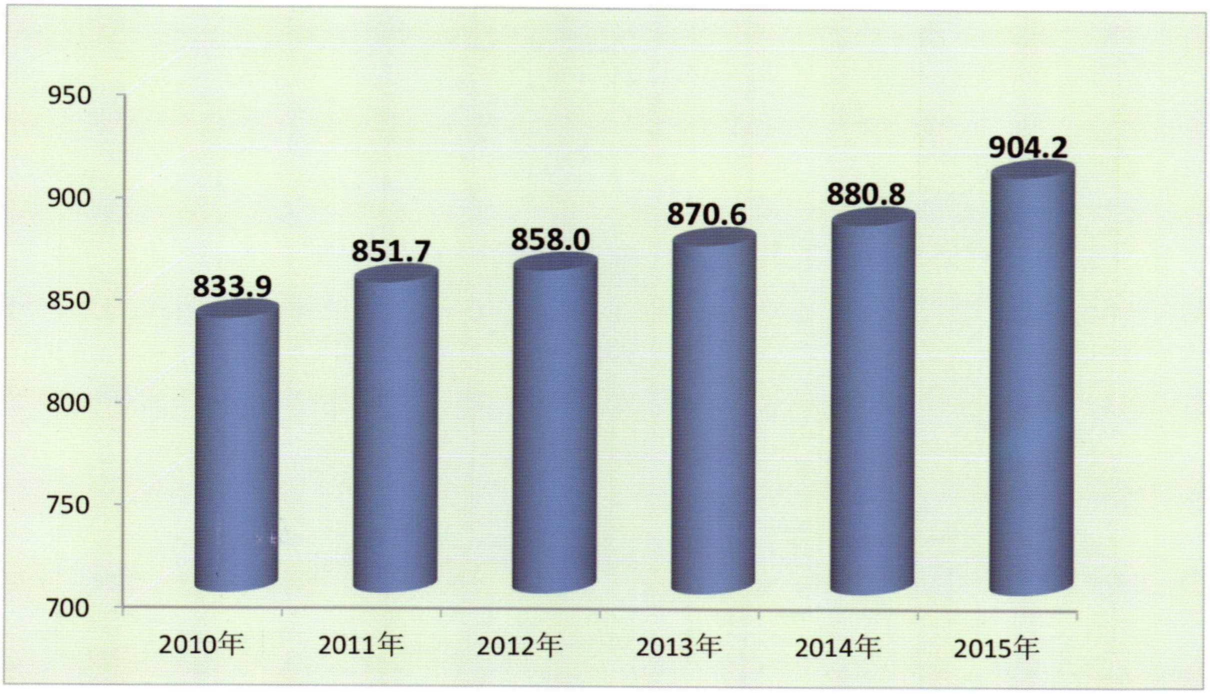


# 年末常住人口(万人)

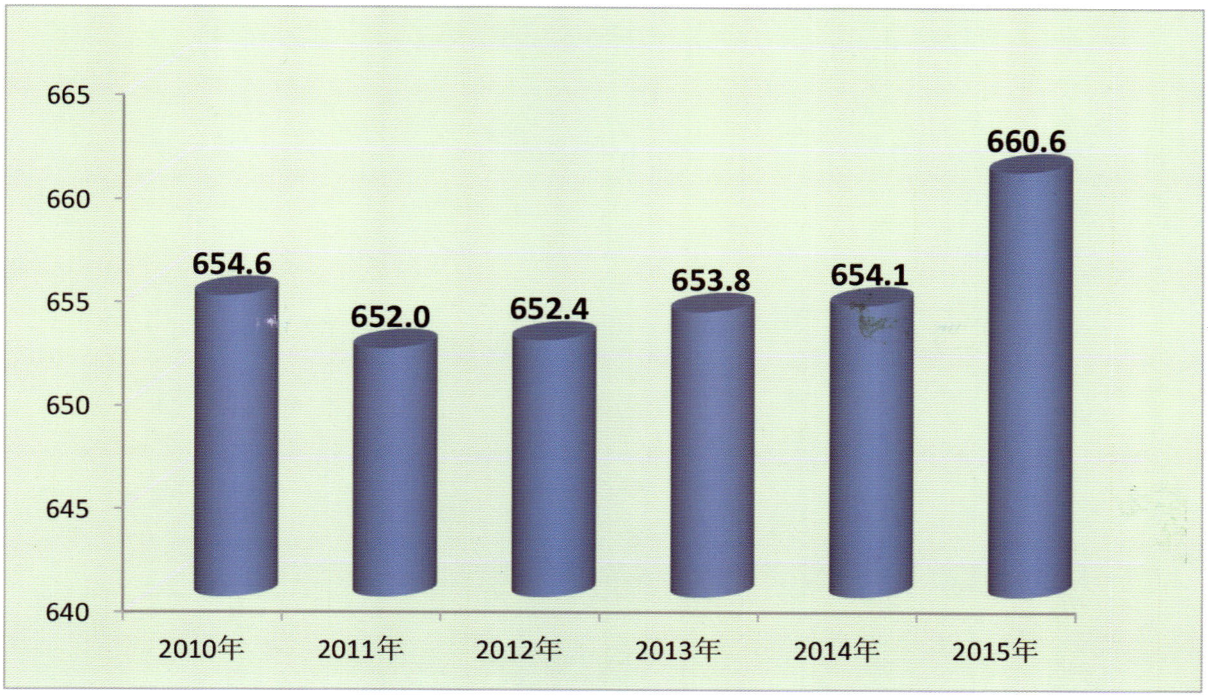

# 地区生产总值

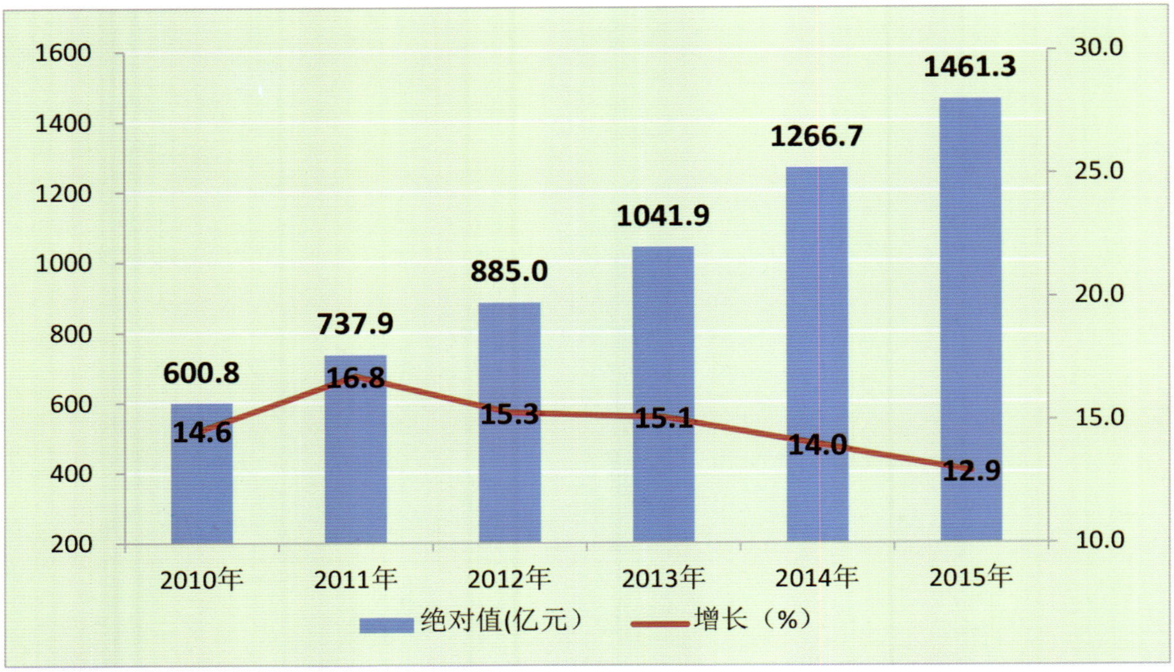


# 地区生产总值构成

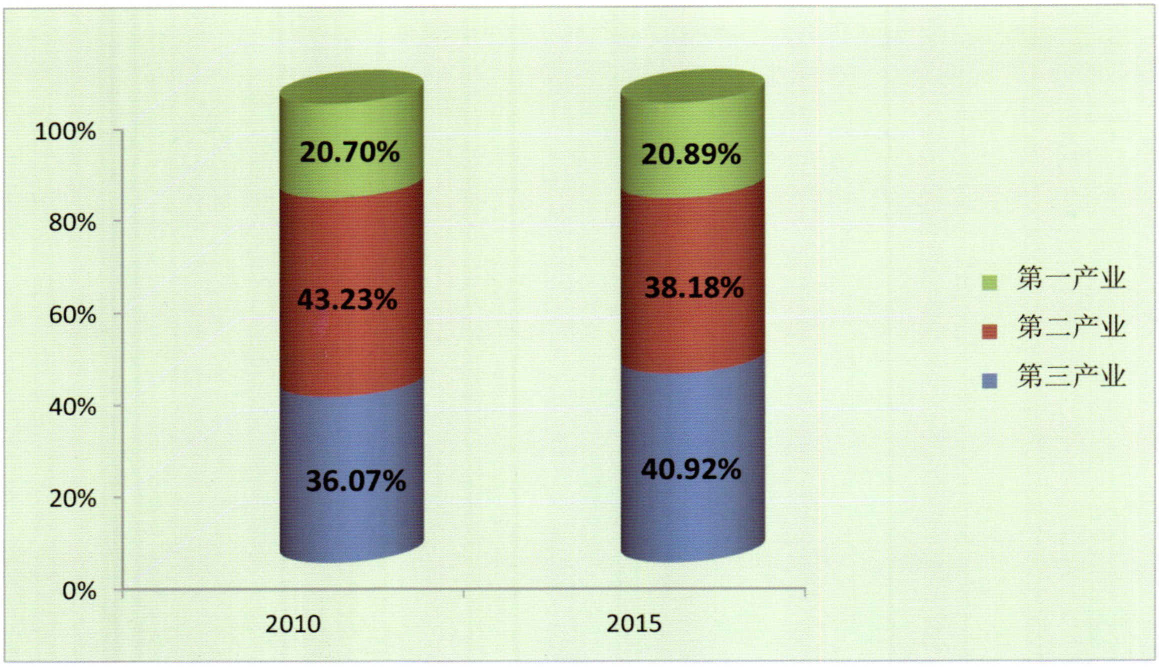

# 人均生产总值(元)

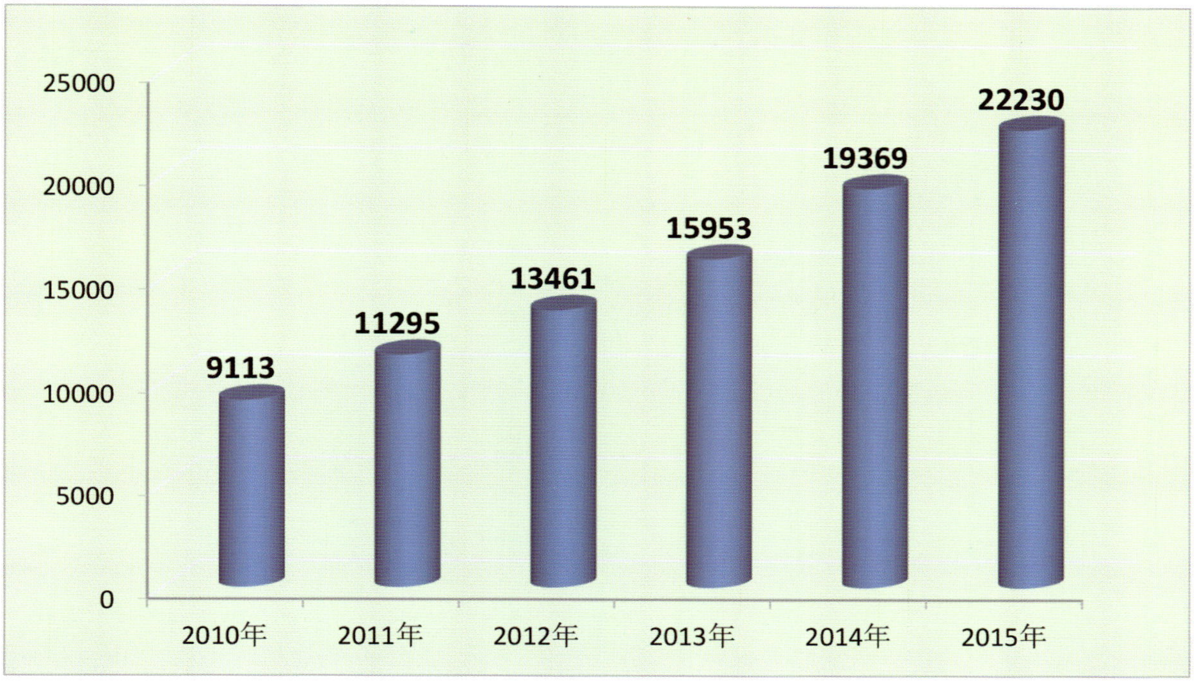


# 农林牧渔业增加值(亿元)

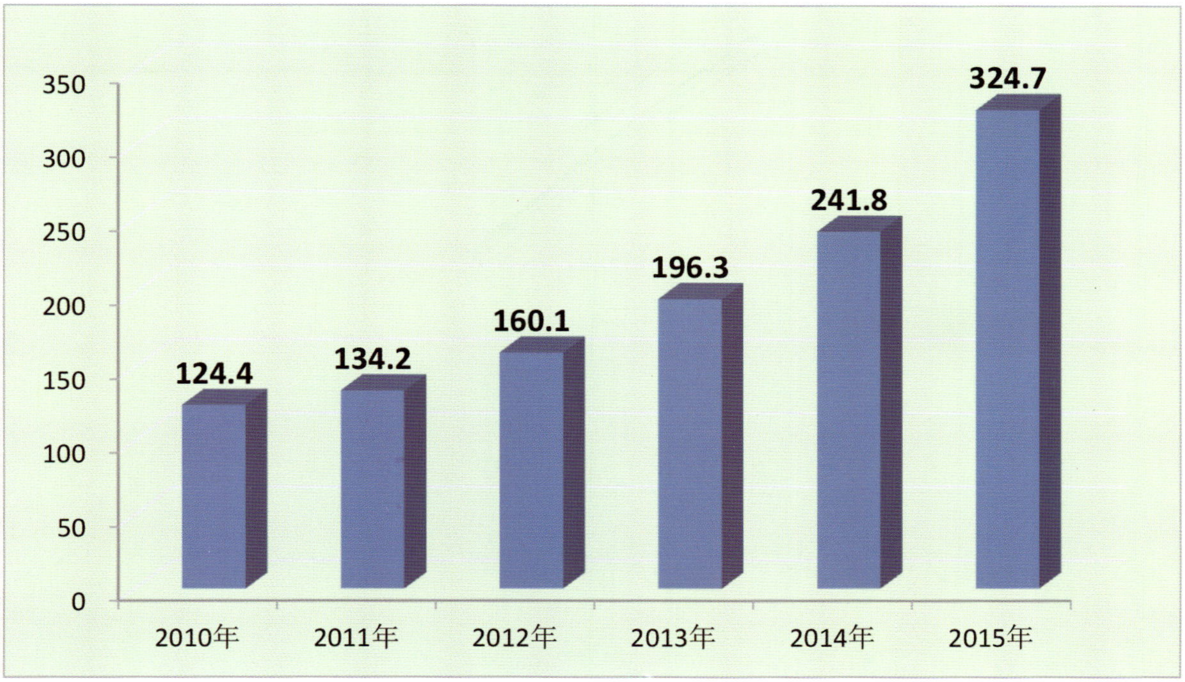

# 规模以上工业增加值(亿元)

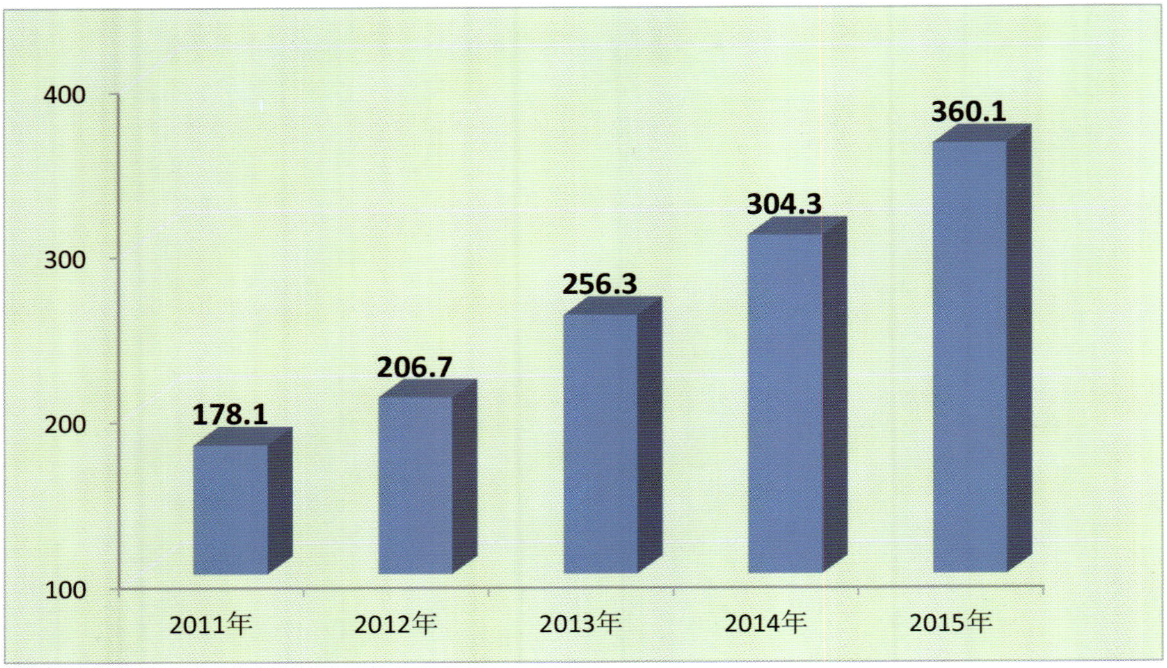


注:从2011年起,规模以上工业统计口径为全部年主营业务收入2000万元及以上的工业企业。

# 固定资产投资(亿元)

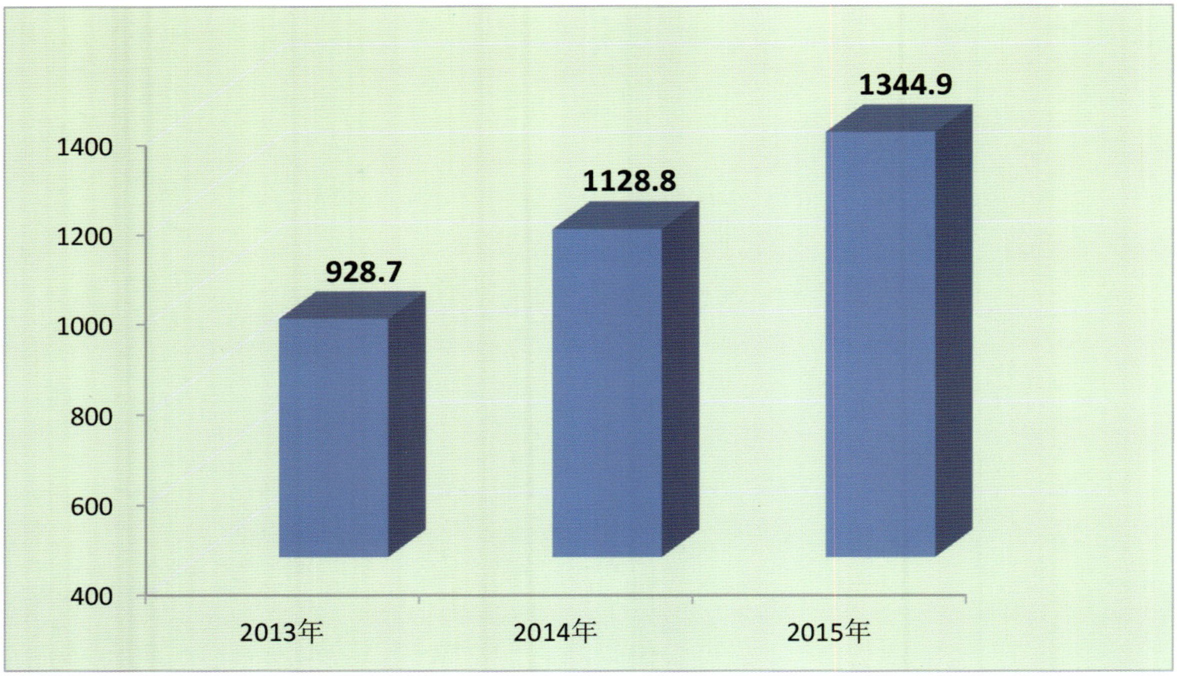


注:从2013年起,固定资产投资统计口径为计划总投资500万元及以上的固定资产项目投资和房地产开发项目投资。

# 社会消费品零售总额（亿元）

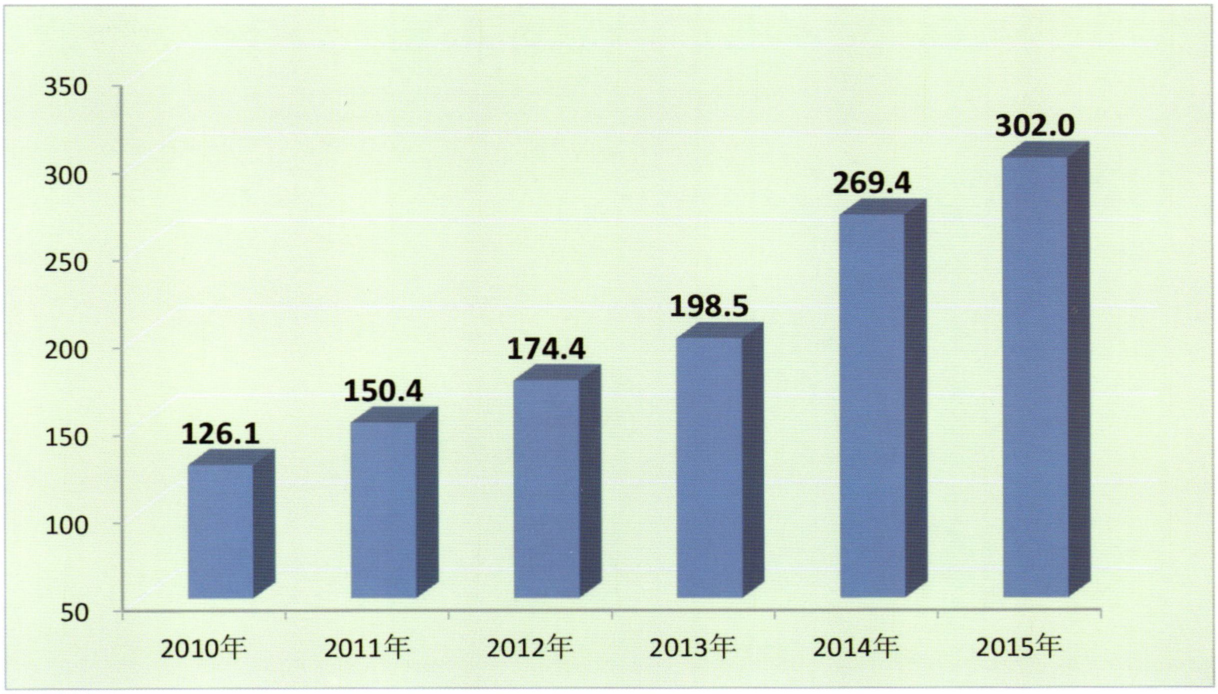


# 公共财政预算收支（亿元）

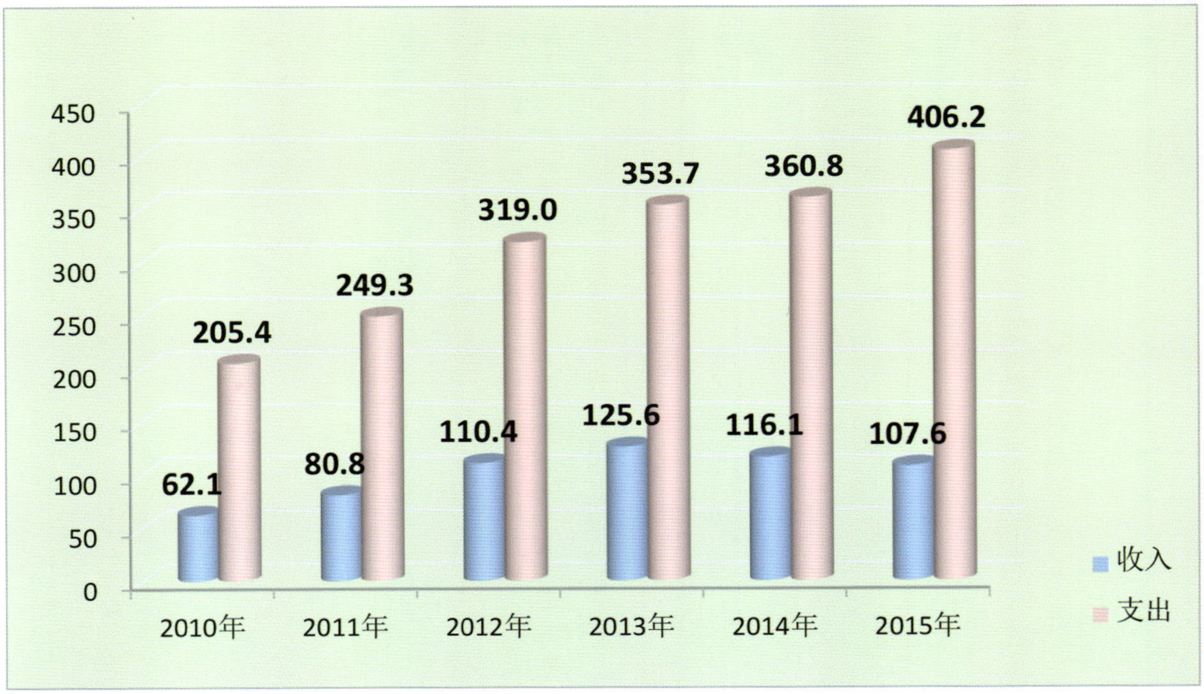

## 税收收入(亿元)

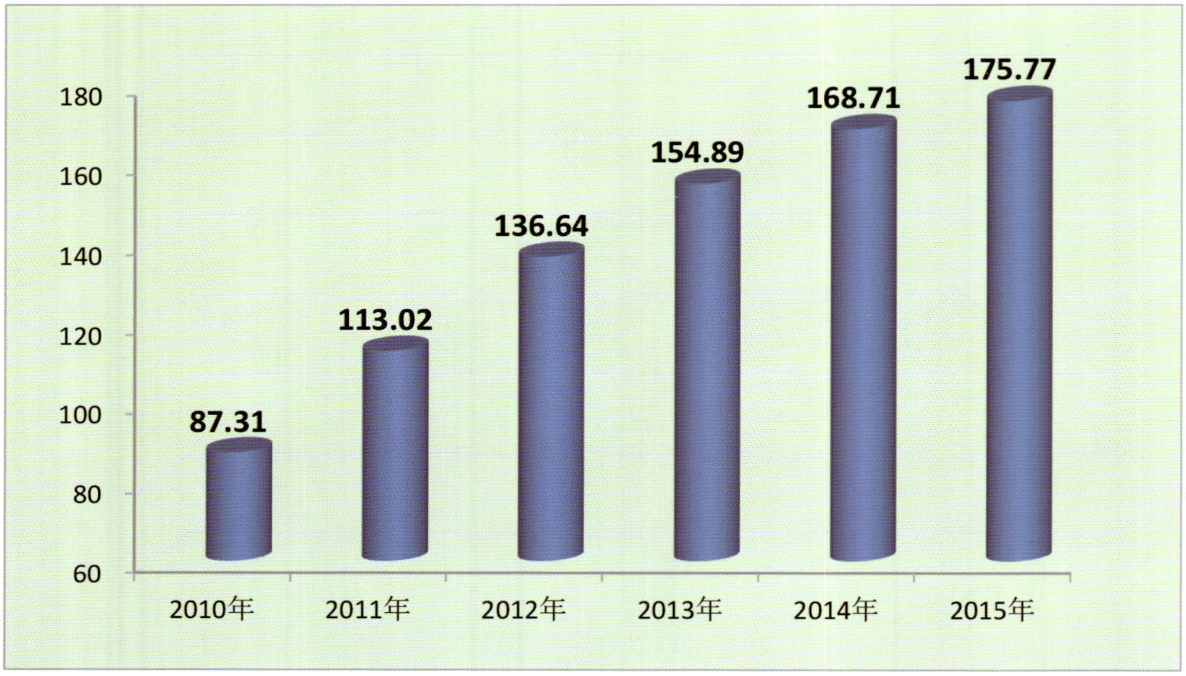


## 金融机构人民币存贷款余额(亿元)

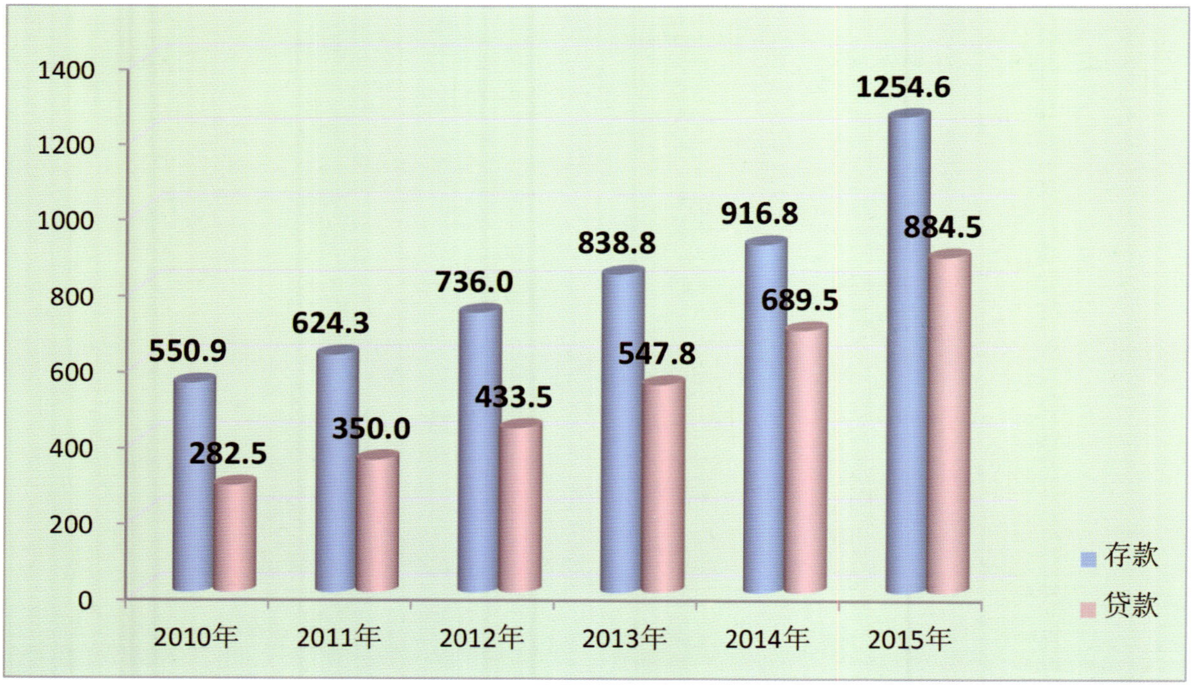

# 城镇居民人均可支配收入(元)

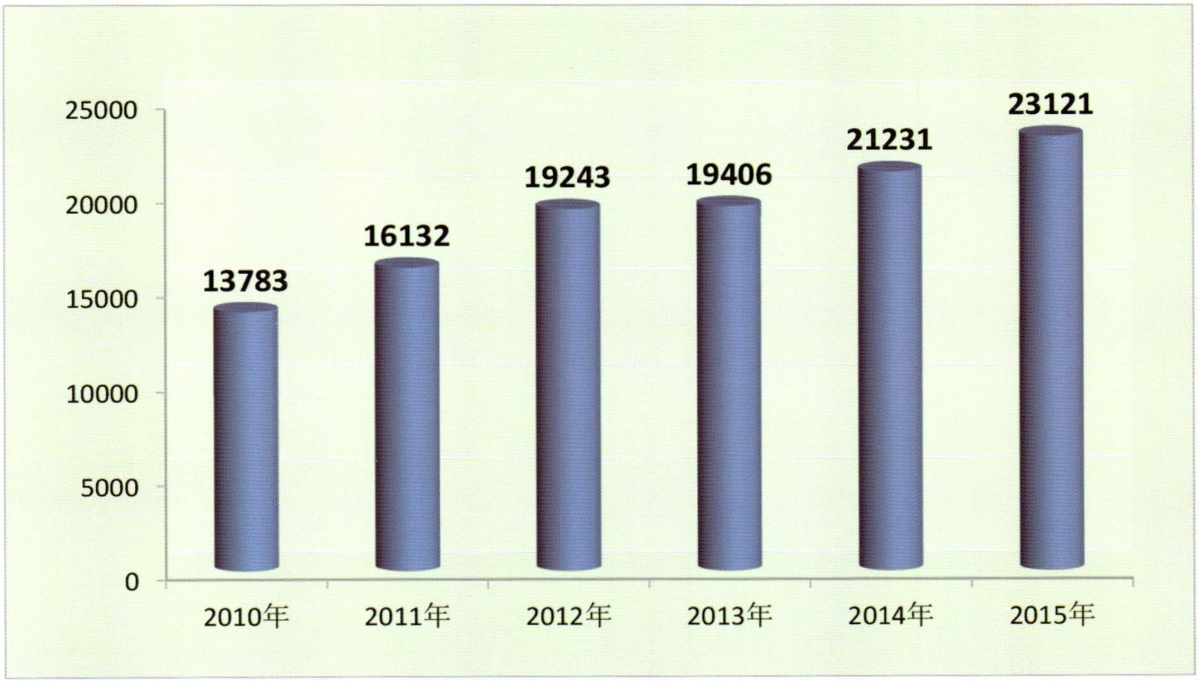


# 农村居民人均可支配收入(元)

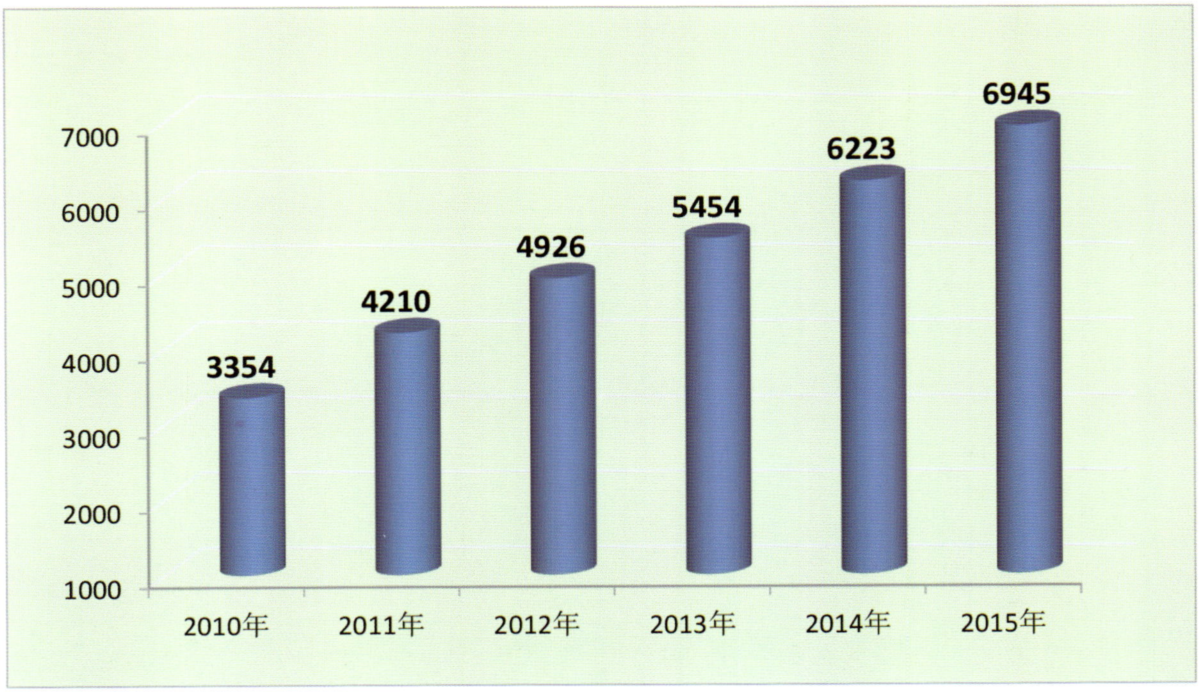


注：从2013年起,国家统计局开展了城乡一体化住户收支与生活状况调查,与2013年前的分城镇和农村住户调查的调查范围、调查方法、指标口径有所不同。

## 人口自然增长率(‰)

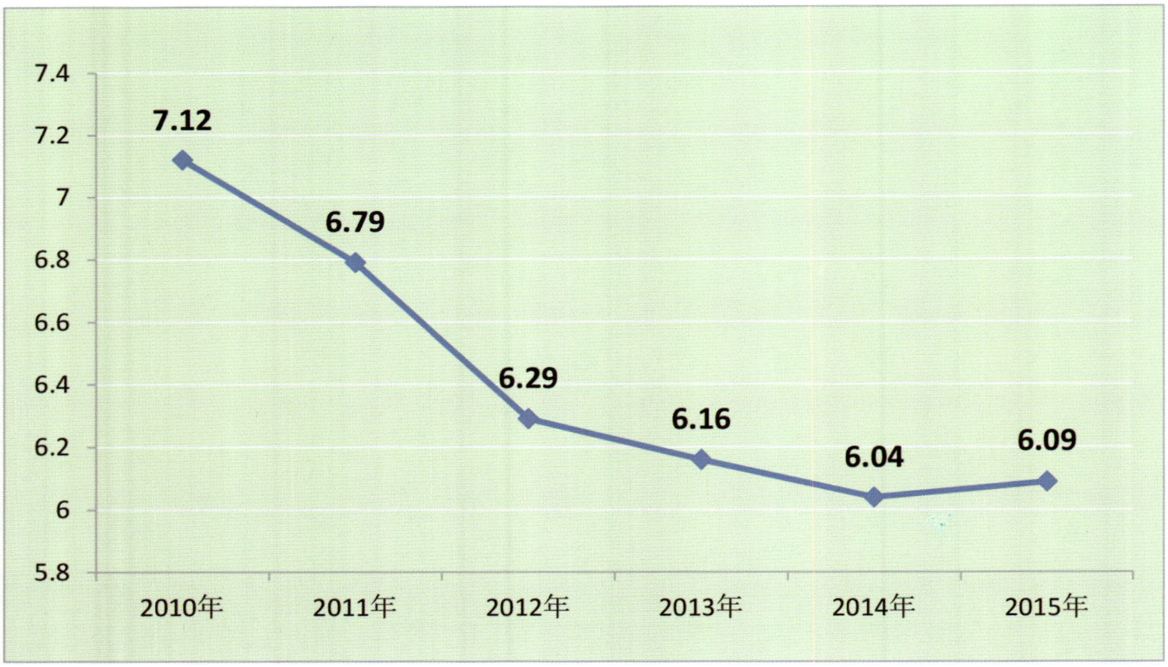


## 森林覆盖率(%)

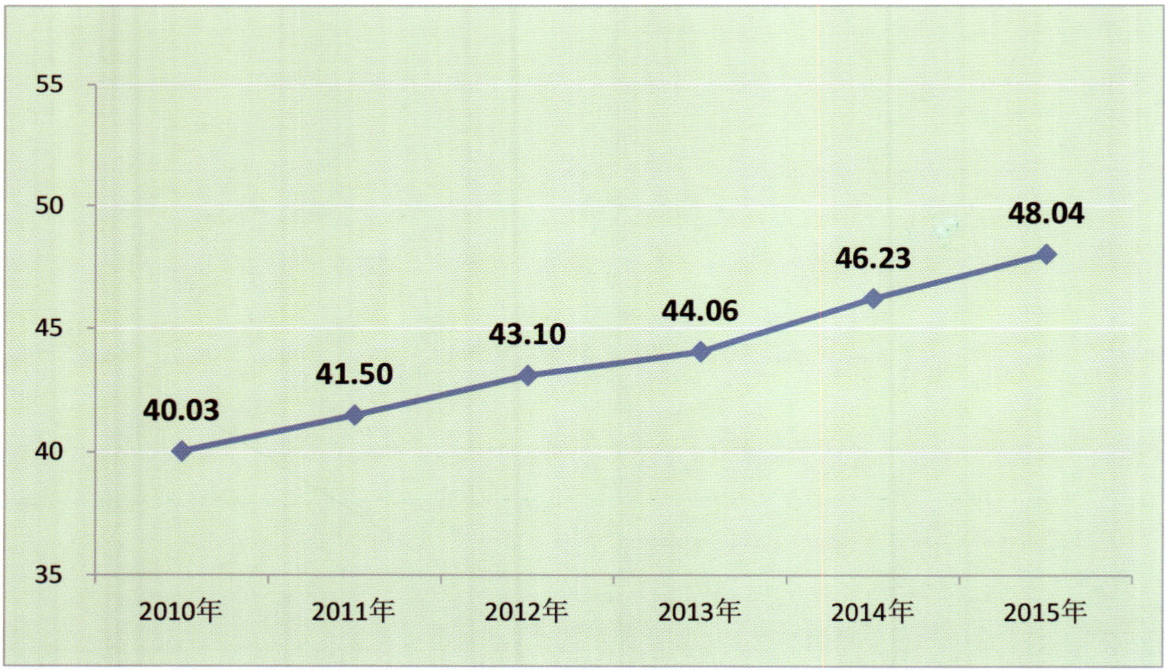

# 目　　录

## 一、行政区划、气象情况



## 二、综合



## 三、国民经济核算



## 四、人口、劳动就业

## 五、农业

## 六、工业



## 七、能源

## 十一、城市(县城)建设



## 十二、交通运输、邮电通讯业



## 十三、生态、环境、安全

## 十四、物价



## 十五、人民生活

## 十六、文化、体育、广播电视、旅游、科技、教育、卫生

## 十七、社会保障

# 行政区划(2015年)

| 县区 | 镇 | 乡 | | 街道 | 社区、居民委员会 | 村民委员会 |
|---|---|---|---|---|---|---|
| | | | 民族乡 | | | |
| 毕节市 | 118 | 110 | 72 | 35 | 208 | 3451 |
| 七星关区 | 24 | 8 | 6 | 10 | 24 | 482 |
| 大方县 | 9 | 19 | 14 | 3 | 20 | 290 |
| 黔西县 | 15 | 10 | 10 | 4 | 14 | 348 |
| 金沙县 | 8 | 13 | 6 | 4 | 42 | 199 |
| 织金县 | 9 | 17 | 7 | 6 | 17 | 556 |
| 纳雍县 | 13 | 10 | 10 | 3 | 24 | 403 |
| 威宁县 | 30 | 5 | 1 | 4 | 54 | 573 |
| 赫章县 | 6 | 21 | 12 | | 9 | 456 |
| 托管区域 | | | | | | |
| 百里杜鹃管理区 | | 4 | 4 | | 1 | 55 |
| 金海湖新区 | 4 | 3 | 2 | 1 | 3 | 89 |

注:本表数据由市民政局和威宁县民政局提供。

# 地理位置和国土面积(2015年)

| 县区 | 经纬度 | | 海拔高度(米) | 土地面积(km²) | 人口密度(人/平方公里) | 耕地面积(公顷) |
|---|---|---|---|---|---|---|
| | 东经 | 北纬 | | | | |
| 毕节市 | | | | 26848.5 | 246 | 992091 |
| 七星关区 | 105° 14′ | 27° 18′ | 1511 | 3411.0 | 337 | 136175 |
| 大方县 | 105° 32′ | 27° 07′ | 1700 | 3500.1 | 224 | 123113 |
| 黔西县 | 106° 01′ | 27° 02′ | 1216 | 2555.1 | 275 | 99597 |
| 金沙县 | 105° 14′ | 27° 28′ | 957 | 2523.2 | 224 | 85418 |
| 织金县 | 105° 46′ | 26° 41′ | 1319 | 2865.3 | 277 | 104067 |
| 纳雍县 | 104° 22′ | 26° 46′ | 1457 | 2452.3 | 276 | 94359 |
| 威宁县 | 104° 17′ | 26° 52′ | 2235 | 6298.7 | 203 | 250961 |
| 赫章县 | 104° 44′ | 27° 07′ | 1534 | 3242.7 | 202 | 98400 |

注:国土数据由市国土局提供。人口密度按年末常住人口计算。

# 居民委员会（2015年）

单位：个、人

| 县区 | 居委会 | 居民1000户以下 | 居民1000户—3000户 | 居民3000户以上 | 社区居委会主任 | 社区居委会成员 |
|---|---|---|---|---|---|---|
| 毕节市 | 208 | 119 | 76 | 13 | 208 | 1188 |
| 七星关区 | 25 | 1 | 16 | 8 | 25 | 121 |
| 大方县 | 22 | 22 | | | 22 | 113 |
| 黔西县 | 15 | 9 | 5 | 1 | 15 | 91 |
| 金沙县 | 42 | 19 | 22 | 1 | 42 | 237 |
| 织金县 | 17 | 6 | 11 | | 17 | 89 |
| 纳雍县 | 24 | 24 | | | 24 | 138 |
| 威宁县 | 54 | 35 | 16 | 3 | 54 | 332 |
| 赫章县 | 9 | 3 | 6 | | 9 | 67 |

# 村民委员会（2015年）

单位：个、人

| 县区 | 村委会 | 居民1000户以下 | 居民1000户—3000户 | 居民3000户以上 | 村委会主任 | 村委会成员人数 |
|---|---|---|---|---|---|---|
| 毕节市 | 3451 | 2975 | 395 | 81 | 13516 | 5478 |
| 七星关区 | 525 | 161 | 284 | 80 | 2034 | 506 |
| 大方县 | 369 | 346 | 23 | | 1689 | 365 |
| 黔西县 | 370 | 365 | 5 | | 1836 | 370 |
| 金沙县 | 199 | 170 | 29 | | 908 | 199 |
| 织金县 | 556 | 556 | | | 2512 | 556 |
| 纳雍县 | 403 | 403 | | | 1930 | 387 |
| 威宁县 | 573 | 529 | 43 | 1 | 563 | 2639 |
| 赫章县 | 456 | 445 | 11 | | 2044 | 456 |

注：本页数据由市民政局和威宁县民政局提供。

# 乡镇街道名称(一)(2015年)

| 县区 | 乡镇街道 |
| --- | --- |
| 七星关区 | 市西街道 市东街道 三板桥街道 大新桥街道 观音桥街道 洪山街道 麻园街道 碧海街道 碧阳街道 德溪街道 鸭池镇 朱昌镇 田坝镇 放珠镇 长春堡镇 撒拉溪镇 杨家湾镇 青场镇 水箐镇 何官屯镇 对坡镇 海子街镇 大银镇 林口镇 生机镇 亮岩镇 燕子口镇 八寨镇 层台镇 普宜镇 田坝桥镇 清水铺镇 龙场营镇 小吉场镇 野角乡 大河乡 大屯彝族乡 阿市苗族彝族乡 千溪彝族苗族白族乡 团结彝族苗族乡 阴底彝族苗族白族乡 田坎彝族乡 |
| 大方县 | 慕俄格古城街道 顺德街道 红旗街道 猫场镇 马场镇 羊场镇 六龙镇 达溪镇 黄泥塘镇 瓢井镇 长石镇 对江镇 东关乡 绿塘乡 鼎新彝族苗族乡 牛场苗族彝族乡 小屯乡 理化苗族彝族乡 凤山彝族蒙古族乡 安乐彝族仡佬族乡 核桃彝族白族乡 八堡彝族苗族乡 兴隆苗族乡 果瓦乡 雨冲乡 大山苗族彝族乡 黄泥彝族苗族满族乡 三元彝族苗族白族乡 沙厂彝族乡 星宿苗族彝族 仡佬族乡 百纳彝族乡 |
| 黔西县 | 水西街道 莲城街道 文峰街道 杜鹃街道 金碧镇 雨朵镇 大关镇 谷里镇 素朴镇 中坪镇 重新镇 林泉镇 观音洞镇 金兰镇 钟山镇 协和镇 甘棠镇 洪水镇 锦星镇 五里布依族苗族乡 绿化白族彝族乡 新仁苗族乡 铁石苗族 彝族乡 太来彝族苗族乡 永燊彝族苗族乡 中建苗族彝族乡 花溪彝族苗族乡 定新彝族苗族乡 红林彝族苗族乡 |
| 金沙县 | 鼓场街道 岩孔街道 西洛街道 五龙街道 安底镇 沙土镇 禹谟镇 岚头镇 清池镇 柳塘镇 平坝镇 源村镇 石场苗族彝族乡 桂花乡 高坪乡 太平彝族苗族乡 化觉乡 茶园乡 木孔乡 长坝乡 后山乡 马路彝族苗族乡 安洛 苗族彝族满旇乡 新化苗族彝族满族乡 大田彝族苗族布衣族乡 |
| 织金县 | 金凤街道 双堰街道 文腾街道 八步街道 三甲街道 绮陌街道 桂果镇 牛场镇 猫场镇 化起镇 龙场镇 以那镇 三塘镇 阿弓镇 珠藏镇 自强苗族乡 大平苗族彝族乡 官寨苗族乡 茶店布依族苗族彝族乡 金龙苗族彝族布依族乡 后寨苗族乡 鸡场苗族彝族乡 中寨乡 实兴乡 马场乡 上坪寨乡 纳雍乡 板桥乡 白泥乡 少普乡 熊家场乡 黑土乡 |

注:乡、镇、街道名称由市民政局和威宁县民政局提供。

# 乡镇街道名称(二)(2015年)

| 县区 | 乡镇街道 |
| --- | --- |
| 纳雍县 | 雍熙街道 文昌街道 居仁街道 宗岭镇 阳长镇 维新镇 龙场镇 张家湾镇 乐治镇 百兴镇 玉龙坝镇 曙光镇 水东镇 沙包镇 寨乐镇 勺窝镇 新房彝族苗族乡 厍东关彝族苗族白族乡 董地苗族彝族乡 化作苗族彝族乡 姑开苗 族彝族乡 羊场苗族彝族乡 锅圈岩苗族彝族乡 昆寨苗族彝族白族乡 左鸠嘎 彝族苗族乡 猪场苗族彝族乡 |
| 威宁县 | 海边街道 六桥街道 陕桥街道 五里岗街道 草海镇 么站镇 金钟镇 炉山镇 龙场镇 黑石头镇 哲觉镇 观风海镇 牛棚镇 迤那镇 中水镇 龙街镇 雪山镇 羊街镇 小海镇 盐仓镇 东风镇 二塘镇 猴场镇 秀水镇 双龙镇 麻乍镇 金斗镇 兔街镇 玉龙镇 斗古镇 岔河镇 海拉镇 黑土河镇 哈喇河镇 石门乡 云贵乡 板底乡 大街乡 新发布依族乡 |
| 赫章县 | 城关镇 白果镇 妈姑镇 财神镇 六曲河镇 野马川镇 达依乡 水塘堡彝族 苗族乡 兴发苗族彝族回族乡 松林坡白族彝族苗族乡 雉街彝族苗族乡 珠市彝族乡 罗州乡 双坪彝族苗族乡 铁匠苗族乡 辅处彝族苗族乡 可乐彝族苗族乡 河镇彝族苗族乡 德卓乡 安乐溪乡 朱明乡 结构彝族苗族乡 古基乡 哲庄乡 平山乡 古达苗族彝族乡 威奢乡 |
| 百里杜鹃管理区(托管) | 大方县:普底彝族苗族白族乡 大水彝族苗族布依族乡<br>黔西县:金坡苗族彝族满族乡 仁和彝族苗族乡 |
| 金海湖新区(托管) | 七星关区:青龙街道 梨树镇 岔河镇 小坝镇<br>大方县:双山镇 响水白族彝族仡佬族乡 竹园彝族苗族乡 文阁乡 |

# 气象情况(一)(分月气温)(2015年)

单位:℃

| 月 份 | 七星关区 | 大方县 | 黔西县 | 金沙县 | 织金县 | 纳雍县 | 威宁县 | 赫章县 |
|---|---|---|---|---|---|---|---|---|
| 全年平均 | 14.4 | 13.3 | 15.6 | 16.4 | 15.7 | 15.2 | 12.1 | 15.0 |
| 一 月 | 5.2 | 4.2 | 6.3 | 7.0 | 6.7 | 5.9 | 4.3 | 6.1 |
| 二 月 | 7.2 | 6.5 | 8.2 | 8.9 | 8.7 | 8.3 | 6.3 | 8.4 |
| 三 月 | 11.2 | 9.9 | 11.9 | 12.6 | 12.2 | 11.8 | 11.4 | 12.6 |
| 四 月 | 15.3 | 14.6 | 16.7 | 17.6 | 17.1 | 16.2 | 12.6 | 16.1 |
| 五 月 | 18.4 | 17.3 | 19.9 | 20.4 | 20.1 | 19.4 | 16.5 | 19.0 |
| 六 月 | 21.3 | 20.0 | 22.9 | 23.8 | 22.4 | 22.0 | 18.0 | 21.8 |
| 七 月 | 21.2 | 20.1 | 22.9 | 23.9 | 22.4 | 21.4 | 17.0 | 20.9 |
| 八 月 | 20.3 | 19.3 | 21.9 | 23.1 | 21.2 | 20.7 | 16.5 | 20.4 |
| 九 月 | 18.4 | 17.2 | 19.8 | 20.8 | 19.7 | 19.3 | 15.8 | 18.9 |
| 十 月 | 15.6 | 14.8 | 16.9 | 17.7 | 16.9 | 16.4 | 12.6 | 15.7 |
| 十一月 | 13.3 | 11.9 | 13.8 | 13.6 | 14.2 | 14.1 | 10.8 | 13.9 |
| 十二月 | 5.0 | 3.6 | 5.8 | 6.6 | 6.4 | 6.1 | 3.6 | 5.9 |

# 气象情况(二)(分月日照)(2015年)

单位:小时

| 月 份 | 七星关区 | 大方县 | 黔西县 | 金沙县 | 织金县 | 纳雍县 | 威宁县 | 赫章县 |
|---|---|---|---|---|---|---|---|---|
| 全年日照 | 976.6 | 1156.6 | 989.6 | 882.7 | 1026.8 | 1217.1 | 1636.2 | 1186.1 |
| 一 月 | 43.7 | 46.2 | 37.9 | 38.2 | 28.7 | 61.3 | 136.8 | 41.0 |
| 二 月 | 70.3 | 88.8 | 68.3 | 48.0 | 88.9 | 94.2 | 167.4 | 89.9 |
| 三 月 | 105.4 | 116.3 | 86.9 | 66.5 | 89.4 | 108.8 | 220.9 | 136.1 |
| 四 月 | 134.6 | 145.1 | 137.2 | 123.3 | 142.8 | 146.1 | 166.6 | 137.9 |
| 五 月 | 90.9 | 123.7 | 99.3 | 82.6 | 120.2 | 135.7 | 179.6 | 115.6 |
| 六 月 | 88.9 | 96.6 | 98.8 | 76.4 | 99.8 | 109.7 | 105.6 | 109.0 |
| 七 月 | 114.3 | 139.4 | 132.0 | 152.9 | 140.0 | 129.3 | 110.1 | 136.9 |
| 八 月 | 88.1 | 103.5 | 95.9 | 119.4 | 111.8 | 111.7 | 95.3 | 107.5 |
| 九 月 | 39.6 | 54.7 | 36.4 | 34.8 | 35.1 | 55.7 | 60.8 | 50.6 |
| 十 月 | 99.8 | 128.7 | 94.3 | 80.8 | 112.1 | 128.7 | 140.2 | 115.7 |
| 十一月 | 82.7 | 91.4 | 87.4 | 52.4 | 46.1 | 106.3 | 171.3 | 102.8 |
| 十二月 | 18.3 | 22.2 | 15.2 | 7.4 | 11.9 | 29.6 | 81.6 | 43.1 |

注:气象情况数据由毕节市气象局提供。

## 气象情况(三)(分月降雨量)(2015年)

单位:毫米

| 月份 | 七星关区 | 大方县 | 黔西县 | 金沙县 | 织金县 | 纳雍县 | 威宁县 | 赫章县 |
|---|---|---|---|---|---|---|---|---|
| 全年合计 | 998.8 | 1058.7 | 974.5 | 1148.7 | 1520.9 | 1213.3 | 974.9 | 952.2 |
| 一 月 | 21.0 | 39.1 | 31.1 | 37.5 | 35.4 | 39.3 | 20.1 | 15.5 |
| 二 月 | 9.2 | 13.4 | 8.5 | 25.4 | 16.4 | 15.7 | 2.5 | 2.8 |
| 三 月 | 55.8 | 60.0 | 17.9 | 34.7 | 36.2 | 54.4 | 14.1 | 12.7 |
| 四 月 | 96.1 | 74.8 | 112.7 | 54.6 | 107.8 | 106.9 | 61.2 | 58.2 |
| 五 月 | 98.8 | 223.2 | 237.5 | 156.2 | 146.2 | 195.9 | 52.1 | 85.9 |
| 六 月 | 91.7 | 88.1 | 128.1 | 146.3 | 354.2 | 179.9 | 158.7 | 112.1 |
| 七 月 | 123.0 | 114.0 | 73.7 | 126.0 | 156.4 | 110.2 | 185.1 | 180.1 |
| 八 月 | 229.2 | 174.2 | 177.2 | 377.8 | 350.8 | 187.2 | 254.7 | 243.7 |
| 九 月 | 76.0 | 83.8 | 53.4 | 45.2 | 127.6 | 98.0 | 74.8 | 47.5 |
| 十 月 | 182.6 | 152.4 | 104.1 | 101.9 | 140.9 | 182.7 | 135.9 | 174.1 |
| 十一月 | 3.7 | 11.7 | 6.5 | 17.8 | 18.3 | 10.3 | 1.2 | 1.9 |
| 十二月 | 11.7 | 24.0 | 23.8 | 25.3 | 30.7 | 32.8 | 14.5 | 17.7 |

## 气象情况(四)(2015年)

| 指标名称 | 七星关区 | 大方县 | 黔西县 | 金沙县 | 织金县 | 纳雍县 | 威宁县 | 赫章县 |
|---|---|---|---|---|---|---|---|---|
| 初霜日期(日/月) | 19/12 | 19/12 | 8/12 | 29/12 | 13/1 | 22/12 | 15/12 | 20/12 |
| 终霜日期(日/月) | 12/2 | 12/2 | 12/2 | 12/2 | 12/2 | 12/2 | 13/4 | 12/2 |
| 无霜期天数(天) | 309 | 309 | 298 | 319 | 334 | 312 | 245 | 310 |
| 最高气温(℃) | 33.1 | 30.5 | 33.2 | 35.3 | 32.4 | 34.3 | 28.7 | 35.4 |
| 最低气温(℃) | –2.4 | –3.6 | –2.3 | –1.7 | –1.6 | –2.1 | –6.7 | –1.9 |

# 社会经济主要指标(一)

| 指标名称 | 单 位 | 2015年 | 2014年 |
| --- | --- | --- | --- |
| 土地面积 | | | |
| 土地面积 | 平方公里 | 26848.5 | 26848.5 |
| #建成区面积 | 平方公里 | 144.0 | 138.1 |
| 人口 | | | |
| 年末总户数 | 万户 | 249.40 | 240.39 |
| 年末户籍人口 | 万人 | 904.20 | 880.79 |
| 男 | 万人 | 474.27 | 462.24 |
| 女 | 万人 | 429.93 | 418.55 |
| 年末常住人口 | 万人 | 660.61 | 654.12 |
| 男 | 万人 | 342.31 | 338.24 |
| 女 | 万人 | 318.30 | 315.88 |
| 人口密度(常住人口) | 人/平方公里 | 246 | 244 |
| 人口自然增长率(计生口径) | ‰ | 6.09 | 6.04 |
| 就业 | | | |
| 单位从业人员 | 万人 | 31.82 | 31.81 |
| 单位从业人员平均劳动报酬 | 元 | 55647 | 48021 |
| 在岗职工人数 | 万人 | 29.82 | 29.77 |
| 在岗职工平均工资 | 元 | 57238 | 49286 |
| 城镇新增就业 | 人 | 60489 | 58421 |
| 城镇登记失业率 | % | 3.99 | 3.44 |
| 国民经济核算 | | | |
| 生产总值 | 亿元 | 1461.3 | 1266.7 |
| 第一产业 | 亿元 | 305.3 | 252.8 |
| 第二产业 | 亿元 | 558.0 | 522.8 |
| 第三产业 | 亿元 | 598.0 | 491.2 |
| 生产总值指数 | 上年=100 | 112.9 | 114.0 |
| 第一产业 | 上年=100 | 106.7 | 107.0 |
| 第二产业 | 上年=100 | 112.6 | 115.4 |
| 第三产业 | 上年=100 | 115.5 | 115.0 |
| 人均生产总值 | 元 | 22230 | 19369 |

# 社会经济主要指标(二)

| 指标名称 | 单位 | 2015年 | 2014年 |
|---|---|---|---|
| 人均生产总值指数 | 上年=100 | 112.3 | 113.8 |
| 农业 | | | |
| 农林牧渔业总产值 | 亿元 | 507.3 | 389.3 |
| 粮食作物播种面积 | 千公顷 | 677.3 | 681.0 |
| 粮食产量 | 万吨 | 257.5 | 250.1 |
| 肉类总产量 | 万吨 | 38.7 | 38.1 |
| 水产品产量 | 吨 | 8043.7 | 7608.8 |
| 工业 | | | |
| 规模以上工业增加值 | 亿元 | 360.1 | 304.3 |
| 规模以上工业企业 | | | |
| 企业数 | 个 | 401 | 366 |
| 主营业务收入 | 亿元 | 701.1 | 571.3 |
| 利税总额 | 亿元 | 78.6 | 82.8 |
| 消费 | | | |
| 社会消费品零售总额 | 亿元 | 302.0 | 269.4 |
| 批发业 | 亿元 | 10.7 | 7.7 |
| 零售业 | 亿元 | 245.1 | 222.5 |
| 住宿业 | 亿元 | 158.5 | 6.1 |
| 餐饮业 | 亿元 | 3.0 | 33.2 |
| 固定资产投资、建筑业、房地产 | | | |
| 500万元以上固定资产投资 | 亿元 | 1344.9 | 1128.8 |
| 建筑业总产值 | 亿元 | 25.6 | 20.7 |
| 房屋建筑施工面积 | 万平方米 | 197.2 | 127.9 |
| 房屋建筑竣工面积 | 万平方米 | 100.0 | 89.0 |
| 商品房销售面积 | 万平方米 | 248.1 | 238.5 |
| 住宅 | 万平方米 | 214.1 | 197.1 |
| 商品房销售额 | 亿元 | 88.8 | 91.6 |
| 住宅 | 亿元 | 65.5 | 61.3 |
| 价格指数(中心城区) | | | |

# 社会经济主要指标(三)

| 指标名称 | 单 位 | 2015年 | 2014年 |
| --- | --- | --- | --- |
| 居民消费价格指数 | 上年同期=100 | 101.1 | 103.2 |
| 商品零售价格指数 | 上年同期=100 | 100.1 | 102.0 |
| 农业生产资料价格指数 | 上年同期=100 | 100.3 | 98.5 |
| 人民生活 | | | |
| 城镇居民人均可支配收入 | 元 | 23121 | 21232 |
| 城镇居民人均消费支出 | 元 | 12387 | 11206 |
| 农村居民人均可支配收入 | 元 | 6945 | 6223 |
| 农村居民人均消费支出 | 元 | 6574 | 6255 |
| 财政、税收、金融 | | | |
| 一般公共财政预算收入 | 亿元 | 107.6 | 116.1 |
| 一般公共财政预算支出 | 亿元 | 406.2 | 360.8 |
| 地税税收收入 | 亿元 | 93.0 | 87.0 |
| 国税税收收入 | 亿元 | 85.2 | 84.5 |
| 金融机构存款余额 | 亿元 | 1254.6 | 916.8 |
| 金融机构贷款余额 | 亿元 | 884.5 | 689.5 |
| 邮政电信 | | | |
| 邮政业务收入 | 亿元 | 2.8 | 1.8 |
| 电信业务收入 | 亿元 | 28.1 | 25.5 |
| 移动电话用户数 | 万户 | 344.3 | 351.9 |
| 互联网用户 | 万户 | 292.1 | 265.8 |
| 旅游 | | | |
| 国内旅游人数 | 万人次 | 4087.2 | 3403.6 |
| 国内旅游总收入 | 亿元 | 312.6 | 254.8 |
| 入境旅游者人数 | 人次 | 66111 | 63518 |
| 国际旅游(外汇)收入 | 万美元 | 1539.6 | 1315.7 |
| 教育 | | | |
| 专任教师数 | | | |
| 高等学校 | 人 | 1315 | 930 |
| 普通中学 | 人 | 38187 | 36187 |

# 社会经济主要指标(四)

| 指标名称 | 单 位 | 2015年 | 2014年 |
|---|---|---|---|
| 小学 | 人 | 39532 | 40219 |
| 幼儿园 | 人 | 7861 | 6350 |
| 在校学生数 | | | |
| 高等学校 | 万人 | 1.53 | 1.34 |
| 普通中学 | 万人 | 68.18 | 68.10 |
| 小学 | 万人 | 83.10 | 84.20 |
| 幼儿园 | 万人 | 24.21 | 21.48 |
| 文化、卫生、交通运输 | | | |
| 公共图书馆 | 个 | 9 | 9 |
| 总藏书量 | 万册件 | 117.21 | 113.0 |
| #图书 | 万册件 | 80.15 | 74.54 |
| 博物馆举办展览 | 次 | 5 | 13 |
| 博物馆举办展览参观人次 | 万人次 | 49.17 | 53.18 |
| 卫生机构数 | 个 | 5183 | 5216 |
| 卫生机构床位数 | 张 | 33255 | 33738 |
| 卫生技术人员 | 人 | 39661 | 24319 |
| 执业(助理)医师 | 人 | 7978 | 7307 |
| 注册护士 | 人 | 10412 | 9644 |
| 公路里程 | 公里 | 30529 | 29429 |
| 公共汽车数 | 辆 | 495 | 455 |
| 城建 | | | |
| 供水总量 | 万吨 | 5636.2 | 5265.8 |
| 用水人口 | 万人 | 97.4 | 87.6 |
| 污水排放量 | 万立方米 | 8265 | 5864 |
| 污水处理量 | 万立方米 | 7472 | 5103 |
| 生活垃圾处理量 | 万吨 | 84.4 | 61.7 |
| 建成区绿化覆盖率 | % | 17.1 | 13.7 |
| 城市(县城)道路面积 | 万平方米 | 1378.2 | 1227.8 |
| 人行道 | 万平方米 | 419.9 | 357.1 |

# 生产总值(2015年)

单位:亿元

| 县区 | 生产总值 | 第一产业 | 第二产业 | #工业 | 第三产业 |
|---|---|---|---|---|---|
| 毕节市 | 1461.35 | 305.32 | 557.99 | 445.10 | 598.04 |
| 七星关区 | 290.58 | 57.19 | 99.64 | 82.33 | 133.75 |
| 大方县 | 179.04 | 37.10 | 71.93 | 57.20 | 70.02 |
| 大方县(不含百里杜鹃) | 167.16 | 33.42 | 66.88 | 52.67 | 66.86 |
| 黔西县 | 174.49 | 30.42 | 73.41 | 55.01 | 70.66 |
| 黔西县(不含百里杜鹃) | 167.34 | 27.86 | 76.09 | 63.39 | 63.39 |
| 金沙县 | 205.55 | 26.96 | 110.35 | 93.65 | 68.25 |
| 织金县 | 154.41 | 16.91 | 72.16 | 62.83 | 65.34 |
| 纳雍县 | 171.19 | 26.13 | 87.04 | 74.14 | 58.02 |
| 威宁县 | 189.37 | 63.68 | 49.66 | 37.92 | 76.03 |
| 赫章县 | 112.06 | 38.09 | 23.14 | 18.31 | 50.83 |
| 百里杜鹃管理区 | 23.29 | 3.73 | 12.92 | 11.17 | 6.64 |

# 生产总值发展速度(2015年)

单位:上年=100

| 县区 | 生产总值 | 第一产业 | 第二产业 | #工业 | 第三产业 |
|---|---|---|---|---|---|
| 毕节市 | 112.9 | 106.7 | 112.6 | 111.7 | 115.5 |
| 七星关区 | 113.8 | 106.6 | 111.4 | 111.4 | 117.8 |
| 大方县 | 114.4 | 106.8 | 115.2 | 113.1 | 115.8 |
| 大方县(不含百里杜鹃) | 114.4 | 106.6 | 116.0 | 113.1 | 115.0 |
| 黔西县 | 114.0 | 107.1 | 116.1 | 113.1 | 113.3 |
| 黔西县(不含百里杜鹃) | 114.0 | 108.3 | 119.8 | 123.0 | 108.3 |
| 金沙县 | 113.5 | 107.0 | 114.3 | 114.1 | 113.4 |
| 织金县 | 114.1 | 111.5 | 119.4 | 114.8 | 108.7 |
| 纳雍县 | 113.6 | 108.2 | 112.1 | 113.3 | 118.2 |
| 威宁县 | 115.3 | 91.0 | 129.6 | 127.6 | 121.3 |
| 赫章县 | 112.8 | 106.8 | 127.9 | 129.1 | 107.9 |
| 百里杜鹃管理区 | 113.7 | 106.5 | 114.3 | 113.3 | 115.2 |

# 总产出(2015年)

| 指标 | 按当年价格计算 | | 按不变价格计算 | | | |
|---|---|---|---|---|---|---|
| | 绝对额(亿元) | | 绝对额(亿元) | | 以上年为100的指数(%) | |
| | 本年 | 上年 | 本年 | 上年 | 本年 | 上年 |
| 总产出 | 3408.49 | 3001.19 | 2972.23 | 2621.65 | 113.4 | 114.9 |
| 农、林、牧、渔业 | 507.34 | 389.29 | 255.95 | 239.43 | 106.9 | 107.0 |
| 农业 | 328.04 | 268.66 | 160.26 | 149.50 | 107.2 | 107.4 |
| 林业 | 17.51 | 4.91 | 7.66 | 6.69 | 114.5 | 111.8 |
| 畜牧业 | 139.30 | 108.70 | 81.43 | 77.33 | 105.3 | 105.8 |
| 渔业 | 2.07 | 1.32 | 1.04 | 0.93 | 111.7 | 108.0 |
| 农、林、牧、渔服务业 | 20.42 | 5.68 | 5.56 | 4.98 | 111.6 | 109.0 |
| 工业 | 1384.03 | 1296.21 | 1475.52 | 1318.23 | 111.9 | 113.7 |
| 采矿业 | 572.14 | 535.86 | 609.95 | 544.97 | 111.9 | 115.3 |
| #开采辅助活动 | 0.62 | 0.58 | 0.66 | 0.59 | 112.1 | 115.5 |
| 制造业 | 561.32 | 500.78 | 598.42 | 509.29 | 117.5 | 119.5 |
| #金属制品、机械和设备修理业 | 0.03 | 0.02 | 0.03 | 0.02 | 117.7 | 119.7 |
| 电力、燃气及水的生产和供应业 | 250.58 | 259.56 | 267.14 | 263.97 | 101.2 | 101.3 |
| 建筑业 | 486.50 | 416.16 | 440.79 | 376.43 | 117.1 | 124.4 |
| 房屋建筑业 | 196.16 | 176.33 | 177.73 | 159.50 | 111.4 | 122.4 |
| 土木工程建筑业 | 41.24 | 37.72 | 37.36 | 34.12 | 109.5 | 110.5 |
| 建筑安装业 | 133.72 | 108.90 | 121.16 | 98.50 | 123.0 | 129.5 |
| 建筑装饰和其他建筑业 | 115.38 | 93.21 | 104.54 | 84.31 | 124.0 | 128.9 |
| 批发和零售业 | 146.15 | 149.88 | 108.75 | 98.22 | 110.7 | 112.8 |
| 批发业 | 73.92 | 73.24 | 55.36 | 48.31 | 114.6 | 114.8 |
| 零售业 | 72.22 | 76.64 | 53.38 | 49.90 | 107.0 | 111.0 |
| 交通运输、仓储和邮政业 | 257.80 | 228.87 | 207.21 | 187.97 | 110.2 | 117.4 |
| 铁路运输业 | 0.78 | 0.63 | 0.63 | 0.52 | 121.3 | 125.9 |
| 道路运输业 | 107.90 | 98.91 | 86.73 | 81.24 | 106.8 | 112.6 |
| 水上运输业 | 0.01 | 0.01 | 0.01 | 0.01 | 110.5 | 110.1 |
| 航空运输业 | 4.95 | 3.21 | 3.98 | 2.63 | 151.2 | 497.3 |
| 管道运输业 | | | | | | |
| 装卸搬运和运输代理业 | 136.39 | 119.29 | 109.63 | 97.97 | 111.9 | 119.3 |
| 仓储业 | 4.75 | 4.18 | 3.82 | 3.43 | 111.2 | 116.5 |
| 邮政业 | 3.01 | 2.65 | 2.42 | 2.17 | 111.5 | 115.4 |
| 住宿和餐饮业 | 51.99 | 46.55 | 36.53 | 34.18 | 106.9 | 113.5 |
| 住宿业 | 7.70 | 7.14 | 5.70 | 5.23 | 108.9 | 110.9 |
| 餐饮业 | 44.28 | 39.41 | 30.83 | 28.94 | 106.5 | 114.0 |
| 信息传输、软件和信息技术服务业 | 49.36 | 34.46 | 41.29 | 29.94 | 137.9 | 112.3 |
| 电信、广播电视和卫星传输服务 | 48.91 | 34.15 | 40.92 | 29.67 | 137.9 | 112.3 |
| 互联网和相关服务 | 0.31 | 0.22 | 0.26 | 0.19 | 139.7 | 111.3 |
| 软件和信息技术服务业 | 0.14 | 0.10 | 0.12 | 0.08 | 139.5 | 110.5 |
| 金融业 | 101.71 | 74.71 | 89.07 | 65.26 | 136.5 | 116.6 |

# 总产出(续)(2015年)

| 指标 | 按当年价格计算 | | 按不变价格计算 | | | |
|---|---|---|---|---|---|---|
| | 绝对额(亿元) | | 绝对额(亿元) | | 以上年为100的指数(%) | |
| | 本年 | 上年 | 本年 | 上年 | 本年 | 上年 |
| 货币金融服务 | 73.22 | 53.65 | 64.12 | 46.86 | 136.8 | 117.0 |
| 资本市场服务 | | | | | | |
| 保险业 | 26.85 | 19.87 | 23.51 | 17.35 | 135.5 | 115.7 |
| 其他金融业 | 1.64 | 1.19 | 1.44 | 1.04 | 137.5 | 117.5 |
| 房地产业 | 51.54 | 50.99 | 29.47 | 28.23 | 104.4 | 110.5 |
| 房地产开发经营业 | 22.13 | 22.40 | 7.85 | 7.63 | 102.9 | 127.5 |
| 物业管理业 | 0.24 | 0.24 | 0.08 | 0.08 | 103.8 | 127.3 |
| 房地产中介服务业 | 0.12 | 0.12 | 0.04 | 0.04 | 103.7 | 129.0 |
| 自有房地产经营活动 | 28.19 | 27.37 | 21.19 | 20.18 | 105.0 | 105.0 |
| 其他房地产业 | 0.86 | 0.86 | 0.31 | 0.29 | 103.9 | 116.5 |
| 租赁和商务服务业 | 19.34 | 13.44 | 16.18 | 11.25 | 143.8 | 127.8 |
| 租赁业 | 0.69 | 0.47 | 0.58 | 0.40 | 146.3 | 125.6 |
| 商务服务业 | 18.65 | 12.97 | 15.60 | 10.86 | 143.7 | 127.9 |
| 科学研究和技术服务业 | 7.72 | 6.49 | 5.83 | 5.26 | 111.0 | 107.5 |
| 研究和试验发展 | 1.35 | 1.15 | 1.02 | 0.93 | 109.5 | 107.1 |
| 专业技术服务业 | 3.16 | 2.61 | 2.39 | 2.12 | 112.9 | 108.1 |
| 科技推广和应用服务业 | 3.20 | 2.73 | 2.42 | 2.21 | 109.5 | 107.3 |
| 水利、环境和公共设施管理业 | 3.18 | 2.65 | 2.41 | 2.15 | 111.7 | 109.2 |
| 水利管理业 | 0.81 | 0.69 | 0.61 | 0.56 | 108.8 | 108.6 |
| 生态保护和环境治理业 | 1.26 | 1.05 | 0.96 | 0.85 | 112.5 | 110.2 |
| 公共设施管理业 | 1.11 | 0.91 | 0.84 | 0.74 | 113.2 | 108.3 |
| 居民服务、修理和其他服务业 | 54.12 | 38.72 | 45.28 | 32.42 | 139.7 | 128.9 |
| 居民服务业 | 20.82 | 14.89 | 17.42 | 12.46 | 139.8 | 128.2 |
| 机动车、电子产品和日用产品修理业 | 20.76 | 14.85 | 17.37 | 12.43 | 139.7 | 129.5 |
| 其他服务业 | 12.54 | 8.98 | 10.49 | 7.52 | 139.5 | 128.9 |
| 教育 | 84.24 | 71.13 | 63.66 | 57.72 | 110.3 | 108.7 |
| 卫生和社会工作 | 47.94 | 39.75 | 36.23 | 32.26 | 112.3 | 111.5 |
| 卫生 | 47.42 | 39.32 | 35.83 | 31.91 | 112.3 | 111.5 |
| 社会工作 | 0.53 | 0.44 | 0.40 | 0.36 | 111.5 | 112.1 |
| 文化、体育和娱乐业 | 6.56 | 4.83 | 5.49 | 4.04 | 135.9 | 130.2 |
| 新闻和出版业 | 0.26 | 0.20 | 0.22 | 0.17 | 128.8 | 118.3 |
| 广播、电视、电影和影视录音制作业 | 1.49 | 1.08 | 1.25 | 0.91 | 137.9 | 135.4 |
| 文化艺术业 | 1.25 | 0.96 | 1.05 | 0.81 | 129.7 | 117.9 |
| 体育 | 0.42 | 0.34 | 0.35 | 0.28 | 125.9 | 117.5 |
| 娱乐业 | 3.13 | 2.24 | 2.62 | 1.88 | 139.7 | 137.2 |
| 公共管理、社会保障和社会组织 | 148.96 | 137.06 | 112.57 | 98.66 | 114.1 | 118.1 |
| 第一产业 | 486.92 | 383.60 | 250.39 | 234.44 | 106.8 | 107.0 |
| 第二产业 | 1869.89 | 1711.77 | 1915.62 | 1694.05 | 113.1 | 115.9 |
| 第三产业 | 1051.68 | 905.82 | 806.22 | 693.15 | 116.3 | 115.5 |

# 按当年价格计算地区生产总值及构成(2015年)

| | 绝对额(亿元) | | 构成(以地区生产总值为100,%) | |
|---|---|---|---|---|
| | 本年 | 上年 | 本年 | 上年 |
| 地区生产总值 | 1461.35 | 1266.70 | 100.0 | 100.0 |
| 第一产业 | 305.32 | 236.39 | 20.9 | 18.7 |
| 第二产业 | 557.99 | 514.24 | 38.2 | 40.6 |
| 第三产业 | 598.04 | 516.08 | 40.9 | 40.7 |
| 地区外净要素收入 | | | — | — |
| 地区收入总值 | 1461.35 | 1266.70 | — | — |
| 人均地区生产总值(元) | 22230 | 19369 | — | — |

# 人均生产总值

单位:元

| 指标 | 2011年 | 2012年 | 2013年 | 2014年 | 2015年 |
|---|---|---|---|---|---|
| 毕节市 | 11295 | 13461 | 15953 | 19369 | 22230 |
| 七星关区 | 13463 | 16306 | 19358 | 22812 | 25604 |
| 大方县 | 11692 | 14030 | 16206 | 20098 | 24371 |
| 黔西县 | 12885 | 16157 | 18785 | 22794 | 25326 |
| 金沙县 | 19167 | 23464 | 27824 | 33728 | 36618 |
| 织金县 | 9487 | 11429 | 13711 | 17382 | 19663 |
| 纳雍县 | 13198 | 15351 | 18229 | 22097 | 25425 |
| 威宁县 | 6261 | 7987 | 9766 | 11992 | 14882 |
| 赫章县 | 6830 | 8241 | 10138 | 13936 | 17112 |
| 百里杜鹃管理区 | 14365 | 17742 | 22597 | 26978 | 30163 |
| 金海湖新区 | | | | | 29124 |

# 按不变价格计算地区生产总值构成项目
# （按2010年价格计算）

| 指标 | 绝对额(亿元) | | 以上年为100的指数(%) | |
| --- | --- | --- | --- | --- |
| | 2015年 | 2014年 | 2015年 | 2014年 |
| 地区生产总值 | 1178.35 | 1043.92 | 112.9 | 114.0 |
| 农、林、牧、渔业 | 156.73 | 146.66 | 106.9 | 107.0 |
| 农业 | 95.26 | 88.86 | 107.2 | 107.4 |
| 林业 | 3.84 | 3.36 | 114.5 | 111.8 |
| 畜牧业 | 52.35 | 49.71 | 105.3 | 105.8 |
| 渔业 | 0.83 | 0.75 | 111.7 | 108.0 |
| 农、林、牧、渔服务业 | 4.45 | 3.99 | 111.6 | 109.0 |
| 工业 | 474.52 | 424.98 | 111.7 | 113.7 |
| 采矿业 | 255.47 | 228.25 | 111.9 | 115.3 |
| #开采辅助活动 | 0.59 | 0.53 | 112.1 | 115.5 |
| 制造业 | 143.87 | 122.45 | 117.5 | 119.5 |
| #金属制品、机械和设备修理业 | 0.02 | 0.02 | 117.7 | 119.7 |
| 电力、燃气及水的生产和供应业 | 75.18 | 74.29 | 101.2 | 101.3 |
| 建筑业 | 102.80 | 87.64 | 117.3 | 124.1 |
| 房屋建筑业 | 36.15 | 32.44 | 111.4 | 122.4 |
| 土木工程建筑业 | 11.66 | 10.65 | 109.5 | 110.5 |
| 建筑安装业 | 30.46 | 24.76 | 123.0 | 129.5 |
| 建筑装饰和其他建筑业 | 24.54 | 19.79 | 124.0 | 128.9 |
| 批发和零售业 | 70.80 | 64.15 | 110.4 | 112.7 |
| 批发业 | 32.76 | 28.59 | 114.6 | 114.8 |
| 零售业 | 38.04 | 35.56 | 107.0 | 111.0 |
| 交通运输、仓储和邮政业 | 93.87 | 85.48 | 109.8 | 116.7 |
| 铁路运输业 | 0.32 | 0.26 | 121.3 | 125.9 |
| 道路运输业 | 42.64 | 39.94 | 106.8 | 112.6 |
| 水上运输业 | 0.002 | 0.002 | 110.5 | 110.1 |
| 航空运输业 | 0.97 | 0.64 | 151.2 | 497.3 |
| 管道运输业 | | | | |
| 装卸搬运和运输代理业 | 48.95 | 43.75 | 111.9 | 119.3 |
| 仓储业 | 0.14 | 0.13 | 111.2 | 116.5 |
| 邮政业 | 0.84 | 0.76 | 111.5 | 115.4 |
| 住宿和餐饮业 | 21.48 | 20.09 | 106.9 | 113.4 |
| 住宿业 | 3.80 | 3.49 | 108.9 | 110.9 |
| 餐饮业 | 17.68 | 16.60 | 106.5 | 114.0 |
| 信息传输、软件和信息技术服务业 | 20.49 | 14.86 | 137.9 | 112.3 |
| 电信、广播电视和卫星传输服务 | 20.31 | 14.73 | 137.9 | 112.3 |
| 互联网和相关服务 | 0.13 | 0.09 | 139.7 | 111.3 |
| 软件和信息技术服务业 | 0.06 | 0.04 | 139.5 | 110.5 |
| 金融业 | 42.22 | 30.88 | 136.7 | 116.9 |
| 货币金融服务 | 37.81 | 27.64 | 136.8 | 117.0 |

# 按不变价格计算地区生产总值构成项目(续)
# (按2010年价格计算)

| 指标 | 绝对额(亿元) | | 以上年为100的指数(%) | |
|---|---|---|---|---|
| | 2015年 | 2014年 | 2015年 | 2014年 |
| 资本市场服务 | | | | |
| 保险业 | 3.48 | 2.57 | 135.5 | 115.7 |
| 其他金融业 | 0.93 | 0.68 | 137.5 | 117.5 |
| 房地产业 | 20.29 | 19.43 | 104.4 | 110.5 |
| 房地产开发经营业 | 5.41 | 5.25 | 102.9 | 127.5 |
| 物业管理业 | 0.06 | 0.06 | 103.8 | 127.3 |
| 房地产中介服务业 | 0.03 | 0.03 | 103.7 | 129.0 |
| 自有房地产经营活动 | 14.58 | 13.89 | 105.0 | 105.0 |
| 其他房地产业 | 0.21 | 0.20 | 103.9 | 116.5 |
| 租赁和商务服务业 | 5.57 | 3.87 | 143.9 | 127.7 |
| 租赁业 | 0.49 | 0.33 | 146.3 | 125.6 |
| 商务服务业 | 5.08 | 3.53 | 143.7 | 127.9 |
| 科学研究和技术服务业 | 3.68 | 3.33 | 110.5 | 107.5 |
| 研究和试验发展 | 0.54 | 0.49 | 109.5 | 107.1 |
| 专业技术服务业 | 1.10 | 0.98 | 112.9 | 108.1 |
| 科技推广和应用服务业 | 2.04 | 1.86 | 109.5 | 107.3 |
| 水利、环境和公共设施管理业 | 1.34 | 1.20 | 111.2 | 109.2 |
| 水利管理业 | 0.51 | 0.47 | 108.8 | 108.6 |
| 生态保护和环境治理业 | 0.56 | 0.49 | 112.5 | 110.2 |
| 公共设施管理业 | 0.27 | 0.24 | 113.2 | 108.3 |
| 居民服务、修理和其他服务业 | 26.17 | 18.73 | 139.7 | 128.8 |
| 居民服务业 | 11.96 | 8.56 | 139.8 | 128.2 |
| 机动车、电子产品和日用产品修理业 | 10.00 | 7.15 | 139.7 | 129.5 |
| 其他服务业 | 4.21 | 3.02 | 139.5 | 128.9 |
| 教育 | 48.40 | 43.88 | 110.3 | 108.7 |
| 卫生和社会工作 | 17.56 | 15.63 | 112.3 | 111.5 |
| 卫生 | 17.27 | 15.38 | 112.3 | 111.5 |
| 社会工作 | 0.28 | 0.25 | 111.5 | 112.1 |
| 文化、体育和娱乐业 | 2.74 | 2.02 | 135.5 | 129.5 |
| 新闻和出版业 | 0.12 | 0.09 | 128.8 | 118.3 |
| 广播、电视、电影和影视录音制作业 | 0.89 | 0.65 | 137.9 | 135.4 |
| 文化艺术业 | 0.62 | 0.48 | 129.7 | 117.9 |
| 体育 | 0.14 | 0.11 | 125.9 | 117.5 |
| 娱乐业 | 0.96 | 0.69 | 139.7 | 137.2 |
| 公共管理、社会保障和社会组织 | 69.69 | 61.08 | 114.1 | 118.1 |
| 第一产业 | 152.28 | 142.68 | 106.7 | 106.9 |
| 第二产业 | 576.71 | 512.08 | 112.6 | 115.4 |
| 第三产业 | 449.35 | 389.17 | 115.5 | 114.9 |
| 地区外净要素收入 | | | | |
| 人均地区生产总值(元) | 17925.35 | 15962.86 | 112.3 | 113.8 |

# 按当年价格计算地区生产总值构成项目（2015年）

单位：亿元

| 指标 | 增加值 | 劳动者报酬 | 生产税净额 | 补贴 | 固定资产折旧 | 营业盈余 |
|---|---|---|---|---|---|---|
| 地区生产总值 | 1461.35 | 965.85 | 131.60 | 1.30 | 175.41 | 188.49 |
| 农、林、牧、渔业 | 324.72 | 305.23 | 2.60 | 1.30 | 13.31 | 3.57 |
| 农业 | 204.40 | 192.13 | 1.64 | 0.82 | 8.38 | 2.25 |
| 林业 | 15.76 | 14.82 | 0.13 | 0.06 | 0.65 | 0.17 |
| 畜牧业 | 83.30 | 78.30 | 0.67 | 0.33 | 3.42 | 0.92 |
| 渔业 | 1.86 | 1.75 | 0.01 | 0.01 | 0.08 | 0.02 |
| 农、林、牧、渔服务业 | 19.40 | 18.24 | 0.16 | 0.08 | 0.79 | 0.21 |
| 工业 | 445.10 | 176.87 | 65.26 | | 70.77 | 132.20 |
| 采矿业 | 239.63 | 114.69 | 28.71 | | 22.11 | 74.11 |
| #开采辅助活动 | 0.55 | 0.15 | 0.15 | | 0.18 | 0.08 |
| 制造业 | 134.95 | 47.91 | 33.90 | | 22.70 | 30.44 |
| #金属制品、机械和设备修理业 | 0.02 | 0.01 | 0.001 | | 0.0004 | 0.001 |
| 电力、燃气及水的生产和供应业 | 70.52 | 14.27 | 2.65 | | 25.96 | 27.64 |
| 建筑业 | 113.47 | 78.96 | 19.62 | | 4.74 | 10.15 |
| 房屋建筑业 | 39.89 | 27.38 | 7.41 | | 1.64 | 3.46 |
| 土木工程建筑业 | 12.87 | 7.77 | 2.33 | | 0.66 | 2.10 |
| 建筑安装业 | 33.62 | 24.39 | 5.40 | | 1.33 | 2.51 |
| 建筑装饰和其他建筑业 | 27.08 | 19.42 | 4.48 | | 1.10 | 2.08 |
| 批发和零售业 | 95.21 | 59.58 | 15.53 | | 2.64 | 17.46 |
| 批发业 | 43.74 | 11.81 | 13.67 | | 1.68 | 16.58 |
| 零售业 | 51.47 | 47.77 | 1.86 | | 0.97 | 0.88 |
| 交通运输、仓储和邮政业 | 116.79 | 86.42 | 2.75 | | 25.46 | 2.16 |
| 铁路运输业 | 0.40 | 0.29 | 0.17 | | 0.18 | –0.24 |
| 道路运输业 | 53.05 | 30.61 | 1.39 | | 19.04 | 2.00 |
| 水上运输业 | 0.002 | 0.001 | 0.0001 | | 0.001 | 0.0001 |
| 航空运输业 | 1.21 | 0.36 | 0.21 | | 0.46 | 0.18 |
| 管道运输业 | | | | | | |
| 装卸搬运和运输代理业 | 60.90 | 54.00 | 0.90 | | 5.53 | 0.48 |
| 仓储业 | 0.18 | 0.32 | 0.03 | | 0.07 | –0.25 |
| 邮政业 | 1.05 | 0.83 | 0.04 | | 0.17 | 0.01 |
| 住宿和餐饮业 | 30.54 | 22.84 | 1.37 | | 4.65 | 1.67 |
| 住宿业 | 5.14 | 2.98 | 0.67 | | 0.82 | 0.68 |
| 餐饮业 | 25.40 | 19.87 | 0.70 | | 3.83 | 0.99 |
| 信息传输、软件和信息技术服务业 | 24.49 | 4.75 | 3.07 | | 10.14 | 6.54 |
| 电信、广播电视和卫星传输服务 | 24.27 | 4.69 | 3.04 | | 10.07 | 6.47 |
| 互联网和相关服务 | 0.16 | 0.03 | 0.02 | | 0.06 | 0.04 |
| 软件和信息技术服务业 | 0.07 | 0.02 | 0.01 | | 0.01 | 0.03 |
| 金融业 | 48.21 | 28.47 | 13.13 | | 3.25 | 3.37 |

# 按当年价格计算地区生产总值构成项目(续)(2015年)

单位:亿元

| 指标 | 增加值 | 劳动者报酬 | 生产税净额 | 补贴 | 固定资产折旧 | 营业盈余 |
|---|---|---|---|---|---|---|
| 货币金融服务 | 43.18 | 17.28 | 8.23 | | 1.83 | 15.84 |
| 资本市场服务 | | | | | | |
| 保险业 | 3.97 | 10.66 | 4.78 | | 1.32 | -12.79 |
| 其他金融业 | 1.07 | 0.53 | 0.13 | | 0.10 | 0.31 |
| 房地产业 | 35.48 | 5.27 | 4.98 | | 20.75 | 4.49 |
| 房地产开发经营业 | 15.24 | 2.26 | 2.14 | | 8.91 | 1.93 |
| 物业管理业 | 0.16 | 0.02 | 0.02 | | 0.10 | 0.02 |
| 房地产中介服务业 | 0.08 | 0.01 | 0.01 | | 0.05 | 0.01 |
| 自有房地产经营活动 | 19.41 | 2.88 | 2.72 | | 11.35 | 2.45 |
| 其他房地产业 | 0.59 | 0.09 | 0.08 | | 0.35 | 0.08 |
| 租赁和商务服务业 | 6.66 | 4.84 | 0.72 | | 1.04 | 0.06 |
| 租赁业 | 0.59 | 0.40 | 0.04 | | 0.13 | 0.01 |
| 商务服务业 | 6.07 | 4.44 | 0.69 | | 0.90 | 0.04 |
| 科学研究和技术服务业 | 4.87 | 3.94 | 0.18 | | 0.34 | 0.41 |
| 研究和试验发展 | 0.71 | 0.57 | 0.02 | | 0.08 | 0.05 |
| 专业技术服务业 | 1.46 | 0.99 | 0.12 | | 0.11 | 0.25 |
| 科技推广和应用服务业 | 2.70 | 2.38 | 0.05 | | 0.15 | 0.12 |
| 水利、环境和公共设施管理业 | 1.77 | 1.28 | 0.06 | | 0.31 | 0.11 |
| 水利管理业 | 0.67 | 0.46 | 0.01 | | 0.14 | 0.06 |
| 生态保护和环境治理业 | 0.74 | 0.64 | 0.005 | | 0.08 | 0.01 |
| 公共设施管理业 | 0.36 | 0.19 | 0.05 | | 0.09 | 0.03 |
| 居民服务、修理和其他服务业 | 31.28 | 24.77 | 1.41 | | 3.67 | 1.42 |
| 居民服务业 | 14.29 | 13.10 | 0.45 | | 0.58 | 0.17 |
| 机动车、电子产品和日用产品修理业 | 11.95 | 7.29 | 0.78 | | 2.77 | 1.11 |
| 其他服务业 | 5.04 | 4.39 | 0.18 | | 0.33 | 0.14 |
| 教育 | 64.05 | 56.68 | 0.34 | | 6.69 | 0.34 |
| 卫生和社会工作 | 23.23 | 18.35 | 0.25 | | 3.40 | 1.23 |
| 卫生 | 22.86 | 17.98 | 0.25 | | 3.39 | 1.23 |
| 社会工作 | 0.37 | 0.36 | 0.002 | | 0.01 | 0.00 |
| 文化、体育和娱乐业 | 3.27 | 2.70 | 0.12 | | 0.30 | 0.15 |
| 新闻和出版业 | 0.14 | 0.09 | 0.01 | | 0.03 | 0.02 |
| 广播、电视、电影和影视录音制作业 | 1.07 | 0.88 | 0.02 | | 0.11 | 0.05 |
| 文化艺术业 | 0.74 | 0.64 | 0.01 | | 0.06 | 0.03 |
| 体育 | 0.17 | 0.15 | 0.001 | | 0.01 | 0.005 |
| 娱乐业 | 1.15 | 0.94 | 0.08 | | 0.09 | 0.05 |
| 公共管理、社会保障和社会组织 | 92.22 | 84.90 | 0.21 | | 3.94 | 3.18 |
| 第一产业 | 305.32 | 287.00 | 2.44 | 1.22 | 12.52 | 3.36 |
| 第二产业 | 557.99 | 255.66 | 84.73 | 0.00 | 75.33 | 142.26 |
| 第三产业 | 598.04 | 423.18 | 44.43 | 0.08 | 87.56 | 42.87 |

# 公安户籍人口情况(2015年)

单位:户、人、%

| 指标 | 全市 | 七星关区 | 大方县 | 黔西县 | 金沙县 | 织金县 | 纳雍县 | 威宁县 | 赫章县 |
|---|---|---|---|---|---|---|---|---|---|
| 一.总户数 | 2494029 | 406727 | 349973 | 265631 | 225575 | 393341 | 265087 | 368342 | 219353 |
| 二.年末总人口 | 9041993 | 1621337 | 1185076 | 979163 | 695276 | 1197474 | 1043820 | 1473706 | 846141 |
| 1.按城乡分 | | | | | | | | | |
| 乡村人口 | 6690443 | 1106263 | 905831 | 708843 | 468555 | 873571 | 830467 | 1089930 | 706983 |
| 城镇人口 | 2351550 | 515074 | 279245 | 270320 | 226721 | 323903 | 213353 | 383776 | 139158 |
| 构成(%): | | | | | | | | | |
| 乡村人口 | 73.99 | 68.23 | 76.44 | 72.39 | 67.39 | 72.95 | 79.56 | 73.96 | 83.55 |
| 城镇人口 | 26.01 | 31.77 | 23.56 | 27.61 | 32.61 | 27.05 | 20.44 | 26.04 | 16.45 |
| 2.按性别分 | | | | | | | | | |
| 男 | 4742683 | 848377 | 624023 | 513027 | 366405 | 628643 | 539729 | 779610 | 442869 |
| 女 | 4299310 | 772960 | 561053 | 466136 | 328871 | 568831 | 504091 | 694096 | 403272 |
| 性别比(女=100) | 1.103 | 1.098 | 1.112 | 1.101 | 1.114 | 1.105 | 1.071 | 1.123 | 1.098 |
| 三.年平均人数 | 8924965 | 1597123 | 1162463 | 973890 | 684695 | 1167529 | 1030981 | 1474945 | 833341 |
| 四.户规模(人/户) | 3.58 | 3.93 | 3.32 | 3.67 | 3.04 | 2.97 | 3.89 | 4.00 | 3.80 |

注:本表数据由市公安局提供。

# 年末常住人口(2015年)

单位:万人

| 县区 | 年末总人口 | 按性别分组: | | 按城乡划分 | | 年平均人口 |
|---|---|---|---|---|---|---|
| | | 男性 | 女性 | 城镇人口 | 乡村人口 | |
| 毕节市 | 660.61 | 342.31 | 318.30 | 204.13 | 456.48 | 657.37 |
| 七星关区 | 114.93 | 58.70 | 56.23 | 50.28 | 64.65 | 114.22 |
| 大方县 | 78.45 | 40.81 | 37.64 | 22.43 | 56.02 | 78.19 |
| 黔西县 | 70.33 | 36.59 | 33.74 | 25.64 | 44.69 | 69.67 |
| 金沙县 | 56.65 | 29.78 | 26.87 | 20.15 | 36.55 | 56.13 |
| 织金县 | 79.23 | 41.22 | 38.01 | 24.15 | 55.08 | 78.89 |
| 纳雍县 | 67.73 | 34.87 | 32.86 | 19.96 | 47.77 | 67.52 |
| 威宁县 | 127.68 | 66.70 | 60.98 | 28.54 | 99.14 | 127.25 |
| 赫章县 | 65.61 | 33.64 | 31.97 | 13.03 | 52.58 | 65.49 |
| 百里杜鹃管理区 | 7.89 | 4.08 | 3.81 | | | 7.80 |
| 金海湖新区 | 19.65 | 10.15 | 9.50 | | | |

注:大方县、黔西县数据含百里杜鹃。

# 计划生育主要指标（2015年）

单位：‰、%

| 县区 | 出生率 | 自然增长率 | 符合政策生育率 | 出生人口性别比 |
|---|---|---|---|---|
| 毕节市 | 12.63 | 6.09 | 94.27 | 109.15 |
| 七星关区 | 12.74 | 6.09 | 94.65 | 107.00 |
| 大方县 | 12.32 | 6.00 | 94.43 | 110.00 |
| 黔西县 | 12.52 | 5.70 | 95.40 | 109.00 |
| 金沙县 | 11.37 | 5.00 | 95.96 | 110.10 |
| 织金县 | 12.98 | 6.20 | 93.63 | 108.85 |
| 纳雍县 | 12.98 | 6.25 | 93.30 | 109.55 |
| 威宁县 | 13.03 | 6.28 | 93.62 | 106.85 |
| 赫章县 | 12.97 | 6.15 | 94.48 | 107.00 |
| 百里杜鹃管理区 | 12.66 | 5.95 | 94.10 | 109.15 |
| 金海湖新区 | 12.81 | 6.30 | 93.10 | 107.65 |

注：本表数据由市卫计委提供。

# 私营法人单位分行业数据推算情况（2015年）

| 项　目 | 调查单位数（个） | 年末从业人员(人) | 平均人员（人） | 工资总额（千元） | 平均工资（元） |
|---|---|---|---|---|---|
| 总计 | 4774 | 122595 | 121351 | 4444374 | 36624 |
| 按国民经济行业分组 | | | | | |
| (一)农、林、牧、渔业 | 747 | 5502 | 5200 | 130048 | 25009 |
| (二)采矿业 | 686 | 54633 | 54774 | 2490913 | 45476 |
| (三)制造业 | 981 | 22054 | 21560 | 564399 | 26178 |
| (四)电力、燃气及水的生产和供应业 | 53 | 474 | 459 | 11613 | 25301 |
| (五)建筑业 | 128 | 4832 | 4720 | 159948 | 33887 |
| (六)交通运输、仓储和邮政业 | 1044 | 11126 | 10946 | 311249 | 28435 |
| (七)信息传输、计算机服务和软件业 | 148 | 1675 | 1662 | 73017 | 43933 |
| (八)批发和零售业 | 37 | 3497 | 3487 | 99735 | 28602 |
| (九)住宿和餐饮业 | 24 | 190 | 190 | 3811 | 20058 |
| (十)金融业 | 166 | 1289 | 1303 | 39351 | 30200 |
| (十一)房地产业 | 367 | 6161 | 6170 | 238383 | 38636 |
| (十二)租赁和商务服务业 | 48 | 2876 | 2768 | 73108 | 26412 |
| (十三)科学研究、技术服务和地质勘查业 | 34 | 489 | 487 | 16834 | 34567 |
| (十四)水利、环境和公共设施管理业 | 119 | 895 | 852 | 18446 | 21650 |
| (十五)居民服务和其他服务业 | 99 | 1366 | 1341 | 33926 | 25299 |
| (十六)教育 | 11 | 1983 | 2000 | 48153 | 24077 |
| (十七)卫生、社会保障和社会福利业 | 25 | 2816 | 2714 | 107449 | 39591 |
| (十八)文化、体育和娱乐业 | 53 | 690 | 671 | 22914 | 34149 |
| (十九)公共管理和社会组织 | 4 | 47 | 47 | 1077 | 22915 |

# 分行业私营企业和个体户情况(2015年)

| 指标 | 私营 | 个体 |
|---|---|---|
| 合计(户) | 26769 | 237431 |
| 农、林、牧、渔业 | 6437 | 6111 |
| 采矿业 | 871 | 604 |
| 制造业 | 4312 | 9832 |
| 电力、热力、燃气及水生产和供应业 | 169 | 61 |
| 建筑业 | 1447 | 426 |
| 批发和零售业 | 5967 | 180700 |
| 交通运输、仓储和邮政业 | 720 | 1355 |
| 住宿和餐饮业T | 861 | 19854 |
| 信息传输、软件和信息技术服务业 | 759 | 1301 |
| 金融业 | 274 | 6 |
| 房地产业 | 855 | 18 |
| 租赁和商务服务业 | 2119 | 1969 |
| 科学研究和技术服务业 | 270 | 91 |
| 水利、环境和公共设施管理业 | 86 | 5 |
| 居民服务、修理和其他服务业 | 950 | 13526 |
| 教育 | 136 | 119 |
| 卫生和社会工作 | 124 | 437 |
| 文化、体育和娱乐业 | 372 | 637 |
| 其他 | 40 | 379 |

注:本表数据由市工商局提供,不含威宁县数据。

# 分县区私营企业和个体户情况(2015年)

| 县区 | 私营企业 | | 个体 | |
|---|---|---|---|---|
| | 户数(户) | 雇工(人) | 户数(户) | 雇工(人) |
| 合计 | 26769 | 142009 | 237431 | 397969 |
| 毕节市 | 1903 | 28 | 26 | 42 |
| 七星关区 | 6550 | 35730 | 43515 | 68691 |
| 大方县 | 2420 | 6811 | 28416 | 51611 |
| 黔西县 | 2827 | 16301 | 31510 | 51959 |
| 织金县 | 5414 | 51197 | 45281 | 84113 |
| 金沙县 | 2996 | 8244 | 30689 | 51350 |
| 纳雍县 | 2339 | 13839 | 25325 | 47905 |
| 赫章县 | 1837 | 5633 | 21388 | 22945 |
| 百里杜鹃管理区 | 416 | 4202 | 3159 | 6624 |
| 金海湖新区 | 67 | 24 | 8122 | 12729 |

注:本表数据由市工商局提供,不含威宁县数据。

# 劳动就业和劳动保障

| 指标 | 合计 | 市直 | 七星关区 | 大方县 |
|---|---|---|---|---|
| 就业再就业 | | | | |
| 城镇新增就业(人) | 60489 | | 9792 | 5723 |
| 失业人员实现再就业(人) | 17471 | | 2420 | 2184 |
| 困难人员实现就业(人) | 12003 | | 1550 | 1589 |
| 登记失业人员期末实有数(人) | 16294 | | 3096 | 1488 |
| 城镇登记失业率(%) | 0.040 | | 0.041 | 0.040 |
| 年初至本期末农村劳动力外出就业(人) | 301968 | | 9740 | 34986 |
| 年初至报告期末转移农业劳动力(人) | 197904 | | 24186 | 25942 |
| 期末在外就业(人) | 1891569 | | 322334 | 183207 |
| 劳动保障维权 | | | | |
| 劳动仲裁 | | | | |
| 上期未结转数 | 29 | 7 | 3 | |
| 当期受案数(件) | 2282 | 125 | 163 | 205 |
| 当期结案数(件) | 2256 | 125 | 166 | 205 |
| 劳动监察 | | | | |
| 劳动监察数(户) | 2968 | 256 | 228 | 68 |
| 投诉结案数(件) | 7627 | 30 | 228 | 1713 |

注:本表数据由市人力资源和社会保障局提供。

# 维权情况（2015年）

| 黔西县 | 金沙县 | 织金县 | 纳雍县 | 威宁县 | 赫章县 | 百里杜鹃管理区 | 金海湖新区 |
|---|---|---|---|---|---|---|---|
| | | | | | | | |
| 7048 | 10114 | 7931 | 5549 | 8771 | 5561 | | |
| 1745 | 1768 | 1905 | 2339 | 2410 | 2230 | 162 | 308 |
| 1261 | 1336 | 1239 | 1631 | 1629 | 1595 | 68 | 105 |
| 2891 | 1005 | 3721 | 805 | 2410 | 762 | 18 | 98 |
| 0.041 | 0.038 | 0.040 | 0.040 | 0.041 | 0.032 | 0.033 | 0.041 |
| 21549 | 10408 | 47745 | 27318 | 126671 | 16490 | 3556 | 3505 |
| 21549 | 17326 | 28106 | 26266 | 26713 | 17560 | 4136 | 6120 |
| 200018 | 117655 | 273544 | 251851 | 305015 | 207986 | 27334 | 2625 |
| | | | | | | | |
| | | | | | | | |
| | 10 | | | 9 | | | |
| 248 | 527 | 234 | 392 | 92 | 65 | 231 | |
| 247 | 496 | 234 | 386 | 101 | 65 | 231 | |
| | | | | | | | |
| 229 | 889 | 518 | 269 | | 472 | 39 | |
| 3398 | 559 | 317 | 1112 | | 226 | 44 | |

| 项　目 | 毕节市 | 七星关区 | 大方县 | 黔西县 |
|---|---|---|---|---|
| 总计 | 5792 | 1440 | 804 | 589 |
| 一、按执行会计标准类别分组 | | | | |
| 1.企业 | 1241 | 261 | 92 | 143 |
| 2.事业 | 3126 | 697 | 489 | 336 |
| 3.机关 | 1352 | 448 | 218 | 110 |
| 4.民间非盈利组织 | 8 | 2 | 1 | |
| 5.其他 | 65 | 32 | 4 | |
| 二、按国民经济行业分组 | | | | |
| (一)农、林、牧、渔业 | 50 | 10 | | 4 |
| (二)采矿业 | 150 | 3 | 10 | 25 |
| (三)制造业 | 213 | 55 | 11 | 18 |
| (四)电力、热力、燃气及水生产和供应业 | 65 | 7 | 9 | 6 |
| (五)建筑业 | 65 | 21 | 4 | 3 |
| (六)批发和零售业 | 264 | 63 | 20 | 31 |
| (七)交通运输、仓储和邮政业 | 83 | 20 | 10 | 9 |
| (八)住宿和餐饮业 | 35 | 10 | 2 | 3 |
| (九)信息传输、软件和信息技术服务业 | 16 | 8 | 2 | 3 |
| (十)金融业 | 59 | 32 | 3 | 3 |
| (十一)房地产业 | 168 | 15 | 17 | 18 |
| (十二)租赁和商务服务业 | 79 | 16 | 3 | 16 |
| (十三)科学研究、技术服务业 | 1321 | 298 | 300 | 181 |
| (十四)水利、环境和公共设施管理业 | 72 | 18 | 9 | 5 |
| (十五)居民服务、修理和其他服务业 | 28 | 16 | 2 | 1 |
| (十六)教育 | 857 | 235 | 89 | 98 |
| (十七)卫生和社会工作 | 378 | 62 | 42 | 35 |
| (十八)文化、体育和娱乐业 | 112 | 23 | 3 | 5 |
| (十九)公共管理和社会组织 | 1777 | 528 | 268 | 125 |

## 单位数(2015年)

单位:个

| 金沙县 | 织金县 | 纳雍县 | 威宁县 | 赫章县 | 百里杜鹃管理区 | 金海湖新区 |
|---|---|---|---|---|---|---|
| 811 | 665 | 417 | 420 | 442 | 83 | 121 |
| | | | | | | |
| 172 | 161 | 99 | 126 | 177 | 1 | 9 |
| 503 | 385 | 226 | 177 | 174 | 44 | 95 |
| 129 | 117 | 86 | 107 | 83 | 38 | 16 |
| 2 | 1 | | 1 | 1 | | |
| 5 | 1 | 6 | 9 | 7 | | 1 |
| | | | | | | |
| 3 | 5 | 12 | 6 | 9 | | 1 |
| 26 | 20 | 21 | 11 | 34 | | |
| 29 | 16 | 18 | 30 | 35 | | 1 |
| 6 | 7 | 5 | 8 | 14 | 1 | 2 |
| 10 | 7 | 2 | 8 | 10 | | |
| 40 | 38 | 16 | 28 | 26 | | 2 |
| 11 | 11 | 3 | 10 | 8 | | 1 |
| 5 | 6 | 2 | 3 | 4 | | |
| | | | | 2 | | 1 |
| 3 | 4 | 2 | 1 | 11 | | |
| 30 | 30 | 16 | 22 | 20 | | |
| 8 | 15 | 5 | 6 | 7 t | 1 | 2 |
| 157 | 255 | 31 | 16 | 3 | 21 | 59 |
| 27 | 7 | 2 | 3 | 1 | | |
| 1 | 3 | 2 | | 3 | | |
| 108 | 59 | 65 | 104 | 70 | 8 | 21 |
| 62 | 34 | 29 | 40 | 63 | 4 | 7 |
| 35 | 2 | 30 | 9 | 5 | | |
| 250 | 146 | 156 | 115 | 117 | 48 | 24 |

| 项目 | 毕节市 | | 七星关区 | |
|---|---|---|---|---|
| | 单位从业人员 | 在岗职工 | 单位从业人员 | 在岗职工 |
| 总计 | 318214 | 298180 | 78203 | 70207 |
| 一、按执行会计标准类别分组 | | | | |
| 1.企业 | 110186 | 97776 | 32766 | 28730 |
| 2.事业 | 152602 | 146544 | 32054 | 29018 |
| 3.机关 | 53907 | 52349 | 12638 | 11721 |
| 4.民间非盈利组织 | 162 | 162 | 22 | 22 |
| 5.其他 | 1357 | 1349 | 723 | 716 |
| 二、按国民经济行业分组 | | | | |
| (一)农、林、牧、渔业 | 1055 | 1041 | 358 | 344 |
| (二)采矿业 | 32307 | 29345 | 111 | 111 |
| (三)制造业 | 18473 | 16251 | 6400 | 6125 |
| (四)电力、热力、燃气及水生产和供应业 | 10366 | 9353 | 2012 | 1881 |
| (五)建筑业 | 7752 | 5351 | 3497 | 2077 |
| (六)批发和零售业 | 12480 | 11818 | 6156 | 5665 |
| (七)交通运输、仓储和邮政业 | 5681 | 5138 | 3349 | 2844 |
| (八)住宿和餐饮业 | 2194 | 2144 | 1046 | 1045 |
| (九)信息传输、软件和信息技术服务业 | 2253 | 1905 | 2105 | 1757 |
| (十)金融业 | 8057 | 7606 | 5331 | 5030 |
| (十一)房地产业 | 4874 | 4703 | 735 | 658 |
| (十二)租赁和商务服务业 | 4521 | 2977 | 1408 | 952 |
| (十三)科学研究、技术服务业 | 15326 | 15014 | 3576 | 3329 |
| (十四)水利、环境和公共设施管理业 | 5134 | 4734 | 2299 | 2186 |
| (十五)居民服务、修理和其他服务业 | 867 | 812 | 652 | 608 |
| (十六)教育 | 94510 | 90995 | 18736 | 17184 |
| (十七)卫生和社会工作 | 24581 | 23711 | 4856 | 4172 |
| (十八)文化、体育和娱乐业 | 1502 | 1457 | 678 | 647 |
| (十九)公共管理和社会组织 | 66281 | 63825 | 14898 | 13592 |

# 分县情况(一)(2015年)

单位：人

| 大方县 | | 黔西县 | | 金沙县 | |
|---|---|---|---|---|---|
| 单位从业人员 | 在岗职工 | 单位从业人员 | 在岗职工 | 单位从业人员 | 在岗职工 |
| 28579 | 28216 | 35367 | 34229 | 35948 | 30656 |
| | | | | | |
| 7527 | 7179 | 13453 | 12397 | 17584 | 13695 |
| 14503 | 14503 | 16107 | 16026 | 14569 | 13188 |
| 6401 | 6386 | 5807 | 5806 | 3684 | 3662 |
| 6 | 6 | | | 46 | 46 |
| 142 | 142 | | | 65 | 65 |
| | | | | | |
| | | 52 | 52 | 38 | 38 |
| 2994 | 2941 | 7844 | 7284 | 8079 | 7070 |
| 991 | 833 | 986 | 823 | 3397 | 1911 |
| 571 | 571 | 1541 | 1243 | 1565 | 1361 |
| 527 | 455 | 195 | 195 | 226 | 196 |
| 285 | 282 | 714 | 714 | 1026 | 1026 |
| 560 | 560 | 306 | 306 | 589 | 561 |
| 99 | 78 | 157 | 129 | 314 | 314 |
| 39 | 39 | 53 | 53 | | |
| 488 | 462 | 101 | 101 | 375 | 375 |
| 405 | 390 | 662 | 655 | 824 | 789 |
| 621 | 621 | 571 | 570 | 1178 | 98 |
| 1280 | 1280 | 1705 | 1705 | 1146 | 1146 |
| 929 | 929 | 291 | 280 | 308 | 308 |
| 23 | 23 | 36 | 36 | 84 | 73 |
| 8576 | 8576 | 8846 | 8846 | 8037 | 6656 |
| 2443 | 2443 | 3374 | 3304 | 3047 | 3041 |
| 46 | 34 | 49 | 49 | 181 | 181 |
| 7702 | 7699 | 7884 | 7884 | 5534 | 5512 |

| 项　目 | 织金县 | | 纳雍县 | |
|---|---|---|---|---|
| | 单位从业人员 | 在岗职工 | 单位从业 人员 | 在岗职工 |
| 总计 | 35023 | 34389 | 29658 | 26382 |
| 一、按执行会计标准类别分组 | | | | |
| 1.企业 | 13768 | 13222 | 10420 | 8955 |
| 2.事业 | 16244 | 16177 | 13959 | 12575 |
| 3.机关 | 5007 | 4986 | 5237 | 4811 |
| 4.民间非盈利组织 | 2 | 2 | | |
| 5.其他 | 2 | 2 | 42 | 41 |
| 二、按国民经济行业分组 | | | | |
| (一)农、林、牧、渔业 | 69 | 69 | 301 | 301 |
| (二)采矿业 | 4602 | 4179 | 5535 | 5162 |
| (三)制造业 | 3042 | 3029 | 327 | 316 |
| (四)电力、热力、燃气及水生产和供应业 | 672 | 672 | 1905 | 1576 |
| (五)建筑业 | 212 | 212 | 825 | 232 |
| (六)批发和零售业 | 3138 | 3050 | 336 | 260 |
| (七)交通运输、仓储和邮政业 | 283 | 276 | 84 | 81 |
| (八)住宿和餐饮业 | 224 | 224 | 10 | 10 |
| (九)信息传输、软件和信息技术服务业 | | | | |
| (十)金融业 | 485 | 474 | 395 | 338 |
| (十一)房地产业 | 685 | 681 | 685 | 665 |
| (十二)租赁和商务服务业 | 366 | 366 | 61 | 58 |
| (十三)科学研究、技术服务业 | 1584 | 1574 | 669 | 623 |
| (十四)水利、环境和公共设施管理业 | 864 | 864 | 325 | 49 |
| (十五)居民服务、修理和其他服务业 | 48 | 48 | 16 | 16 |
| (十六)教育 | 10346 | 10302 | 9002 | 8530 |
| (十七)卫生和社会工作 | 1985 | 1973 | 1972 | 1894 |
| (十八)文化、体育和娱乐业 | 17 | 16 | 194 | 193 |
| (十九)公共管理和社会组织 | 6401 | 6380 | 7016 | 6078 |

# 分县情况(二)(2015年)

单位：人

| 威宁县 | | 赫章县 | | 百里杜鹃管理区 | | 金海湖新区 | |
|---|---|---|---|---|---|---|---|
| 单位从业人员 | 在岗职工 | 单位从业人员 | 在岗职工 | 单位从业人员 | 在岗职工 | 单位从业人员 | 在岗职工 |
| 41163 | 40120 | 26213 | 26171 | 3244 | 3007 | 4816 | 4803 |
| | | | | | | | |
| 6382 | 5339 | 8067 | 8040 | 19 | 19 | 200 | 200 |
| 27261 | 27261 | 13261 | 13261 | 1567 | 1471 | 3077 | 3064 |
| 7347 | 7347 | 4635 | 4620 | 1658 | 1517 | 1493 | 1493 |
| 10 | 10 | 76 | 76 | | | | |
| 163 | 163 | 174 | 174 | | | 46 | 46 |
| | | | | | | | |
| 71 | 71 | 112 | 112 | | | 54 | 54 |
| 1013 | 473 | 2129 | 2125 | | | | |
| 1851 | 1735 | 1458 | 1458 | | | 21 | 21 |
| 965 | 928 | 1080 | 1066 | 19 | 19 | 36 | 36 |
| 492 | 206 | 1778 | 1778 | | | | |
| 344 | 344 | 419 | 415 | | | 62 | 62 |
| 285 | 285 | 215 | 215 | | | 10 | 10 |
| 147 | 147 | 197 | 197 | | | | |
| | | 44 | 44 | | | 12 | 12 |
| 459 | 403 | 423 | 423 | | | | |
| 505 | 497 | 373 | 368 | | | | |
| 207 | 207 | 67 | 67 | 26 | 22 | 16 | 16 |
| 4607 | 4607 | 215 | 215 | 397 | 388 | 147 | 147 |
| 89 | 89 | 29 | 29 | | | | |
| | | 8 | 8 | | | | |
| 18927 | 18927 | 8904 | 8904 | 817 | 764 | 2319 | 2306 |
| 3495 | 3495 | 2985 | 2985 | 132 | 112 | 292 | 292 |
| 235 | 235 | 102 | 102 | | | | |
| 7471 | 7471 | 5675 | 5660 | 1853 | 1702 | 1847 | 1847 |

# 单位从业人员和在岗职工劳动

| 项　目 | 毕节市 | | 七星关区 | |
|---|---|---|---|---|
| | 单位从业人员劳动报酬 | 在岗职工工资总额 | 单位从业人员劳动报酬 | 在岗职工工资总额 |
| 总计 | 17662407 | 16904065 | 4837986 | 4508414 |
| 一、按执行会计标准类别分组 | | | | |
| 1.企业 | 5838229 | 5233455 | 2012183 | 1755772 |
| 2.事业 | 8643333 | 8528981 | 1926575 | 1875987 |
| 3.机关 | 3125645 | 3086580 | 872205 | 849765 |
| 4.民间非盈利组织 | 7065 | 7065 | 680 | 680 |
| 5.其他 | 48135 | 47984 | 26343 | 26210 |
| 二、按国民经济行业分组 | | | | |
| (一)农、林、牧、渔业 | 46451 | 46317 | 16613 | 16479 |
| (二)采矿业 | 1656301 | 1518664 | 6570 | 6570 |
| (三)制造业 | 702717 | 634129 | 230548 | 220432 |
| (四)电力、热力、燃气及水生产和供应业 | 693515 | 652553 | 170936 | 164025 |
| (五)建筑业 | 312212 | 188902 | 156734 | 76270 |
| (六)批发和零售业 | 773391 | 712816 | 543406 | 490864 |
| (七)交通运输、仓储和邮政业 | 273678 | 240432 | 172038 | 140086 |
| (八)住宿和餐饮业 | 60720 | 59316 | 30628 | 30596 |
| (九)信息传输、软件和信息技术服务业 | 169618 | 126770 | 163637 | 120789 |
| (十)金融业 | 793712 | 766368 | 449169 | 429941 |
| (十一)房地产业 | 207889 | 203307 | 27772 | 26149 |
| (十二)租赁和商务服务业 | 174164 | 110769 | 50593 | 40389 |
| (十三)科学研究、技术服务业 | 808702 | 801660 | 207897 | 202734 |
| (十四)水利、环境和公共设施管理业 | 156669 | 147428 | 66377 | 63962 |
| (十五)居民服务、修理和其他服务业 | 25895 | 24644 | 19393 | 18618 |
| (十六)教育 | 5564524 | 5493721 | 1215266 | 1186936 |
| (十七)卫生和社会工作 | 1389653 | 1371386 | 276105 | 263410 |
| (十八)文化、体育和娱乐业 | 91469 | 90672 | 47183 | 46561 |
| (十九)公共管理和社会组织 | 3761127 | 3714211 | 987121 | 963603 |

# 报酬分县情况（一）（2015年）

单位：千元

| 大方县 | | 黔西县 | | 金沙县 | |
|---|---|---|---|---|---|
| 单位从业人员劳动报酬 | 在岗职工工资总额 | 单位从业人员劳动报酬 | 在岗职工工资总额 | 单位从业人员劳动报酬 | 在岗职工工资总额 |
| 1607158 | 1588543 | 1934188 | 1889827 | 1913789 | 1727903 |
| | | | | | |
| 423852 | 405451 | 682832 | 640337 | 884122 | 730909 |
| 834732 | 834732 | 928231 | 926395 | 817738 | 785660 |
| 344150 | 343936 | 323125 | 323095 | 207827 | 207232 |
| 184 | 184 | | | 2016 | 2016 |
| 4240 | 4240 | | | 2086 | 2086 |
| | | | | | |
| | | 2603 | 2603 | 1166 | 1166 |
| 170790 | 163714 | 435544 | 410658 | 375482 | 331400 |
| 33286 | 31219 | 41683 | 34701 | 148768 | 103799 |
| 43877 | 43877 | 88266 | 78991 | 131356 | 124070 |
| 22327 | 16367 | 7855 | 7855 | 15549 | 14238 |
| 11323 | 11173 | 26309 | 26309 | 44184 | 44034 |
| 21259 | 21259 | 15239 | 15239 | 28002 | 27032 |
| 2536 | 2347 | 4146 | 2963 | 9228 | 9228 |
| 2130 | 2130 | 1524 | 1524 | | |
| 84179 | 82294 | 9138 | 9138 | 42908 | 42908 |
| 19813 | 18739 | 28412 | 28243 | 34049 | 33135 |
| 17473 | 17473 | 18383 | 18353 | 60096 | 7141 |
| 68242 | 68242 | 88324 | 88324 | 65381 | 65381 |
| 16443 | 16443 | 10438 | 10236 | 18522 | 18522 |
| 490 | 490 | 885 | 885 | 2843 | 2367 |
| 508861 | 508861 | 562883 | 562883 | 412763 | 380685 |
| 161409 | 161409 | 175154 | 173520 | 202521 | 202421 |
| 2415 | 2283 | 2865 | 2865 | 10305 | 10305 |
| 420305 | 420223 | 414537 | 414537 | 310666 | 310071 |

| 项　目 | 织金县 | | 纳雍县 | |
|---|---|---|---|---|
| | 单位从业人员劳动报酬 | 在岗职工工资总额 | 单位从业人员劳动报酬 | 在岗职工工资总额 |
| 总计 | 1867857 | 1844225 | 1654134 | 1568029 |
| 一、按企业、事业、机关分组 | | | | |
| 1.企业 | 641682 | 621437 | 541550 | 488157 |
| 2.事业 | 926215 | 924250 | 816851 | 792837 |
| 3.机关 | 299825 | 298403 | 294598 | 285918 |
| 4.民间非盈利组织 | 75 | 75 | | |
| 5.其他 | 60 | 60 | 1135 | 1117 |
| 二、按国民经济行业分组 | | | | |
| (一)农、林、牧、渔业 | 2628 | 2628 | 12132 | 12132 |
| (二)采矿业 | 261779 | 249363 | 275615 | 266045 |
| (三)制造业 | 97000 | 96288 | 10607 | 10389 |
| (四)电力、热力、燃气及水生产和供应业 | 37396 | 37396 | 109774 | 95219 |
| (五)建筑业 | 5306 | 5306 | 33087 | 9248 |
| (六)批发和零售业 | 109621 | 104320 | 11534 | 9287 |
| (七)交通运输、仓储和邮政业 | 10485 | 10189 | 3628 | 3600 |
| (八)住宿和餐饮业 | 5122 | 5122 | 248 | 248 |
| (九)信息传输、软件和信息技术服务业 | | | | |
| (十)金融业 | 75167 | 73807 | 50755 | 48281 |
| (十一)房地产业 | 24234 | 24074 | 34691 | 34281 |
| (十二)租赁和商务服务业 | 14159 | 14159 | 2654 | 2564 |
| (十三)科学研究、技术服务业 | 88662 | 88106 | 39550 | 38802 |
| (十四)水利、环境和公共设施管理业 | 28618 | 28618 | 9626 | 3002 |
| (十五)居民服务、修理和其他服务业 | 1748 | 1748 | 355 | 355 |
| (十六)教育 | 607421 | 606616 | 565513 | 557965 |
| (十七)卫生和社会工作 | 124119 | 123544 | 92395 | 89704 |
| (十八)文化、体育和娱乐业 | 1119 | 1090 | 12242 | 12228 |
| (十九)公共管理和社会组织 | 373273 | 371851 | 389728 | 374679 |

# 劳动报酬分县情况（二）(2015年)

单位：千元

| 威宁县 | | 赫章县 | | 百里杜鹃管理区 | | 金海湖区 | |
|---|---|---|---|---|---|---|---|
| 单位从业人员劳动报酬 | 在岗职工工资总额 | 单位从业人员劳动报酬 | 在岗职工工资总额 | 单位从业人员劳动报酬 | 在岗职工工资总额 | 单位从业人员劳动报酬 | 在岗职工工资总额 |
| 2128760 | 2069868 | 1285126 | 1282862 | 164318 | 155549 | 269091 | 268845 |
| | | | | | | | |
| 314838 | 255946 | 326759 | 325035 | 372 | 372 | 10039 | 10039 |
| 1417800 | 1417800 | 705222 | 705222 | 76038 | 72413 | 193931 | 193685 |
| 389439 | 389439 | 242551 | 242011 | 87908 | 82764 | 64017 | 64017 |
| 270 | 270 | 3840 | 3840 | | | | |
| 6413 | 6413 | 6754 | 6754 | | | 1104 | 1104 |
| | | | | | | | |
| 2266 | 2266 | 4594 | 4594 | | | 4449 | 4449 |
| 54235 | 14735 | 76286 | 76179 | | | | |
| 73527 | 70063 | 66530 | 66470 | | | 768 | 768 |
| 61344 | 59709 | 48582 | 47282 | 372 | 372 | 1612 | 1612 |
| 21553 | 9817 | 49801 | 49801 | | | | |
| 12270 | 12270 | 13388 | 13203 | | | 1356 | 1356 |
| 12098 | 12098 | 9669 | 9669 | | | 1260 | 1260 |
| 4582 | 4582 | 4230 | 4230 | | | | |
| | | 1883 | 1883 | | | 444 | 444 |
| 40371 | 37974 | 42025 | 42025 | | | | |
| 20808 | 20648 | 18110 | 18038 | | | | |
| 6552 | 6552 | 2547 | 2547 | 1022 | 906 | 685 | 685 |
| 219665 | 219665 | 9362 | 9362 | 13313 | 12738 | 8306 | 8306 |
| 5184 | 5184 | 1461 | 1461 | | | | |
| | | 181 | 181 | | | | |
| 1011840 | 1011840 | 483847 | 483847 | 47719 | 45923 | 148411 | 148165 |
| 178666 | 178666 | 159322 | 159322 | 5730 | 5158 | 14232 | 14232 |
| 10249 | 10249 | 5091 | 5091 | | | | |
| 393550 | 393550 | 288217 | 287677 | 96162 | 90452 | 87568 | 87568 |

# 单位从业人员和在岗职工

| 项目 | 毕节市 | | 七星关区 | |
|---|---|---|---|---|
| | 单位从业人员平均劳动报酬 | 在岗职工平均工资 | 单位从业人员平均劳动报酬 | 在岗职工平均工资 |
| 总计 | 55647 | 57238 | 62064 | 66498 |
| 一、按执行会计标准类别分组 | | | | |
| 1.企业 | 52786 | 54627 | 60637 | 65453 |
| 2.事业 | 57001 | 58458 | 60975 | 65354 |
| 3.机关 | 58248 | 59206 | 70158 | 73668 |
| 4.民间非盈利组织 | 43882 | 43882 | 30909 | 30909 |
| 5.其他 | 35895 | 35997 | 36689 | 36864 |
| 二、按国民经济行业分组 | | | | |
| (一)农、林、牧、渔业 | 44071 | 44238 | 47602 | 48184 |
| (二)采矿业 | 50432 | 50981 | 49398 | 49398 |
| (三)制造业 | 38088 | 39163 | 35944 | 35878 |
| (四)电力、热力、燃气及水生产和供应业 | 67130 | 70318 | 86070 | 88328 |
| (五)建筑业 | 37679 | 35736 | 38901 | 40483 |
| (六)批发和零售业 | 62949 | 67572 | 87547 | 105178 |
| (七)交通运输、仓储和邮政业 | 48039 | 49666 | 51126 | 55000 |
| (八)住宿和餐饮业 | 28216 | 28072 | 29031 | 29028 |
| (九)信息传输、软件和信息技术服务业 | 75185 | 75729 | 77516 | 78999 |
| (十)金融业 | 99976 | 102882 | 85605 | 87564 |
| (十一)房地产业 | 43868 | 44468 | 39337 | 41050 |
| (十二)租赁和商务服务业 | 38945 | 37460 | 36715 | 42560 |
| (十三)科学研究、技术服务业 | 52946 | 53508 | 58579 | 61028 |
| (十四)水利、环境和公共设施管理业 | 31135 | 30260 | 30158 | 30633 |
| (十五)居民服务、修理和其他服务业 | 30718 | 31394 | 30783 | 31935 |
| (十六)教育 | 59305 | 60859 | 65790 | 70034 |
| (十七)卫生和社会工作 | 57201 | 58305 | 58546 | 63934 |
| (十八)文化、体育和娱乐业 | 60898 | 62232 | 70004 | 72300 |
| (十九)公共管理和社会组织 | 56881 | 58314 | 67014 | 71697 |

# 平均工资分县数(一)(2015年)

单位:元

| 大方县 | | 黔西县 | | 金沙县 | |
|---|---|---|---|---|---|
| 单位从业人员平均劳动报酬 | 在岗职工平均工资 | 单位从业人员平均劳动报酬 | 在岗职工平均工资 | 单位从业人员平均劳动报酬 | 在岗职工平均工资 |
| 56558 | 56494 | 54490 | 55206 | 52414 | 55488 |
| | | | | | |
| 57254 | 56937 | 49864 | 51211 | 48715 | 51549 |
| 57588 | 57588 | 57935 | 58085 | 56129 | 59574 |
| 53883 | 53976 | 55904 | 55908 | 56413 | 56590 |
| 30667 | 30667 | | | 43826 | 43826 |
| 33920 | 33920 | | | 32092 | 32092 |
| | | | | | |
| | | 47327 | 47327 | 30684 | 30684 |
| 57602 | 56707 | 53718 | 55211 | 46592 | 46894 |
| 35907 | 36989 | 40235 | 40397 | 42061 | 53067 |
| 77112 | 77112 | 57577 | 64588 | 84473 | 91836 |
| 44037 | 36371 | 40282 | 40282 | 22024 | 21062 |
| 39730 | 39621 | 37003 | 37003 | 43022 | 43086 |
| 37963 | 37963 | 49964 | 49964 | 47785 | 48444 |
| 27868 | 28975 | 26748 | 23331 | 32608 | 32608 |
| 54615 | 54615 | 30480 | 30480 | | |
| 172498 | 178126 | 101533 | 101533 | 114421 | 114421 |
| 49409 | 49838 | 45605 | 45701 | 40875 | 41523 |
| 28137 | 28137 | 32422 | 32426 | 51015 | 71410 |
| 53272 | 53272 | 51173 | 51173 | 57051 | 57051 |
| 17700 | 17700 | 36118 | 36820 | 60136 | 60136 |
| 21304 | 21304 | 25286 | 25286 | 34253 | 32875 |
| 59453 | 59453 | 64029 | 64029 | 51358 | 57194 |
| 66233 | 66233 | 52662 | 53162 | 66466 | 66564 |
| 52500 | 67147 | 58469 | 58469 | 56934 | 56934 |
| 54670 | 54681 | 52794 | 52794 | 56138 | 56254 |

| 项　目 | 织金县 | | 纳雍县 | |
|---|---|---|---|---|
| | 单位从业人员平均劳动报酬 | 在岗职工平均工资 | 单位从业人员平均劳动报酬 | 在岗职工平均工资 |
| 总计 | 53795 | 54103 | 55618 | 58915 |
| 一、按执行会计标准类别分组 | | | | |
| 1.企业 | 47048 | 47467 | 51883 | 54573 |
| 2.事业 | 57874 | 57994 | 58288 | 61950 |
| 3.机关 | 59079 | 59043 | 56167 | 59209 |
| 4.民间非盈利组织 | 37500 | 37500 | | |
| 5.其他 | 30000 | 30000 | 25795 | 25977 |
| 二、按国民经济行业分组 | | | | |
| (一)农、林、牧、渔业 | 37014 | 37014 | 39908 | 39908 |
| (二)采矿业 | 53665 | 55674 | 49634 | 51730 |
| (三)制造业 | 32550 | 32453 | 29382 | 29683 |
| (四)电力、热力、燃气及水生产和供应业 | 55320 | 55320 | 56848 | 60303 |
| (五)建筑业 | 25388 | 25388 | 42042 | 42036 |
| (六)批发和零售业 | 37892 | 37458 | 34430 | 35857 |
| (七)交通运输、仓储和邮政业 | 38407 | 38305 | 43190 | 44444 |
| (八)住宿和餐饮业 | 23604 | 23604 | 24800 | 24800 |
| (九)信息传输、软件和信息技术服务业 | | | | |
| (十)金融业 | 159930 | 161857 | 128494 | 142843 |
| (十一)房地产业 | 38961 | 39081 | 52324 | 52821 |
| (十二)租赁和商务服务业 | 39661 | 39661 | 43508 | 44207 |
| (十三)科学研究、技术服务业 | 56981 | 56990 | 59118 | 62283 |
| (十四)水利、环境和公共设施管理业 | 33238 | 33238 | 29618 | 10388 |
| (十五)居民服务、修理和其他服务业 | 36417 | 36417 | 22188 | 22188 |
| (十六)教育 | 59686 | 59865 | 62412 | 65512 |
| (十七)卫生和社会工作 | 64144 | 64212 | 46949 | 47462 |
| (十八)文化、体育和娱乐业 | 55950 | 60556 | 63103 | 63358 |
| (十九)公共管理和社会组织 | 57613 | 57580 | 55485 | 61463 |

# 平均工资分县数(二)(2015年)

单位:元

| 威宁县 | | 赫章县 | | 百里杜鹃管理区 | | 金海湖新区 | |
|---|---|---|---|---|---|---|---|
| 单位从业人员平均劳动报酬 | 在岗职工平均工资 | 单位从业人员平均劳动报酬 | 在岗职工平均工资 | 单位从业人员平均劳动报酬 | 在岗职工平均工资 | 单位从业人员平均劳动报酬 | 在岗职工平均工资 |
| 52320 | 52050 | 49828 | 49843 | 50669 | 51746 | 55597 | 55696 |
| | | | | | | | |
| 50805 | 48502 | 42647 | 42633 | 19579 | 19579 | 46263 | 46263 |
| 52412 | 52412 | 53232 | 53232 | 48742 | 49462 | 63026 | 63213 |
| 53620 | 53620 | 52376 | 52429 | 52829 | 54343 | 42678 | 42678 |
| 30000 | 30000 | 50526 | 50526 | | | | |
| 38401 | 38401 | 38816 | 38816 | | | 24000 | 24000 |
| | | | | | | | |
| 31915 | 31915 | 41018 | 41018 | | | 82389 | 82389 |
| 56791 | 32385 | 34818 | 34833 | | | | |
| 39488 | 40174 | 50670 | 50818 | | | 38400 | 38400 |
| 64573 | 65399 | 45067 | 44648 | 19579 | 19579 | 47412 | 47412 |
| 52826 | 47425 | 34464 | 34464 | | | | |
| 35360 | 35360 | 31952 | 31891 | | | 21871 | 21871 |
| 43362 | 43362 | 44972 | 44972 | | | 42000 | 42000 |
| 32042 | 32042 | 21364 | 21364 | | | | |
| | | 42795 | 42795 | | | 37000 | 37000 |
| 89514 | 96137 | 99350 | 99350 | | | | |
| 41123 | 41462 | 47039 | 47468 | | | | |
| 32597 | 32597 | 38015 | 38015 | 39308 | 41182 | 42813 | 42813 |
| 47857 | 47857 | 43544 | 43544 | 33704 | 33000 | 56503 | 56503 |
| 57600 | 57600 | 50379 | 50379 | | | | |
| | | 22625 | 22625 | | | | |
| 54077 | 54077 | 54420 | 54420 | 58840 | 60584 | 63998 | 64252 |
| 51623 | 51623 | 53464 | 53464 | 43409 | 46054 | 48740 | 48740 |
| 43428 | 43428 | 49912 | 49912 | | | | |
| 52996 | 52996 | 50778 | 50817 | 51700 | 52927 | 47232 | 47232 |

# 国有非私营单位从业人员

| 项　　目 | 单位数(个) | 从业 | | |
|---|---|---|---|---|
| | | 从业人员 | | |
| | | | #女性 | 在岗职工 |
| Ⅰ.国有单位合计 | 4663 | 226618 | 92892 | 217181 |
| 一、按隶属关系分组 | | | | |
| 1.中央 | 25 | 7882 | 1943 | 7440 |
| 2.省、自治区、直辖市 | 72 | 6633 | 1706 | 6254 |
| 3.地区 | 278 | 19161 | 7571 | 17927 |
| 4.县及县以下 | 4279 | 192604 | 81582 | 185240 |
| 5.其他 | 9 | 338 | 90 | 320 |
| 二、按执行会计标准类别分组 | | | | |
| 1.企业 | 185 | 20099 | 5880 | 18278 |
| 2.事业 | 3125 | 152561 | 72157 | 146503 |
| 3.机关 | 1352 | 53907 | 14834 | 52349 |
| 4.民间非营利组织 | | | | |
| 5.其他 | 1 | 51 | 21 | 51 |
| 三、按国民经济行业分组(同总计分组) | | | | |
| (一)农、林、牧、渔业 | 12 | 459 | 120 | 445 |
| (二)采矿业 | 13 | 2705 | 330 | 2235 |
| (三)制造业 | 10 | 280 | 104 | 280 |
| (四)电力、热力、燃气及水生产和供应业 | 30 | 5910 | 1662 | 5547 |
| (五)建筑业 | 5 | 401 | 36 | 115 |
| (六)批发和零售业 | 36 | 4785 | 1059 | 4714 |
| (七)交通运输、仓储和邮政业 | 37 | 4132 | 1932 | 3864 |
| (八)住宿和餐饮业 | 5 | 31 | 18 | 31 |
| (九)信息传输、软件和信息技术服务业 | 3 | 657 | 244 | 394 |
| (十)金融业 | 11 | 1798 | 612 | 1624 |
| (十一)房地产业 | 27 | 577 | 256 | 574 |
| (十二)租赁和商务服务业 | 26 | 412 | 104 | 404 |
| (十三)科学研究、技术服务业 | 1310 | 15015 | 5567 | 14743 |
| (十四)水利、环境和公共设施管理业 | 62 | 4776 | 3000 | 4376 |
| (十五)居民服务、修理和其他服务业 | 7 | 138 | 44 | 138 |
| (十六)教育 | 820 | 92963 | 42990 | 89482 |
| (十七)卫生和社会工作 | 366 | 23961 | 14967 | 23098 |
| (十八)文化、体育和娱乐业 | 106 | 1337 | 534 | 1292 |
| (十九)公共管理和社会组织 | 1777 | 66281 | 19313 | 63825 |

# 和工资总额情况(2015年)

| 人员(人) | | 工资总额(千元) | | | |
|---|---|---|---|---|---|
| 期末人数 | | | | | |
| 劳务派遣人员 | 其他从业人员 | 从业人员工资总额 | 在岗职工工资总额 | 劳务派遣人员工资总额 | 其他从业人员工资总额 |
| 3313 | 6124 | 13220814 | 12937486 | 121372 | 161956 |
| | | | | | |
| 381 | 61 | 751184 | 702344 | 12599 | 36241 |
| 273 | 106 | 488510 | 463650 | 21502 | 3358 |
| 255 | 979 | 1309723 | 1270990 | 16361 | 22372 |
| 2395 | 4969 | 10658229 | 10487694 | 70784 | 99751 |
| 9 | 9 | 13168 | 12808 | 126 | 234 |
| | | | | | |
| 1302 | 519 | 1451683 | 1321772 | 73200 | 56711 |
| 1686 | 4372 | 8641055 | 8526703 | 38580 | 75772 |
| 325 | 1233 | 3125645 | 3086580 | 9592 | 29473 |
| | | | | | |
| | | 2431 | 2431 | | |
| | | | | | |
| | 14 | 24583 | 24449 | | 134 |
| 461 | 9 | 160749 | 138419 | 21978 | 352 |
| | | 10069 | 10069 | | |
| 309 | 54 | 425495 | 410392 | 13780 | 1323 |
| | 286 | 18539 | 6803 | | 11736 |
| | 71 | 489482 | 452774 | | 36708 |
| 236 | 32 | 208409 | 183854 | 19517 | 5038 |
| | | 949 | 949 | | |
| 263 | | 30202 | 20702 | 9500 | |
| 101 | 73 | 165403 | 152949 | 10111 | 2343 |
| | 3 | 20614 | 20589 | | 25 |
| 4 | 4 | 20460 | 20224 | 116 | 120 |
| | 272 | 797346 | 791664 | | 5682 |
| | 400 | 147155 | 137914 | | 9241 |
| | | 7847 | 7847 | | |
| 1518 | 1963 | 5483084 | 5413307 | 34667 | 35110 |
| 121 | 742 | 1362933 | 1344799 | 2789 | 15345 |
| 1 | 44 | 86368 | 85571 | 43 | 754 |
| 299 | 2157 | 3761127 | 3714211 | 8871 | 38045 |

# 国有非私营单位平均从业

| 项　　目 | 从业 | |
|---|---|---|
| | 从业人员 | |
| | | 在岗职工 |
| Ⅰ.国有单位合计 | 225249 | 214938 |
| 一、按隶属关系分组 | | |
| 1.中央 | 7854 | 6399 |
| 2.省、自治区、直辖市 | 6643 | 6169 |
| 3.地区 | 18909 | 17583 |
| 4.县及县以下 | 191507 | 184469 |
| 5.其他 | 336 | 318 |
| 二、按执行会计标准类别分组 | | |
| 1.企业 | 19942 | 16896 |
| 2.事业 | 151595 | 145858 |
| 3.机关 | 53661 | 52133 |
| 4.民间非营利组织 | | |
| 5.其他 | 51 | 51 |
| 三、按国民经济行业分组(同总计分组) | | |
| (一)农、林、牧、渔业 | 451 | 444 |
| (二)采矿业 | 2687 | 2214 |
| (三)制造业 | 280 | 280 |
| (四)电力、热力、燃气及水生产和供应业 | 5869 | 5507 |
| (五)建筑业 | 315 | 114 |
| (六)批发和零售业 | 4810 | 3723 |
| (七)交通运输、仓储和邮政业 | 4154 | 3584 |
| (八)住宿和餐饮业 | 31 | 31 |
| (九)信息传输、软件和信息技术服务业 | 636 | 383 |
| (十)金融业 | 1753 | 1575 |
| (十一)房地产业 | 570 | 567 |
| (十二)租赁和商务服务业 | 410 | 402 |
| (十三)科学研究、技术服务业 | 14955 | 14712 |
| (十四)水利、环境和公共设施管理业 | 4674 | 4514 |
| (十五)居民服务、修理和其他服务业 | 138 | 138 |
| (十六)教育 | 92377 | 88852 |
| (十七)卫生和社会工作 | 23680 | 22914 |
| (十八)文化、体育和娱乐业 | 1336 | 1291 |
| (十九)公共管理和社会组织 | 66123 | 63693 |

# 人员和平均工资(2015年)

| 人员(人) | | 平均工资(元) | | | |
|---|---|---|---|---|---|
| 平均人数 | | | | | |
| 劳务派 遣人员 | 其他从 业人员 | 从业人员平均工资 | 在岗职工平均工资 | 劳务派遣人员平均工资 | 其他从业人员平均工资 |
| 3403 | 6908 | 58694 | 60192 | 35666 | 23445 |
| | | | | | |
| 381 | 1074 | 95643 | 109758 | 33068 | 33744 |
| 367 | 107 | 73538 | 75158 | 58589 | 31383 |
| 259 | 1067 | 69265 | 72285 | 63170 | 20967 |
| 2387 | 4651 | 55655 | 56853 | 29654 | 21447 |
| 9 | 9 | 39190 | 40277 | 14000 | 26000 |
| | | | | | |
| 1390 | 1656 | 72795 | 78230 | 52662 | 34246 |
| 1691 | 4046 | 57001 | 58459 | 22815 | 18728 |
| 322 | 1206 | 58248 | 59206 | 29789 | 24439 |
| | | | | | |
| | | 47667 | 47667 | | |
| | | | | | |
| | 7 | 54508 | 55065 | | 19143 |
| 458 | 15 | 59825 | 62520 | 47987 | 23467 |
| | | 35961 | 35961 | | |
| 308 | 54 | 72499 | 74522 | 44740 | 24500 |
| | 201 | 58854 | 59675 | | 58388 |
| | 1087 | 101763 | 121615 | | 33770 |
| 330 | 240 | 50171 | 51299 | 59142 | 20992 |
| | | 30613 | 30613 | | |
| 253 | | 47487 | 54052 | 37549 | |
| 108 | 70 | 94354 | 97110 | 93620 | 33471 |
| | 3 | 36165 | 36312 | | 8333 |
| 4 | 4 | 49902 | 50308 | 29000 | 30000 |
| | 243 | 53316 | 53811 | | 23383 |
| | 160 | 31484 | 30553 | | 57756 |
| | | 56862 | 56862 | | |
| 1533 | 1992 | 59356 | 60925 | 22614 | 17626 |
| 111 | 655 | 57556 | 58689 | 25126 | 23427 |
| 1 | 44 | 64647 | 66283 | 43000 | 17136 |
| 297 | 2133 | 56881 | 58314 | 29869 | 17836 |

# 集体、其他非私营单位从业

| 项　目 | 单位数(个) | 从业 | | |
| --- | --- | --- | --- | --- |
| | | 从业人员 | | |
| | | | #女性 | 在岗职工 |
| Ⅱ.城镇集体单位合计 | 93 | 4744 | 1569 | 4332 |
| 一、按执行会计标准类别分组 | | | | |
| 1.企业 | 92 | 4734 | 1566 | 4322 |
| 2.事业 | | | | |
| 3.机关 | | | | |
| 4.民间非盈利组织 | 1 | 10 | 3 | 10 |
| 5.其他 | | | | |
| 二、按国民经济行业分组(同总计分组) | | | | |
| (一)农、林、牧、渔业 | 1 | 1 | | 1 |
| (二)采矿业 | 4 | 31 | 3 | 31 |
| (三)制造业 | 13 | 192 | 36 | 192 |
| (四)电力、热力、燃气及水生产和供应业 | 3 | 29 | 2 | 29 |
| (五)建筑业 | 14 | 1152 | 166 | 853 |
| (六)批发和零售业 | 38 | 895 | 301 | 875 |
| (七)交通运输、仓储和邮政业 | | | | |
| (八)住宿和餐饮业 | 1 | 16 | 9 | 16 |
| (九)信息传输、软件和信息技术服务业 | | | | |
| (十)金融业 | 6 | 2114 | 953 | 2021 |
| (十一)房地产业 | 4 | 52 | 20 | 52 |
| (十二)租赁和商务服务业 | 1 | 7 | 1 | 7 |
| (十三)科学研究、技术服务业 | 2 | 107 | 8 | 107 |
| (十四)水利、环境和公共设施管理业 | 2 | 50 | 13 | 50 |
| (十五)居民服务、修理和其他服务业 | 2 | 2 | | 2 |
| (十六)教育 | | | | |
| (十七)卫生和社会工作 | 2 | 96 | 57 | 96 |

# 人员和劳动报酬(一)(2015年)

| 人员(人) | | 工资总额(千元) | | | |
|---|---|---|---|---|---|
| 期末人数 | | 从业人员工资总额 | 在岗职工工资总额 | 劳务派遣人员工资总额 | 其他从业人员工资总额 |
| 劳务派遣人员 | 其他从业人员 | | | | |
| 65 | 347 | 375027 | 356262 | 4716 | 14049 |
| | | | | | |
| 65 | 347 | 374757 | 355992 | 4716 | 14049 |
| | | | | | |
| | | | | | |
| | | 270 | 270 | | |
| | | | | | |
| | | | | | |
| | | 20 | 20 | | |
| | | 995 | 995 | | |
| | | 7114 | 7114 | | |
| | | 1033 | 1033 | | |
| | 299 | 38618 | 25851 | 260 | 12507 |
| | 20 | 32704 | 32348 | | 356 |
| | | | | | |
| | | 451 | 451 | | |
| | | | | | |
| 65 | 28 | 281080 | 275438 | 4456 | 1186 |
| | | 2195 | 2195 | | |
| | | 233 | 233 | | |
| | | 4528 | 4528 | | |
| | | 1965 | 1965 | | |
| | | 41 | 41 | | |
| | | | | | |
| | | 4050 | 4050 | | |

# 集体、其他非私营单位从业

| 项　目 | 单位数(个) | 从业 | | |
|---|---|---|---|---|
| | | 从业人员 | | |
| | | | #女性 | 在岗职工 |
| Ⅲ.其他单位合计 | 1036 | 86852 | 22174 | 76667 |
| 一、按登记注册类型分组 | | | | |
| (一)内资 | 1024 | 85110 | 21630 | 74999 |
| (二)港、澳、台商投资 | 6 | 864 | 136 | 859 |
| (三)外商投资 | 6 | 878 | 408 | 809 |
| 二、按执行会计标准类别分组 | | | | |
| 1.企业 | 964 | 85353 | 21385 | 75176 |
| 2.事业 | 1 | 41 | 33 | 41 |
| 3.机关 | | | | |
| 4.民间非盈利组织 | 7 | 152 | 92 | 152 |
| 5.其他 | 64 | 1306 | 664 | 1298 |
| 三、按国民经济行业分组(同总计分组) | | | | |
| (一)农、林、牧、渔业 | 37 | 595 | 137 | 595 |
| (二)采矿业 | 133 | 29571 | 2607 | 27079 |
| (三)制造业 | 190 | 18001 | 6826 | 15779 |
| (四)电力、热力、燃气及水生产和供应业 | 32 | 4427 | 1030 | 3777 |
| (五)建筑业 | 46 | 6199 | 894 | 4383 |
| (六)批发和零售业 | 190 | 6800 | 1836 | 6229 |
| (七)交通运输、仓储和邮政业 | 46 | 1549 | 441 | 1274 |
| (八)住宿和餐饮业 | 29 | 2147 | 1252 | 2097 |
| (九)信息传输、软件和信息技术服务业 | 13 | 1596 | 631 | 1511 |
| (十)金融业 | 42 | 4145 | 2169 | 3961 |
| (十一)房地产业 | 137 | 4245 | 1366 | 4077 |
| (十二)租赁和商务服务业 | 52 | 4102 | 1254 | 2566 |
| (十三)科学研究、技术服务业 | 9 | 204 | 27 | 164 |
| (十四)水利、环境和公共设施管理业 | 8 | 308 | 129 | 308 |
| (十五)居民服务、修理和其他服务业 | 19 | 727 | 390 | 672 |
| (十六)教育 | 37 | 1547 | 742 | 1513 |
| (十七)卫生和社会工作 | 10 | 524 | 359 | 517 |
| (十八)文化、体育和娱乐业 | 6 | 165 | 84 | 165 |
| (十九)公共管理和社会组织 | | | | |

# 人员和劳动报酬(二)(2015年)

| 人员(人) | | 工资总额(千元) | | | |
|---|---|---|---|---|---|
| 期末人数 | | 从业人员工资总额 | 在岗职工工资总额 | 劳务派遣人员工资总额 | 其他从业人员工资总额 |
| 劳务派遣人员 | 其他从业人员 | | | | |
| 5819 | 4366 | 4066566 | 3610317 | 252306 | 203943 |
| | | | | | |
| 5750 | 4361 | 3938106 | 3514507 | 219926 | 203673 |
| | 5 | 47732 | 47462 | | 270 |
| 69 | | 80728 | 48348 | 32380 | |
| | | | | | |
| 5819 | 4358 | 4011789 | 3555691 | 252306 | 203792 |
| | | 2278 | 2278 | | |
| | | | | | |
| | | 6795 | 6795 | | |
| | 8 | 45704 | 45553 | | 151 |
| | | | | | |
| | | 21848 | 21848 | | |
| 884 | 1608 | 1494557 | 1379250 | 32533 | 82774 |
| 1751 | 471 | 685534 | 616946 | 55795 | 12793 |
| 632 | 18 | 266987 | 241128 | 25645 | 214 |
| 92 | 1724 | 255055 | 156248 | 7256 | 91551 |
| 428 | 143 | 251205 | 227694 | 16908 | 6603 |
| 161 | 114 | 65269 | 56578 | 5774 | 2917 |
| 20 | 30 | 59320 | 57916 | 1000 | 404 |
| 80 | 5 | 139416 | 106068 | 33180 | 168 |
| 102 | 82 | 347229 | 337981 | 7237 | 2011 |
| 98 | 70 | 185080 | 180523 | 2429 | 2128 |
| 1513 | 23 | 153471 | 90312 | 62385 | 774 |
| 34 | 6 | 6828 | 5468 | 1325 | 35 |
| | | 7549 | 7549 | | |
| 3 | 52 | 18007 | 16756 | 147 | 1104 |
| 21 | 13 | 81440 | 80414 | 692 | 334 |
| | 7 | 22670 | 22537 | | 133 |
| | | 5101 | 5101 | | |

# 集体、其他非私营单位平均从业

| 项　目 | 从业 | |
|---|---|---|
| | 从业人员 | |
| | | 在岗职工 |
| Ⅱ.城镇集体单位合计 | 4730 | 4313 |
| 一、按执行会计标准类别分组 | | |
| 1.企业 | 4721 | 4304 |
| 2.事业 | | |
| 3.机关 | | |
| 4.民间非盈利组织 | 9 | 9 |
| 5.其他 | | |
| 二、按国民经济行业分组 | | |
| (一)农、林、牧、渔业 | 1 | 1 |
| (二)采矿业 | 31 | 31 |
| (三)制造业 | 222 | 222 |
| (四)电力、热力、燃气及水生产和供应业 | 29 | 29 |
| (五)建筑业 | 1138 | 837 |
| (六)批发和零售业 | 894 | 874 |
| (七)交通运输、仓储和邮政业 | | |
| (八)住宿和餐饮业 | 16 | 16 |
| (九)信息传输、软件和信息技术服务业 | | |
| (十)金融业 | 2091 | 1995 |
| (十一)房地产业 | 48 | 48 |
| (十二)租赁和商务服务业 | 8 | 8 |
| (十三)科学研究、技术服务业 | 107 | 107 |
| (十四)水利、环境和公共设施管理业 | 50 | 50 |
| (十五)居民服务、修理和其他服务业 | 2 | 2 |
| (十六)教育 | | |
| (十七)卫生和社会工作 | 93 | 93 |

# 人员和平均工资情况(一)(2015年)

| 人员(人) | | 平均工资(元) | | | |
|---|---|---|---|---|---|
| 平均人数 | | 从业人员平均工资 | | | |
| 劳务派遣人员 | 其他从业人员 | | 在岗职工平均工资 | 劳务派遣人员平均工资 | 其他从业人员平均工资 |
| 76 | 341 | 79287 | 82602 | 62053 | 41199 |
| | | | | | |
| 76 | 341 | 79381 | 82712 | 62053 | 41199 |
| | | | | | |
| | | | | | |
| | | 30000 | 30000 | | |
| | | | | | |
| | | | | | |
| | | 20000 | 20000 | | |
| | | 32097 | 32097 | | |
| | | 32045 | 32045 | | |
| | | 35621 | 35621 | | |
| 8 | 293 | 33935 | 30885 | 32500 | 42686 |
| | 20 | 36582 | 37011 | | 17800 |
| | | | | | |
| | | 28188 | 28188 | | |
| | | | | | |
| 68 | 28 | 134424 | 138064 | 65529 | 42357 |
| | | 45729 | 45729 | | |
| | | 29125 | 29125 | | |
| | | 42318 | 42318 | | |
| | | 39300 | 39300 | | |
| | | 20500 | 20500 | | |
| | | | | | |
| | | 43548 | 43548 | | |

# 集体、其他非私营单位平均从业

| 项 目 | 从业<br>从业人员 | |
|---|---|---|
| | | 在岗职工 |
| Ⅲ.其他单位合计 | 87422 | 76078 |
| 一、按登记注册类型分组 | | |
| (一)内资 | 85578 | 74552 |
| (二)港、澳、台商投资 | 864 | 859 |
| (三)外商投资 | 980 | 667 |
| 二、按执行会计标准类别分组 | | |
| 1.企业 | 85939 | 74603 |
| 2.事业 | 41 | 41 |
| 3.机关 | | |
| 4.民间非盈利组织 | 152 | 152 |
| 5.其他 | 1290 | 1282 |
| 三、按国民经济行业分组(同总计分组) | | |
| (一)农、林、牧、渔业 | 602 | 602 |
| (二)采矿业 | 30124 | 27544 |
| (三)制造业 | 17948 | 15690 |
| (四)电力、热力、燃气及水生产和供应业 | 4433 | 3744 |
| (五)建筑业 | 6833 | 4335 |
| (六)批发和零售业 | 6582 | 5952 |
| (七)交通运输、仓储和邮政业 | 1543 | 1257 |
| (八)住宿和餐饮业 | 2105 | 2066 |
| (九)信息传输、软件和信息技术服务业 | 1620 | 1291 |
| (十)金融业 | 4095 | 3879 |
| (十一)房地产业 | 4121 | 3957 |
| (十二)租赁和商务服务业 | 4054 | 2547 |
| (十三)科学研究、技术服务业 | 212 | 163 |
| (十四)水利、环境和公共设施管理业 | 308 | 308 |
| (十五)居民服务、修理和其他服务业 | 703 | 645 |
| (十六)教育 | 1452 | 1418 |
| (十七)卫生和社会工作 | 521 | 514 |
| (十八)文化、体育和娱乐业 | 166 | 166 |

# 人员和平均工资情况(二)(2015年)

| 人员(人) | | 平均工资(元) | | | |
|---|---|---|---|---|---|
| 平均人数 | | 从业人员平均工资 | | | |
| 劳务派遣人员 | 其他从业人员 | | 在岗职工平均工资 | 劳务派遣人员平均工资 | 其他从业人员平均工资 |
| 6219 | 5125 | 46517 | 47455 | 40570 | 39794 |
| | | | | | |
| 5906 | 5120 | 46018 | 47142 | 37238 | 39780 |
| | 5 | 55245 | 55253 | | 54000 |
| 313 | | 82376 | 72486 | 103450 | |
| | | | | | |
| 6219 | 5117 | 46682 | 47662 | 40570 | 39826 |
| | | 55561 | 55561 | | |
| | | | | | |
| | | 44704 | 44704 | | |
| | 8 | 35429 | 35533 | | 18875 |
| | | | | | |
| | | 36292 | 36292 | | |
| 873 | 1707 | 49613 | 50074 | 37266 | 48491 |
| 1840 | 418 | 38196 | 39321 | 30323 | 30605 |
| 671 | 18 | 60227 | 64404 | 38219 | 11889 |
| 87 | 2411 | 37327 | 36043 | 83402 | 37972 |
| 467 | 163 | 38165 | 38255 | 36206 | 40509 |
| 161 | 125 | 42300 | 45010 | 35863 | 23336 |
| 20 | 19 | 28181 | 28033 | 50000 | 21263 |
| 324 | 5 | 86059 | 82160 | 102407 | 33600 |
| 136 | 80 | 84793 | 87131 | 53213 | 25138 |
| 95 | 69 | 44911 | 45621 | 25568 | 30841 |
| 1478 | 29 | 37857 | 35458 | 42209 | 26690 |
| 43 | 6 | 32208 | 33546 | 30814 | 5833 |
| | | 24510 | 24510 | | |
| 3 | 55 | 25615 | 25978 | 49000 | 20073 |
| 21 | 13 | 56088 | 56709 | 32952 | 25692 |
| | 7 | 43512 | 43846 | | 19000 |
| | | 30729 | 30729 | | |

# 企业单位从业

| 项　目 | 单位数（个） | 从业 | | |
| --- | --- | --- | --- | --- |
| | | 从业人员 | | |
| | | | 其中：女性 | 在岗职工 |
| 企业单位合计 | 1241 | 110186 | 28831 | 97776 |
| 其中:国有控股 | 352 | 50007 | 12203 | 44793 |
| 集体控股 | 121 | 7772 | 2104 | 6925 |
| 按国民经济行业分组 | | | | |
| (一)农、林、牧、渔业 | 39 | 777 | 169 | 777 |
| (二)采矿业 | 149 | 32301 | 2939 | 29339 |
| (三)制造业 | 200 | 18246 | 6861 | 16025 |
| (四)电力、热力、燃气及水生产和供应业 | 64 | 10353 | 2686 | 9340 |
| (五)建筑业 | 64 | 7747 | 1095 | 5346 |
| (六)批发和零售业 | 254 | 12350 | 3132 | 11688 |
| (七)交通运输、仓储和邮政业 | 66 | 4120 | 1912 | 3581 |
| (八)住宿和餐饮业 | 33 | 2110 | 1223 | 2060 |
| (九)信息传输、软件和信息技术服务业 | 16 | 2253 | 875 | 1905 |
| (十)金融业 | 56 | 7664 | 3599 | 7292 |
| (十一)房地产业 | 166 | 4863 | 1641 | 4692 |
| (十二)租赁和商务服务业 | 58 | 4224 | 1269 | 2688 |
| (十三)科学研究、技术服务业 | 16 | 397 | 54 | 357 |
| (十四)水利、环境和公共设施管理业 | 12 | 420 | 165 | 420 |
| (十五)居民服务、修理和其他服务业 | 21 | 733 | 389 | 678 |
| (十六)教育 | 11 | 944 | 402 | 910 |
| (十七)卫生和社会工作 | 8 | 487 | 330 | 481 |
| (十八)文化、体育和娱乐业 | 7 | 188 | 90 | 188 |
| (十九)公共管理、社会保障和社会组织 | 1 | 9 | | 9 |

# 人员情况(2015年)

| 人员(人) | | | | | |
| --- | --- | --- | --- | --- | --- |
| 期末人数 | | 从业人员平均人数 | | | |
| 劳务派遣人员 | 其他从业人员 | | 在岗职工 | 劳务派遣人员 | 其他从业人员 |
| 7186 | 5224 | 110602 | 95803 | 7685 | 7114 |
| 3503 | 1711 | 50932 | 44122 | 3705 | 3105 |
| 37 | 810 | 7688 | 6849 | 61 | 778 |
| | | | | | |
| | | 784 | 784 | | |
| 1345 | 1617 | 32836 | 29783 | 1331 | 1722 |
| 1751 | 470 | 18222 | 15965 | 1840 | 417 |
| 941 | 72 | 10318 | 9267 | 979 | 72 |
| 92 | 2309 | 8281 | 5281 | 95 | 2905 |
| 428 | 234 | 12149 | 10412 | 467 | 1270 |
| 393 | 146 | 4132 | 3288 | 487 | 357 |
| 20 | 30 | 2068 | 2029 | 20 | 19 |
| 343 | 5 | 2256 | 1674 | 577 | 5 |
| 204 | 168 | 7564 | 7149 | 249 | 166 |
| 98 | 73 | 4731 | 4564 | 95 | 72 |
| 1513 | 23 | 4178 | 2671 | 1478 | 29 |
| 34 | 6 | 404 | 355 | 43 | 6 |
| | | 419 | 419 | | |
| 3 | 52 | 709 | 651 | 3 | 55 |
| 21 | 13 | 869 | 835 | 21 | 13 |
| | 6 | 484 | 478 | | 6 |
| | | 189 | 189 | | |
| | | 9 | 9 | | |

# 企业单位

| 项　目 | 工资 | |
|---|---|---|
| | 从业人员 | |
| | | 在岗职工 |
| 企业单位合计 | 5838229 | 5233455 |
| 其中:国有控股 | 3072622 | 2792050 |
| 集体控股 | 535634 | 500182 |
| 按国民经济行业分组 | | |
| (一)农、林、牧、渔业 | 32490 | 32490 |
| (二)采矿业 | 1656166 | 1518529 |
| (三)制造业 | 695495 | 626925 |
| (四)电力、热力、燃气及水生产和供应业 | 692616 | 651654 |
| (五)建筑业 | 312070 | 188760 |
| (六)批发和零售业 | 767922 | 707347 |
| (七)交通运输、仓储和邮政业 | 187496 | 154950 |
| (八)住宿和餐饮业 | 58680 | 57276 |
| (九)信息传输、软件和信息技术服务业 | 169618 | 126770 |
| (十)金融业 | 770590 | 745146 |
| (十一)房地产业 | 207534 | 202952 |
| (十二)租赁和商务服务业 | 158759 | 95600 |
| (十三)科学研究、技术服务业 | 14727 | 13367 |
| (十四)水利、环境和公共设施管理业 | 11799 | 11799 |
| (十五)居民服务、修理和其他服务业 | 18104 | 16853 |
| (十六)教育 | 58392 | 57366 |
| (十七)卫生和社会工作 | 19863 | 19763 |
| (十八)文化、体育和娱乐业 | 5673 | 5673 |
| (十九)公共管理、社会保障和社会组织 | 235 | 235 |

# 工资情况(2015年)

| 总额(千元) | | 平均工资(元) | | | |
|---|---|---|---|---|---|
| 工资总额 | | 从业人员平均工资 | | | |
| 劳务派遣人员 | 其他从业人员 | | 在岗职工 | 劳务派遣人员 | 其他从业人员 |
| 330222 | 274552 | 52786 | 54627 | 42970 | 38593 |
| 176305 | 104267 | 60328 | 63280 | 47586 | 33580 |
| 4706 | 30746 | 69671 | 73030 | 77148 | 39519 |
| | | | | | |
| | | 41441 | 41441 | | |
| 54511 | 83126 | 50438 | 50986 | 40955 | 48273 |
| 55795 | 12775 | 38168 | 39269 | 30323 | 30635 |
| 39425 | 1537 | 67127 | 70320 | 40271 | 21347 |
| 7516 | 115794 | 37685 | 35743 | 79116 | 39860 |
| 16908 | 43667 | 63209 | 67936 | 36206 | 34383 |
| 25107 | 7439 | 45377 | 47126 | 51554 | 20838 |
| 1000 | 404 | 28375 | 28229 | 50000 | 21263 |
| 42680 | 168 | 75185 | 75729 | 73969 | 33600 |
| 20302 | 5142 | 101876 | 104231 | 81534 | 30976 |
| 2429 | 2153 | 43867 | 44468 | 25568 | 29903 |
| 62385 | 774 | 37999 | 35792 | 42209 | 26690 |
| 1325 | 35 | 36453 | 37654 | 30814 | 5833 |
| | | 28160 | 28160 | | |
| 147 | 1104 | 25535 | 25888 | 49000 | 20073 |
| 692 | 334 | 67194 | 68702 | 32952 | 25692 |
| | 100 | 41039 | 41345 | | 16667 |
| | | 30016 | 30016 | | |
| | | 26111 | 26111 | | |

| 指标 | 单位 | 毕节市 | 七星关区 | 大方县 |
|---|---|---|---|---|
| 一、农村基层组织情况 | | | | |
| 乡镇个数 | 个 | 227 | 35 | 34 |
| 其中:镇个数 | 个 | 103 | 27 | 10 |
| 村委会个数 | 个 | 3451 | 525 | 369 |
| 村民小组个数 | 个 | 31041 | 5449 | 3861 |
| 二、农村社会基础设施 | | | | |
| 自来水受益村数 | 个 | 3086 | 519 | 347 |
| 通电乡镇数 | 个 | 227 | 35 | 34 |
| 通公路乡镇数 | 个 | 227 | 35 | 34 |
| 通汽车村数 | 个 | 3368 | 525 | 366 |
| 通电话乡镇数 | 个 | 227 | 35 | 34 |
| 通电话村数 | 个 | 3090 | 525 | 369 |
| 通宽带村数 | 个 | 1543 | 271 | 271 |
| 通邮件的乡镇数 | 个 | 227 | 35 | 34 |
| 通邮件的村数 | 个 | 1710 | 397 | 135 |
| 建成农村地面卫星接收站个数 | 个 | 858220 | 156293 | 135713 |
| 通有线广播的村数 | 个 | 896 | 164 | 104 |
| 通有线电视村数 | 个 | 923 | 181 | 116 |
| 有文化站的乡数 | 个 | 124 | 8 | 24 |
| 有文化中心的镇数 | 个 | 103 | 27 | 10 |
| 用电户数 | 户 | 1829601 | 274989 | 255085 |
| 饮用安全卫生水户数 | 户 | 1478685 | 232796 | 218277 |
| 使用沼气的户数 | 户 | 259742 | 28483 | 21196 |
| 其中:当年新增 | 户 | 8853 | 611 | 90 |
| 三、乡村人口与从业人员 | | | | |
| 乡村户数 | 户 | 1847454 | 268950 | 259914 |
| 乡村人口数 | 人 | 7005684 | 1107666 | 894862 |
| 1.男 | 人 | 3693565 | 579392 | 472009 |
| 2.女 | 人 | 3312119 | 528274 | 422853 |
| 乡村外出人口数 | 人 | 1691371 | 327436 | 255411 |

注:1、本表中乡镇个数不包括城关镇及街道办事处。

2、表中七星关区、大方县和黔西县含百里杜鹃和金海湖新区数据。

# （1–1）（2015年）

| 黔西县 | 金沙县 | 织金县 | 纳雍县 | 威宁县 | 赫章县 |
|---|---|---|---|---|---|
| 27 | 21 | 26 | 23 | 35 | 26 |
| 15 | 8 | 9 | 7 | 22 | 5 |
| 370 | 199 | 556 | 403 | 573 | 456 |
| 3901 | 2691 | 4803 | 3995 | 3510 | 2831 |
| 361 | 197 | 521 | 399 | 302 | 440 |
| 27 | 21 | 26 | 23 | 35 | 26 |
| 27 | 21 | 26 | 23 | 35 | 26 |
| 368 | 193 | 555 | 403 | 512 | 446 |
| 27 | 21 | 26 | 23 | 35 | 26 |
| 368 | 183 | 543 | 403 | 284 | 415 |
| 250 | 85 | 271 | 92 | 104 | 199 |
| 27 | 21 | 26 | 23 | 35 | 26 |
| 242 | 147 | 282 | 183 | 185 | 139 |
| 121158 | 105796 | 93351 | 100839 | 79815 | 65255 |
| 100 | 81 | 250 | 49 | 46 | 102 |
| 93 | 84 | 216 | 86 | 46 | 101 |
| 12 | 13 | 17 | 16 | 13 | 21 |
| 15 | 8 | 9 | 7 | 22 | 5 |
| 184404 | 144608 | 264544 | 225078 | 298025 | 182868 |
| 158898 | 115209 | 260961 | 167591 | 168548 | 156405 |
| 26568 | 38394 | 35041 | 31447 | 53733 | 24880 |
| 108 | 1666 | 5338 | 260 | 336 | 444 |
| 189078 | 146693 | 264544 | 232178 | 298025 | 188072 |
| 706028 | 468555 | 879524 | 877382 | 1322228 | 749439 |
| 373018 | 249926 | 468645 | 459360 | 696395 | 394820 |
| 333010 | 218629 | 410879 | 418022 | 625833 | 354619 |
| 185911 | 126697 | 236349 | 195721 | 190509 | 173337 |

| 指标 | 单位 | 毕节市 | 七星关区 | 大方县 |
|---|---|---|---|---|
| 1.省外 | 人 | 1005220 | 192201 | 154727 |
| 2.省内县外 | 人 | 427386 | 75079 | 73701 |
| 3.县内乡外 | 人 | 258765 | 60156 | 26983 |
| 乡村劳动力资源数 | 人 | 4995505 | 832251 | 653130 |
| 其中:劳动年龄内 | 人 | 4457385 | 762775 | 604508 |
| 其中:1.男 | 人 | 2662412 | 435477 | 328555 |
| 2.女 | 人 | 2333093 | 396774 | 324575 |
| 其中:外出劳动力 | 人 | 1354352 | 243142 | 206429 |
| 1.省外 | 人 | 833650 | 150755 | 127396 |
| 2.省内县外 | 人 | 332691 | 51249 | 58541 |
| 3.县内乡外 | 人 | 188011 | 41138 | 20492 |
| 乡村从业人员数 | 人 | 4397734 | 717732 | 619498 |
| 其中:劳动年龄内 | 人 | 3788430 | 579321 | 569309 |
| 其中:在各类主体经营单位中 | 人 | 1015462 | 19548 | 51971 |
| (一)按性别分 | | | | |
| 1.男 | 人 | 2331521 | 375865 | 312718 |
| 其中:从事农业人员 | 人 | 1159721 | 155979 | 169240 |
| 2.女 | 人 | 2066213 | 341867 | 306780 |
| 其中:从事农业人员 | 人 | 1014949 | 156673 | 143832 |
| (二)从业人员按国民经济行业分 | | | | |
| 1.农业 | 人 | 2174670 | 312652 | 313072 |
| 2.工业 | 人 | 320403 | 68651 | 40515 |
| 3.建筑业 | 人 | 212926 | 44951 | 27718 |
| 4.交通运输仓储业和邮政业 | 人 | 82759 | 11067 | 10194 |
| 5.信息传输、计算机服务和软件业 | 人 | 18978 | 4607 | 2012 |
| 6.批发与零售业 | 人 | 146472 | 26413 | 19349 |
| 7.住宿和餐饮业 | 人 | 79140 | 12151 | 8380 |
| 8.其他行业 | 人 | 1362386 | 237240 | 198258 |
| 其中:外出打工人数(一个月以上) | 人 | 1129129 | 179669 | 189833 |
| 四、农用耕地面积 | 公顷 | 1493789 | 6222 | 18046 |
| 1、耕地 | 公顷 | 640102 | 4071 | 11975 |

# (1–2)(2015年)

| 黔西县 | 金沙县 | 织金县 | 纳雍县 | 威宁县 | 赫章县 |
|---|---|---|---|---|---|
| 101494 | 81716 | 109069 | 115804 | 129451 | 120758 |
| 54931 | 26933 | 80037 | 51798 | 33649 | 31258 |
| 29486 | 18048 | 47243 | 28119 | 27409 | 21321 |
| 509724 | 336289 | 681479 | 635526 | 900514 | 446592 |
| 458600 | 293314 | 610512 | 557765 | 785499 | 384412 |
| 280793 | 191401 | 367903 | 338027 | 480513 | 239743 |
| 228931 | 144888 | 313576 | 297499 | 420001 | 206849 |
| 147741 | 101683 | 157053 | 157828 | 177834 | 162642 |
| 80751 | 64920 | 74141 | 99187 | 123278 | 113222 |
| 45796 | 21633 | 52343 | 42356 | 31147 | 29626 |
| 21194 | 15130 | 30569 | 16285 | 23409 | 19794 |
| 458596 | 286020 | 556432 | 549544 | 805243 | 404669 |
| 390752 | 235831 | 506135 | 464077 | 692820 | 350185 |
| 211793 | 20131 | 197579 | 312225 | 177648 | 24567 |
| | | | | | |
| 242465 | 165460 | 299074 | 293351 | 428500 | 214088 |
| 125260 | 69391 | 150836 | 123554 | 271250 | 94211 |
| 216131 | 120560 | 257358 | 256193 | 376743 | 190581 |
| 107009 | 53734 | 131026 | 101462 | 233088 | 88125 |
| | | | | | |
| 232269 | 123125 | 281862 | 225016 | 504338 | 182336 |
| 26235 | 22360 | 47604 | 60351 | 34130 | 20557 |
| 32178 | 12858 | 28328 | 28605 | 25338 | 12950 |
| 8711 | 7761 | 10983 | 13823 | 11367 | 8853 |
| 1197 | 1044 | 4336 | 2074 | 2024 | 1684 |
| 25775 | 12279 | 14901 | 13275 | 23035 | 11445 |
| 9267 | 5418 | 11880 | 11837 | 13784 | 6423 |
| 122964 | 101175 | 156538 | 194563 | 191227 | 160421 |
| 119125 | 93620 | 102183 | 135568 | 160860 | 148271 |
| 128290 | 216681 | 248367 | 32655 | 562632 | 280895 |
| 69163 | 85418 | 104067 | 15620 | 251388 | 98400 |

| 指标 | 单位 | 毕节市 | 七星关区 | 大方县 |
|---|---|---|---|---|
| 2、园地 | 公顷 | 9559 | 400 | 484 |
| 3、林地 | 公顷 | 725999 | | 4898 |
| 4、草地 | 公顷 | 112175 | 281 | 683 |
| 其中:人工种植面积 | 公顷 | 5181 | 281 | 12 |
| 其中:当年种植面积 | 公顷 | 1554 | 281 | 3 |
| 五、农业机械化情况 | | | | |
| (一)农用机械总动力 | 千瓦 | 4206789 | 561518 | 500400 |
| 1.柴油发动机动力 | 千瓦 | 3392097 | 434084 | 403547 |
| 2.汽油发动机动力 | 千瓦 | 14472 | 4626 | 3861 |
| 3.电动机动力 | 千瓦 | 800220 | 122808 | 92992 |
| (二)主要农业机械与设备 | | | | |
| 大中型拖拉机 | 台 | 5818 | 49 | 1830 |
| 大中型拖拉机 [动力] | 千瓦 | 149033 | 1734 | 53912 |
| 小型拖拉机 | 台 | 50339 | 5158 | 2259 |
| 小型拖拉机 [动力] | 千瓦 | 622395 | 62510 | 26903 |
| 大中型拖拉机配套农具 | 台 | 1146 | 63 | 86 |
| 小型拖拉机配套农具 | 台 | 1686 | 124 | 135 |
| 农用排灌电动机 | 台 | 20229 | 3137 | 4292 |
| 农用排灌电动机 [动力] | 千瓦 | 51763 | 6630 | 11280 |
| 农用排灌柴油机 | 台 | 17558 | 510 | 1965 |
| 农用排灌柴油机 [动力] | 千瓦 | 115942 | 3292 | 17190 |
| 联合收割机 | 台 | 69 | 12 | 6 |
| 联合收割机 [动力] | 千瓦 | 2094 | 291 | 266 |
| 自走式机动割晒机 | 台 | 672 | 70 | 403 |
| 自走式机动割晒机 [动力] | 千瓦 | 1902 | 127 | 1209 |
| 机动脱粒机 | 台 | 28280 | 8786 | 4904 |
| 农用运输车 | 辆 | 41699 | 8590 | 4411 |
| 农用运输车 [动力] | 千瓦 | 1710743 | 313563 | 252556 |
| 捕捞渔船 | 艘 | 14 | | |
| 养殖渔船 | 艘 | 68 | | |
| (三)农机作业情况 | | | | |

# （1–3）（2015年）

| 黔西县 | 金沙县 | 织金县 | 纳雍县 | 威宁县 | 赫章县 |
|---|---|---|---|---|---|
| 4312 | 864 | 296 | 673 | 1452 | 1078 |
| 48684 | 121952 | 124042 | 10661 | 259241 | 156521 |
| 3794 | 8446 | 19961 | 3565 | 50547 | 24897 |
| 2689 | | 1137 | 103 | 959 | |
| 240 | | 71 | | 959 | |
| | | | | | |
| 526186 | 477727 | 442000 | 400002 | 945311 | 353645 |
| 353590 | 351968 | 371802 | 294719 | 922317 | 260070 |
| 410 | 2264 | 42 | 63 | | 3206 |
| 172186 | 123495 | 70156 | 105220 | 22994 | 90369 |
| | | | | | |
| 878 | 1605 | 130 | 252 | 1048 | 26 |
| 18617 | 29375 | 3102 | 7724 | 33160 | 1409 |
| 1950 | 1449 | 2902 | 954 | 26555 | 9112 |
| 25880 | 18113 | 41100 | 12688 | 318660 | 116541 |
| 355 | 94 | 60 | 75 | 400 | 13 |
| 440 | 132 | 442 | 233 | 113 | 67 |
| 2146 | 5052 | 880 | 1029 | 2858 | 835 |
| 6594 | 16772 | 2780 | 2099 | 2554 | 3054 |
| 2990 | 9835 | 1605 | 346 | 220 | 87 |
| 26753 | 50998 | 12325 | 2214 | 2398 | 772 |
| 16 | 21 | 11 | | 1 | 2 |
| 494 | 703 | 206 | | 48 | 86 |
| 20 | 152 | 15 | 6 | 6 | |
| 75 | 370 | 90 | 7 | 24 | |
| 1500 | 8562 | 823 | 653 | 1400 | 1652 |
| 3827 | 2997 | 5568 | 5831 | 7380 | 3095 |
| 165000 | 135268 | 228168 | 209245 | 288660 | 118283 |
| 14 | | | | | |
| | 68 | | | | |

| 指标 | 单位 | 毕节市 | 七星关区 | 大方县 |
|---|---|---|---|---|
| 机耕面积 | 公顷 | 245127 | 30800 | 24134 |
| 机播面积 | 公顷 | 4056 | 433 | 267 |
| 机收面积 | 公顷 | 19747 | 2200 | 3401 |
| 六、农业主要能源及物资消耗 | | | | |
| 1.乡、村办水电站数 | 个 | 33 | 2 | 3 |
| 装机容量 | 万千瓦 | 50 | | 2 |
| 发电量 | 万千瓦时 | 11228 | 179 | 5800 |
| 2.农村用电量 | 万千瓦时 | 138623 | 29156 | 20412 |
| 3.农用化肥施用量(按实物量计算) | 吨 | 629833 | 95034 | 84884 |
| 其中:(1)氮肥 | 吨 | 301448 | 48549 | 41294 |
| (2)磷肥 | 吨 | 125804 | 14851 | 22488 |
| (3)钾肥 | 吨 | 42055 | 9591 | 6164 |
| (4)复合肥 | 吨 | 160526 | 22043 | 14938 |
| 4.农用化肥施用量(按折纯法计算) | 吨 | 220114 | 34393 | 28233 |
| 其中:(1)氮肥 | 吨 | 111537 | 17963 | 15279 |
| (2)磷肥 | 吨 | 20129 | 2376 | 3598 |
| (3)钾肥 | 吨 | 21028 | 4796 | 3082 |
| (4)复合肥 | 吨 | 67421 | 9258 | 6274 |
| 5.农用塑料薄膜使用量 | 吨 | 11109 | 1778 | 363 |
| 其中:地膜使用量 | 吨 | 6795 | 924 | 269 |
| 地膜覆盖面积 | 公顷 | 89756 | 10078 | 4650 |
| 6.农用柴油使用量 | 吨 | 14893 | 1312 | 631 |
| 7.农药使用量 | 吨 | 616 | 82 | 88 |
| 农田水利建设情况 | | | | |
| 有效灌溉面积 | 千公顷 | 209.62 | 25.24 | 32.95 |
| 补充资料:经营主体单位 | 个 | 11889 | 2098 | 2026 |
| 1.企业 | 个 | 5687 | 1448 | 1382 |
| 2.合作社 | 个 | 3665 | 467 | 515 |
| 3.规模户 | 个 | 2405 | 195 | 161 |
| 4.家庭农场 | 个 | 209 | 5 | 1 |

注:有效灌溉面积由市水务局提供。

# (1-4)(2015年)

| 黔西县 | 金沙县 | 织金县 | 纳雍县 | 威宁县 | 赫章县 |
|---|---|---|---|---|---|
| 23667 | 32666 | 20667 | 19127 | 76666 | 17400 |
| 400 | 766 | 140 | 200 | 1650 | 200 |
| 4000 | 5466 | 2000 | 667 | 2000 | 13 |
| | | | | | |
| | 3 | 12 | 5 | 2 | 6 |
| | 5 | 34 | 2 | 7 | |
| | 1060 | 151 | 9 | 2168 | 1861 |
| 16899 | 17085 | 17106 | 11684 | 15015 | 11266 |
| 83640 | 66303 | 43957 | 75550 | 126196 | 54269 |
| 44230 | 29596 | 24072 | 41486 | 46783 | 25438 |
| 21742 | 3209 | 6116 | 13886 | 31295 | 12217 |
| 4877 | 2344 | 2182 | 4236 | 7924 | 4737 |
| 12791 | 31154 | 11587 | 15942 | 40194 | 11877 |
| 27655 | 25721 | 15843 | 26385 | 43160 | 18724 |
| 16365 | 10951 | 8907 | 15350 | 17310 | 9412 |
| 3479 | 513 | 979 | 2222 | 5007 | 1955 |
| 2439 | 1172 | 1091 | 2118 | 3962 | 2369 |
| 5372 | 13085 | 4867 | 6696 | 16881 | 4988 |
| 848 | 181 | 573 | 1586 | 4924 | 856 |
| 745 | 108 | 213 | 277 | 3498 | 761 |
| 10742 | 2445 | 4477 | 4782 | 40302 | 12280 |
| 1300 | 629 | 285 | 6575 | 1937 | 2224 |
| 78 | 31 | 40 | 82 | 100 | 115 |
| | | | | | |
| 21.08 | 27.13 | 23.93 | 22.61 | 44.42 | 12.26 |
| 1448 | 290 | 2514 | 1183 | 807 | 1523 |
| 359 | 23 | 829 | 469 | 191 | 986 |
| 697 | 187 | 632 | 272 | 451 | 444 |
| 346 | 67 | 946 | 434 | 163 | 93 |
| 73 | 13 | 107 | 8 | 2 | |

# 农业生产条件(2-1)(2015年)

| 指标 | 单位 | 百里杜鹃管理区 | 金海湖新区 |
|---|---|---|---|
| 一、农村基层组织情况 | | | |
| 乡镇个数 | 个 | 4 | 7 |
| 其中:镇个数 | 个 | | 4 |
| 村委会个数 | 个 | 55 | 89 |
| 村民小组个数 | 个 | 443 | 995 |
| 二、农村社会基础设施 | | | |
| 自来水受益村数 | 个 | 35 | 82 |
| 通电乡镇数 | 个 | 4 | 7 |
| 通公路乡镇数 | 个 | 4 | 7 |
| 通汽车村数 | 个 | 52 | 89 |
| 通电话乡镇数 | 个 | 4 | 7 |
| 通电话村数 | 个 | 55 | 89 |
| 通宽带村数 | 个 | 24 | 63 |
| 通邮件的乡镇数 | 个 | 4 | 7 |
| 通邮件的村数 | 个 | 12 | 34 |
| 建成农村地面卫星接收站个数 | 个 | 12107 | 33372 |
| 通有线广播的村数 | 个 | 6 | 22 |
| 通有线电视村数 | 个 | 12 | 26 |
| 有文化站的乡数 | 个 | 4 | 3 |
| 有文化中心的镇数 | 个 | | 4 |
| 用电户数 | 户 | 29934 | 56205 |
| 饮用安全卫生水户数 | 户 | 18654 | 52131 |
| 使用沼气的户数 | 户 | 1382 | 7251 |
| 三、乡村人口与从业人员 | | | |
| 乡村户数 | 户 | 29934 | 54995 |
| 乡村人口数 | 人 | 107334 | 207426 |
| 1.男 | 人 | 56112 | 108032 |
| 2.女 | 人 | 51222 | 99394 |
| 乡村外出人口数 | 人 | 26633 | 60117 |
| 1.省外 | 人 | 13628 | 32275 |
| 2.省内县外 | 人 | 11997 | 18243 |
| 3.县内乡外 | 人 | 1008 | 9599 |
| 乡村劳动力资源数 | 人 | 61258 | 143065 |
| 其中:劳动年龄内 | 人 | 52396 | 123653 |
| 其中:1.男 | 人 | 33767 | 75490 |
| 2.女 | 人 | 27491 | 67575 |
| 其中:外出劳动力 | 人 | 18096 | 44889 |
| 1.省外 | 人 | 10200 | 24144 |
| 2.省内县外 | 人 | 7131 | 13371 |
| 3.县内乡外 | 人 | 765 | 7374 |
| 乡村从业人员数 | 人 | 55832 | 117897 |
| 其中:劳动年龄内 | 人 | 48791 | 104531 |
| 其中:在各类主体经营单位中 | 人 | 19104 | 51339 |
| (一)按性别分 | | | |
| 1.男 | 人 | 30364 | 62334 |
| 其中:从事农业人员 | 人 | 17644 | 29036 |

# 农业生产条件(2-2)(2015年)

| 指标 | 单位 | 百里杜鹃管理区 | 金海湖新区 |
|---|---|---|---|
| 2.女 | 人 | 25468 | 55563 |
| 其中:从事农业人员 | 人 | 13513 | 26780 |
| (二)从业人员按国民经济行业分 | | | |
| 1.农业 | 人 | 31157 | 55816 |
| 2.工业 | 人 | 4635 | 12931 |
| 3.建筑业 | 人 | 3499 | 4679 |
| 4.交通运输仓储业和邮政业 | 人 | 489 | 2461 |
| 5.信息传输、计算机服务和软件业 | 人 | 12 | 512 |
| 6.批发与零售业 | 人 | 1332 | 2251 |
| 7.住宿和餐饮业 | 人 | 769 | 1801 |
| 8.其他行业 | 人 | 13939 | 37445 |
| 其中:外出打工人数(一个月以上) | 人 | 12398 | 35465 |
| 四、农用耕地面积 | 公顷 | 21800 | 9163 |
| 1、耕地 | 公顷 | 11846 | 8240 |
| 2、园地 | 公顷 | 239 | 645 |
| 3、林地 | 公顷 | 8961 | |
| 4、草地 | 公顷 | 754 | 9 |
| 其中:人工种植面积 | 公顷 | 6 | 5 |
| 其中:当年种植面积 | 公顷 | | 3 |
| (三)农机作业情况 | | | |
| 机耕面积 | 公顷 | | 443 |
| 六、农业主要能源及物资消耗 | | | |
| 1.乡、村办水电站数 | 个 | | 4 |
| 装机容量 | 万千瓦 | | 2 |
| 发电量 | 万千瓦时 | | 5848 |
| 2.农村用电量 | 万千瓦时 | 656 | 15271 |
| 3.农用化肥施用量(按实物量计算) | 吨 | 6790 | 17255 |
| 其中:(1)氮肥 | 吨 | 3675 | 8422 |
| (2)磷肥 | 吨 | 2148 | 4352 |
| (3)钾肥 | 吨 | 477 | 1100 |
| (4)复合肥 | 吨 | 490 | 3381 |
| 4.农用化肥施用量(按折纯法计算) | 吨 | | 15922 |
| 其中:(1)氮肥 | 吨 | | 7797 |
| (2)磷肥 | 吨 | | 4026 |
| (3)钾肥 | 吨 | | 1000 |
| (4)复合肥 | 吨 | | 3099 |
| 5.农用塑料薄膜使用量 | 吨 | 80 | 126 |
| 其中:地膜使用量 | 吨 | 56 | 98 |
| 地膜覆盖面积 | 公顷 | 1100 | 1728 |
| 6.农用柴油使用量 | 吨 | 365 | 138 |
| 7.农药使用量 | 吨 | 9 | 27 |
| 补充资料:经营主体单位 | 个 | 168 | 145 |
| 1.企业 | 个 | 88 | 67 |
| 2.合作社 | 个 | 44 | 53 |
| 3.规模户 | 个 | 33 | 25 |
| 4.家庭农场 | 个 | 1 | |

# 粮食作物

| 指标 | 毕节市 | | 七星关区 | | 大方县 | | 黔西县 | |
|---|---|---|---|---|---|---|---|---|
| | 播种面积 | 产量 | 播种面积 | 产量 | 播种面积 | 产量 | 播种面积 | 产量 |
| 粮食作物 | 677270 | 2575471 | 123480 | 431629 | 85070 | 268724 | 77920 | 279689 |
| 其中:夏收粮食 | 282407 | 683641 | 64350 | 148263 | 46000 | 111462 | 36920 | 83565 |
| 一、谷物 | 295231 | 1467358 | 50790 | 246609 | 34460 | 155764 | 38410 | 188043 |
| 其中:夏收谷物 | 67678 | 127907 | 10097 | 15649 | 9690 | 18802 | 7891 | 19950 |
| 1.稻谷 | 41796 | 256780 | 6260 | 45227 | 4090 | 23400 | 7330 | 43612 |
| 中稻和一季晚稻 | 41796 | 256780 | 6260 | 45227 | 4090 | 23400 | 7330 | 43612 |
| 2.小麦 | 56113 | 107640 | 9210 | 15197 | 9320 | 18174 | 7130 | 13328 |
| 冬小麦 | 56113 | 107640 | 9210 | 15197 | 9320 | 18174 | 7130 | 13328 |
| 3.玉米 | 174575 | 1046640 | 32200 | 180753 | 19520 | 110602 | 23080 | 127914 |
| 4.谷子 | 271 | 823 | 120 | 334 | | | | |
| 5.高粱 | 7116 | 29903 | 650 | 2108 | 800 | 2474 | 740 | 2960 |
| 6.其他谷物 | 15360 | 25572 | 2350 | 2990 | 730 | 1114 | 130 | 229 |
| 其中:大麦 | 1037 | 1389 | | | 100 | 165 | | |
| 燕麦 | 683 | 746 | 10 | 14 | | | 20 | 27 |
| 荞麦 | 6225 | 10628 | 140 | 139 | 270 | 463 | 10 | 14 |
| 薏仁米 | 56 | 49 | | | | | | |
| 二、豆类合计 | 116740 | 228245 | 22850 | 56429 | 18980 | 29073 | 18600 | 32049 |
| 其中:夏收豆类 | 44355 | 70415 | 6683 | 8495 | 5780 | 11878 | 12090 | 16345 |
| 其中:大豆 | 37448 | 74287 | 7220 | 22379 | 6810 | 10084 | 3500 | 5634 |
| 绿豆 | 235 | 467 | 70 | 74 | 60 | 74 | 20 | 21 |
| 红小豆 | 1904 | 4093 | 30 | 30 | 10 | 10 | | |
| 四季豆 | 15283 | 33428 | 8110 | 10211 | 1100 | 2100 | 2756 | 6958 |
| 三、薯类 | 265299 | 879868 | 49840 | 128591 | 31630 | 83887 | 20910 | 59597 |
| 1、马铃薯(洋芋) | 251349 | 828574 | 47690 | 124721 | 30530 | 80782 | 17110 | 47747 |
| 其中:脱毒马铃薯 | 169733 | 571121 | 45954 | 121301 | 16978 | 55259 | 13517 | 38198 |
| 其中:夏收马铃薯 | 170374 | 485319 | 47570 | 124119 | 30530 | 80782 | 16939 | 47270 |
| 2、甘薯 | 13950 | 51294 | 2150 | 3870 | 1100 | 3105 | 3800 | 11850 |

注:表中七星关区、大方县和黔西县含百里杜鹃和金海湖新区数据。

# 生产情况(一)(2015年)

单位:公顷、吨

| 金沙县 | | 织金县 | | 纳雍县 | | 威宁县 | |
|---|---|---|---|---|---|---|---|
| 播种面积 | 产量 | 播种面积 | 产量 | 播种面积 | 产量 | 播种面积 | 产量 |
| 52260 | 240734 | 90670 | 342630 | 76286 | 263200 | 92290 | 494065 |
| 18400 | 50962 | 49840 | 140785 | 43271 | 96473 | 10770 | 31618 |
| 32160 | 183893 | 41370 | 211991 | 30352 | 153409 | 38430 | 207952 |
| 4320 | 10736 | 10990 | 20006 | 6802 | 13822 | 8156 | 11058 |
| 8790 | 61379 | 10520 | 68668 | 3741 | 8129 | 130 | 702 |
| 8790 | 61379 | 10520 | 68668 | 3741 | 8129 | 130 | 702 |
| 4140 | 10468 | 10880 | 19868 | 6517 | 13379 | 2220 | 4496 |
| 4140 | 10468 | 10880 | 19868 | 6517 | 13379 | 2220 | 4496 |
| 14470 | 90861 | 19620 | 122502 | 19385 | 129462 | 29460 | 190574 |
| | | 30 | 59 | 121 | 430 | | |
| 4550 | 20876 | 200 | 738 | 61 | 529 | 30 | 1 |
| 210 | 309 | 120 | 156 | 527 | 1480 | 6590 | 12179 |
| 120 | 171 | 10 | 14 | 33 | 38 | 720 | 864 |
| 10 | 11 | 30 | 31 | 13 | 14 | 520 | 476 |
| 30 | 41 | 70 | 93 | 214 | 232 | 2850 | 5216 |
| | | 10 | 18 | 3 | 11 | | |
| 5780 | 9495 | 15870 | 21212 | 12712 | 15790 | 13110 | 44043 |
| 3380 | 5442 | 6668 | 13554 | 5247 | 4757 | 1383 | 7315 |
| 2130 | 3570 | 6480 | 5346 | 4641 | 6698 | 4520 | 15003 |
| 32 | 99 | | | 19 | 144 | 20 | 25 |
| | | 340 | 336 | 19 | 80 | 1450 | 3498 |
| 50 | 324 | 550 | 1976 | 1020 | 2699 | 1335 | 8355 |
| 14320 | 47346 | 33430 | 109427 | 33222 | 94001 | 40750 | 242070 |
| 10700 | 34784 | 32780 | 107613 | 31222 | 77894 | 40430 | 241004 |
| 7106 | 23842 | 10069 | 36967 | 17927 | 57597 | 30223 | 159829 |
| 10700 | 34784 | 32182 | 107225 | 31222 | 77894 | 1231 | 13245 |
| 3620 | 12562 | 650 | 1814 | 2000 | 16107 | 320 | 1066 |

| 指标 | 赫章县 | |
|---|---|---|
| | 播种面积 | 产量 |
| 粮食作物 | 79294 | 254800 |
| 其中:夏收粮食 | 12856 | 20513 |
| 一、谷物 | 29259 | 119697 |
| 其中:夏收谷物 | 9732 | 17884 |
| 1.稻谷 | 935 | 5663 |
| 中稻和一季晚稻 | 935 | 5663 |
| 2.小麦 | 6696 | 12730 |
| 冬小麦 | 6696 | 12730 |
| 3.玉米 | 16840 | 93972 |
| 4.高粱 | 85 | 217 |
| 5.其他谷物 | 4703 | 7115 |
| 其中:大麦 | 54 | 137 |
| 燕麦 | 80 | 173 |
| 荞麦 | 2641 | 4430 |
| 薏仁米 | 43 | 20 |
| 二、豆类合计 | 8838 | 20154 |
| 其中:夏收豆类 | 3124 | 2629 |
| 其中:大豆 | 2147 | 5573 |
| 绿豆 | 14 | 30 |
| 红小豆 | 55 | 139 |
| 四季豆 | 362 | 805 |
| 三、薯类 | 41197 | 114949 |
| 1、马铃薯(洋芋) | 40887 | 114029 |
| 其中:脱毒马铃薯 | 27959 | 78128 |
| 其中:夏收马铃薯 | | |
| 2、甘薯 | 310 | 920 |

# 生产情况(二)(2015年)

单位:公顷、吨

| 百里杜鹃管理区 | | 金海湖区 | |
|---|---|---|---|
| 播种面积 | 产量 | 播种面积 | 产量 |
| 10213 | 36627 | 19250 | 63175 |
| 4749 | 11230 | 10532 | 22166 |
| 4208 | 21385 | 10557 | 43077 |
| 661 | 1279 | 4608 | 7240 |
| 207 | 898 | 814 | 4466 |
| 207 | 898 | 814 | 4466 |
| 640 | 1274 | 4577 | 7196 |
| 640 | 1274 | 4577 | 7196 |
| 3324 | 19117 | 4562 | 28759 |
| 27 | 91 | 513 | 2411 |
| 10 | 5 | 91 | 245 |
| | | | |
| | | 10 | 14 |
| | | 20 | 24 |
| | | | |
| 2956 | 5097 | 3651 | 5013 |
| 1265 | 846 | 1113 | 965 |
| 567 | 2779 | 1299 | 2452 |
| | | 7 | 12 |
| | | 27 | 30 |
| 333 | 899 | 147 | 319 |
| 3049 | 10145 | 5042 | 15085 |
| 2823 | 9105 | 4811 | 13961 |
| 2177 | 7525 | 2778 | 8352 |
| 2823 | 9105 | 4811 | 13961 |
| 226 | 1040 | 231 | 1124 |

| 指标 | 毕节市 | | 七星关区 | | 大方县 | |
|---|---|---|---|---|---|---|
| | 播种面积 | 产量 | 播种面积 | 产量 | 播种面积 | 产量 |
| 经济作物 | 487907 | | 83293 | | 52915 | |
| 一、油料 | 69669 | 146524 | 5558 | 9635 | 5700 | 8971 |
| 其中:花生 | 2554 | 6171 | 399 | 885 | 202 | 325 |
| 油菜籽 | 64069 | 135229 | 4282 | 6993 | 4604 | 7773 |
| 芝麻 | 148 | 208 | | | 7 | 9 |
| 胡芝麻 | 16 | 45 | | | | |
| 葵花籽 | 2154 | 3227 | 330 | 800 | 827 | 735 |
| 二、生麻 | 393 | 808 | 90 | 135 | | |
| 其中:生黄红麻 | 2 | 3 | | | | |
| 生苎麻 | 75 | 217 | 35 | 120 | | |
| 生大麻 | 39 | 128 | | | | |
| 生亚麻 | 277 | 460 | 55 | 15 | | |
| 三、糖料 | 46 | 366 | 40 | 350 | | |
| 其中:甘蔗 | 41 | 354 | 40 | 350 | | |
| 甜菜 | 5 | 12 | | | | |
| 四、烟叶(未加工烟草) | 41291 | 84238 | 5479 | 9802 | 7175 | 14253 |
| 其中:烤烟(未去梗烤烟叶) | 38372 | 78507 | 4800 | 8452 | 6690 | 13424 |
| 土烟(晒烟) | 2919 | 5731 | 679 | 1350 | 485 | 829 |
| 五、中草药材(人工种植) | 27699 | 61324 | 4246 | 12464 | 8253 | 7745 |
| 其中:人参 | 40 | 19 | | | | |
| 枸杞 | 78 | 73 | | | 78 | 73 |
| 党参 | 3810 | 8274 | 600 | 2050 | 396 | 410 |
| 当归 | 160 | 2052 | | | 110 | 1797 |
| 生地 | 1 | 5 | | | | |
| 白术 | 560 | 784 | 64 | 55 | 377 | 438 |
| 茯苓 | 8 | 31 | | | | |
| 黄芪 | 1 | 1 | | | 1 | 1 |
| 山药 | 12 | 21 | | | | |
| 三七 | 27 | 9 | | | | |
| 菊花 | 5 | 2 | | | | |
| 杜仲 | 599 | 793 | 60 | 210 | 151 | 207 |
| 天麻 | 4170 | 2423 | 150 | 490 | 3269 | 1115 |
| 白芍 | 20 | 43 | 12 | 40 | | |

注:表中七星关区、大方县和黔西县含百里杜鹃和金海湖新区数据。

# 生产情况(1-1)(2015年)

单位:公顷、吨、万支、盆、个

| 黔西县 | | 金沙县 | | 织金县 | | 纳雍县 | | 威宁县 | |
|---|---|---|---|---|---|---|---|---|---|
| 播种面积 | 产量 | 播种面积 | 产量 | 播种面积 | 产量 | 播种面积 | 产量 | 播种面积 | 产量 |
| 72520 | | 40291 | | 50977 | | 30218 | | 100836 | |
| 32068 | 78873 | 14561 | 30591 | 10768 | 15993 | 513 | 1034 | 213 | 838 |
| 203 | 399 | 1361 | 3392 | 98 | 481 | 244 | 518 | 43 | 160 |
| 31266 | 78103 | 13013 | 26773 | 10553 | 15106 | 220 | 252 | 57 | 54 |
| | | 126 | 163 | 13 | 33 | | | 1 | 1 |
| | | | | 8 | 21 | | | 8 | 24 |
| 599 | 371 | 61 | 263 | 32 | 108 | 46 | 258 | 52 | 291 |
| | | | | 2 | 1 | 195 | 401 | 38 | 168 |
| | | | | | | | | 1 | 1 |
| | | | | 2 | 1 | | | 17 | 58 |
| | | | | | | | | 18 | 106 |
| | | | | | | 195 | 401 | 2 | 3 |
| | | | | | | 4 | 4 | 2 | 12 |
| | | | | | | | | 1 | 4 |
| | | | | | | 4 | 4 | 1 | 8 |
| 4357 | 8977 | 2351 | 4774 | 1994 | 4055 | 1815 | 4220 | 15201 | 32077 |
| 3950 | 8278 | 2133 | 4442 | 1600 | 3322 | 1600 | 3521 | 14933 | 31537 |
| 407 | 699 | 218 | 332 | 394 | 733 | 215 | 699 | 268 | 540 |
| 960 | 2206 | 650 | 306 | 3861 | 1635 | 613 | 706 | 5777 | 23284 |
| | | | | 40 | 19 | | | | |
| | | | | | | | | | |
| 55 | 103 | 40 | 18 | 60 | 30 | 48 | 402 | 2561 | 5064 |
| | | | | | | | | 50 | 255 |
| | | | | 1 | 5 | | | | |
| | | 1 | 2 | | | 1 | 1 | 117 | 288 |
| | | | | | | | | 8 | 31 |
| | | | | | | | | | |
| 9 | 4 | | | 1 | 12 | 2 | 5 | | |
| | | | | 27 | 9 | | | | |
| | | | | | | 5 | 2 | | |
| 3 | 2 | 21 | 14 | 227 | 84 | 40 | 8 | 4 | 25 |
| 3 | 21 | 15 | 3 | 492 | 144 | 46 | 42 | 16 | 76 |
| 7 | 2 | | | 1 | 1 | | | | |

| 指标 | 毕节市 | | 七星关区 | | 大方县 | |
|---|---|---|---|---|---|---|
| | 播种面积 | 产量 | 播种面积 | 产量 | 播种面积 | 产量 |
| 桔梗 | 491 | 1104 | 90 | 310 | 61 | 68 |
| 金银花 | 1409 | 393 | 85 | 13 | 136 | 64 |
| 半夏 | 2652 | 8717 | 1 | 2 | 45 | 10 |
| 川芎 | 20 | 40 | | | 7 | 19 |
| 青蒿 | 3 | 9 | | | | |
| 鱼藤根 | 8 | 12 | | | | |
| 云木香 | 5 | 12 | 5 | 12 | | |
| 白芷 | 262 | 1792 | 230 | 1730 | 1 | 1 |
| 元胡 | 12 | 75 | 12 | 75 | | |
| 厚朴 | 10 | 35 | | | 10 | 35 |
| 葛根 | 63 | 245 | 16 | 190 | | |
| 柴胡 | 63 | 16 | 1 | 1 | 52 | 13 |
| 其他 | 13210 | 34344 | 2920 | 7286 | 3559 | 3493 |
| 七、蔬菜及食用菌 | 180801 | 2032852 | 37958 | 511523 | 22965 | 265451 |
| (一)叶菜类 | 16831 | 209516 | 9568 | 118408 | 1329 | 18734 |
| 其中:芹菜 | 1088 | 13362 | 178 | 650 | 187 | 2175 |
| 油菜 | 9636 | 116155 | 7936 | 96170 | 658 | 7237 |
| 菠菜 | 2798 | 33090 | 337 | 1588 | 156 | 2034 |
| (二)白菜类 | 45650 | 880431 | 10494 | 185328 | 5698 | 92163 |
| 其中:大白菜 | 32358 | 621396 | 1948 | 14191 | 4234 | 73133 |
| (三)甘蓝类 | 4905 | 32409 | 3116 | 6553 | 431 | 2818 |
| 其中:卷心菜(结球甘蓝) | 2489 | 24428 | 1257 | 4283 | 301 | 2634 |
| (四)根茎类 | 31500 | 197383 | 1880 | 20878 | 4194 | 31424 |
| 其中:白萝卜 | 5712 | 66471 | 371 | 7918 | 424 | 5109 |
| 胡萝卜 | 1992 | 27895 | 254 | 4634 | 500 | 4488 |
| 生姜 | 1829 | 14655 | 190 | 1191 | 141 | 891 |
| 榨菜头 | 265 | 3258 | 14 | 1150 | | |
| 马铃薯 | 18282 | 61445 | 330 | 2761 | 2742 | 16898 |
| (五)瓜菜类 | 10157 | 180567 | 5270 | 110313 | 1170 | 21667 |
| 其中:黄瓜 | 4416 | 70093 | 3220 | 46900 | 514 | 8042 |
| 南瓜 | 3308 | 53185 | 1160 | 31850 | 264 | 4395 |
| 冬瓜 | 214 | 1524 | | | | |
| (六)豆类(菜用) | 23878 | 87805 | 2263 | 13540 | 1669 | 9251 |

## 生产情况(1–2)(2015年)

单位:公顷、吨、万支、盆、个

| 黔西县 | | 金沙县 | | 织金县 | | 纳雍县 | | 威宁县 | |
|---|---|---|---|---|---|---|---|---|---|
| 播种面积 | 产量 | 播种面积 | 产量 | 播种面积 | 产量 | 播种面积 | 产量 | 播种面积 | 产量 |
| 20 | 2 | 14 | 9 | 7 | 8 | 38 | 142 | 259 | 559 |
| 116 | 3 | 555 | 258 | 476 | 34 | 27 | 9 | 14 | 12 |
| 14 | 17 | 4 | 2 | 45 | 141 | 22 | 16 | 154 | 1543 |
| | | | | 9 | 11 | 4 | 10 | | |
| | | | | 3 | 9 | | | | |
| | | | | | | 8 | 12 | | |
| | | | | | | | | | |
| 31 | 61 | | | | | | | | |
| | | | | | | | | | |
| | | | | | | | | | |
| 3 | 14 | | | 2 | 31 | 42 | 10 | | |
| 10 | 2 | | | | | | | | |
| 689 | 1975 | | | 2470 | 1097 | 330 | 47 | 2594 | 15431 |
| 26710 | 178577 | 15879 | 223582 | 18716 | 211506 | 17744 | 175955 | 21690 | 265213 |
| 1334 | 2994 | 600 | 9926 | 1677 | 18024 | 1827 | 30326 | 71 | 510 |
| 59 | 413 | 93 | 593 | 255 | 3838 | 256 | 3810 | 18 | 178 |
| 148 | 508 | | | 766 | 11946 | 125 | 283 | 3 | 11 |
| 110 | 543 | 45 | 890 | 535 | 2240 | 1266 | 18174 | 45 | 240 |
| 5056 | 46034 | 7733 | 138677 | 5088 | 121376 | 3817 | 52696 | 2550 | 161896 |
| 4037 | 39828 | 6890 | 136103 | 4913 | 80276 | 3747 | 51275 | 2550 | 161896 |
| 413 | 4548 | 162 | 2394 | 230 | 5930 | 39 | 1963 | 331 | 5244 |
| 259 | 2910 | | | 230 | 5930 | 39 | 1963 | 301 | 4789 |
| 5032 | 17961 | 893 | 13409 | 3746 | 17341 | 4493 | 26031 | 5303 | 31153 |
| 897 | 2939 | 292 | 5132 | 400 | 4211 | 680 | 8509 | 1433 | 18068 |
| 203 | 2351 | 201 | 3440 | 122 | 1903 | 329 | 4022 | 118 | 2518 |
| 576 | 2343 | 216 | 3812 | 161 | 1315 | 243 | 1942 | 275 | 3041 |
| 122 | 906 | | | 129 | 1202 | | | | |
| 2467 | 6118 | 50 | 146 | 2934 | 8710 | 2212 | 7789 | 3477 | 7526 |
| 897 | 2210 | 868 | 13518 | 464 | 7195 | 890 | 15602 | 63 | 757 |
| 84 | 705 | 156 | 2630 | 164 | 5817 | 136 | 2698 | 15 | 164 |
| 791 | 1417 | 492 | 8098 | 152 | 941 | 108 | 1639 | 22 | 268 |
| 22 | 88 | 25 | 320 | 128 | 396 | 16 | 140 | | |
| 5145 | 8269 | 642 | 5756 | 2658 | 5348 | 1698 | 18922 | 8821 | 23151 |

| 指标 | 毕节市 | | 七星关区 | | 大方县 | |
|---|---|---|---|---|---|---|
| | 播种面积 | 产量 | 播种面积 | 产量 | 播种面积 | 产量 |
| 其中:豇豆 | 4128 | 22859 | 1220 | 8277 | 182 | 1661 |
| 四季豆 | 17073 | 49774 | 815 | 2654 | 1320 | 2378 |
| (七)茄果类 | 32978 | 324856 | 3624 | 47807 | 6100 | 66161 |
| 其中:茄子 | 1737 | 15533 | 275 | 2601 | 226 | 2367 |
| 辣椒 | 27410 | 248659 | 2800 | 31219 | 5046 | 40391 |
| 西红柿 | 2790 | 25251 | 355 | 5870 | 245 | 1407 |
| (八)葱蒜类 | 13204 | 73103 | 1711 | 7850 | 2277 | 15195 |
| 其中:大葱 | 2488 | 25913 | 195 | 2747 | 553 | 8119 |
| 蒜头 | 9617 | 38318 | 1160 | 3073 | 1606 | 3589 |
| (九)水生菜类 | 46 | 883 | 27 | 80 | | |
| 其中:莲藕 | 6 | 158 | | | | |
| (十)其它蔬菜 | 1652 | 29704 | 5 | 56 | 97 | 489 |
| (十一)食用菌(干鲜混合) | | 16195 | | 710 | | 7549 |
| 1.干品 | | 1807 | | | | 5 |
| 其中:香菇 | | 1794 | | | | |
| 黑木耳 | | 8 | | | | |
| 2.鲜品 | | 14388 | | 710 | | 7544 |
| 其中:蘑菇 | | 4970 | | 560 | | |
| 八、瓜果类(果用瓜) | 1983 | 47201 | 122 | 2260 | 119 | 1843 |
| 其中:西瓜 | 1628 | 42489 | 87 | 1272 | 113 | 1401 |
| 香瓜(甜瓜) | 214 | 2614 | | | 1 | 7 |
| 草莓 | 139 | 967 | 35 | 280 | 5 | 52 |
| 九、其他农作物 | 165985 | | 29800 | | 8703 | |
| 其中:青饲料 | 61382 | | 14983 | | 4066 | |
| 绿肥 | 95946 | | 8630 | | 3616 | |
| 芭蕉芋 | 66 | | | | | |
| 十、特种农作物 | 181 | | | | | |
| 鲜切花 | | 425 | | | | |
| 盆栽观赏植物(包括盆景) | | 86274 | | 1 | | 6 |
| 香料原料 | | 502 | | 14 | | 142 |
| 其中:花椒 | | 403 | | 7 | | 129 |
| 八角 | | 34 | | 7 | | 9 |
| 十一、农业转基因及优良育种(个) | 1 | | | | | |

# 生产情况(1–3)(2015年)

单位:公顷、吨、万支、盆、个

| 黔西县 | | 金沙县 | | 织金县 | | 纳雍县 | | 威宁县 | |
|---|---|---|---|---|---|---|---|---|---|
| 播种面积 | 产量 | 播种面积 | 产量 | 播种面积 | 产量 | 播种面积 | 产量 | 播种面积 | 产量 |
| 550 | 1788 | 263 | 2547 | 595 | 3078 | 284 | 2028 | 811 | 2566 |
| 3064 | 5059 | 287 | 2356 | 1876 | 2207 | 1079 | 12760 | 8010 | 20585 |
| 7446 | 86160 | 4119 | 35256 | 3413 | 25621 | 2774 | 17318 | 2314 | 20780 |
| 230 | 2353 | 266 | 3031 | 369 | 1626 | 52 | 767 | 134 | 1120 |
| 6847 | 81659 | 3490 | 27653 | 2727 | 19220 | 2202 | 13533 | 1736 | 13888 |
| 369 | 2148 | 210 | 3212 | 317 | 1430 | 460 | 2988 | 444 | 5772 |
| 1355 | 8171 | 849 | 3706 | 1358 | 7212 | 2065 | 9712 | 1709 | 12285 |
| 499 | 3731 | 9 | 258 | 175 | 2807 | 818 | 6420 | 132 | 873 |
| 710 | 2904 | 783 | 3419 | 1141 | 4405 | 1213 | 3225 | 1550 | 11317 |
| 6 | 158 | 13 | 645 | | | | | | |
| 6 | 158 | | | | | | | | |
| 26 | 715 | | | 82 | 533 | 141 | 2899 | 528 | 6602 |
| | 1357 | | 295 | | 2926 | | 486 | | 2835 |
| | 8 | | 90 | | 1704 | | | | |
| | | | 90 | | 1704 | | | | |
| | 8 | | | | | | | | |
| | 1349 | | 205 | | 1222 | | 486 | | 2835 |
| | 1349 | | | | 198 | | | | 2835 |
| 953 | 30068 | 189 | 3941 | 127 | 1379 | 157 | 2144 | 190 | 3074 |
| 912 | 29934 | 186 | 3915 | 57 | 699 | 104 | 1483 | 51 | 1346 |
| | | | | 37 | 482 | 38 | 484 | 134 | 1626 |
| 41 | 134 | 3 | 26 | 31 | 198 | 15 | 137 | 5 | 102 |
| 7434 | | 6661 | | 15509 | | 9177 | | 57725 | |
| 4958 | | 1981 | | 406 | | 2117 | | 21899 | |
| 2476 | | 4680 | | 15103 | | 6132 | | 35826 | |
| | | | | | | 66 | | | |
| 13 | | 46 | | 105 | | 13 | | | |
| | | | 160 | | 265 | | | | |
| | 10000 | | 32720 | | 43547 | | | | |
| | 3 | | 61 | | 79 | | 80 | | 31 |
| | 2 | | 61 | | 43 | | 80 | | 7 |
| | 1 | | | | 17 | | | | |
| | | | | 1 | | | | | |

# 经济作物生产情况(2-1)(2015年)

单位:公顷、吨、万支、盆、个

| 指标 | 赫章县 | | 百里杜鹃管理区 | | 金海湖区 | |
|---|---|---|---|---|---|---|
| | 播种面积 | 产量 | 播种面积 | 产量 | 播种面积 | 产量 |
| 经济作物 | 56857 | | 8069 | | 15452 | |
| 一、油料 | 288 | 589 | 894 | 1038 | 1435 | 2103 |
| 其中:花生 | 4 | 11 | | | 33 | 44 |
| 油菜籽 | 74 | 175 | 596 | 821 | 1324 | 1946 |
| 芝麻 | 1 | 2 | | | | |
| 葵花籽 | 207 | 401 | 292 | 202 | 76 | 107 |
| 二、生麻 | 68 | 103 | | | | |
| 其中:生黄红麻 | 1 | 2 | | | | |
| 生苎麻 | 21 | 38 | | | | |
| 生大麻 | 21 | 22 | | | | |
| 生亚麻 | 25 | 41 | | | | |
| 三、烟叶(未加工烟草) | 2919 | 6080 | 1244 | 1850 | 1309 | 1871 |
| 其中:烤烟(未去梗烤烟叶) | 2666 | 5531 | 1191 | 1775 | 1193 | 1692 |
| 土烟(晒烟) | 253 | 549 | 53 | 75 | 116 | 179 |
| 六、中草药材(人工种植) | 3339 | 12979 | 318 | 2154 | 1752 | 635 |
| 其中:党参 | 50 | 197 | 4 | 3 | 202 | 227 |
| 当归 | | | 45 | 1679 | | |
| 杜仲 | 93 | 243 | 3 | 2 | 24 | 70 |
| 天麻 | 179 | 532 | 85 | 107 | 1464 | 308 |
| 桔梗 | 2 | 6 | 20 | 2 | | |
| 金银花 | | | 102 | 2 | | |
| 半夏 | 2367 | 6986 | | | 38 | 8 |
| 白芷 | | | 14 | 30 | | |
| 柴胡 | | | 10 | 2 | | |
| 其他 | 648 | 5015 | 35 | 326 | 24 | 22 |
| 七、蔬菜及食用菌 | 19139 | 201045 | 5480 | 22510 | 7573 | 66564 |
| (一)叶菜类 | 425 | 10594 | 18 | 67 | 1834 | 17537 |
| 其中:芹菜 | 42 | 1705 | | | 149 | 303 |
| 油菜 | | | 17 | 64 | 906 | 8513 |
| 菠菜 | 304 | 7381 | 1 | 3 | 162 | 1129 |
| (二)白菜类 | 5214 | 82261 | 1033 | 8014 | 1862 | 22110 |
| 其中:大白菜 | 4039 | 64694 | 994 | 7730 | 437 | 4305 |
| (三)甘蓝类 | 183 | 2959 | | | 440 | 684 |
| 其中:卷心菜(结球甘蓝) | 102 | 1919 | | | 278 | 420 |
| (四)根茎类 | 5959 | 39186 | 2513 | 10108 | 277 | 2990 |

# 经济作物生产情况(2-2)(2015年)

单位:公顷、吨、万支、盆、个

| 指标 | 赫章县 | | 百里杜鹃管理区 | | 金海湖区 | |
|---|---|---|---|---|---|---|
| | 播种面积 | 产量 | 播种面积 | 产量 | 播种面积 | 产量 |
| 其中:白萝卜 | 1215 | 14585 | 317 | 2280 | 84 | 1063 |
| 胡萝卜 | 265 | 4539 | 63 | 172 | 65 | 1151 |
| 生姜 | 27 | 120 | 3 | 7 | 15 | 100 |
| 榨菜头 | | | | | 2 | 21 |
| 马铃薯 | 4070 | 11497 | 2130 | 7599 | 86 | 335 |
| (五)瓜菜类 | 535 | 9305 | 85 | 816 | 869 | 11711 |
| 其中:黄瓜 | 127 | 3137 | 17 | 153 | 652 | 8621 |
| 南瓜 | 319 | 4577 | 62 | 546 | 168 | 2092 |
| 冬瓜 | 23 | 580 | | | | |
| (六)豆类(菜用) | 982 | 3568 | 1272 | 1106 | 436 | 1417 |
| 其中:豇豆 | 223 | 914 | 16 | 147 | 229 | 916 |
| 四季豆 | 622 | 1775 | 1256 | 959 | 140 | 172 |
| (七)茄果类 | 3188 | 25753 | 437 | 1593 | 1260 | 7425 |
| 其中:茄子 | 185 | 1668 | 30 | 355 | 107 | 274 |
| 辣椒 | 2562 | 21096 | 405 | 1226 | 980 | 5698 |
| 西红柿 | 390 | 2424 | 2 | 12 | 146 | 916 |
| (八)葱蒜类 | 1880 | 8972 | 121 | 805 | 556 | 2221 |
| 其中:大葱 | 107 | 958 | 19 | 608 | 79 | 587 |
| 蒜头 | 1454 | 6386 | 102 | 197 | 331 | 1011 |
| (九)其它蔬菜 | 773 | 18410 | 1 | 1 | 39 | 469 |
| (十)食用菌(干鲜混合) | | 37 | | | | |
| 鲜品 | | 37 | | | | |
| 其中:蘑菇 | | 28 | | | | |
| 八、瓜果类(果用瓜) | 126 | 2492 | | | 63 | 654 |
| 其中:西瓜 | 118 | 2439 | | | 53 | 555 |
| 香瓜(甜瓜) | 4 | 15 | | | | |
| 草莓 | 4 | 38 | | | 10 | 99 |
| 九、其他农作物 | 30976 | | | | 3320 | |
| 其中:青饲料 | 10972 | | | | 1953 | |
| 绿肥 | 19483 | | | | 1251 | |
| 十、特种农作物 | 4 | | | | | |
| 盆栽观赏植物(包括盆景) | | | | | | 6 |
| 香料原料 | | 92 | | | | 30 |
| 其中:花椒 | | 74 | | | | 22 |
| 八角 | | | | | | 4 |

# 茶叶、水果及食用坚果生产情况(一)(2015年)

| 指标 | 毕节市 | 七星关区 | 大方县 | 黔西县 | 金沙县 | 织金县 |
|---|---|---|---|---|---|---|
| 一、茶叶合计(吨) | 2417 | 448 | 76 | 453 | 174 | 514 |
| 绿茶 | 1163 | | | 145 | 136 | 425 |
| 青茶 | 39 | | | | | 1 |
| 红茶 | 49 | | | | 15 | 1 |
| 白茶 | 4 | | | | | |
| 其它茶 | 1162 | 448 | 76 | 308 | 23 | 87 |
| 二、园林水果(吨) | 136868 | 36152 | 5821 | 8033 | 7239 | 9526 |
| 1.苹果 | 33721 | 1588 | 291 | 86 | 27 | 481 |
| 其中:红富士苹果 | 15005 | 141 | 14 | | 25 | |
| 国光苹果 | 2305 | | | | | 9 |
| 2.梨 | 26692 | 10895 | 1270 | 2248 | 1181 | 3064 |
| 其中:雪花梨 | 2869 | | 167 | 488 | 197 | 905 |
| 鸭梨 | 2609 | 1015 | 64 | 187 | 45 | 70 |
| 3.柑桔类 | 16464 | 8214 | 752 | 953 | 3775 | 743 |
| 其中:柑 | 5978 | 1520 | 392 | 150 | 3211 | 163 |
| 桔 | 3572 | 1215 | 173 | 783 | 202 | 439 |
| 橙 | 2549 | 2252 | 47 | 5 | 47 | 85 |
| 柚 | 677 | 492 | 11 | 4 | 64 | 15 |
| 4.其他园林水果 | 59991 | 15455 | 3508 | 4746 | 2256 | 5238 |
| 其中:桃 | 19905 | 4873 | 1254 | 2612 | 579 | 3358 |
| 猕猴桃 | 832 | 246 | 205 | 21 | 31 | 109 |
| 葡萄 | 2628 | 373 | 55 | 230 | 1131 | 563 |
| 红枣 | 186 | 95 | 12 | 13 | 54 | 7 |
| 柿子 | 1550 | 920 | 38 | 59 | 44 | 70 |
| 杨梅 | 1675 | 52 | 142 | 70 | 198 | 59 |
| 三、实用坚果(吨) | 38394 | 1168 | 959 | 355 | 239 | 761 |
| 其中:核桃 | 35980 | 836 | 668 | 298 | 196 | 669 |
| 板栗 | 1919 | 292 | 198 | 53 | 43 | 89 |
| 松子 | 351 | 35 | 1 | 4 | | 2 |
| 四、年末实有茶园面积(公顷) | 26564 | 971 | 2590 | 2127 | 4885 | 4179 |
| 其中:本年采摘面积 | 13594 | 873 | 673 | 1374 | 1231 | 1579 |
| 五、年末果园面积(公顷) | 29376 | 4626 | 3082 | 3477 | 2033 | 3348 |
| 其中:苹果园 | 6121 | 202 | 116 | 5 | 4 | 173 |
| 梨园 | 6278 | 1835 | 296 | 1611 | 440 | 836 |
| 柑桔园 | 3708 | 1274 | 199 | 370 | 1057 | 594 |
| 桃园 | 3592 | 319 | 562 | 470 | 89 | 871 |
| 猕猴桃园 | 776 | 205 | 276 | 29 | 31 | 104 |
| 葡萄园 | 607 | 22 | 10 | 60 | 268 | 158 |
| 杨梅园 | 253 | 7 | 12 | 27 | 76 | 16 |
| 六、年末桑园面积(公顷) | 1315 | 1295 | | | | |

注:表中七星关区、大方县和黔西县含百里杜鹃和金海湖新区数据。

# 茶叶、水果及食用坚果生产情况(二)(2015年)

| 指标 | 纳雍县 | 威宁县 | 赫章县 | 百里杜鹃 | 金海湖新区 |
|---|---|---|---|---|---|
| 一、茶叶合计(吨) | 562 | 157 | 33 | 1 | 20 |
| 绿茶 | 294 | 157 | 6 | 1 | |
| 青茶 | 38 | | | | |
| 红茶 | 32 | | 1 | | |
| 白茶 | 4 | | | | |
| 其它茶 | 194 | | 26 | | 20 |
| 二、园林水果(吨) | 23959 | 32581 | 13557 | 198 | 4488 |
| 1.苹果 | 1008 | 26018 | 4222 | | 125 |
| 其中:红富士苹果 | | 12782 | 2043 | | |
| 国光苹果 | 332 | 1003 | 961 | | |
| 2.梨 | 1851 | 4133 | 2050 | 81 | 3714 |
| 其中:雪花梨 | 404 | 591 | 117 | 7 | 145 |
| 鸭梨 | 467 | 668 | 93 | | 55 |
| 3.柑桔类 | 1875 | 42 | 110 | | 5 |
| 其中:柑 | 474 | 27 | 41 | | 3 |
| 桔 | 700 | 11 | 49 | | 2 |
| 橙 | 96 | 4 | 13 | | |
| 柚 | 91 | | | | |
| 4.其他园林水果 | 19225 | 2388 | 7175 | 117 | 644 |
| 其中:桃 | 3315 | 2054 | 1860 | 86 | 269 |
| 猕猴桃 | 200 | | 20 | 15 | 224 |
| 葡萄 | 180 | 10 | 86 | | 39 |
| 红枣 | 5 | | | | 9 |
| 柿子 | 51 | 324 | 44 | 5 | 19 |
| 杨梅 | 780 | | 374 | | 4 |
| 三、实用坚果(吨) | 1001 | 3073 | 30838 | 192 | 108 |
| 其中:核桃 | 519 | 2758 | 30036 | 162 | 42 |
| 板栗 | 424 | 199 | 621 | 30 | 66 |
| 松子 | 12 | 116 | 181 | | |
| 四、年末实有茶园面积(公顷) | 9193 | 1880 | 739 | 40 | 520 |
| 其中:本年采摘面积 | 7142 | 483 | 239 | 40 | 275 |
| 五、年末果园面积(公顷) | 5481 | 6148 | 1181 | 716 | 664 |
| 其中:苹果园 | 123 | 5118 | 381 | | 20 |
| 梨园 | 598 | 536 | 126 | 87 | 366 |
| 柑桔园 | 201 | 3 | 10 | | 2 |
| 桃园 | 640 | 488 | 153 | 103 | 50 |
| 猕猴桃园 | 130 | | 1 | 17 | 215 |
| 葡萄园 | 72 | 3 | 14 | | 9 |
| 杨梅园 | 113 | | 2 | | 2 |
| 六、年末桑园面积(公顷) | | 20 | | | |

| 指标 | 计量单位 | 毕节市 | 市林业局 | 七星关区 |
| --- | --- | --- | --- | --- |
| 一、造林面积 | 公顷 | 136945 | 483 | 24750 |
| 1.人工造林 | 公顷 | 76184 | 483 | 13861 |
| 2.封山育林 | 公顷 | 60761 | | 10889 |
| 二、四旁(零星)植树 | 万株 | 990 | | 140 |
| 三、年末实有封山(沙)育林面积 | 公顷 | 144199 | | 14602 |
| 四、森林抚育面积 | 公顷 | 12331 | | 1333 |
| 五、林木种苗 | | | | |
| 1.林木种子采集量 | 吨 | 743 | | 60 |
| 2.当年苗木产量 | 万株 | 27420 | | 5147 |
| 3.育苗面积 | 公顷 | 701 | | 141 |
| 木材及竹材采伐产品 | 立方米 | 42526 | | 1892 |
| 一、商品材 | 立方米 | 41516 | | 1892 |
| 其中:针叶木材 | 立方米 | 22998 | | 1892 |
| 1.原木 | 立方米 | 40113 | | 1892 |
| 2.薪材 | 立方米 | 1403 | | |
| 按用途分: | | | | |
| 1.直接用原木 | 立方米 | 25224 | | 1892 |
| 2.加工用材 | 立方米 | 11524 | | |
| 3.造纸用材 | 立方米 | 2947 | | |
| 4.其他 | 立方米 | 1803 | | |
| 按生产单位分: | | | | |
| 1.系统内国有企业单位生产的木材 | 立方米 | 847 | | |
| 2.系统内国有林场、事业单位生产的木材 | 立方米 | 13397 | | 1686 |
| 3.系统外企、事业单位采伐自营林地的木材 | 立方米 | 2729 | | |
| 4.乡(镇)集体企业及单位生产的木材 | 立方米 | 12040 | | |
| 5.村及村以下各级组织和农民个人生产的木材 | 立方米 | 12503 | | 206 |
| 二、非商品材 | 立方米 | 1010 | | |
| 1.农民自用材采伐量 | 立方米 | 1010 | | |

注:本表数据由市林业局提供。

# 情况(一)(2015年)

| 大方县 | 黔西县 | 金沙县 | 织金县 | 纳雍县 | 威宁县 | 赫章县 | 百里杜鹃 | 金海湖新区 |
|---|---|---|---|---|---|---|---|---|
| 16952 | 9602 | 15140 | 17175 | 11076 | 22945 | 15133 | 1487 | 2202 |
| 6096 | 6447 | 8183 | 8915 | 6848 | 11698 | 10164 | 1287 | 2202 |
| 10856 | 3155 | 6957 | 8260 | 4228 | 11247 | 4969 | 200 | |
| 120 | 105 | 105 | 110 | 105 | 130 | 105 | 45 | 25 |
| 17376 | 9932 | 13491 | 18484 | 13639 | 23124 | 29093 | 4458 | |
| 1333 | 1333 | 2000 | 1333 | 2000 | 1333 | 1333 | 333 | |
| | | | | | | | | |
| | | | 630 | 3 | 50 | | | |
| 2946 | 2468 | 2642 | 1819 | 6099 | 3100 | 3072 | 128 | |
| 61 | 92 | 149 | 53 | 95 | 35 | 72 | 3 | |
| 3741 | 4917 | 6994 | 6027 | 9513 | 1868 | 7574 | | |
| 3696 | 4917 | 6529 | 6027 | 9013 | 1868 | 7574 | | |
| 3696 | | 6529 | | 9013 | 1868 | | | |
| 3696 | 3814 | 6529 | 6027 | 8713 | 1868 | 7574 | | |
| | 1103 | | | 300 | | | | |
| | | | | | | | | |
| | 634 | 6529 | 6027 | 700 | 1868 | 7574 | | |
| 3696 | 2968 | | | 4860 | | | | |
| | 887 | | | 2060 | | | | |
| | 410 | | | 1393 | | | | |
| | | | | | | | | |
| | | | | | 847 | | | |
| | 578 | 1441 | 3674 | 218 | 300 | 5500 | | |
| | 2729 | | | | | | | |
| | 796 | | | 8795 | 721 | 1728 | | |
| 3696 | 814 | 5088 | 2353 | | | 346 | | |
| 45 | | 465 | | 500 | | | | |
| 45 | | 465 | | 500 | | | | |

| 指标 | 毕节市 | 七星关区 | 大方县 |
|---|---|---|---|
| 主要林产品产量(吨) | | | |
| 1.天然生漆 | 510 | 139 | 136 |
| 2.油桐籽 | 60 | 8 | 5 |
| 3.油茶籽 | 61 | 8 | 10 |
| 4.乌柏籽 | 9 | | 1 |
| 5.五倍籽 | 48 | 2 | 3 |
| 6.棕片 | 50 | | 2 |
| 7.天然松脂 | 23 | | 3 |
| 8.竹笋干 | 116 | 36 | 36 |
| 9.银杏(白果) | 10 | | 1 |
| 10.其他 | 1732 | 166 | |
| 竹木采伐 | | | |
| 1.木材(立方米) | 187386 | 46713 | 3876 |
| 其中:村及村以下采伐 | 170390 | 37831 | 3876 |
| 2.竹材(万根) | 52 | | |
| 其中:村及村以下采伐 | 50 | | |

# 情况(二)(2015年)

| 黔西县 | 金沙县 | 织金县 | 纳雍县 | 威宁县 | 赫章县 |
|---|---|---|---|---|---|
| 7 | 26 | 31 | 44 | 22 | 105 |
| | 10 | 27 | 10 | | |
| | 21 | 15 | 2 | 5 | |
| 1 | 7 | | | | |
| 1 | 28 | 11 | 3 | | |
| | 13 | 29 | 1 | | 5 |
| | 13 | | | | 7 |
| | 16 | 12 | 16 | | |
| | 2 | 7 | | | |
| 30 | 2 | 1353 | 24 | | 157 |
| | | | | | |
| 9757 | 55913 | 18308 | 43800 | 851 | 8168 |
| 9757 | 55913 | 12957 | 42910 | | 7146 |
| 14 | | 14 | 7 | 17 | |
| 14 | | 13 | 6 | 17 | |

| 指标 | 单位 | 毕节市 | 七星关区 | 大方县 | 黔西县 |
|---|---|---|---|---|---|
| 一、年末存栏数 | | | | | |
| (一)牛 | 头 | 909400 | 127831 | 101029 | 105138 |
| 1.肉牛 | 头 | 457970 | 58705 | 47374 | 56793 |
| 2.役用牛 | 头 | 451430 | 69126 | 53655 | 48345 |
| (二)活牲畜(除猪、牛、羊外) | 头 | 133880 | 39120 | 16423 | 3547 |
| 其中:役用畜 | 头 | 73306 | 24826 | 9618 | 2404 |
| 1.马 | 匹 | 128718 | 37834 | 16288 | 3547 |
| 2.驴 | 头 | 1091 | | | |
| 3.骡 | 头 | 4071 | 1286 | 135 | |
| (三)猪 | 头 | 3424251 | 715023 | 353117 | 318957 |
| 其中:能繁殖的母畜 | 头 | 321151 | 61639 | 33052 | 29854 |
| (四)羊 | 只 | 707793 | 46271 | 40905 | 20791 |
| 其中:能繁殖的母畜 | 只 | 318745 | 20965 | 18781 | 9827 |
| 1.山羊 | 只 | 561706 | 42501 | 34532 | 18403 |
| 其中:能繁殖的母畜 | 只 | 261336 | 18626 | 14402 | 7885 |
| 2.绵羊 | 只 | 146087 | 3770 | 6374 | 2388 |
| 其中:能繁殖的母畜 | 只 | 57409 | 2339 | 4379 | 1941 |
| (五)家禽 | 只 | 14449411 | 2428340 | 1924969 | 2020635 |
| 其中:活鸡 | 只 | 12349043 | 2075259 | 1645655 | 1726835 |
| 其中:肉鸡 | 只 | 7857359 | 1372832 | 954251 | 1148028 |
| 其中:蛋鸡 | 只 | 3146935 | 525927 | 294759 | 525811 |
| (六)兔 | 只 | 143617 | 24722 | 11771 | 9750 |
| 二、当年出栏头数 | | | | | |
| (一)牛 | 头 | 217744 | 26285 | 21277 | 16904 |
| (二)活牲畜(除猪、牛、羊外) | 头 | 53792 | 19053 | 3423 | 2230 |
| 其中:役用畜 | 头 | 19921 | 5704 | 1649 | 1939 |
| 1.马 | 匹 | 52557 | 18818 | 3339 | 2230 |
| 2.驴 | 头 | 94 | 2 | | |
| 3.骡 | 头 | 1141 | 233 | 84 | |
| (三)猪 | 头 | 3555319 | 662631 | 387427 | 367573 |
| (四)羊 | 只 | 385610 | 21832 | 25054 | 6434 |
| 1.山羊 | 只 | 322582 | 20680 | 22748 | 5508 |
| 2.绵羊 | 只 | 63028 | 1152 | 2306 | 926 |
| (五)家禽 | 只 | 13384568 | 2123217 | 2009044 | 2077399 |
| 其中:活鸡 | 只 | 11643530 | 1847136 | 1747693 | 1807156 |
| (六)兔 | 只 | 148240 | 28907 | 3462 | 13296 |
| 三、肉类总产量 | 吨 | 387054 | 69017 | 41808 | 39210 |
| (一)猪肉 | 吨 | 326111 | 60054 | 35101 | 33302 |

注:表中七星关区、大方县和黔西县含百里杜鹃和金海湖新区数据。

# 情况(1–1)(2015年)

| 金沙县 | 织金县 | 纳雍县 | 威宁县 | 赫章县 | 百里杜鹃 | 金海湖新区 |
|---|---|---|---|---|---|---|
| 71554 | 123623 | 89070 | 201866 | 89289 | 14652 | 15067 |
| 42789 | 66981 | 48843 | 92322 | 44163 | 9357 | 6446 |
| 28765 | 56642 | 40227 | 109544 | 45126 | 5295 | 8621 |
| 6460 | 6263 | 15204 | 26030 | 20833 | 673 | 2135 |
| 5504 | 4723 | 418 | 20493 | 5320 | 67 | 1771 |
| 6373 | 6263 | 15204 | 22533 | 20676 | 673 | 2041 |
| | | | 1091 | | | |
| 87 | | | 2406 | 157 | | 94 |
| 272507 | 330154 | 290032 | 770000 | 374462 | 36492 | 102624 |
| 25507 | 30902 | 27147 | 78000 | 35050 | 3432 | 7173 |
| 24350 | 37912 | 43776 | 313083 | 180706 | 5309 | 4593 |
| 10012 | 16650 | 20765 | 134417 | 87328 | 396 | 2263 |
| 24350 | 31300 | 42638 | 228540 | 139442 | 5309 | 2268 |
| 10012 | 12530 | 20284 | 108424 | 69173 | 396 | 710 |
| | 6611 | 1138 | 84542 | 41264 | | 2325 |
| | 4120 | 482 | 25993 | 18154 | | 1553 |
| 1412104 | 2262869 | 1660223 | 1796918 | 943353 | 184198 | 275360 |
| 1206784 | 1933848 | 1418827 | 1535646 | 806189 | 166295 | 236704 |
| 761593 | 1251174 | 907413 | 971661 | 490407 | 130766 | 135082 |
| 296137 | 584526 | 342783 | 377894 | 199098 | 20666 | 91633 |
| 11407 | 24855 | 12766 | 34599 | 13747 | 1673 | 14322 |
| | | | | | | |
| 16267 | 32603 | 38618 | 49486 | 16304 | 3653 | 4438 |
| 2326 | 4453 | 14205 | 4278 | 3824 | 305 | 894 |
| 2268 | 2899 | 319 | 2494 | 2649 | 305 | 711 |
| 2307 | 4453 | 14205 | 3463 | 3742 | 305 | 863 |
| | | | 92 | | | |
| 19 | | | 723 | 82 | | 31 |
| 334982 | 371511 | 294086 | 753000 | 384109 | 26646 | 91964 |
| 16471 | 14266 | 17640 | 188056 | 95856 | 2196 | 1748 |
| 16471 | 13043 | 17366 | 142118 | 84648 | 2196 | 1670 |
| 0 | 1223 | 274 | 45938 | 11208 | | 78 |
| 1763667 | 2221850 | 1234580 | 1233680 | 721130 | 141702 | 226667 |
| 1534237 | 1932816 | 1073978 | 1093853 | 606661 | 126619 | 199134 |
| 10337 | 27386 | 10228 | 48848 | 5776 | 2587 | 8551 |
| 35828 | 42197 | 35165 | 83154 | 40674 | 3175 | 9416 |
| 30359 | 33679 | 26644 | 71400 | 35571 | 2414 | 8332 |

| 指标 | 单位 | 毕节市 | 七星关区 | 大方县 | 黔西县 |
|---|---|---|---|---|---|
| (二)牛肉 | 吨 | 28181 | 3404 | 2755 | 2189 |
| (三)羊肉 | 吨 | 5931 | 336 | 385 | 99 |
| 1.山羊肉 | 吨 | 4941 | 317 | 348 | 84 |
| 2.绵羊肉 | 吨 | 990 | 19 | 37 | 15 |
| (四)活牲畜(除猪、牛、羊外) | 吨 | 4549 | 1620 | 266 | 190 |
| 其中:役用畜 | 吨 | 1959 | 570 | 165 | 190 |
| 1.马肉 | 吨 | 4442 | 1600 | 258 | 190 |
| 2.驴肉 | 吨 | 8 | | | |
| 3.骡肉 | 吨 | 98 | 20 | 7 | |
| (五)禽肉 | 吨 | 22023 | 3554 | 3295 | 3407 |
| 其中:鸡肉 | 吨 | 18923 | 3052 | 2831 | 2928 |
| (六)兔肉 | 吨 | 253 | 49 | 6 | 23 |
| (七)其他肉 | 吨 | 7 | | | |
| 五、主要畜产品产量 | | | | | |
| (一)山羊毛产量 | 吨 | 78 | 12 | 6 | |
| 其中:山羊粗毛产量 | 吨 | 70 | 12 | 5 | |
| 山羊绒产量 | 吨 | 8 | | 1 | |
| (二)绵羊毛产量 | 吨 | 496 | 3 | 10 | |
| 其中:细羊毛 | 吨 | 136 | | | |
| 半细羊毛 | 吨 | 360 | 3 | 10 | |
| (三)蜂蜜产量 | 吨 | 238 | 25 | 10 | 8 |
| (四)禽蛋产量 | 吨 | 32442 | 6220 | 7497 | 2977 |
| 1.鸡蛋产量 | 吨 | 28690 | 5827 | 6483 | 2613 |
| 2.鸭、鹅蛋产量 | 吨 | 3658 | 360 | 998 | 364 |
| 3.其他禽蛋产量 | 吨 | 94 | 33 | 16 | |
| (五)蚕茧产量 | 吨 | 35 | 32 | | |
| 其中:桑蚕茧 | 吨 | 35 | 32 | | |
| 五、战略性新兴产业 | | | | | |
| 1.优良品种存栏 | | | | | |
| 其中:猪 | 头 | 161856 | 17831 | 43614 | |
| 牛 | 头 | 30468 | 2047 | 5604 | |
| 羊 | 头 | 39628 | 967 | 8683 | |
| 家禽 | 羽 | 801727 | 367035 | 74663 | |
| 2 优良品种出栏 | | | | | |
| 其中:猪 | 头 | 127318 | 9371 | 39138 | |
| 牛 | 头 | 10342 | 1220 | 1995 | |
| 羊 | 头 | 16976 | 281 | 5930 | |
| 家禽 | 羽 | 458649 | 82856 | 63546 | |

# 情况(1–2)(2015年)

| 金沙县 | 织金县 | 纳雍县 | 威宁县 | 赫章县 | 百里杜鹃 | 金海湖新区 |
|---|---|---|---|---|---|---|
| 2107 | 4222 | 5001 | 6391 | 2111 | 473 | 575 |
| 253 | 219 | 271 | 2892 | 1474 | 34 | 27 |
| 253 | 200 | 267 | 2176 | 1296 | 34 | 26 |
| 0 | 20 | 4 | 716 | 178 | 0 | 1 |
| 198 | 379 | 1207 | 364 | 325 | 17 | 93 |
| 198 | 290 | 32 | 249 | 265 | 2 | 64 |
| 196 | 379 | 1207 | 294 | 318 | 17 | 89 |
|  |  |  | 8 |  |  |  |
| 2 |  |  | 62 | 7 |  | 2 |
| 2892 | 3644 | 2025 | 2023 | 1183 | 232 | 375 |
| 2485 | 3131 | 1740 | 1772 | 983 | 200 | 322 |
| 18 | 47 | 17 | 83 | 10 | 4 | 15 |
|  | 7 |  |  |  |  |  |
|  |  |  |  |  |  |  |
| 3 |  |  | 42 | 15 |  |  |
| 2 |  |  | 37 | 14 |  |  |
| 1 |  |  | 5 | 1 |  |  |
|  | 5 | 3 | 420 | 55 |  |  |
|  |  |  | 124 | 12 |  |  |
|  | 5 | 3 | 296 | 43 |  |  |
| 19 | 117 | 34 | 12 | 13 | 2 | 1 |
| 2421 | 2704 | 2000 | 6260 | 2363 | 258 | 808 |
| 2126 | 2361 | 1757 | 5454 | 2069 | 245 | 690 |
| 292 | 337 | 238 | 775 | 294 | 13 | 118 |
| 3 | 6 | 5 | 31 |  | 1 |  |
|  | 1 |  | 2 |  |  |  |
|  | 1 |  | 2 |  |  |  |
|  |  |  |  |  |  |  |
|  |  |  |  |  |  |  |
| 39549 | 44425 |  | 16437 |  |  | 23791 |
| 9751 | 9325 |  | 3740 |  |  | 3160 |
| 2991 | 6417 |  | 20570 |  |  | 730 |
| 87858 | 174734 |  | 97438 |  |  | 43200 |
|  |  |  |  |  |  |  |
| 38248 | 36825 |  | 3736 |  |  | 21612 |
| 2150 | 2903 |  | 2075 |  |  | 856 |
| 1356 | 1792 |  | 7618 |  |  | 383 |
| 166665 | 76504 |  | 69079 |  |  | 34838 |

| 指标 | 毕节市 | 七星关区 | 大方县 | 黔西县 |
|---|---|---|---|---|
| 一、水产品产量总计(吨) | 8044 | 586 | 1196 | 1100 |
| 淡水水域捕捞 | 3153 | 123 | 854 | 460 |
| 鱼类 | 3000 | 123 | 824 | 457 |
| 虾蟹类 | 88 | | 30 | 3 |
| 贝类 | 7 | | | |
| 其他类 | 58 | | | |
| 淡水水域养殖 | 4891 | 463 | 342 | 640 |
| 鱼类 | 4832 | 458 | 340 | 639 |
| 虾蟹类 | 26 | | | |
| 贝类 | 4 | | | |
| 其他类 | 29 | 5 | 2 | 1 |
| 其中:物种保护领域水生动植物饲养 | 6 | 1 | | |
| 其中:大鲵(娃娃鱼)[人工养殖] | 7 | | 2 | 1 |
| 二、水产品养殖面积(公顷) | | | | |
| 淡水水域养殖(不包括稻田养殖) | 2073 | 184 | 307 | 358 |
| 池塘养殖 | 446 | 107 | 70 | 83 |
| 湖泊养殖 | 744 | 5 | 143 | 128 |
| 河沟养殖 | 42 | 4 | 0 | 1 |
| 水库养殖 | 812 | 68 | 94 | 147 |
| 其他养殖 | 29 | | 0 | |
| 补充资料:稻田养鱼面积 | 53 | | | |

注:表中七星关区、大方县和黔西县含百里杜鹃和金海湖新区数据。

# 情况（2015年）

| 金沙县 | 织金县 | 纳雍县 | 威宁县 | 赫章县 | 金海湖新区 |
|---|---|---|---|---|---|
| 2745 | 862 | 900 | 352 | 304 | 178 |
| 902 | 505 | 198 | 92 | 19 | 40 |
| 894 | 425 | 193 | 64 | 19 | 40 |
| 5 | 23 | 5 | 23 | | |
| | 2 | | 5 | | |
| 3 | 55 | | | | |
| 1843 | 357 | 702 | 260 | 285 | 138 |
| 1826 | 325 | 702 | 258 | 285 | 138 |
| | 25 | | 1 | | |
| | 4 | | | | |
| 17 | 3 | | 1 | | |
| 4 | | | 1 | | |
| 3 | | | 1 | | |
| | | | | | |
| 312 | 152 | 134 | 481 | 145 | 39 |
| 38 | 50 | 64 | 16 | 18 | 12 |
| 22 | 76 | | 371 | | 23 |
| 12 | 4 | 12 | 9 | | |
| 223 | 11 | 58 | 85 | 126 | 3 |
| 18 | 11 | | | | |
| 1 | | 52 | | | |

| 指标 | 毕节市 | 七星关区 | 大方县 | 黔西县 |
|---|---|---|---|---|
| 农林牧渔业总产值 | 5073365 | 949958 | 590745 | 481703 |
| 一、农业产值 | 3280394 | 644153 | 387145 | 308841 |
| (一)谷物及其他作物 | 1300025 | 199747 | 144175 | 165925 |
| 1.谷物 | 412321 | 68330 | 43203 | 52030 |
| 其中:小麦 | 31840 | 4495 | 5376 | 3942 |
| 稻谷 | 75352 | 13272 | 6867 | 12798 |
| 玉米 | 276575 | 47764 | 29227 | 33801 |
| 2.薯类 | 427355 | 62379 | 40706 | 29127 |
| 3.油料 | 81493 | 5689 | 5041 | 41418 |
| 其中:花生 | 5890 | 845 | 310 | 381 |
| 油菜籽 | 71794 | 3648 | 4054 | 40739 |
| 4.豆类 | 137001 | 33950 | 17458 | 19064 |
| 其中:大豆 | 46010 | 13860 | 6246 | 3489 |
| 5.麻类 | 534 | 106 | | |
| 6.糖类 | 33 | 32 | | |
| 7.烟草 | 216696 | 25633 | 36579 | 23147 |
| 8.其他农作物 | 24592 | 3628 | 1189 | 1140 |
| 其中:饲料作物 | 9208 | 2248 | 610 | 744 |
| (二)蔬菜、食用菌及花卉盆景园艺产品 | 1194975 | 296623 | 167730 | 105728 |
| 1.蔬菜(含菜用瓜) | 1127953 | 295799 | 148597 | 104292 |
| 2.食用菌 | 64041 | 823 | 19133 | 1387 |
| 3.花卉 | 2981 | | | 50 |
| (三)水果、坚果、茶、饮料和香料 | 270854 | 38092 | 10395 | 19192 |
| 1.水果 | 133023 | 30734 | 6481 | 13454 |
| 其中:苹果 | 25291 | 1191 | 218 | 65 |
| 梨 | 13511 | 5448 | 635 | 1124 |
| 柑桔 | 4659 | 2325 | 213 | 270 |
| 2.坚果 | 105001 | 2809 | 2096 | 900 |
| 其中:核桃 | 100852 | 2343 | 1872 | 835 |
| 板栗 | 1186 | 181 | 122 | 33 |
| 松子 | 2808 | 280 | 8 | 32 |
| 3.茶及饮料原料 | 29407 | 4480 | 760 | 4820 |
| 其中:茶 | 29407 | 4480 | 760 | 4820 |
| 4.香料原料 | 3422 | 70 | 1058 | 18 |
| 其中:花椒 | 3224 | 56 | 1032 | 16 |
| 八角 | 68 | 14 | 18 | 2.0 |

# 总产值(一)(2015年)

单位:万元

| 金沙县 | 织金县 | 纳雍县 | 威宁县 | 赫章县 |
|---|---|---|---|---|
| 433649 | 523795 | 445542 | 1025257 | 622716 |
| 242305 | 323274 | 263171 | 661773 | 449732 |
| 115942 | 146365 | 110720 | 293942 | 123210 |
| 54805 | 58840 | 41766 | 58886 | 34462 |
| 3096 | 5877 | 3958 | 1330 | 3766 |
| 18012 | 20151 | 2386 | 206 | 1662 |
| 24010 | 32371 | 34210 | 50359 | 24832 |
| 23207 | 53051 | 45885 | 117294 | 55707 |
| 18869 | 8612 | 837 | 601 | 427 |
| 3237 | 459 | 494 | 153 | 11 |
| 15223 | 7879 | 132 | 28 | 91 |
| 5730 | 12673 | 9548 | 26521 | 12058 |
| 2211 | 3311 | 4148 | 9292 | 3452 |
|  | 1 | 244 | 113 | 70 |
|  |  | 0 | 1.2 |  |
| 12285 | 10711 | 11108 | 81510 | 15723 |
| 1046 | 2477 | 1332 | 9017 | 4763 |
| 297 | 61 | 318 | 3285 | 1646 |
| 116016 | 143747 | 106740 | 143009 | 115384 |
| 113417 | 109899 | 104705 | 135922 | 115323 |
| 1475 | 32040 | 2035 | 7088 | 61 |
| 1124 | 1808 |  |  |  |
| 8470 | 18113 | 39228 | 35694 | 101669 |
| 4848 | 8051 | 30481 | 24295 | 14678 |
| 20 | 361 | 756 | 19514 | 3167 |
| 591 | 1532 | 926 | 2232 | 1025 |
| 1068 | 210 | 531 | 12 | 31 |
| 578 | 1954 | 1859 | 8783 | 86023 |
| 549 | 1875 | 1455 | 7731 | 84191 |
| 27 | 55 | 262 | 123 | 384 |
|  | 16 | 96 | 928 | 1448 |
| 2556 | 7691 | 6248 | 2512 | 340 |
| 2556 | 7691 | 6248 | 2512 | 340 |
| 488 | 416 | 640 | 104 | 628 |
| 488 | 344 | 640 | 56 | 592 |
|  | 34 |  |  |  |

| 指标 | 毕节市 | 七星关区 | 大方县 | 黔西县 |
|---|---|---|---|---|
| (四)中草药材 | 514540 | 109690 | 64846 | 17996 |
| 二、林业产值 | 175131 | 28725 | 18881 | 13624 |
| (一)林木的培育和种植 | 134027 | 18575 | 12523 | 12235 |
| 1.育种育苗 | 15446 | 1036 | 598 | 510 |
| 2.造林 | 72642 | 13980 | 6732 | 6293 |
| 3.抚育和管理(含:零星植树、迹地更新) | 45940 | 3559 | 5193 | 5433 |
| (二)竹木采运 | 16031 | 3737 | 310 | 1061 |
| 其中:村及村以下 | 14631 | 3027 | 310 | 1061 |
| (三)林产品 | 25073 | 6413 | 6048 | 328 |
| 三、牧业产值 | 1392977 | 237531 | 157542 | 137333 |
| (一)牲畜饲养 | 319339 | 40592 | 28898 | 21119 |
| 1.牛的饲养 | 250406 | 30228 | 24469 | 19440 |
| 2.羊的饲养 | 46273 | 2620 | 3007 | 772 |
| 3.其他牲畜饲养 | 21517 | 7621 | 1369 | 892 |
| 4.毛绒产品 | 850 | 18 | 38 | |
| 其中:羊毛 | 680 | 18 | 18 | |
| 羊绒 | 170 | | 20 | |
| 5.其他牲畜副产品 | 293 | 105 | 16 | 16 |
| (二)猪的饲养 | 888830 | 165658 | 96857 | 91893 |
| (三)家禽饲养 | 178855 | 30305 | 31574 | 24055 |
| 1.肉禽 | 120461 | 19109 | 18081 | 18697 |
| 2.禽蛋 | 58394 | 11196 | 13493 | 5359 |
| (四)狩猎和捕捉动物 | 166 | 91 | 1 | 11 |
| (五)其他畜牧业 | 5788 | 885 | 212 | 254 |
| 其中:蚕茧 | 210 | 192 | | |
| 兔 | 1186 | 231 | 28 | 106 |
| 四、渔业产值 | 20668 | 1486 | 3003 | 2729 |
| 淡水产品 | 20668 | 1486 | 3003 | 2729 |
| 其中:养殖 | 12479 | 1174 | 858 | 1588 |
| 1.鱼类 | 19353 | 1436 | 2876 | 2708 |
| 2.虾蟹类 | 406 | | 107 | 11 |
| 3.贝类 | 39 | | | |
| 4.其他 | 870 | 50 | 20 | 10 |
| 五、农林牧渔服务业产值 | 204195 | 38064 | 24174 | 19176 |
| 补充资料:1.家庭兼营商品性工业 | 197396 | 66543 | 35567 | 10850 |

# 总产值(二)(2015年)

单位:万元

| 金沙县 | 织金县 | 纳雍县 | 威宁县 | 赫章县 |
|---|---|---|---|---|
| 1878 | 15050 | 6483 | 189128 | 109469 |
| 34309 | 11296 | 23500 | 30143 | 14655 |
| 28469 | 6039 | 17788 | 28851 | 9546 |
| 11885 | 388 | 521 | 111 | 399 |
| 7365 | 2311 | 6163 | 20651 | 9148 |
| 9220 | 3341 | 11105 | 8090 | |
| 4473 | 1745 | 3644 | 408 | 653 |
| 4473 | 1297 | 3553 | 340 | 572 |
| 1367 | 3512 | 2067 | 883 | 4455 |
| 126106 | 161173 | 141182 | 293125 | 138985 |
| 21649 | 41047 | 52232 | 81879 | 31923 |
| 18707 | 37494 | 44411 | 56909 | 18750 |
| 1977 | 1712 | 2117 | 22567 | 11503 |
| 930 | 1781 | 5682 | 1711 | 1530 |
| 22 | 6 | 4 | 653 | 109 |
| 2 | 6 | 4 | 549 | 83 |
| 20 | | | 104 | 26 |
| 12 | 54 | 19 | 40 | 32 |
| 83746 | 92878 | 73522 | 188250 | 96027 |
| 20231 | 24864 | 14711 | 22371 | 10744 |
| 15873 | 19997 | 11111 | 11103 | 6490 |
| 4358 | 4867 | 3600 | 11268 | 4253 |
| 48 | | 9 | 1 | 5 |
| 433 | 2384 | 709 | 624 | 286 |
| | 6 | | 12 | |
| 83 | 219 | 82 | 391 | 46 |
| 6939 | 2622 | 2229 | 909 | 751 |
| 6939 | 2622 | 2229 | 909 | 751 |
| 4659 | 1085 | 1739 | 671 | 704 |
| 6721 | 1853 | 2212 | 796 | 751 |
| 18 | 167 | 18 | 85 | |
| | 21 | | 18 | |
| 200 | 580 | | 10 | |
| 23990 | 25430 | 15460 | 39307 | 18594 |
| 7011 | 10928 | 24209 | 24493 | 17795 |

# 农林牧渔业增加值(一)(2015年)

单位:万元

| 指标 | 合计 | 农业 | 林业 | 牧业 | 渔业 | 服务业 |
|---|---|---|---|---|---|---|
| 毕节市 | | | | | | |
| 一、总产值 | 5073365 | 3280394 | 175131 | 1392977 | 20668 | 204195 |
| 二、中间消耗 | 1826193 | 1236427 | 17513 | 559977 | 2067 | 10210 |
| (一)中间物质消耗 | 1590847 | 1088056 | 15762 | 475980 | 1860 | 9189 |
| (二)生产服务支出 | 235347 | 148371 | 1751 | 83997 | 207 | 1021 |
| 三、增加值 | 3247172 | 2043967 | 157618 | 833000 | 18601 | 193985 |
| 可比价速度(%) | 6.9 | 7.2 | 14.5 | 5.3 | 11.7 | 11.6 |
| 七星关区 | | | | | | |
| 一、总产值 | 949958 | 644153 | 28725 | 237531 | 1486 | 38064 |
| 二、中间消耗 | 341944 | 241532 | 2873 | 95487 | 149 | 1903 |
| (一)中间物质消耗 | 298145 | 212549 | 2585 | 81164 | 134 | 1713 |
| (二)生产服务支出 | 43799 | 28984 | 287 | 14323 | 15 | 190 |
| 三、增加值 | 608014 | 402620 | 25852 | 142043 | 1337 | 36161 |
| 可比价速度(%) | 6.6 | 6.5 | 16.7 | 5.8 | 10.8 | 11.1 |
| 大方县 | | | | | | |
| 一、总产值 | 590745 | 387145 | 18881 | 157542 | 3003 | 24174 |
| 二、中间消耗 | 212643 | 145914 | 1888 | 63332 | 300 | 1209 |
| (一)中间物质消耗 | 185294 | 128404 | 1699 | 53832 | 270 | 1088 |
| (二)生产服务支出 | 27349 | 17510 | 189 | 9500 | 30 | 121 |
| 三、增加值 | 378102 | 241232 | 16993 | 94210 | 2703 | 22965 |
| 可比价速度(%) | 6.8 | 7.8 | 13.0 | 3.6 | 12.3 | 10.2 |
| 黔西县 | | | | | | |
| 一、总产值 | 481703 | 308841 | 13624 | 137333 | 2729 | 19176 |
| 二、中间消耗 | 173392 | 115590 | 1362 | 55208 | 273 | 959 |
| (一)中间物质消耗 | 150981 | 101719 | 1226 | 46927 | 246 | 863 |
| (二)生产服务支出 | 22411 | 13871 | 136 | 8281 | 27 | 96 |
| 三、增加值 | 308310 | 193251 | 12261 | 82125 | 2456 | 18217 |
| 可比价速度(%) | 7.1 | 7.5 | 16.7 | 5.5 | 10.1 | 11.9 |

# 农林牧渔业增加值(二)(2015年)

单位:万元

| 指标 | 合 计 | 农 业 | 林 业 | 牧 业 | 渔 业 | 服务业 |
|---|---|---|---|---|---|---|
| 金沙县 | | | | | | |
| 一、总产值 | 433649 | 242305 | 34309 | 126106 | 6939 | 23990 |
| 二、中间消耗 | 156095 | 100076 | 3431 | 50695 | 694 | 1200 |
| (一)中间物质消耗 | 135949 | 88067 | 3088 | 43090 | 625 | 1080 |
| (二)生产服务支出 | 20146 | 12009 | 343 | 7604 | 69 | 120 |
| 三、增加值 | 277554 | 142229 | 30878 | 75411 | 6245 | 22791 |
| 可比价速度(%) | 7.1 | 7.3 | 16.5 | 5.5 | 17.8 | 11.1 |
| 织金县 | | | | | | |
| 一、总产值 | 523795 | 323274 | 11296 | 161173 | 2622 | 25430 |
| 二、中间消耗 | 188544 | 121089 | 1130 | 64792 | 262 | 1272 |
| (一)中间物质消耗 | 164028 | 106558 | 1017 | 55073 | 236 | 1144 |
| (二)生产服务支出 | 24516 | 14531 | 113 | 9719 | 26 | 127 |
| 三、增加值 | 335251 | 202185 | 10167 | 96381 | 2360 | 24159 |
| 可比价速度(%) | 7.3 | 7.9 | 13.4 | 5.3 | 11.2 | 11.5 |
| 纳雍县 | | | | | | |
| 一、总产值 | 445542 | 263171 | 23500 | 141182 | 2229 | 15460 |
| 二、中间消耗 | 160376 | 100275 | 2350 | 56755 | 223 | 773 |
| (一)中间物质消耗 | 139495 | 88242 | 2115 | 48242 | 201 | 696 |
| (二)生产服务支出 | 20881 | 12033 | 235 | 8513 | 22 | 77 |
| 三、增加值 | 285166 | 162896 | 21150 | 84427 | 2006 | 14687 |
| 可比价速度(%) | 6.9 | 7.2 | 16.6 | 5.5 | 9.3 | 10.9 |
| 威宁县 | | | | | | |
| 一、总产值 | 1025257 | 661773 | 30143 | 293125 | 909 | 39307 |
| 二、中间消耗 | 369048 | 246142 | 3014 | 117836 | 91 | 1965 |
| (一)中间物质消耗 | 321329 | 216605 | 2713 | 100161 | 82 | 1769 |
| (二)生产服务支出 | 47720 | 29537 | 301 | 17675 | 9 | 197 |
| 三、增加值 | 656208 | 415632 | 27128 | 175289 | 818 | 37342 |
| 可比价速度(%) | 6.9 | 7.5 | 9.5 | 5.0 | 11.0 | 11.1 |
| 赫章县 | | | | | | |
| 一、总产值 | 622716 | 449732 | 14655 | 138985 | 751 | 18594 |
| 二、中间消耗 | 224151 | 165809 | 1466 | 55872 | 75 | 930 |
| (一)中间物质消耗 | 195626 | 145912 | 1319 | 47491 | 68 | 837 |
| (二)生产服务支出 | 28525 | 19897 | 147 | 8381 | 8 | 93 |
| 三、增加值 | 398565 | 283923 | 13189 | 83113 | 676 | 17664 |
| 可比价速度(%) | 6.9 | 7.1 | 17.2 | 5.3 | 11.0 | 12.8 |

# 规模以上工业总产值、增加值(2015年)

单位:亿元

| 县区 | 总产值 | 增长(%) | 增加值 | 增长(%) |
|---|---|---|---|---|
| 总计 | 975.6 | 15.6 | 360.1 | 11.8 |
| 七星关区 | 110.5 | 0.4 | 62.5 | 8.6 |
| 大方县 | 94.6 | 12.7 | 34.4 | 14.2 |
| 黔西县 | 81.8 | 19.7 | 28.8 | 14.1 |
| 金沙县 | 178.2 | 22.9 | 75.0 | 14.6 |
| 织金县 | 73.7 | 7.6 | 27.4 | 14.3 |
| 纳雍县 | 138.2 | 3.1 | 52.4 | 14.5 |
| 威宁县 | 79.9 | 20.5 | 24.8 | 14.5 |
| 赫章县 | 61.3 | 20.3 | 14.6 | 14.7 |
| 百里杜鹃管理区 | 18.6 | 11.7 | 7.9 | 14.4 |

注:规模以上工业统计口径为全部年主营业务收入2000万元及以上的工业企业。

# 规模以上工业生产情况

单位:亿元

| 指标 | 2015年 | 增长(%) |
|---|---|---|
| 工业总产值(当年价格) | 975.6 | 15.6 |
| 1、按经济类型分: | | |
| 国有企业 | 186.0 | -0.6 |
| 股份合作企业 | 3.5 | 3.6 |
| 股份制企业 | 569.4 | 27.2 |
| 外商及港澳台商投资企业 | 8.3 | 48.2 |
| 其他经济类型企业 | 208.4 | 4.0 |
| 2、按轻重工业分: | | |
| 轻工业 | 157.5 | 30.9 |
| 重工业 | 818.0 | 13.0 |
| 4、按规模分: | | |
| 大中型 | 470.3 | 6.6 |

注:本表包含烟厂数据。

# 规模以上主要工业产品产量(2015年)

| 指标 | 总计 | 七星关区 | 大方县 | 黔西县 | 金沙县 | 织金县 | 纳雍县 | 威宁县 | 赫章县 | 百里杜鹃 |
|---|---|---|---|---|---|---|---|---|---|---|
| 原煤(万吨) | 4800.9 | 9.9 | 650.3 | 345.2 | 1474.6 | 726.1 | 945.8 | 155.6 | 129.1 | 327.7 |
| 发电量(亿千瓦时) | 291.6 | 18.3 | 50.4 | 66.9 | 58.6 | 1.4 | 83.9 | 12.2 | | |
| 卷烟(亿只) | 222.5 | 222.5 | | | | | | | | |
| 锌(吨) | 5474 | | | | | | | 3400 | 2074 | |
| 铸铁件(吨) | 535602 | | | | | | | | 535602 | |
| 水泥(万吨) | 1029.8 | 141.4 | 96.7 | 94.8 | 221.6 | 85.3 | 132.9 | 103.5 | 30.8 | |
| 白酒(千升) | 5324.2 | | | | 5324.2 | | | | | |
| 汽车(辆) | 63583 | | | | | | | | | |
| 铁矿石原矿(万吨) | 138 | | | | | | | | 138.0 | |
| 软饮料(万吨) | 15.1 | | | | | | 13.6 | | 1.5 | |
| 服装(万件) | 2124.0 | | | | | 1496.8 | 627.2 | | | |
| 硫酸(万吨) | 14.6 | | 14.6 | | | | | | | |
| 平板玻璃(万重量箱) | 339.1 | 339.1 | | | | | | | | |
| 钢化玻璃(万立方米) | 616.0 | | | 202.4 | 339.3 | | | 74.3 | | |
| 锂离子电池(万只) | 2768.6 | | | | 2768.6 | | | | | |

| 指 标 | 企业单位数（个） | 亏损企业 | 工业总产值（当年价格） | 工业销售产值（当年价格） | 出口交货值 |
|---|---|---|---|---|---|
| 总计 | 401 | 116 | 810.12 | 770.08 | 2.36 |
| 一、按登记注册类型分组: | | | | | |
| 内资企业 | 398 | 115 | 803.85 | 763.80 | 2.36 |
| 国有企业 | 13 | 3 | 47.13 | 41.72 | |
| 中央企业 | 5 | 2 | 14.51 | 14.38 | |
| 地方企业 | 8 | 1 | 32.62 | 27.33 | |
| 股份合作企业 | 3 | | 3.19 | 1.87 | |
| 有限责任公司 | 128 | 49 | 381.76 | 371.38 | 2.36 |
| 国有独资公司 | 9 | 6 | 43.48 | 41.42 | 0.002 |
| 其他有限责任公司 | 119 | 43 | 338.28 | 329.96 | 2.36 |
| 股份有限公司 | 12 | 4 | 41.55 | 40.61 | |
| 私营企业 | 240 | 58 | 329.41 | 307.43 | 0.0004 |
| 私营独资企业 | 59 | 12 | 78.45 | 75.48 | |
| 私营合伙企业 | 62 | 22 | 83.53 | 70.30 | |
| 私营有限责任公司 | 115 | 24 | 157.20 | 151.86 | 0.0004 |
| 私营股份有限公司 | 4 | | 10.24 | 9.80 | |
| 其他企业 | 2 | 1 | 0.80 | 0.80 | |
| 港、澳、台商投资企业 | 2 | | 6.16 | 6.16 | |
| 港澳台商独资经营企业 | 2 | | 6.16 | 6.16 | |
| 外商投资企业 | 1 | 1 | 0.11 | 0.11 | |
| 中外合资经营企业 | 1 | 1 | 0.11 | 0.11 | |
| 二、按经济组织类型分组 | | | | | |
| 独资企业 | 74 | 15 | 131.75 | 123.36 | |
| 国有企业 | 13 | 3 | 47.13 | 41.72 | |
| 私营独资企业 | 59 | 12 | 78.45 | 75.48 | |
| 港澳台商独资经营企业 | 2 | | 6.16 | 6.16 | |
| 合作、合伙企业 | 67 | 23 | 87.51 | 72.96 | |
| 股份合作企业 | 3 | | 3.19 | 1.87 | |
| 私营合伙企业 | 62 | 22 | 83.53 | 70.30 | |
| 其他企业(内资) | 2 | 1 | 0.80 | 0.80 | |
| 有限责任公司 | 244 | 74 | 539.07 | 523.35 | 2.36 |
| 国有独资公司 | 9 | 6 | 43.48 | 41.42 | 0.002 |
| 私营有限责任公司 | 115 | 24 | 157.20 | 151.86 | 0.0004 |
| 中外合资经营企业 | 1 | 1 | 0.11 | 0.11 | |
| 其他有限责任公司 | 119 | 43 | 338.28 | 329.96 | 2.36 |
| 三、在总计中:亏损企业 | 116 | 116 | 184.94 | 170.67 | 0.01 |
| 在总计中:国有控股企业 | 54 | 27 | 186.59 | 178.80 | 0.01 |
| 在总计中:农村工业 | 10 | 3 | 20.58 | 19.26 | |
| 在总计中:轻工业 | 54 | 11 | 77.94 | 78.41 | 2.35 |
| 重工业 | 347 | 105 | 732.18 | 691.67 | 0.01 |
| 在总计中:大型企业 | 5 | 1 | 86.59 | 84.23 | 2.03 |
| 中型企业 | 84 | 25 | 249.68 | 234.09 | 0.34 |
| 小型企业 | 312 | 90 | 473.85 | 451.75 | 0.003 |
| 纯小型企业 | 284 | 85 | 452.54 | 431.24 | 0.003 |
| 微型企业 | 28 | 5 | 21.31 | 20.51 | |

说明:1、2011年开始按照国家方案把年销售收入2000万元以上的工业企业视为规上企业。

2、规上企业经济指标按年报口径共401家规上企业(不含顺泰烟叶、复烤厂及供电局)

3、从2008年起,中间投入和增加值不能计算。

4、从2014年起,计量单位由万元改为亿元。

# 指标(1—1)(2015年)

单位:亿元

| 年初存货 | 产成品 | 资产总计 | 流动资产合计 | 应收账款 | 存货 | 产成品 |
|---|---|---|---|---|---|---|
| 41.67 | 11.34 | 1146.64 | 346.29 | 83.22 | 51.66 | 23.25 |
| 41.41 | 11.27 | 1136.31 | 344.71 | 83.05 | 51.46 | 23.18 |
| 4.05 | 0.13 | 98.36 | 21.28 | 4.38 | 3.20 | 0.06 |
| 3.84 | 0.03 | 71.52 | 13.01 | 4.02 | 2.96 | |
| 0.21 | 0.10 | 26.83 | 8.27 | 0.36 | 0.23 | 0.06 |
| 0.23 | 0.004 | 1.82 | 0.90 | 0.28 | 0.13 | 0.13 |
| 17.36 | 6.06 | 619.64 | 141.13 | 37.72 | 20.82 | 9.14 |
| 2.93 | 0.22 | 132.18 | 9.12 | 0.85 | 3.06 | 0.20 |
| 14.42 | 5.84 | 487.46 | 132.01 | 36.87 | 17.77 | 8.94 |
| 11.80 | 1.74 | 120.91 | 32.22 | 4.60 | 12.25 | 5.04 |
| 7.98 | 3.35 | 292.91 | 146.89 | 35.73 | 14.95 | 8.71 |
| 1.36 | 0.45 | 74.15 | 42.08 | 9.77 | 2.31 | 1.01 |
| 1.48 | 0.62 | 80.05 | 39.66 | 7.99 | 2.30 | 1.67 |
| 4.93 | 2.07 | 135.39 | 63.39 | 17.63 | 10.11 | 5.80 |
| 0.21 | 0.20 | 3.33 | 1.75 | 0.33 | 0.23 | 0.23 |
| | | 2.68 | 2.29 | 0.34 | 0.10 | 0.10 |
| 0.25 | 0.05 | 9.60 | 1.23 | 0.01 | 0.20 | 0.07 |
| 0.25 | 0.05 | 9.60 | 1.23 | 0.01 | 0.20 | 0.07 |
| 0.01 | 0.01 | 0.72 | 0.35 | 0.17 | 0.001 | 0.001 |
| 0.01 | 0.01 | 0.72 | 0.35 | 0.17 | 0.001 | 0.001 |
| 5.66 | 0.63 | 182.11 | 64.59 | 14.16 | 5.71 | 1.14 |
| 4.05 | 0.13 | 98.36 | 21.28 | 4.38 | 3.20 | 0.06 |
| 1.36 | 0.45 | 74.15 | 42.08 | 9.77 | 2.31 | 1.01 |
| 0.25 | 0.05 | 9.60 | 1.23 | 0.01 | 0.20 | 0.07 |
| 1.71 | 0.63 | 84.55 | 42.85 | 8.61 | 2.54 | 1.91 |
| 0.23 | 0.004 | 1.82 | 0.90 | 0.28 | 0.13 | 0.13 |
| 1.48 | 0.62 | 80.05 | 39.66 | 7.99 | 2.30 | 1.67 |
| | | 2.68 | 2.29 | 0.34 | 0.10 | 0.10 |
| 22.30 | 8.14 | 755.75 | 204.88 | 55.52 | 30.93 | 14.94 |
| 2.93 | 0.22 | 132.18 | 9.12 | 0.85 | 3.06 | 0.20 |
| 4.93 | 2.07 | 135.39 | 63.39 | 17.63 | 10.11 | 5.80 |
| 0.01 | 0.01 | 0.72 | 0.35 | 0.17 | 0.001 | 0.001 |
| 14.42 | 5.84 | 487.46 | 132.01 | 36.87 | 17.77 | 8.94 |
| 10.59 | 3.61 | 397.51 | 91.94 | 13.78 | 14.69 | 5.63 |
| 13.27 | 1.77 | 599.27 | 77.71 | 20.60 | 13.73 | 2.48 |
| 0.38 | 0.22 | 24.02 | 20.22 | 2.64 | 0.22 | 0.05 |
| 10.99 | 2.35 | 66.13 | 33.35 | 4.67 | 15.83 | 8.33 |
| 30.69 | 8.99 | 1080.51 | 312.94 | 78.55 | 35.84 | 14.93 |
| 14.76 | 3.45 | 117.36 | 32.34 | 8.26 | 15.74 | 6.40 |
| 11.46 | 3.11 | 533.37 | 135.28 | 32.47 | 11.90 | 3.77 |
| 15.46 | 4.78 | 495.92 | 178.67 | 42.49 | 24.02 | 13.09 |
| 13.59 | 4.41 | 465.64 | 163.09 | 39.76 | 22.06 | 11.82 |
| 1.87 | 0.37 | 30.27 | 15.58 | 2.73 | 1.97 | 1.27 |

| 指 标 | 企业单位数（个） | 亏损企业 | 工业总产值（当年价格） | 工业销售产值（当年价格） | 出口交货值 |
|---|---|---|---|---|---|
| 四、按行业分类 | 401 | 116 | 810.12 | 770.08 | 2.36 |
| 采矿业 | 233 | 80 | 389.64 | 362.53 | 0.01 |
| 煤炭开采和洗选业 | 223 | 76 | 381.61 | 354.50 | 0.01 |
| 烟煤和无烟煤开采洗选 | 223 | 76 | 381.61 | 354.50 | 0.01 |
| 黑色金属矿采选业 | 7 | 4 | 5.62 | 5.62 | |
| 铁矿采选 | 7 | 4 | 5.62 | 5.62 | |
| 有色金属矿采选业 | 2 | | 2.18 | 2.18 | |
| 常用有色金属矿采选 | 2 | | 2.18 | 2.18 | |
| 铅锌矿采选 | 2 | | 2.18 | 2.18 | |
| 非金属矿采选业 | 1 | | 0.23 | 0.23 | |
| 土砂石开采 | 1 | | 0.23 | 0.23 | |
| 石灰石、石膏开采 | 1 | | 0.23 | 0.23 | |
| 制造业 | 148 | 33 | 312.64 | 307.30 | 2.35 |
| 农副食品加工业 | 13 | 4 | 13.30 | 16.33 | |
| 饲料加工 | 1 | 1 | 0.42 | 0.40 | |
| 植物油加工 | 1 | | 1.56 | 4.56 | |
| 食用植物油加工 | 1 | | 1.56 | 4.56 | |
| 屠宰及肉类加工 | 3 | | 0.27 | 0.27 | |
| 肉制品及副产品加工 | 3 | | 0.27 | 0.27 | |
| 蔬菜、水果和坚果加工 | 2 | 1 | 3.14 | 3.14 | |
| 蔬菜加工 | 2 | 1 | 3.14 | 3.14 | |
| 其他农副食品加工 | 6 | 2 | 7.91 | 7.96 | |
| 淀粉及淀粉制品制造 | 2 | 1 | 4.70 | 4.70 | |
| 其他未列明农副食品加工 | 4 | 1 | 3.22 | 3.27 | |
| 食品制造业 | 5 | | 4.75 | 4.75 | |
| 焙烤食品制造 | 1 | | | | |
| 糕点、面包制造 | 1 | | | | |
| 方便食品制造 | 2 | | 2.77 | 2.77 | |
| 米、面制品制造 | 2 | | 2.77 | 2.77 | |
| 调味品、发酵制品制造 | 1 | | 1.09 | 1.09 | |
| 其他调味品、发酵制品制造 | 1 | | 1.09 | 1.09 | |
| 其他食品制造 | 1 | | 0.89 | 0.89 | |
| 营养食品制造 | 1 | | 0.89 | 0.89 | |
| 酒、饮料和精制茶制造业 | 9 | 1 | 16.19 | 14.58 | |
| 酒的制造 | 4 | 1 | 11.45 | 10.85 | |
| 白酒制造 | 2 | 1 | 11.00 | 10.39 | |
| 其他酒制造 | 2 | | 0.45 | 0.45 | |
| 饮料制造 | 3 | | 3.53 | 3.19 | |
| 碳酸饮料制造 | 1 | | 2.09 | 2.09 | |
| 瓶（罐）装饮用水制造 | 1 | | 0.29 | 0.29 | |
| 含乳饮料和植物蛋白饮料制造 | 1 | | 1.15 | 0.81 | |
| 精制茶加工 | 2 | | 1.21 | 0.54 | |
| 纺织业 | 2 | | 2.58 | 2.58 | |
| 针织或钩针编织物及其制品制造 | 1 | | 2.58 | 2.58 | |
| 针织或钩针编织品制造 | 1 | | 2.58 | 2.58 | |
| 非家用纺织制成品制造 | 1 | | | | |
| 其他非家用纺织制成品制造 | 1 | | | | |
| 纺织服装、服饰业 | 5 | 2 | 12.16 | 12.00 | 2.03 |
| 机织服装制造 | 3 | 2 | 10.43 | 10.42 | 2.03 |
| 针织或钩针编织服装制造 | 1 | | 1.14 | 0.99 | |
| 服饰制造 | 1 | | 0.59 | 0.59 | |
| 皮革、毛皮、羽毛及其制品和制鞋业 | 1 | | 3.13 | 3.13 | 0.33 |
| 制鞋业 | 1 | | 3.13 | 3.13 | 0.33 |
| 皮鞋制造 | 1 | | 3.13 | 3.13 | 0.33 |

## 指标（1—2）（2015年）

单位：亿元

| 年初存货 | 产成品 | 资产总计 | 流动资产合计 | 应收账款 | 存货 | 产成品 |
|---|---|---|---|---|---|---|
| 41.67 | 11.34 | 1146.64 | 346.29 | 83.22 | 51.66 | 23.25 |
| 9.47 | 4.20 | 565.46 | 193.63 | 42.15 | 12.16 | 7.07 |
| 9.04 | 4.15 | 559.27 | 190.25 | 41.33 | 11.55 | 6.83 |
| 9.04 | 4.15 | 559.27 | 190.25 | 41.33 | 11.55 | 6.83 |
| 0.35 | 0.02 | 3.83 | 2.83 | 0.59 | 0.53 | 0.17 |
| 0.35 | 0.02 | 3.83 | 2.83 | 0.59 | 0.53 | 0.17 |
| 0.06 | 0.01 | 2.23 | 0.50 | 0.20 | 0.06 | 0.06 |
| 0.06 | 0.01 | 2.23 | 0.50 | 0.20 | 0.06 | 0.06 |
| 0.06 | 0.01 | 2.23 | 0.50 | 0.20 | 0.06 | 0.06 |
| 0.02 | 0.02 | 0.13 | 0.05 | 0.03 | 0.02 | 0.0004 |
| 0.02 | 0.02 | 0.13 | 0.05 | 0.03 | 0.02 | 0.0004 |
| 0.02 | 0.02 | 0.13 | 0.05 | 0.03 | 0.02 | 0.0004 |
| 23.67 | 6.97 | 228.77 | 103.69 | 25.86 | 30.30 | 16.09 |
| 0.62 | 0.41 | 10.16 | 3.69 | 0.43 | 1.23 | 0.62 |
| 0.07 | 0.01 | 0.18 | 0.03 | 0.003 | 0.03 | 0.004 |
| 0.25 | 0.25 | 1.54 | 0.75 | 0.001 | 0.36 | 0.36 |
| 0.25 | 0.25 | 1.54 | 0.75 | 0.001 | 0.36 | 0.36 |
| 0.03 | 0.01 | 0.77 | 0.31 | 0.08 | 0.03 | 0.03 |
| 0.03 | 0.01 | 0.77 | 0.31 | 0.08 | 0.03 | 0.03 |
| 0.12 | 0.02 | 3.05 | 0.87 | 0.03 | 0.66 | 0.10 |
| 0.12 | 0.02 | 3.05 | 0.87 | 0.03 | 0.66 | 0.10 |
| 0.16 | 0.13 | 4.62 | 1.74 | 0.31 | 0.14 | 0.13 |
| 0.14 | 0.12 | 3.39 | 1.13 | 0.12 | 0.13 | 0.13 |
| 0.01 | 0.01 | 1.22 | 0.61 | 0.19 | 0.01 | 0.002 |
| 0.20 | 0.03 | 1.37 | 0.65 | 0.16 | 0.11 | 0.04 |
| 0.15 |  | 0.35 | 0.15 | 0.00004 | 0.03 |  |
| 0.15 |  | 0.35 | 0.15 | 0.00004 | 0.03 |  |
| 0.05 | 0.03 | 0.80 | 0.33 | 0.13 | 0.06 | 0.04 |
| 0.05 | 0.03 | 0.80 | 0.33 | 0.13 | 0.06 | 0.04 |
|  |  | 0.05 | 0.02 | 0.003 | 0.02 |  |
|  |  | 0.05 | 0.02 | 0.003 | 0.02 |  |
| 0.002 |  | 0.17 | 0.15 | 0.02 | 0.004 | 0.004 |
| 0.002 |  | 0.17 | 0.15 | 0.02 | 0.004 | 0.004 |
| 8.78 | 1.21 | 26.09 | 16.95 | 0.90 | 12.60 | 6.87 |
| 8.56 | 1.04 | 20.05 | 12.21 | 0.53 | 9.68 | 4.17 |
| 8.56 | 1.04 | 19.56 | 12.15 | 0.53 | 9.68 | 4.17 |
|  |  | 0.49 | 0.06 |  |  |  |
| 0.08 | 0.04 | 2.00 | 0.96 | 0.02 | 0.16 | 0.14 |
| 0.04 |  | 1.67 | 0.79 | 0.01 | 0.01 | 0.01 |
| 0.002 |  | 0.04 | 0.02 |  | 0.01 |  |
| 0.04 | 0.04 | 0.29 | 0.15 | 0.01 | 0.14 | 0.13 |
| 0.14 | 0.13 | 4.03 | 3.78 | 0.35 | 2.77 | 2.56 |
| 0.14 | 0.14 | 0.57 | 0.48 | 0.31 | 0.08 | 0.01 |
| 0.13 | 0.13 | 0.24 | 0.22 | 0.06 | 0.07 |  |
| 0.13 | 0.13 | 0.24 | 0.22 | 0.06 | 0.07 |  |
| 0.01 | 0.01 | 0.33 | 0.27 | 0.25 | 0.01 | 0.01 |
| 0.01 | 0.01 | 0.33 | 0.27 | 0.25 | 0.01 | 0.01 |
| 0.54 | 0.24 | 10.92 | 2.26 | 0.61 | 0.51 | 0.23 |
| 0.50 | 0.24 | 10.45 | 2.00 | 0.47 | 0.47 | 0.19 |
| 0.03 |  | 0.16 | 0.11 | 0.07 | 0.04 | 0.04 |
| 0.002 | 0.002 | 0.32 | 0.14 | 0.07 | 0.002 | 0.002 |
| 0.04 | 0.03 | 0.81 | 0.24 | 0.05 | 0.03 | 0.001 |
| 0.04 | 0.03 | 0.81 | 0.24 | 0.05 | 0.03 | 0.001 |
| 0.04 | 0.03 | 0.81 | 0.24 | 0.05 | 0.03 | 0.001 |

| 指 标 | 企业单位数（个） | 亏损企业 | 工业总产值（当年价格） | 工业销售产值（当年价格） | 出口交货值 |
|---|---|---|---|---|---|
| 木材加工和木、竹、藤、棕、草制品业 | 2 | | 0.52 | 0.50 | |
| 人造板制造 | 1 | | 0.25 | 0.23 | |
| 胶合板制造 | 1 | | 0.25 | 0.23 | |
| 木制品制造 | 1 | | 0.27 | 0.27 | |
| 木门窗、楼梯制造 | 1 | | 0.27 | 0.27 | |
| 印刷和记录媒介复制业 | 1 | | 0.49 | 0.49 | |
| 印刷 | 1 | | 0.49 | 0.49 | |
| 包装装潢及其他印刷 | 1 | | 0.49 | 0.49 | |
| 文教、工美、体育和娱乐用品制造业 | 3 | 1 | 8.02 | 8.03 | |
| 文教办公用品制造 | 1 | | 5.12 | 5.13 | |
| 教学用模型及教具制造 | 1 | | 5.12 | 5.13 | |
| 工艺美术品制造 | 1 | 1 | 2.13 | 2.13 | |
| 雕塑工艺品制造 | 1 | 1 | 2.13 | 2.13 | |
| 体育用品制造 | 1 | | 0.77 | 0.77 | |
| 体育器材及配件制造 | 1 | | 0.77 | 0.77 | |
| 石油加工、炼焦和核燃料加工业 | 3 | | 9.95 | 9.40 | |
| 炼焦 | 3 | | 9.95 | 9.40 | |
| 化学原料和化学制品制造业 | 4 | 1 | 4.34 | 4.21 | |
| 基础化学原料制造 | 1 | | 0.88 | 0.86 | |
| 无机酸制造 | 1 | | 0.88 | 0.86 | |
| 肥料制造 | 2 | 1 | 1.47 | 1.42 | |
| 氮肥制造 | 1 | | 0.19 | 0.19 | |
| 复混肥料制造 | 1 | 1 | 1.29 | 1.23 | |
| 合成材料制造 | 1 | | 1.99 | 1.93 | |
| 初级形态塑料及合成树脂制造 | 1 | | 1.99 | 1.93 | |
| 医药制造业 | 4 | 2 | 1.70 | 1.70 | |
| 化学药品原料药制造 | 1 | 1 | 0.19 | 0.19 | |
| 中药饮片加工 | 2 | 1 | 0.42 | 0.42 | |
| 卫生材料及医药用品制造 | 1 | | 1.08 | 1.08 | |
| 橡胶和塑料制品业 | 7 | | 10.15 | 6.35 | |
| 橡胶制品业 | 1 | | 4.56 | 1.67 | |
| 轮胎制造 | 1 | | 4.56 | 1.67 | |
| 塑料制品业 | 6 | | 5.59 | 4.68 | |
| 塑料薄膜制造 | 1 | | | | |
| 塑料板、管、型材制造 | 2 | | 3.28 | 3.15 | |
| 塑料丝、绳及编织品制造 | 1 | | 0.27 | 0.25 | |
| 日用塑料制品制造 | 1 | | 0.26 | 0.26 | |
| 其他塑料制品制造 | 1 | | 1.78 | 1.02 | |
| 非金属矿物制品业 | 46 | 15 | 68.08 | 66.08 | 0.0004 |
| 水泥、石灰和石膏制造 | 11 | 3 | 26.43 | 26.26 | |
| 水泥制造 | 11 | 3 | 26.43 | 26.26 | |
| 石膏、水泥制品及类似制品制造 | 17 | 6 | 15.24 | 14.81 | 0.0004 |
| 水泥制品制造 | 15 | 5 | 12.19 | 11.85 | 0.0004 |
| 石棉水泥制品制造 | 1 | | 0.33 | 0.33 | |
| 轻质建筑材料制造 | 1 | 1 | 2.71 | 2.64 | |
| 砖瓦、石材等建筑材料制造 | 11 | 4 | 16.06 | 14.51 | |
| 粘土砖瓦及建筑砌块制造 | 6 | 2 | 1.98 | 1.98 | |
| 建筑用石加工 | 1 | | 0.41 | | |
| 防水建筑材料制造 | 1 | | 6.38 | 5.98 | |
| 其他建筑材料制造 | 3 | 2 | 7.29 | 6.55 | |
| 玻璃制造 | 2 | 1 | 5.90 | 6.14 | |
| 平板玻璃制造 | 1 | 1 | 2.95 | 3.20 | |
| 其他玻璃制造 | 1 | | 2.95 | 2.95 | |
| 玻璃制品制造 | 4 | | 4.02 | 3.90 | |

# 指标(1—3)(2015年)

单位:亿元

| 年初存货 | 产成品 | 资产总计 | 流动资产合计 | 应收账款 | 存货 | 产成品 |
|---|---|---|---|---|---|---|
| 0.02 | 0.01 | 0.13 | 0.06 | 0.03 | 0.03 | 0.02 |
| 0.01 | 0.01 | 0.06 | 0.03 | 0.01 | 0.01 | 0.01 |
| 0.01 | 0.01 | 0.06 | 0.03 | 0.01 | 0.01 | 0.01 |
| 0.01 | 0.005 | 0.06 | 0.04 | 0.01 | 0.01 | 0.01 |
| 0.01 | 0.005 | 0.06 | 0.04 | 0.01 | 0.01 | 0.01 |
| 0.03 | 0.03 | 0.81 | 0.08 | 0.05 | 0.01 | 0.01 |
| 0.03 | 0.03 | 0.81 | 0.08 | 0.05 | 0.01 | 0.01 |
| 0.03 | 0.03 | 0.81 | 0.08 | 0.05 | 0.01 | 0.01 |
| 0.06 |  | 4.59 | 3.78 | 0.05 | 0.28 | 0.02 |
|  |  | 0.51 | 0.21 |  | 0.19 |  |
|  |  | 0.51 | 0.21 |  | 0.19 |  |
| 0.06 |  | 3.22 | 3.22 | 0.05 | 0.09 | 0.02 |
| 0.06 |  | 3.22 | 3.22 | 0.05 | 0.09 | 0.02 |
|  |  | 0.85 | 0.35 |  |  |  |
|  |  | 0.85 | 0.35 |  |  |  |
| 0.34 | 0.27 | 1.78 | 1.00 | −0.02 | 0.45 | 0.39 |
| 0.34 | 0.27 | 1.78 | 1.00 | −0.02 | 0.45 | 0.39 |
| 1.31 | 0.001 | 14.54 | 8.70 | 0.73 | 1.06 | 0.68 |
| 0.03 | 0.001 | 1.22 | 0.15 |  | 0.01 | 0.001 |
| 0.03 | 0.001 | 1.22 | 0.15 |  | 0.01 | 0.001 |
| 1.21 |  | 12.74 | 8.12 | 0.47 | 0.94 | 0.68 |
| 1.21 |  | 10.26 | 6.43 | 0.39 | 0.59 | 0.59 |
|  |  | 2.48 | 1.68 | 0.07 | 0.36 | 0.09 |
| 0.07 |  | 0.59 | 0.42 | 0.26 | 0.10 | 0.01 |
| 0.07 |  | 0.59 | 0.42 | 0.26 | 0.10 | 0.01 |
| 0.37 | 0.17 | 2.20 | 2.09 | 1.31 | 0.43 | 0.40 |
| 0.26 | 0.17 | 1.28 | 1.24 | 0.74 | 0.29 | 0.27 |
| 0.11 |  | 0.35 | 0.30 | 0.04 | 0.13 | 0.11 |
|  |  | 0.57 | 0.55 | 0.54 | 0.02 | 0.02 |
| 0.10 | 0.03 | 2.20 | 1.28 | 0.54 | 0.54 | 0.09 |
| 0.06 |  | 0.63 | 0.48 | 0.18 | 0.30 |  |
| 0.06 |  | 0.63 | 0.48 | 0.18 | 0.30 |  |
| 0.04 | 0.03 | 1.56 | 0.80 | 0.36 | 0.23 | 0.09 |
|  |  | 0.14 | 0.13 | 0.05 | 0.06 | 0.06 |
| 0.005 |  | 0.42 | 0.33 | 0.18 | 0.06 | 0.00 |
|  |  | 0.53 | 0.29 | 0.10 | 0.09 | 0.01 |
| 0.002 | 0.002 | 0.10 | 0.04 | 0.02 | 0.02 | 0.01 |
| 0.03 | 0.03 | 0.38 | 0.02 | 0.01 | 0.003 | 0.003 |
| 4.56 | 1.47 | 81.14 | 29.76 | 7.71 | 4.76 | 2.59 |
| 2.93 | 0.75 | 49.06 | 11.63 | 0.95 | 2.22 | 0.74 |
| 2.93 | 0.75 | 49.06 | 11.63 | 0.95 | 2.22 | 0.74 |
| 0.50 | 0.03 | 13.96 | 8.20 | 4.17 | 1.14 | 0.95 |
| 0.39 | 0.03 | 11.20 | 7.50 | 3.92 | 1.00 | 0.88 |
|  |  | 0.55 | 0.23 | 0.23 |  |  |
| 0.11 |  | 2.22 | 0.47 | 0.02 | 0.14 | 0.07 |
| 0.48 | 0.34 | 8.34 | 3.95 | 2.10 | 0.89 | 0.62 |
| 0.12 | 0.09 | 2.52 | 1.13 | 0.51 | 0.20 | 0.16 |
| 0.005 |  | 0.25 | 0.09 | 0.03 | 0.005 |  |
|  |  | 0.16 | 0.14 | 0.14 |  |  |
| 0.36 | 0.25 | 5.41 | 2.59 | 1.42 | 0.68 | 0.46 |
| 0.45 | 0.28 | 9.09 | 5.54 | 0.41 | 0.48 | 0.25 |
| 0.41 | 0.26 | 8.92 | 5.46 | 0.37 | 0.47 | 0.25 |
| 0.04 | 0.02 | 0.17 | 0.08 | 0.04 | 0.01 | 0.01 |
| 0.20 | 0.07 | 0.54 | 0.29 | 0.06 | 0.03 | 0.02 |

| 指标 | 企业单位数（个） | 亏损企业 | 工业总产值（当年价格） | 工业销售产值（当年价格） | 出口交货值 |
|---|---|---|---|---|---|
| 技术玻璃制品制造 | 3 | | 4.02 | 3.90 | |
| 日用玻璃制品制造 | 1 | | | | |
| 玻璃纤维和玻璃纤维增强塑料制品制造 | 1 | 1 | 0.45 | 0.45 | |
| 玻璃纤维增强塑料制品制造 | 1 | 1 | 0.45 | 0.45 | |
| 黑色金属冶炼和压延加工业 | 9 | | 34.44 | 34.42 | |
| 黑色金属铸造 | 9 | | 34.44 | 34.42 | |
| 有色金属冶炼和压延加工业 | 3 | | 1.01 | 1.01 | |
| 常用有色金属冶炼 | 3 | | 1.01 | 1.01 | |
| 铅锌冶炼 | 3 | | 1.01 | 1.01 | |
| 金属制品业 | 6 | 2 | 9.45 | 9.51 | |
| 结构性金属制品制造 | 5 | 2 | 8.95 | 9.00 | |
| 金属结构制造 | 3 | 1 | 7.58 | 7.69 | |
| 金属门窗制造 | 2 | 1 | 1.37 | 1.31 | |
| 其他金属制品制造 | 1 | | 0.50 | 0.50 | |
| 锻件及粉末冶金制品制造 | 1 | | 0.50 | 0.50 | |
| 通用设备制造业 | 2 | | 5.72 | 5.69 | |
| 锅炉及原动设备制造 | 2 | | 5.72 | 5.69 | |
| 风能原动设备制造 | 2 | | 5.72 | 5.69 | |
| 专用设备制造业 | 6 | 1 | 15.93 | 16.02 | |
| 采矿、冶金、建筑专用设备制造 | 3 | 1 | 8.00 | 8.06 | |
| 矿山机械制造 | 3 | 1 | 8.00 | 8.06 | |
| 农、林、牧、渔专用机械制造 | 2 | | 5.23 | 5.51 | |
| 机械化农业及园艺机具制造 | 1 | | 0.10 | 0.10 | |
| 农林牧渔机械配件制造 | 1 | | 5.13 | 5.41 | |
| 环保、社会公共服务及其他专用设备制造 | 1 | | 2.70 | 2.46 | |
| 交通安全、管制及类似专用设备制造 | 1 | | 2.70 | 2.46 | |
| 汽车制造业 | 8 | 2 | 72.17 | 73.07 | 0.002 |
| 汽车整车制造 | 1 | | 31.68 | 31.97 | |
| 电车制造 | 1 | | 6.56 | 6.45 | |
| 汽车零部件及配件制造 | 6 | 2 | 33.94 | 34.66 | 0.002 |
| 电气机械和器材制造业 | 6 | 1 | 12.81 | 12.75 | |
| 电池制造 | 2 | | 3.49 | 3.49 | |
| 锂离子电池制造 | 2 | | 3.49 | 3.49 | |
| 家用电力器具制造 | 1 | | 3.21 | 3.21 | |
| 家用厨房电器具制造 | 1 | | 3.21 | 3.21 | |
| 照明器具制造 | 3 | 1 | 6.12 | 6.06 | |
| 照明灯具制造 | 3 | 1 | 6.12 | 6.06 | |
| 计算机、通信和其他电子设备制造业 | 3 | 1 | 5.77 | 4.71 | |
| 通信设备制造 | 1 | | 0.65 | 0.65 | |
| 通信系统设备制造 | 1 | | 0.65 | 0.65 | |
| 电子器件制造 | 1 | 1 | 2.69 | 2.69 | |
| 集成电路制造 | 1 | 1 | 2.69 | 2.69 | |
| 电子元件制造 | 1 | | 2.42 | 1.37 | |
| 电子元件及组件制造 | 1 | | 2.42 | 1.37 | |
| 电力、热力、燃气及水生产和供应业 | 20 | 3 | 107.84 | 100.25 | |
| 电力、热力生产和供应业 | 18 | 3 | 107.05 | 99.46 | |
| 电力生产 | 11.00 | 2.00 | 76.53 | 74.33 | |
| 火力发电 | 5.00 | 1.00 | 63.26 | 61.19 | |
| 水力发电 | 1.00 | 1.00 | 2.93 | 2.93 | |
| 风力发电 | 4.00 | | 8.72 | 8.72 | |
| 其他电力生产 | 1.00 | | 1.62 | 1.49 | |
| 电力供应 | 7.00 | 1.00 | 30.52 | 25.13 | |
| 水的生产和供应业 | 2.00 | | 0.79 | 0.79 | |
| 自来水生产和供应 | 2.00 | | 0.79 | 0.79 | |

# 指标(1—4)(2015年)

单位:亿元

| 年初存货 | 产成品 | 资产总计 | 流动资产合计 | 应收账款 | 存货 | 产成品 |
|---|---|---|---|---|---|---|
| 0.19 | 0.07 | 0.48 | 0.23 | 0.05 | 0.03 | 0.02 |
| 0.004 | | 0.06 | 0.06 | 0.01 | | |
| | | 0.15 | 0.15 | 0.03 | 0.004 | |
| | | 0.15 | 0.15 | 0.03 | 0.004 | |
| 0.48 | | 6.19 | 1.89 | 0.42 | 0.47 | 0.33 |
| 0.48 | | 6.19 | 1.89 | 0.42 | 0.47 | 0.33 |
| 0.14 | 0.004 | 0.67 | 0.59 | 0.10 | 0.16 | 0.05 |
| 0.14 | 0.004 | 0.67 | 0.59 | 0.10 | 0.16 | 0.05 |
| 0.14 | 0.004 | 0.67 | 0.59 | 0.10 | 0.16 | 0.05 |
| 0.71 | 0.48 | 3.44 | 2.03 | 0.18 | 1.00 | 0.48 |
| 0.69 | 0.48 | 3.07 | 1.96 | 0.18 | 0.96 | 0.47 |
| 0.60 | 0.48 | 1.96 | 1.52 | 0.17 | 0.61 | 0.47 |
| 0.09 | | 1.11 | 0.45 | 0.01 | 0.35 | 0.003 |
| 0.03 | | 0.37 | 0.07 | 0.01 | 0.04 | 0.01 |
| 0.03 | | 0.37 | 0.07 | 0.01 | 0.04 | 0.01 |
| 0.22 | | 2.63 | 2.29 | 0.95 | 0.98 | 0.70 |
| 0.22 | | 2.63 | 2.29 | 0.95 | 0.98 | 0.70 |
| 0.22 | | 2.63 | 2.29 | 0.95 | 0.98 | 0.70 |
| 0.84 | | 10.84 | 5.38 | 1.09 | 0.71 | 0.21 |
| 0.84 | | 7.02 | 4.61 | 1.09 | 0.53 | 0.03 |
| 0.84 | | 7.02 | 4.61 | 1.09 | 0.53 | 0.03 |
| | | 2.20 | 0.67 | | 0.18 | 0.18 |
| | | 1.21 | 0.25 | | 0.18 | 0.18 |
| | | 0.99 | 0.42 | | | |
| | | 1.62 | 0.09 | | | |
| | | 1.62 | 0.09 | | | |
| 4.04 | 2.37 | 39.97 | 17.41 | 8.80 | 4.40 | 2.28 |
| 3.56 | 2.14 | 31.70 | 12.24 | 6.44 | 3.43 | 2.06 |
| 0.01 | | 1.54 | 1.31 | 0.90 | 0.41 | |
| 0.47 | 0.23 | 6.72 | 3.85 | 1.46 | 0.57 | 0.22 |
| 0.08 | 0.06 | 3.42 | 1.51 | 0.47 | 0.37 | 0.06 |
| 0.01 | 0.01 | 1.49 | 0.78 | 0.33 | 0.02 | 0.01 |
| 0.01 | 0.01 | 1.49 | 0.78 | 0.33 | 0.02 | 0.01 |
| 0.005 | | 0.86 | 0.26 | 0.13 | 0.13 | |
| 0.005 | | 0.86 | 0.26 | 0.13 | 0.13 | |
| 0.06 | 0.05 | 1.06 | 0.47 | 0.02 | 0.23 | 0.05 |
| 0.06 | 0.05 | 1.06 | 0.47 | 0.02 | 0.23 | 0.05 |
| 0.05 | 0.01 | 4.32 | 1.58 | 0.99 | 0.07 | 0.02 |
| | | 3.71 | 1.25 | 0.89 | | |
| | | 3.71 | 1.25 | 0.89 | | |
| 0.01 | 0.01 | 0.22 | 0.08 | 0.004 | 0.01 | 0.01 |
| 0.01 | 0.01 | 0.22 | 0.08 | 0.004 | 0.01 | 0.01 |
| 0.04 | | 0.39 | 0.26 | 0.10 | 0.05 | 0.01 |
| 0.04 | | 0.39 | 0.26 | 0.10 | 0.05 | 0.01 |
| 8.53 | 0.16 | 352.41 | 48.97 | 15.22 | 9.21 | 0.09 |
| 8.44 | 0.16 | 347.74 | 47.45 | 14.93 | 9.07 | 0.04 |
| 8.31 | 0.08 | 340.30 | 44.27 | 14.76 | 8.96 | 0.04 |
| 8.19 | | 207.79 | 36.17 | 11.07 | 8.71 | |
| 0.08 | 0.08 | 39.87 | 0.05 | | 0.04 | 0.04 |
| 0.04 | | 90.26 | 7.14 | 3.02 | 0.08 | |
| 0.003 | | 2.39 | 0.91 | 0.68 | 0.13 | |
| 0.12 | 0.09 | 7.43 | 3.18 | 0.17 | 0.11 | |
| 0.10 | | 4.67 | 1.52 | 0.29 | 0.14 | 0.05 |
| 0.10 | | 4.67 | 1.52 | 0.29 | 0.14 | 0.05 |

# 工业企业主要经济

| 指 标 | 固定资产合计 | 固定资产原价 | 累计折旧 | 本年折旧 |
|---|---|---|---|---|
| 总计 | 582.49 | 701.55 | 213.29 | 34.46 |
| 一、按登记注册类型分组: | | | | |
| 内资企业 | 574.48 | 693.23 | 212.45 | 33.93 |
| 国有企业 | 63.01 | 70.91 | 24.23 | 4.06 |
| 中央企业 | 49.71 | 54.12 | 19.63 | 3.09 |
| 地方企业 | 13.30 | 16.79 | 4.60 | 0.97 |
| 股份合作企业 | 0.83 | 1.54 | 0.71 | 0.005 |
| 有限责任公司 | 378.94 | 452.25 | 135.67 | 20.44 |
| 国有独资公司 | 118.09 | 129.20 | 49.48 | 6.71 |
| 其他有限责任公司 | 260.85 | 323.05 | 86.20 | 13.74 |
| 股份有限公司 | 60.75 | 84.12 | 26.06 | 4.19 |
| 私营企业 | 70.59 | 84.41 | 25.78 | 5.24 |
| 私营独资企业 | 17.92 | 18.93 | 5.63 | 1.07 |
| 私营合伙企业 | 20.84 | 25.51 | 7.65 | 2.01 |
| 私营有限责任公司 | 30.63 | 38.44 | 12.03 | 2.09 |
| 私营股份有限公司 | 1.20 | 1.53 | 0.46 | 0.07 |
| 其他企业 | 0.37 | | | |
| 港、澳、台商投资企业 | 7.75 | 7.96 | 0.73 | 0.43 |
| 港澳台商独资经营企业 | 7.75 | 7.96 | 0.73 | 0.43 |
| 外商投资企业 | 0.26 | 0.36 | 0.10 | 0.10 |
| 中外合资经营企业 | 0.26 | 0.36 | 0.10 | 0.10 |
| 二、按经济组织类型分组 | | | | |
| 独资企业 | 88.68 | 97.80 | 30.60 | 5.56 |
| 国有企业 | 63.01 | 70.91 | 24.23 | 4.06 |
| 私营独资企业 | 17.92 | 18.93 | 5.63 | 1.07 |
| 港澳台商独资经营企业 | 7.75 | 7.96 | 0.73 | 0.43 |
| 合作、合伙企业 | 22.04 | 27.05 | 8.36 | 2.01 |
| 股份合作企业 | 0.83 | 1.54 | 0.71 | 0.005 |
| 私营合伙企业 | 20.84 | 25.51 | 7.65 | 2.01 |
| 其他企业(内资) | 0.37 | | | |
| 有限责任公司 | 409.84 | 491.05 | 147.80 | 22.63 |
| 国有独资公司 | 118.09 | 129.20 | 49.48 | 6.71 |
| 私营有限责任公司 | 30.63 | 38.44 | 12.03 | 2.09 |
| 中外合资经营企业 | 0.26 | 0.36 | 0.10 | 0.10 |
| 其他有限责任公司 | 260.85 | 323.05 | 86.20 | 13.74 |
| 三、在总计中:亏损企业 | 214.04 | 293.49 | 97.44 | 13.56 |
| 在总计中:国有控股企业 | 428.92 | 523.81 | 166.75 | 23.75 |
| 在总计中:农村工业 | 2.90 | 7.07 | 4.69 | 0.51 |
| 在总计中:轻工业 | 21.64 | 20.37 | 3.35 | 1.15 |
| 重工业 | 560.85 | 681.18 | 209.93 | 33.31 |
| 在总计中:大型企业 | 78.12 | 127.76 | 51.82 | 8.11 |
| 中型企业 | 286.18 | 309.56 | 98.56 | 14.77 |
| 小型企业 | 218.20 | 264.23 | 62.91 | 11.58 |
| 纯小型企业 | 212.54 | 257.93 | 62.22 | 11.32 |
| 微型企业 | 5.66 | 6.31 | 0.69 | 0.26 |

# 指标(2—1)(2015年)

单位:亿元

| 负债合计 | 流动负债合计 | 应付账款 | 非流动负债合计 | 所有者权益合计 | 实收资本 | 国家资本 | 集体资本 |
|---|---|---|---|---|---|---|---|
| 810.68 | 584.68 | 99.37 | 162.67 | 335.07 | 176.02 | 73.17 | 3.46 |
| | | | | | | | |
| 803.83 | 577.84 | 99.33 | 162.67 | 331.59 | 172.89 | 70.98 | 3.46 |
| 67.38 | 54.86 | 10.66 | 12.39 | 30.97 | 14.79 | 12.80 | 1.87 |
| 40.49 | 30.74 | 3.13 | 9.62 | 31.03 | 11.03 | 10.93 | |
| 26.89 | 24.12 | 7.52 | 2.77 | -0.06 | 3.76 | 1.87 | 1.87 |
| 0.32 | 0.30 | 0.08 | 0.02 | 1.50 | 1.31 | | |
| 482.48 | 327.82 | 47.77 | 110.33 | 137.37 | 90.59 | 40.40 | 0.38 |
| 98.51 | 77.01 | 5.60 | 10.74 | 33.67 | 19.26 | 19.24 | |
| 383.97 | 250.80 | 42.17 | 99.59 | 103.70 | 71.33 | 21.16 | 0.38 |
| 83.73 | 60.31 | 20.39 | 21.86 | 37.18 | 20.19 | 16.28 | 0.44 |
| 168.70 | 133.50 | 20.42 | 18.05 | 123.11 | 45.47 | 1.50 | 0.35 |
| 40.39 | 30.85 | 4.71 | 7.30 | 33.15 | 11.46 | 0.65 | |
| 51.55 | 42.43 | 6.18 | 1.97 | 28.43 | 11.91 | 0.67 | 0.24 |
| 75.63 | 59.42 | 9.36 | 8.79 | 59.32 | 21.53 | 0.19 | 0.11 |
| 1.12 | 0.80 | 0.16 | | 2.20 | 0.58 | | |
| 1.22 | 1.05 | 0.02 | | 1.46 | 0.54 | | 0.42 |
| 6.80 | 6.80 | | | 2.80 | 2.19 | 2.19 | |
| 6.80 | 6.80 | | | 2.80 | 2.19 | 2.19 | |
| 0.05 | 0.05 | 0.04 | | 0.68 | 0.94 | | |
| 0.05 | 0.05 | 0.04 | | 0.68 | 0.94 | | |
| | | | | | | | |
| 114.58 | 92.52 | 15.36 | 19.69 | 66.92 | 28.44 | 15.64 | 1.87 |
| 67.38 | 54.86 | 10.66 | 12.39 | 30.97 | 14.79 | 12.80 | 1.87 |
| 40.39 | 30.85 | 4.71 | 7.30 | 33.15 | 11.46 | 0.65 | |
| 6.80 | 6.80 | | | 2.80 | 2.19 | 2.19 | |
| 53.09 | 43.78 | 6.28 | 1.99 | 31.39 | 13.77 | 0.67 | 0.66 |
| 0.32 | 0.30 | 0.08 | 0.02 | 1.50 | 1.31 | | |
| 51.55 | 42.43 | 6.18 | 1.97 | 28.43 | 11.91 | 0.67 | 0.24 |
| 1.22 | 1.05 | 0.02 | | 1.46 | 0.54 | | 0.42 |
| 558.16 | 387.28 | 57.17 | 119.12 | 197.37 | 113.06 | 40.59 | 0.49 |
| 98.51 | 77.01 | 5.60 | 10.74 | 33.67 | 19.26 | 19.24 | |
| 75.63 | 59.42 | 9.36 | 8.79 | 59.32 | 21.53 | 0.19 | 0.11 |
| 0.05 | 0.05 | 0.04 | | 0.68 | 0.94 | | |
| 383.97 | 250.80 | 42.17 | 99.59 | 103.70 | 71.33 | 21.16 | 0.38 |
| 353.52 | 293.70 | 44.19 | 46.32 | 43.69 | 60.09 | 23.41 | 0.13 |
| 481.44 | 343.82 | 46.19 | 123.35 | 117.53 | 87.77 | 68.54 | 2.27 |
| 7.80 | 4.19 | 0.42 | 1.98 | 15.92 | 3.94 | | 0.02 |
| 36.02 | 30.80 | 13.94 | 1.82 | 29.99 | 12.61 | 0.51 | 0.17 |
| 774.66 | 553.88 | 85.43 | 160.85 | 305.08 | 163.41 | 72.66 | 3.29 |
| 95.09 | 88.71 | 20.99 | 5.67 | 22.27 | 10.33 | | |
| 378.52 | 252.53 | 36.37 | 95.74 | 154.85 | 86.93 | 51.40 | 2.31 |
| 337.08 | 243.44 | 42.01 | 61.26 | 157.95 | 78.76 | 21.77 | 1.15 |
| 315.81 | 239.02 | 40.62 | 58.86 | 149.83 | 75.56 | 21.51 | 1.15 |
| 21.27 | 4.43 | 1.38 | 2.39 | 8.11 | 3.20 | 0.26 | |

| 指 标 | 固定资产合计 | 固定资产原价 | 累计折旧 | 本年折旧 |
|---|---|---|---|---|
| 四、按行业分类 | 582.49 | 701.55 | 213.29 | 34.46 |
| 采矿业 | 230.80 | 217.70 | 57.30 | 9.86 |
| 煤炭开采和洗选业 | 230.16 | 216.52 | 56.74 | 9.77 |
| 烟煤和无烟煤开采洗选 | 230.16 | 216.52 | 56.74 | 9.77 |
| 黑色金属矿采选业 | 0.41 | 0.92 | 0.52 | 0.08 |
| 铁矿采选 | 0.41 | 0.92 | 0.52 | 0.08 |
| 有色金属矿采选业 | 0.15 | 0.17 | 0.05 | 0.01 |
| 常用有色金属矿采选 | 0.15 | 0.17 | 0.05 | 0.01 |
| 铅锌矿采选 | 0.15 | 0.17 | 0.05 | 0.01 |
| 非金属矿采选业 | 0.09 | 0.09 | | |
| 土砂石开采 | 0.09 | 0.09 | | |
| 石灰石、石膏开采 | 0.09 | 0.09 | | |
| 制造业 | 84.08 | 96.85 | 20.19 | 5.71 |
| 农副食品加工业 | 3.93 | 4.02 | 0.33 | 0.19 |
| 饲料加工 | 0.14 | 0.22 | 0.08 | 0.02 |
| 植物油加工 | 0.13 | 0.11 | 0.001 | |
| 食用植物油加工 | 0.13 | 0.11 | 0.001 | |
| 屠宰及肉类加工 | 0.30 | 0.21 | | |
| 肉制品及副产品加工 | 0.30 | 0.21 | | |
| 蔬菜、水果和坚果加工 | 1.90 | 2.01 | 0.10 | 0.10 |
| 蔬菜加工 | 1.90 | 2.01 | 0.10 | 0.10 |
| 其他农副食品加工 | 1.46 | 1.48 | 0.15 | 0.07 |
| 淀粉及淀粉制品制造 | 1.09 | 1.11 | 0.13 | 0.07 |
| 其他未列明农副食品加工 | 0.37 | 0.37 | 0.01 | 0.01 |
| 食品制造业 | 0.38 | 0.41 | 0.02 | 0.02 |
| 焙烤食品制造 | 0.14 | 0.14 | 0.003 | 0.002 |
| 糕点、面包制造 | 0.14 | 0.14 | 0.003 | 0.002 |
| 方便食品制造 | 0.24 | 0.26 | 0.02 | 0.01 |
| 米、面制品制造 | 0.24 | 0.26 | 0.02 | 0.01 |
| 调味品、发酵制品制造 | 0.01 | 0.01 | | |
| 其他调味品、发酵制品制造 | 0.01 | 0.01 | | |
| 其他食品制造 | | | | |
| 营养食品制造 | | | | |
| 酒、饮料和精制茶制造业 | 6.72 | 3.64 | 0.79 | 0.18 |
| 酒的制造 | 6.56 | 3.48 | 0.78 | 0.17 |
| 白酒制造 | 6.53 | 3.45 | 0.78 | 0.17 |
| 其他酒制造 | 0.03 | 0.03 | | |
| 饮料制造 | 0.16 | 0.16 | 0.01 | 0.01 |
| 碳酸饮料制造 | | | | |
| 瓶(罐)装饮用水制造 | 0.02 | 0.03 | 0.003 | |
| 含乳饮料和植物蛋白饮料制造 | 0.14 | 0.14 | 0.01 | 0.01 |
| 精制茶加工 | 0.001 | 0.002 | 0.001 | |
| 纺织业 | 0.09 | 0.13 | 0.05 | 0.02 |
| 针织或钩针编织物及其制品制造 | 0.02 | 0.07 | 0.05 | 0.02 |
| 针织或钩针编织品制造 | 0.02 | 0.07 | 0.05 | 0.02 |
| 非家用纺织制成品制造 | 0.07 | 0.07 | | |
| 其他非家用纺织制成品制造 | 0.07 | 0.07 | | |
| 纺织服装、服饰业 | 4.68 | 5.75 | 1.08 | 0.55 |
| 机织服装制造 | 4.50 | 5.53 | 1.03 | 0.53 |
| 针织或钩针编织服装制造 | 0.02 | 0.02 | | |
| 服饰制造 | 0.16 | 0.20 | 0.05 | 0.02 |
| 皮革、毛皮、羽毛及其制品和制鞋业 | 0.54 | 0.57 | 0.03 | 0.03 |
| 制鞋业 | 0.54 | 0.57 | 0.03 | 0.03 |
| 皮鞋制造 | 0.54 | 0.57 | 0.03 | 0.03 |

# 指标(2—2)(2015年)

单位:亿元

| 负债合计 | 流动负债合计 | | 非流动负债合计 | 所有者权益合计 | | | |
|---|---|---|---|---|---|---|---|
| | | 应付账款 | | | 实收资本 | 国家资本 | 集体资本 |
| 810.68 | 584.68 | 99.37 | 162.67 | 335.07 | 176.02 | 73.17 | 3.46 |
| 395.25 | 288.50 | 40.23 | 63.90 | 168.93 | 89.43 | 25.25 | 2.57 |
| 391.65 | 284.96 | 39.75 | 63.87 | 166.34 | 88.84 | 25.25 | 2.57 |
| 391.65 | 284.96 | 39.75 | 63.87 | 166.34 | 88.84 | 25.25 | 2.57 |
| 1.57 | 1.54 | 0.38 | | 2.26 | 0.46 | | |
| 1.57 | 1.54 | 0.38 | | 2.26 | 0.46 | | |
| 1.91 | 1.91 | | | 0.33 | 0.13 | | |
| 1.91 | 1.91 | | | 0.33 | 0.13 | | |
| 1.91 | 1.91 | | | 0.33 | 0.13 | | |
| 0.13 | 0.09 | 0.09 | 0.04 | 0.01 | 0.01 | | |
| 0.13 | 0.09 | 0.09 | 0.04 | 0.01 | 0.01 | | |
| 0.13 | 0.09 | 0.09 | 0.04 | 0.01 | 0.01 | | |
| 146.95 | 108.67 | 41.83 | 18.32 | 82.22 | 42.09 | 6.47 | 0.49 |
| 6.13 | 4.69 | 1.51 | 0.98 | 4.02 | 2.40 | | |
| 0.05 | 0.05 | 0.01 | | 0.13 | 0.30 | | |
| 0.48 | 0.48 | | | 1.06 | 0.01 | | |
| 0.48 | 0.48 | | | 1.06 | 0.01 | | |
| 0.37 | 0.15 | 0.15 | | 0.40 | 0.24 | | |
| 0.37 | 0.15 | 0.15 | | 0.40 | 0.24 | | |
| 2.43 | 1.84 | 0.12 | 0.59 | 0.62 | 1.01 | | |
| 2.43 | 1.84 | 0.12 | 0.59 | 0.62 | 1.01 | | |
| 2.80 | 2.16 | 1.22 | 0.39 | 1.81 | 0.84 | | |
| 2.32 | 1.87 | 1.10 | 0.39 | 1.07 | 0.40 | | |
| 0.48 | 0.29 | 0.12 | | 0.74 | 0.44 | | |
| 0.49 | 0.26 | 0.09 | 0.22 | 0.87 | 0.43 | | |
| 0.12 | 0.12 | 0.03 | 0.001 | 0.23 | 0.20 | | |
| 0.12 | 0.12 | 0.03 | 0.001 | 0.23 | 0.20 | | |
| 0.35 | 0.13 | 0.05 | 0.22 | 0.45 | 0.12 | | |
| 0.35 | 0.13 | 0.05 | 0.22 | 0.45 | 0.12 | | |
| 0.02 | | | | 0.03 | 0.01 | | |
| 0.02 | | | | 0.03 | 0.01 | | |
| 0.0002 | 0.0002 | | | 0.16 | 0.10 | | |
| 0.0002 | 0.0002 | | | 0.16 | 0.10 | | |
| 18.63 | 17.04 | 9.59 | 0.05 | 7.46 | 2.25 | | |
| 17.80 | 16.75 | 9.52 | 0.05 | 2.26 | 1.65 | | |
| 17.47 | 16.72 | 9.52 | 0.05 | 2.09 | 1.50 | | |
| 0.32 | 0.03 | | | 0.17 | 0.16 | | |
| 0.25 | 0.16 | 0.02 | | 1.75 | 0.57 | | |
| 0.09 | | | | 1.58 | 0.50 | | |
| 0.02 | 0.02 | 0.01 | | 0.03 | 0.01 | | |
| 0.14 | 0.14 | 0.02 | | 0.15 | 0.06 | | |
| 0.58 | 0.13 | 0.04 | | 3.45 | 0.03 | | |
| 0.15 | 0.06 | 0.04 | 0.09 | 0.42 | 0.07 | 0.01 | 0.01 |
| 0.14 | 0.05 | 0.03 | 0.09 | 0.10 | | | |
| 0.14 | 0.05 | 0.03 | 0.09 | 0.10 | | | |
| 0.01 | 0.01 | 0.01 | | 0.32 | 0.07 | 0.01 | 0.01 |
| 0.01 | 0.01 | 0.01 | | 0.32 | 0.07 | 0.01 | 0.01 |
| 3.32 | 3.29 | 1.19 | 0.03 | 7.61 | 3.40 | | |
| 3.18 | 3.18 | 1.15 | | 7.27 | 3.15 | | |
| 0.04 | 0.04 | | | 0.11 | 0.05 | | |
| 0.09 | 0.06 | 0.03 | 0.03 | 0.23 | 0.20 | | |
| 0.54 | 0.54 | 0.32 | | 0.27 | 0.17 | | |
| 0.54 | 0.54 | 0.32 | | 0.27 | 0.17 | | |
| 1 | 1 | 0.32 | | 0.27 | 0.17 | | |

# 工业企业主要经济

| 指标 | 固定资产合计 | 固定资产原价 | 累计折旧 | 本年折旧 |
|---|---|---|---|---|
| 木材加工和木、竹、藤、棕、草制品业 | 0.04 | 0.05 | 0.01 | 0.005 |
| 人造板制造 | 0.03 | 0.04 | 0.01 | 0.004 |
| 胶合板制造 | 0.03 | 0.04 | 0.01 | 0.004 |
| 木制品制造 | 0.01 | 0.01 | 0.002 | 0.001 |
| 木门窗、楼梯制造 | 0.01 | 0.01 | 0.002 | 0.001 |
| 印刷和记录媒介复制业 | 0.24 | 0.24 | 0.003 | |
| 印刷 | 0.24 | 0.24 | 0.003 | |
| 包装装潢及其他印刷 | 0.24 | 0.24 | 0.003 | |
| 文教、工美、体育和娱乐用品制造业 | 0.69 | 0.68 | 0.41 | 0.01 |
| 文教办公用品制造 | 0.30 | 0.29 | 0.02 | 0.01 |
| 教学用模型及教具制造 | 0.30 | 0.29 | 0.02 | 0.01 |
| 工艺美术品制造 | | | | |
| 雕塑工艺品制造 | | | | |
| 体育用品制造 | 0.39 | 0.39 | 0.39 | 0.004 |
| 体育器材及配件制造 | 0.39 | 0.39 | 0.39 | 0.004 |
| 石油加工、炼焦和核燃料加工业 | 0.54 | 3.73 | 3.29 | 0.09 |
| 炼焦 | 0.54 | 3.73 | 3.29 | 0.09 |
| 化学原料和化学制品制造业 | 0.95 | 1.30 | 0.46 | 0.10 |
| 基础化学原料制造 | 0.72 | 0.92 | 0.28 | 0.07 |
| 无机酸制造 | 0.72 | 0.92 | 0.28 | 0.07 |
| 肥料制造 | 0.14 | 0.29 | 0.15 | 0.02 |
| 氮肥制造 | | | | |
| 复混肥料制造 | 0.14 | 0.29 | 0.15 | 0.02 |
| 合成材料制造 | 0.09 | 0.09 | 0.03 | 0.01 |
| 初级形态塑料及合成树脂制造 | 0.09 | 0.09 | 0.03 | 0.01 |
| 医药制造业 | 0.04 | 0.14 | 0.10 | 0.01 |
| 化学药品原料药制造 | 0.03 | 0.13 | 0.10 | 0.01 |
| 中药饮片加工 | | | | |
| 卫生材料及医药用品制造 | 0.02 | 0.02 | | |
| 橡胶和塑料制品业 | 0.71 | 0.80 | 0.11 | 0.07 |
| 橡胶制品业 | 0.15 | 0.15 | 0.01 | 0.004 |
| 轮胎制造 | 0.15 | 0.15 | 0.01 | 0.004 |
| 塑料制品业 | 0.55 | 0.65 | 0.10 | 0.06 |
| 塑料薄膜制造 | 0.01 | 0.02 | 0.001 | |
| 塑料板、管、型材制造 | | | | |
| 塑料丝、绳及编织品制造 | 0.24 | 0.29 | 0.05 | 0.05 |
| 日用塑料制品制造 | 0.06 | 0.06 | 0.01 | 0.003 |
| 其他塑料制品制造 | 0.24 | 0.29 | 0.05 | 0.02 |
| 非金属矿物制品业 | 40.74 | 48.29 | 9.18 | 2.79 |
| 水泥、石灰和石膏制造 | 33.04 | 39.56 | 7.61 | 2.15 |
| 水泥制造 | 33.04 | 39.56 | 7.61 | 2.15 |
| 石膏、水泥制品及类似制品制造 | 3.64 | 4.38 | 1.02 | 0.23 |
| 水泥制品制造 | 2.27 | 2.94 | 0.96 | 0.19 |
| 石棉水泥制品制造 | | | | |
| 轻质建筑材料制造 | 1.37 | 1.44 | 0.07 | 0.04 |
| 砖瓦、石材等建筑材料制造 | 1.28 | 1.34 | 0.29 | 0.20 |
| 粘土砖瓦及建筑砌块制造 | 0.95 | 0.98 | 0.18 | 0.09 |
| 建筑用石加工 | | | | |
| 防水建筑材料制造 | 0.02 | 0.02 | 0.01 | 0.01 |
| 其他建筑材料制造 | 0.31 | 0.34 | 0.10 | 0.10 |
| 玻璃制造 | 2.75 | 2.97 | 0.25 | 0.21 |
| 平板玻璃制造 | 2.67 | 2.89 | 0.22 | 0.18 |
| 其他玻璃制造 | 0.08 | 0.08 | 0.03 | 0.03 |
| 玻璃制品制造 | 0.03 | 0.03 | 0.005 | 0.003 |

# 指标(2—3)(2015年)

单位:亿元

| 负债合计 | 流动负债合计 | 应付账款 | 非流动负债合计 | 所有者权益合计 | 实收资本 | 国家资本 | 集体资本 |
|---|---|---|---|---|---|---|---|
| 0.06 | 0.03 | 0.01 | 0.02 | 0.07 | 0.06 | | |
| 0.01 | 0.01 | 0.01 | | 0.06 | 0.05 | | |
| 0.01 | 0.01 | 0.01 | | 0.06 | 0.05 | | |
| 0.05 | 0.02 | 0.004 | 0.02 | 0.01 | 0.01 | | |
| 0.05 | 0.02 | 0.004 | 0.02 | 0.01 | 0.01 | | |
| 0.13 | 0.13 | 0.13 | | 0.68 | 0.50 | | |
| 0.13 | 0.13 | 0.13 | | 0.68 | 0.50 | | |
| 0.13 | 0.13 | 0.13 | | 0.68 | 0.50 | | |
| 2.87 | 2.72 | 0.02 | 0.15 | 1.72 | 1.35 | | |
| 0.22 | 0.17 | | 0.05 | 0.29 | 0.05 | | |
| 0.22 | 0.17 | | 0.05 | 0.29 | 0.05 | | |
| 2.27 | 2.17 | 0.02 | 0.10 | 0.96 | 1.00 | | |
| 2.27 | 2.17 | 0.02 | 0.10 | 0.96 | 1.00 | | |
| 0.38 | 0.38 | | | 0.47 | 0.30 | | |
| 0.38 | 0.38 | | | 0.47 | 0.30 | | |
| 1.42 | 0.69 | 0.03 | | 0.36 | 0.70 | | |
| 1.42 | 0.69 | 0.03 | | 0.36 | 0.70 | | |
| 13.39 | 2.52 | 0.71 | 0.09 | 1.66 | 1.20 | | |
| 0.65 | 0.65 | 0.13 | | 0.56 | 0.60 | | |
| 0.65 | 0.65 | 0.13 | | 0.56 | 0.60 | | |
| 12.44 | 1.66 | 0.43 | | 0.81 | 0.50 | | |
| 10.77 | | | | | | | |
| 1.66 | 1.66 | 0.43 | | 0.81 | 0.50 | | |
| 0.30 | 0.21 | 0.15 | 0.09 | 0.28 | 0.10 | | |
| 0.30 | 0.21 | 0.15 | 0.09 | 0.28 | 0.10 | | |
| 0.78 | 0.61 | 0.34 | | 1.30 | 0.68 | | 0.16 |
| 0.61 | 0.61 | 0.34 | | 0.68 | 0.48 | | |
| 0.18 | | | | 0.06 | 0.04 | | |
| | | | | 0.57 | 0.16 | | 0.16 |
| 0.56 | 0.19 | 0.11 | 0.13 | 1.64 | 1.04 | | |
| 0.13 | 0.02 | 0.02 | | 0.50 | 0.10 | | |
| 0.13 | 0.02 | 0.02 | | 0.50 | 0.10 | | |
| 0.42 | 0.18 | 0.09 | 0.13 | 1.14 | 0.94 | | |
| 0.05 | 0.05 | 0.03 | | 0.09 | 0.06 | | |
| 0.08 | 0.05 | 0.01 | 0.02 | 0.34 | 0.20 | | |
| 0.005 | 0.005 | 0.005 | | 0.52 | 0.50 | | |
| 0.03 | 0.03 | 0.03 | | 0.06 | 0.06 | | |
| 0.26 | 0.04 | 0.02 | 0.11 | 0.12 | 0.11 | | |
| 53.80 | 41.69 | 12.02 | 10.59 | 27.34 | 15.68 | 6.01 | |
| 31.43 | 24.25 | 2.60 | 6.88 | 17.63 | 9.02 | 5.83 | |
| 31.43 | 24.25 | 2.60 | 6.88 | 17.63 | 9.02 | 5.83 | |
| 8.55 | 7.16 | 2.65 | 1.10 | 5.41 | 3.91 | 0.18 | |
| 7.17 | 6.29 | 2.25 | 0.87 | 4.03 | 2.41 | 0.18 | |
| 0.22 | | | | 0.32 | 0.50 | | |
| 1.15 | 0.87 | 0.40 | 0.23 | 1.06 | 1.00 | | |
| 6.12 | 4.72 | 3.73 | 0.51 | 2.22 | 1.48 | | |
| 1.14 | 0.61 | 0.44 | 0.05 | 1.38 | 0.75 | | |
| 0.23 | 0.06 | 0.05 | | 0.03 | 0.20 | | |
| 0.08 | | | | 0.07 | 0.07 | | |
| 4.67 | 4.06 | 3.24 | 0.46 | 0.74 | 0.45 | | |
| 7.48 | 5.38 | 2.97 | 2.10 | 1.61 | 1.10 | | |
| 7.42 | 5.32 | 2.94 | 2.10 | 1.50 | 1.00 | | |
| 0.06 | 0.06 | 0.04 | | 0.11 | 0.10 | | |
| 0 | 0 | 0.05 | 0.001 | 0.38 | 0.06 | | |

| 指 标 | | | | |
|---|---|---|---|---|
| | 固定资产合计 | 固定资产原价 | 累计折旧 | 本年折旧 |
| 技术玻璃制品制造 | 0.03 | 0.03 | 0.005 | 0.003 |
| 日用玻璃制品制造 | | | | |
| 玻璃纤维和玻璃纤维增强塑料制品制造 | | | | |
| 玻璃纤维增强塑料制品制造 | | | | |
| 黑色金属冶炼和压延加工业 | 0.99 | 0.96 | 0.15 | 0.03 |
| 黑色金属铸造 | 0.99 | 0.96 | 0.15 | 0.03 |
| 有色金属冶炼和压延加工业 | 0.04 | 0.08 | 0.04 | 0.01 |
| 常用有色金属冶炼 | 0.04 | 0.08 | 0.04 | 0.01 |
| 铅锌冶炼 | 0.04 | 0.08 | 0.04 | 0.01 |
| 金属制品业 | 0.47 | 0.50 | 0.06 | 0.04 |
| 结构性金属制品制造 | 0.47 | 0.50 | 0.06 | 0.04 |
| 金属结构制造 | 0.09 | 0.09 | 0.02 | 0.01 |
| 金属门窗制造 | 0.38 | 0.41 | 0.04 | 0.03 |
| 其他金属制品制造 | | | | |
| 锻件及粉末冶金制品制造 | | | | |
| 通用设备制造业 | 0.27 | 0.35 | 0.08 | 0.07 |
| 锅炉及原动设备制造 | 0.27 | 0.35 | 0.08 | 0.07 |
| 风能原动设备制造 | 0.27 | 0.35 | 0.08 | 0.07 |
| 专用设备制造业 | 3.99 | 3.83 | 0.40 | 0.24 |
| 采矿、冶金、建筑专用设备制造 | 2.21 | 2.23 | 0.30 | 0.15 |
| 矿山机械制造 | 2.21 | 2.23 | 0.30 | 0.15 |
| 农、林、牧、渔专用机械制造 | 0.91 | 0.76 | 0.06 | 0.06 |
| 机械化农业及园艺机具制造 | 0.51 | 0.43 | 0.01 | 0.01 |
| 农林牧渔机械配件制造 | 0.40 | 0.34 | 0.05 | 0.05 |
| 环保、社会公共服务及其他专用设备制造 | 0.87 | 0.83 | 0.04 | 0.04 |
| 交通安全、管制及类似专用设备制造 | 0.87 | 0.83 | 0.04 | 0.04 |
| 汽车制造业 | 15.20 | 18.31 | 3.29 | 1.10 |
| 汽车整车制造 | 13.54 | 16.58 | 3.06 | 0.94 |
| 电车制造 | 0.23 | 0.23 | 0.06 | 0.06 |
| 汽车零部件及配件制造 | 1.42 | 1.50 | 0.18 | 0.10 |
| 电气机械和器材制造业 | 1.39 | 1.39 | 0.08 | 0.06 |
| 电池制造 | 0.21 | 0.20 | 0.01 | 0.01 |
| 锂离子电池制造 | 0.21 | 0.20 | 0.01 | 0.01 |
| 家用电力器具制造 | 0.60 | 0.60 | 0.04 | 0.01 |
| 家用厨房电器具制造 | 0.60 | 0.60 | 0.04 | 0.01 |
| 照明器具制造 | 0.58 | 0.60 | 0.04 | 0.04 |
| 照明灯具制造 | 0.58 | 0.60 | 0.04 | 0.04 |
| 计算机、通信和其他电子设备制造业 | 1.45 | 1.67 | 0.22 | 0.11 |
| 通信设备制造 | 1.30 | 1.50 | 0.20 | 0.09 |
| 通信系统设备制造 | 1.30 | 1.50 | 0.20 | 0.09 |
| 电子器件制造 | 0.15 | 0.17 | 0.02 | 0.02 |
| 集成电路制造 | 0.15 | 0.17 | 0.02 | 0.02 |
| 电子元件制造 | | | | |
| 电子元件及组件制造 | | | | |
| 电力、热力、燃气及水生产和供应业 | 267.61 | 386.99 | 135.79 | 18.90 |
| 电力、热力生产和供应业 | 264.97 | 383.96 | 135.38 | 18.83 |
| 电力生产 | 261.06 | 378.06 | 132.79 | 18.42 |
| 火力发电 | 156.01 | 244.48 | 103.68 | 14.25 |
| 水力发电 | 39.82 | 61.07 | 21.83 | 1.56 |
| 风力发电 | 63.87 | 71.05 | 7.18 | 2.51 |
| 其他电力生产 | 1.36 | 1.47 | 0.10 | 0.10 |
| 电力供应 | 3.91 | 5.90 | 2.59 | 0.41 |
| 水的生产和供应业 | 2.64 | 3.04 | 0.41 | 0.06 |
| 自来水生产和供应 | 2.64 | 3.04 | 0.41 | 0.06 |

# 指标(2—4)(2015年)

单位:亿元

| 负债合计 | 流动负债合计 | 应付账款 | 非流动负债合计 | 所有者权益合计 | 实收资本 | 国家资本 | 集体资本 |
|---|---|---|---|---|---|---|---|
| 0.12 | 0.08 | 0.05 | 0.001 | 0.36 | 0.04 | | |
| 0.04 | 0.04 | | | 0.02 | 0.02 | | |
| 0.06 | 0.06 | 0.03 | | 0.09 | 0.10 | | |
| 0.06 | 0.06 | 0.03 | | 0.09 | 0.10 | | |
| 4.04 | 2.36 | 0.15 | 0.18 | 2.15 | 1.29 | | 0.32 |
| 4.04 | 2.36 | 0.15 | 0.18 | 2.15 | 1.29 | | 0.32 |
| 0.32 | 0.32 | 0.11 | | 0.35 | 0.31 | | |
| 0.32 | 0.32 | 0.11 | | 0.35 | 0.31 | | |
| 0.32 | 0.32 | 0.11 | | 0.35 | 0.31 | | |
| 2.34 | 1.99 | 0.44 | 0.01 | 1.10 | 1.00 | | |
| 2.05 | 1.99 | 0.44 | 0.01 | 1.01 | 1.00 | | |
| 1.36 | 1.30 | 0.44 | 0.01 | 0.60 | 0.62 | | |
| 0.70 | 0.70 | | | 0.41 | 0.38 | | |
| 0.29 | | | | 0.08 | 0.01 | | |
| 0.29 | | | | 0.08 | 0.01 | | |
| 1.80 | 1.80 | 1.09 | | 0.84 | 0.40 | 0.10 | |
| 1.80 | 1.80 | 1.09 | | 0.84 | 0.40 | 0.10 | |
| 1.80 | 1.80 | 1.09 | | 0.84 | 0.40 | 0.10 | |
| 7.32 | 4.87 | 1.53 | 0.59 | 3.53 | 1.14 | 0.30 | |
| 5.18 | 3.35 | 1.53 | | 1.84 | 0.43 | 0.30 | |
| 5.18 | 3.35 | 1.53 | | 1.84 | 0.43 | 0.30 | |
| 0.86 | 0.58 | | 0.27 | 1.33 | 0.51 | | |
| 0.19 | | | 0.17 | 1.03 | 0.30 | | |
| 0.68 | 0.58 | | 0.10 | 0.31 | 0.21 | | |
| 1.27 | 0.95 | | 0.32 | 0.35 | 0.20 | | |
| 1.27 | 0.95 | | 0.32 | 0.35 | 0.20 | | |
| 23.34 | 18.14 | 8.18 | 5.19 | 16.63 | 7.05 | 0.05 | |
| 15.66 | 11.19 | 6.97 | 4.47 | 16.04 | 5.20 | | |
| 2.72 | 2.60 | | 0.13 | -1.18 | 0.98 | | |
| 4.96 | 4.36 | 1.21 | 0.60 | 1.76 | 0.87 | 0.05 | |
| 1.61 | 1.04 | 0.62 | 0.001 | 1.80 | 0.67 | | |
| 0.78 | 0.70 | 0.56 | 0.001 | 0.72 | 0.20 | | |
| 0.78 | 0.70 | 0.56 | 0.001 | 0.72 | 0.20 | | |
| 0.21 | | | | 0.65 | 0.05 | | |
| 0.21 | | | | 0.65 | 0.05 | | |
| 0.63 | 0.34 | 0.06 | | 0.43 | 0.42 | | |
| 0.63 | 0.34 | 0.06 | | 0.43 | 0.42 | | |
| 3.90 | 3.67 | 3.62 | | 0.42 | 0.31 | | |
| 3.61 | 3.61 | 3.61 | | 0.10 | 0.11 | | |
| 3.61 | 3.61 | 3.61 | | 0.10 | 0.11 | | |
| 0.07 | 0.07 | 0.01 | | 0.16 | 0.20 | | |
| 0.07 | 0.07 | 0.01 | | 0.16 | 0.20 | | |
| 0.23 | | | | 0.16 | 0.002 | | |
| 0.23 | | | | 0.16 | 0.002 | | |
| 268.48 | 187.52 | 17.32 | 80.45 | 83.93 | 44.50 | 41.45 | 0.40 |
| 267.45 | 187.19 | 17.27 | 80.26 | 80.28 | 43.99 | 40.95 | 0.40 |
| 263.57 | 183.46 | 16.56 | 80.11 | 76.73 | 43.05 | 40.01 | 0.40 |
| 152.98 | 104.46 | 10.28 | 48.52 | 54.80 | 24.97 | 24.47 | 0.40 |
| 39.87 | 39.87 | 0.06 | | | 0.08 | 0.08 | |
| 69.03 | 38.17 | 6.25 | 30.86 | 21.22 | 17.41 | 15.47 | |
| 1.69 | 0.97 | -0.03 | 0.72 | 0.71 | 0.60 | | |
| 3.88 | 3.73 | 0.71 | 0.15 | 3.55 | 0.94 | 0.94 | |
| 1.03 | 0.33 | 0.05 | 0.19 | 3.64 | 0.51 | 0.50 | |
| 1.03 | 0.33 | 0.05 | 0.19 | 3.64 | 0.51 | 0.50 | |

# 工业企业主要经济

| 指标 | 法人资本 | 个人资本 | 港澳台资本 | 外商资本 | 营业收入 | 主营业务收入 |
|---|---|---|---|---|---|---|
| 总计 | 48.07 | 50.62 | 0.69 | 0.01 | 703.05 | 701.06 |
| 一、按登记注册类型分组: | | | | | | |
| 内资企业 | 47.61 | 50.62 | 0.21 | 0.01 | 697.72 | 695.75 |
| 国有企业 | 0.10 | 0.02 | | | 61.33 | 60.87 |
| 中央企业 | 0.10 | | | | 28.79 | 28.75 |
| 地方企业 | | 0.02 | | | 32.53 | 32.11 |
| 股份合作企业 | 0.01 | 1.31 | | | 1.73 | 1.73 |
| 有限责任公司 | 35.03 | 14.78 | | | 330.51 | 329.70 |
| 国有独资公司 | 0.02 | | | | 36.78 | 36.71 |
| 其他有限责任公司 | 35.01 | 14.78 | | | 293.73 | 293.00 |
| 股份有限公司 | 1.44 | 2.03 | | | 42.24 | 41.67 |
| 私营企业 | 10.91 | 32.49 | 0.21 | 0.01 | 261.30 | 261.16 |
| 私营独资企业 | 2.75 | 8.05 | | | 59.52 | 59.50 |
| 私营合伙企业 | 1.33 | 9.68 | | | 53.73 | 53.73 |
| 私营有限责任公司 | 6.80 | 14.21 | 0.21 | 0.01 | 138.11 | 137.99 |
| 私营股份有限公司 | 0.03 | 0.55 | | | 9.94 | 9.94 |
| 其他企业 | 0.12 | | | | 0.62 | 0.62 |
| 港、澳、台商投资企业 | 0.001 | | | | 5.06 | 5.04 |
| 港澳台商独资经营企业 | 0.001 | | | | 5.06 | 5.04 |
| 外商投资企业 | 0.46 | | 0.48 | | 0.27 | 0.27 |
| 中外合资经营企业 | 0.46 | | 0.48 | | 0.27 | 0.27 |
| 二、按经济组织类型分组 | | | | | | |
| 独资企业 | 2.86 | 8.07 | | | 125.90 | 125.41 |
| 国有企业 | 0.10 | 0.02 | | | 61.33 | 60.87 |
| 私营独资企业 | 2.75 | 8.05 | | | 59.52 | 59.50 |
| 港澳台商独资经营企业 | 0.001 | | | | 5.06 | 5.04 |
| 合作、合伙企业 | 1.46 | 10.98 | | | 56.08 | 56.08 |
| 股份合作企业 | 0.01 | 1.31 | | | 1.73 | 1.73 |
| 私营合伙企业 | 1.33 | 9.68 | | | 53.73 | 53.73 |
| 其他企业(内资) | 0.12 | | | | 0.62 | 0.62 |
| 有限责任公司 | 42.28 | 28.99 | 0.69 | 0.01 | 468.89 | 467.96 |
| 国有独资公司 | 0.02 | | | | 36.78 | 36.71 |
| 私营有限责任公司 | 6.80 | 14.21 | 0.21 | 0.01 | 138.11 | 137.99 |
| 中外合资经营企业 | 0.46 | | 0.48 | | 0.27 | 0.27 |
| 其他有限责任公司 | 35.01 | 14.78 | | | 293.73 | 293.00 |
| 三、在总计中:亏损企业 | 20.31 | 15.76 | 0.48 | | 116.00 | 115.47 |
| 在总计中:国有控股企业 | 15.49 | 1.46 | | | 179.65 | 177.98 |
| 在总计中:农村工业 | 2.63 | 1.30 | | | 17.32 | 17.32 |
| 在总计中:轻工业 | 8.16 | 3.56 | 0.21 | 0.01 | 71.56 | 71.47 |
| 重工业 | 39.91 | 47.07 | 0.48 | | 631.49 | 629.59 |
| 在总计中:大型企业 | 10.33 | | | | 83.75 | 83.70 |
| 中型企业 | 17.71 | 15.51 | | | 220.28 | 218.91 |
| 小型企业 | 20.03 | 35.11 | 0.69 | 0.01 | 399.02 | 398.45 |
| 纯小型企业 | 17.54 | 34.66 | 0.69 | 0.01 | 381.88 | 381.31 |
| 微型企业 | 2.49 | 0.45 | | | 17.15 | 17.15 |

# 指标(3—1)(2015年)

单位:亿元

| 营业成本 | 主营业务成本 | 营业税金及附加 | 主营业务税金及附加 | 其他业务收入 | 其他业务利润 |
|---|---|---|---|---|---|
| 568.88 | 561.00 | 17.49 | 16.78 | 1.99 | 0.82 |
| | | | | | |
| 564.74 | 556.88 | 17.45 | 16.74 | 1.97 | 0.82 |
| 50.87 | 50.65 | 0.73 | 0.58 | 0.46 | 0.01 |
| 22.92 | 22.89 | 0.22 | 0.07 | 0.04 | 0.01 |
| 27.95 | 27.76 | 0.51 | 0.51 | 0.42 | |
| 1.61 | 1.61 | 0.06 | 0.06 | | |
| 279.57 | 274.73 | 6.88 | 6.39 | 0.80 | 0.27 |
| 31.33 | 31.31 | 0.90 | 0.89 | 0.07 | 0.05 |
| 248.24 | 243.42 | 5.98 | 5.50 | 0.73 | 0.22 |
| 27.58 | 26.79 | 0.77 | 0.76 | 0.57 | 0.43 |
| 204.61 | 202.60 | 8.98 | 8.93 | 0.14 | 0.11 |
| 43.97 | 43.61 | 3.06 | 3.06 | 0.02 | |
| 42.42 | 42.01 | 2.68 | 2.66 | | |
| 110.16 | 108.92 | 3.15 | 3.12 | 0.12 | 0.11 |
| 8.05 | 8.05 | 0.09 | 0.09 | | |
| 0.50 | 0.50 | 0.03 | 0.03 | | |
| 3.83 | 3.82 | 0.04 | 0.04 | 0.02 | |
| 3.83 | 3.82 | 0.04 | 0.04 | 0.02 | |
| 0.30 | 0.30 | 0.001 | 0.001 | | |
| 0.30 | 0.30 | 0.001 | 0.001 | | |
| | | | | | |
| 98.67 | 98.07 | 3.83 | 3.68 | 0.50 | 0.01 |
| 50.87 | 50.65 | 0.73 | 0.58 | 0.46 | 0.01 |
| 43.97 | 43.61 | 3.06 | 3.06 | 0.02 | |
| 3.83 | 3.82 | 0.04 | 0.04 | 0.02 | |
| 44.53 | 44.12 | 2.77 | 2.75 | | |
| 1.61 | 1.61 | 0.06 | 0.06 | | |
| 42.42 | 42.01 | 2.68 | 2.66 | | |
| 0.50 | 0.50 | 0.03 | 0.03 | | |
| 390.04 | 383.96 | 10.03 | 9.50 | 0.93 | 0.38 |
| 31.33 | 31.31 | 0.90 | 0.89 | 0.07 | 0.05 |
| 110.16 | 108.92 | 3.15 | 3.12 | 0.12 | 0.11 |
| 0.30 | 0.30 | 0.001 | 0.001 | | |
| 248.24 | 243.42 | 5.98 | 5.50 | 0.73 | 0.22 |
| 108.87 | 106.54 | 3.30 | 3.19 | 0.52 | 0.09 |
| 146.83 | 144.49 | 2.95 | 2.75 | 1.67 | 0.65 |
| 13.46 | 13.32 | 0.39 | 0.39 | 0.0002 | |
| 53.21 | 52.19 | 1.81 | 1.74 | 0.09 | 0.01 |
| 515.66 | 508.81 | 15.68 | 15.04 | 1.90 | 0.82 |
| 69.43 | 68.82 | 0.95 | 0.95 | 0.05 | 0.05 |
| 174.56 | 172.10 | 5.00 | 4.79 | 1.37 | 0.64 |
| 324.89 | 320.07 | 11.54 | 11.05 | 0.57 | 0.13 |
| 311.40 | 306.57 | 11.32 | 10.82 | 0.57 | 0.13 |
| 13.50 | 13.50 | 0.22 | 0.22 | | |

| 指　标 | | | | | | |
|---|---|---|---|---|---|---|
| | 法人资本 | 个人资本 | 港澳台资本 | 外商资本 | 营业收入 | 主营业务收入 |
| 四、按行业分类 | 48.07 | 50.62 | 0.69 | 0.01 | 703.05 | 701.06 |
| 采矿业 | 25.50 | 35.63 | 0.48 | | 288.57 | 288.37 |
| 煤炭开采和洗选业 | 24.93 | 35.61 | 0.48 | | 280.55 | 280.34 |
| 烟煤和无烟煤开采洗选 | 24.93 | 35.61 | 0.48 | | 280.55 | 280.34 |
| 黑色金属矿采选业 | 0.44 | 0.02 | | | 5.62 | 5.62 |
| 铁矿采选 | 0.44 | 0.02 | | | 5.62 | 5.62 |
| 有色金属矿采选业 | 0.13 | | | | 2.18 | 2.18 |
| 常用有色金属矿采选 | 0.13 | | | | 2.18 | 2.18 |
| 铅锌矿采选 | 0.13 | | | | 2.18 | 2.18 |
| 非金属矿采选业 | | 0.01 | | | 0.23 | 0.23 |
| 土砂石开采 | | 0.01 | | | 0.23 | 0.23 |
| 石灰石、石膏开采 | | 0.01 | | | 0.23 | 0.23 |
| 制造业 | 19.92 | 14.99 | 0.21 | 0.01 | 295.71 | 295.18 |
| 农副食品加工业 | 1.95 | 0.45 | | | 9.60 | 9.59 |
| 饲料加工 | 0.30 | | | | 0.50 | 0.49 |
| 植物油加工 | 0.01 | | | | 0.22 | 0.22 |
| 食用植物油加工 | 0.01 | | | | 0.22 | 0.22 |
| 屠宰及肉类加工 | 0.14 | 0.10 | | | 0.80 | 0.80 |
| 肉制品及副产品加工 | 0.14 | 0.10 | | | 0.80 | 0.80 |
| 蔬菜、水果和坚果加工 | 1.01 | | | | 3.14 | 3.13 |
| 蔬菜加工 | 1.01 | | | | 3.14 | 3.13 |
| 其他农副食品加工 | 0.49 | 0.35 | | | 4.95 | 4.95 |
| 淀粉及淀粉制品制造 | 0.36 | 0.05 | | | 3.32 | 3.32 |
| 其他未列明农副食品加工 | 0.14 | 0.30 | | | 1.63 | 1.63 |
| 食品制造业 | 0.01 | 0.22 | 0.20 | | 7.90 | 7.90 |
| 焙烤食品制造 | | | 0.20 | | 2.57 | 2.57 |
| 糕点、面包制造 | | | 0.20 | | 2.57 | 2.57 |
| 方便食品制造 | | 0.12 | | | 2.77 | 2.77 |
| 米、面制品制造 | | 0.12 | | | 2.77 | 2.77 |
| 调味品、发酵制品制造 | 0.01 | | | | 0.21 | 0.21 |
| 其他调味品、发酵制品制造 | 0.01 | | | | 0.21 | 0.21 |
| 其他食品制造 | | 0.10 | | | 2.35 | 2.35 |
| 营养食品制造 | | 0.10 | | | 2.35 | 2.35 |
| 酒、饮料和精制茶制造业 | 1.73 | 0.52 | | | 13.60 | 13.52 |
| 酒的制造 | 1.22 | 0.44 | | | 10.56 | 10.56 |
| 白酒制造 | 1.18 | 0.32 | | | 10.10 | 10.10 |
| 其他酒制造 | 0.04 | 0.12 | | | 0.45 | 0.45 |
| 饮料制造 | 0.50 | 0.07 | | | 2.27 | 2.27 |
| 碳酸饮料制造 | 0.50 | | | | 1.12 | 1.12 |
| 瓶(罐)装饮用水制造 | | 0.01 | | | 0.29 | 0.29 |
| 含乳饮料和植物蛋白饮料制造 | | 0.06 | | | 0.86 | 0.86 |
| 精制茶加工 | 0.01 | 0.02 | | | 0.78 | 0.70 |
| 纺织业 | 0.02 | 0.01 | 0.01 | 0.01 | 2.74 | 2.74 |
| 针织或钩针编织物及其制品制造 | | | | | 2.49 | 2.49 |
| 针织或钩针编织品制造 | | | | | 2.49 | 2.49 |
| 非家用纺织制成品制造 | 0.02 | 0.01 | 0.01 | 0.01 | 0.25 | 0.25 |
| 其他非家用纺织制成品制造 | 0.02 | 0.01 | 0.01 | 0.01 | 0.25 | 0.25 |
| 纺织服装、服饰业 | 3.20 | 0.20 | | | 12.00 | 12.00 |
| 机织服装制造 | 3.00 | 0.15 | | | 10.42 | 10.42 |
| 针织或钩针编织服装制造 | | 0.05 | | | 0.99 | 0.99 |
| 服饰制造 | 0.20 | | | | 0.59 | 0.59 |
| 皮革、毛皮、羽毛及其制品和制鞋业 | | 0.17 | | | 3.13 | 3.13 |
| 制鞋业 | | 0.17 | | | 3.13 | 3.13 |
| 皮鞋制造 | | 0.17 | | | 3.13 | 3 |

# 指标(3—2)(2015年)

单位:亿元

| 营业成本 | 主营业务成本 | 营业税金及附加 | 主营业务税金及附加 | 其他业务收入 | 其他业务利润 |
|---|---|---|---|---|---|
| 568.88 | 561.00 | 17.49 | 16.78 | 1.99 | 0.82 |
| 224.64 | 221.74 | 12.37 | 12.30 | 0.20 | 0.10 |
| 217.84 | 214.94 | 12.26 | 12.20 | 0.20 | 0.10 |
| 217.84 | 214.94 | 12.26 | 12.20 | 0.20 | 0.10 |
| 4.60 | 4.60 | 0.06 | 0.06 | | |
| 4.60 | 4.60 | 0.06 | 0.06 | | |
| 1.99 | 1.99 | 0.03 | 0.03 | | |
| 1.99 | 1.99 | 0.03 | 0.03 | | |
| 1.99 | 1.99 | 0.03 | 0.03 | | |
| 0.21 | 0.21 | 0.01 | 0.01 | | |
| 0.21 | 0.21 | 0.01 | 0.01 | | |
| 0.21 | 0.21 | 0.01 | 0.01 | | |
| 247.70 | 243.13 | 4.37 | 3.88 | 0.53 | 0.12 |
| 8.37 | 8.37 | 0.08 | 0.04 | 0.01 | 0.01 |
| 0.47 | 0.47 | 0.00004 | | 0.005 | 0.0005 |
| 0.21 | 0.21 | | | | |
| 0.21 | 0.21 | | | | |
| 0.50 | 0.50 | 0.001 | 0.001 | | |
| 0.50 | 0.50 | 0.001 | 0.001 | | |
| 2.76 | 2.76 | 0.02 | 0.02 | 0.005 | 0.005 |
| 2.76 | 2.76 | 0.02 | 0.02 | 0.005 | 0.005 |
| 4.43 | 4.43 | 0.05 | 0.02 | | |
| 3.01 | 3.01 | 0.04 | | | |
| 1.42 | 1.42 | 0.02 | 0.02 | | |
| 6.18 | 5.99 | 0.24 | 0.24 | | |
| 1.59 | 1.59 | 0.15 | 0.15 | | |
| 1.59 | 1.59 | 0.15 | 0.15 | | |
| 2.15 | 2.15 | 0.08 | 0.08 | | |
| 2.15 | 2.15 | 0.08 | 0.08 | | |
| 0.19 | 0.01 | | | | |
| 0.19 | 0.01 | | | | |
| 2.25 | 2.25 | 0.002 | | | |
| 2.25 | 2.25 | 0.002 | | | |
| 5.78 | 5.13 | 0.63 | 0.63 | 0.08 | |
| 3.45 | 2.85 | 0.58 | 0.58 | | |
| 3.10 | 2.50 | 0.52 | 0.52 | | |
| 0.35 | 0.35 | 0.05 | 0.05 | | |
| 1.76 | 1.76 | 0.01 | 0.01 | | |
| 0.95 | 0.95 | 0.001 | 0.001 | | |
| | | 0.01 | 0.01 | | |
| 0.81 | 0.81 | 0.002 | 0.002 | | |
| 0.56 | 0.51 | 0.05 | 0.05 | 0.08 | |
| 2.62 | 2.62 | 0.002 | | 0.00001 | 0.00001 |
| 2.37 | 2.37 | 0.002 | | | |
| 2.37 | 2.37 | 0.002 | | | |
| 0.24 | 0.24 | | | 0.00001 | 0.00001 |
| 0.24 | 0.24 | | | 0.00001 | 0.00001 |
| 11.36 | 11.36 | 0.01 | 0.01 | | |
| 10.01 | 10.01 | 0.003 | 0.003 | | |
| 0.84 | 0.84 | 0.01 | 0.01 | | |
| 0.52 | 0.52 | 0.0004 | 0.0004 | | |
| 2.55 | 2.55 | 0.02 | | | |
| 2.55 | 2.55 | 0.02 | | | |
| 3 | 2.55 | 0.02 | | | |

# 工业企业主要经济

| 指标 | 法人资本 | 个人资本 | 港澳台资本 | 外商资本 | 营业收入 | 主营业务收入 |
|---|---|---|---|---|---|---|
| 木材加工和木、竹、藤、棕、草制品业 | 0.004 | 0.06 | | | 0.45 | 0.45 |
| 人造板制造 | | 0.05 | | | 0.23 | 0.23 |
| 胶合板制造 | | 0.05 | | | 0.23 | 0.23 |
| 木制品制造 | 0.004 | 0.01 | | | 0.22 | 0.22 |
| 木门窗、楼梯制造 | 0.004 | 0.01 | | | 0.22 | 0.22 |
| 印刷和记录媒介复制业 | | 0.50 | | | 0.49 | 0.49 |
| 印刷 | | 0.50 | | | 0.49 | 0.49 |
| 包装装潢及其他印刷 | | 0.50 | | | 0.49 | 0.49 |
| 文教、工美、体育和娱乐用品制造业 | 1.00 | 0.35 | | | 5.95 | 5.95 |
| 文教办公用品制造 | | 0.05 | | | 5.13 | 5.13 |
| 教学用模型及教具制造 | | 0.05 | | | 5.13 | 5.13 |
| 工艺美术品制造 | 1.00 | | | | 0.26 | 0.26 |
| 雕塑工艺品制造 | 1.00 | | | | 0.26 | 0.26 |
| 体育用品制造 | | 0.30 | | | 0.56 | 0.56 |
| 体育器材及配件制造 | | 0.30 | | | 0.56 | 0.56 |
| 石油加工、炼焦和核燃料加工业 | | 0.70 | | | 9.41 | 9.41 |
| 炼焦 | | 0.70 | | | 9.41 | 9.41 |
| 化学原料和化学制品制造业 | 0.60 | 0.60 | | | 4.21 | 4.21 |
| 基础化学原料制造 | 0.60 | | | | 0.86 | 0.86 |
| 无机酸制造 | 0.60 | | | | 0.86 | 0.86 |
| 肥料制造 | | 0.50 | | | 1.42 | 1.42 |
| 氮肥制造 | | | | | 0.19 | 0.19 |
| 复混肥料制造 | | 0.50 | | | 1.23 | 1.23 |
| 合成材料制造 | | 0.10 | | | 1.93 | 1.93 |
| 初级形态塑料及合成树脂制造 | | 0.10 | | | 1.93 | 1.93 |
| 医药制造业 | 0.04 | 0.48 | | | 1.52 | 1.52 |
| 化学药品原料药制造 | | 0.48 | | | 0.19 | 0.19 |
| 中药饮片加工 | 0.04 | | | | 0.42 | 0.42 |
| 卫生材料及医药用品制造 | | | | | 0.90 | 0.90 |
| 橡胶和塑料制品业 | 0.10 | 0.94 | | | 9.08 | 9.07 |
| 橡胶制品业 | | 0.10 | | | 4.56 | 4.56 |
| 轮胎制造 | | 0.10 | | | 4.56 | 4.56 |
| 塑料制品业 | 0.10 | 0.84 | | | 4.52 | 4.51 |
| 塑料薄膜制造 | | 0.06 | | | 0.24 | 0.24 |
| 塑料板、管、型材制造 | 0.10 | 0.10 | | | 2.46 | 2.46 |
| 塑料丝、绳及编织品制造 | | 0.50 | | | 0.25 | 0.25 |
| 日用塑料制品制造 | | 0.06 | | | 0.26 | 0.26 |
| 其他塑料制品制造 | | 0.11 | | | 1.31 | 1.31 |
| 非金属矿物制品业 | 3.43 | 6.25 | | | 61.99 | 61.82 |
| 水泥、石灰和石膏制造 | 1.04 | 2.16 | | | 23.66 | 23.58 |
| 水泥制造 | 1.04 | 2.16 | | | 23.66 | 23.58 |
| 石膏、水泥制品及类似制品制造 | 2.20 | 1.53 | | | 15.25 | 15.25 |
| 水泥制品制造 | 1.20 | 1.03 | | | 14.44 | 14.44 |
| 石棉水泥制品制造 | | 0.50 | | | 0.29 | 0.29 |
| 轻质建筑材料制造 | 1.00 | | | | 0.53 | 0.53 |
| 砖瓦、石材等建筑材料制造 | 0.06 | 1.42 | | | 15.56 | 15.49 |
| 粘土砖瓦及建筑砌块制造 | 0.06 | 0.69 | | | 2.09 | 2.09 |
| 建筑用石加工 | | 0.20 | | | 0.26 | 0.26 |
| 防水建筑材料制造 | | 0.07 | | | 5.98 | 5.98 |
| 其他建筑材料制造 | | 0.45 | | | 7.23 | 7.16 |
| 玻璃制造 | | 1.10 | | | 5.20 | 5.20 |
| 平板玻璃制造 | | 1.00 | | | 3.04 | 3.04 |
| 其他玻璃制造 | | 0.10 | | | 2.16 | 2.16 |
| 玻璃制品制造 | 0.02 | 0.04 | | | 1.95 | 2 |

# 指标(3—3)(2015年)

单位:亿元

| 营业成本 | 主营业务成本 | 营业税金及附加 | 主营业务税金及附加 | 其他业务收入 | 其他业务利润 |
|---|---|---|---|---|---|
| 0.38 | 0.38 | 0.001 | 0.001 | | |
| 0.21 | 0.21 | 0.0001 | 0.0001 | | |
| 0.21 | 0.21 | 0.0001 | 0.0001 | | |
| 0.17 | 0.17 | 0.001 | 0.001 | | |
| 0.17 | 0.17 | 0.001 | 0.001 | | |
| 0.28 | 0.28 | 0.01 | 0.01 | | |
| 0.28 | 0.28 | 0.01 | 0.01 | | |
| 0.28 | 0.28 | 0.01 | 0.01 | | |
| 3.39 | 3.39 | 0.39 | 0.39 | | |
| 2.72 | 2.72 | 0.39 | 0.39 | | |
| 2.72 | 2.72 | 0.39 | 0.39 | | |
| 0.22 | 0.22 | 0.0001 | 0.0001 | | |
| 0.22 | 0.22 | 0.0001 | 0.0001 | | |
| 0.45 | 0.45 | 0.001 | 0.001 | | |
| 0.45 | 0.45 | 0.001 | 0.001 | | |
| 8.17 | 8.17 | 0.01 | 0.01 | | |
| 8.17 | 8.17 | 0.01 | 0.01 | | |
| 3.90 | 3.90 | 0.06 | 0.02 | | |
| 0.78 | 0.78 | 0.01 | 0.01 | | |
| 0.78 | 0.78 | 0.01 | 0.01 | | |
| 1.39 | 1.39 | 0.04 | 0.02 | | |
| 0.18 | 0.18 | 0.004 | 0.004 | | |
| 1.20 | 1.20 | 0.03 | 0.01 | | |
| 1.73 | 1.73 | 0.01 | | | |
| 1.73 | 1.73 | 0.01 | | | |
| 1.38 | 1.38 | 0.02 | 0.02 | | |
| 0.15 | 0.15 | 0.001 | 0.001 | | |
| 0.40 | 0.40 | 0.0002 | 0.0002 | | |
| 0.84 | 0.84 | 0.02 | 0.02 | | |
| 7.63 | 7.63 | 0.05 | 0.04 | 0.01 | |
| 3.92 | 3.92 | 0.0002 | 0.0002 | | |
| 3.92 | 3.92 | 0.0002 | 0.0002 | | |
| 3.71 | 3.71 | 0.05 | 0.04 | 0.01 | |
| 0.20 | 0.20 | 0.002 | 0.002 | | |
| 2.01 | 2.01 | 0.003 | | 0.001 | |
| 0.17 | 0.17 | 0.001 | 0.001 | 0.01 | |
| 0.18 | 0.18 | 0.001 | 0.001 | | |
| 1.15 | 1.15 | 0.04 | 0.04 | | |
| 50.19 | 50.05 | 0.94 | 0.90 | 0.17 | 0.03 |
| 18.82 | 18.77 | 0.24 | 0.20 | 0.08 | 0.01 |
| 18.82 | 18.77 | 0.24 | 0.20 | 0.08 | 0.01 |
| 12.58 | 12.58 | 0.19 | 0.19 | | |
| 11.90 | 11.90 | 0.17 | 0.17 | | |
| 0.25 | 0.25 | 0.01 | 0.01 | | |
| 0.43 | 0.43 | 0.01 | 0.01 | | |
| 12.04 | 12.00 | 0.50 | 0.50 | 0.07 | |
| 1.69 | 1.69 | 0.003 | 0.003 | | |
| 0.18 | 0.18 | 0.002 | 0.002 | | |
| 3.17 | 3.17 | 0.45 | 0.45 | | |
| 7.01 | 6.97 | 0.05 | 0.05 | 0.07 | |
| 4.71 | 4.71 | 0.001 | 0.001 | | |
| 3.03 | 3.03 | | | | |
| 1.68 | 1.68 | 0.001 | 0.001 | | |
| 2 | 1.70 | 0.01 | 0.01 | 0.02 | 0.02 |

# 工业企业主要经济

| 指标 | 法人资本 | 个人资本 | 港澳台资本 | 外商资本 | 营业收入 | 主营业务收入 |
|---|---|---|---|---|---|---|
| 技术玻璃制品制造 | 0.003 | 0.04 | | | 0.75 | 0.73 |
| 日用玻璃制品制造 | 0.02 | | | | 1.20 | 1.20 |
| 玻璃纤维和玻璃纤维增强塑料制品制造 | 0.10 | | | | 0.37 | 0.37 |
| 玻璃纤维增强塑料制品制造 | 0.10 | | | | 0.37 | 0.37 |
| 黑色金属冶炼和压延加工业 | 0.90 | 0.07 | | | 34.39 | 34.39 |
| 黑色金属铸造 | 0.90 | 0.07 | | | 34.39 | 34.39 |
| 有色金属冶炼和压延加工业 | 0.01 | 0.31 | | | 1.03 | 1.03 |
| 常用有色金属冶炼 | 0.01 | 0.31 | | | 1.03 | 1.03 |
| 铅锌冶炼 | 0.01 | 0.31 | | | 1.03 | 1.03 |
| 金属制品业 | 0.52 | 0.49 | | | 11.04 | 11.04 |
| 结构性金属制品制造 | 0.52 | 0.48 | | | 10.53 | 10.53 |
| 金属结构制造 | 0.52 | 0.11 | | | 8.69 | 8.69 |
| 金属门窗制造 | | 0.38 | | | 1.84 | 1.84 |
| 其他金属制品制造 | | 0.01 | | | 0.50 | 0.50 |
| 锻件及粉末冶金制品制造 | | 0.01 | | | 0.50 | 0.50 |
| 通用设备制造业 | | 0.30 | | | 5.69 | 5.69 |
| 锅炉及原动设备制造 | | 0.30 | | | 5.69 | 5.69 |
| 风能原动设备制造 | | 0.30 | | | 5.69 | 5.69 |
| 专用设备制造业 | 0.13 | 0.71 | | | 15.77 | 15.51 |
| 采矿、冶金、建筑专用设备制造 | 0.13 | | | | 7.81 | 7.54 |
| 矿山机械制造 | 0.13 | | | | 7.81 | 7.54 |
| 农、林、牧、渔专用机械制造 | | 0.51 | | | 5.51 | 5.51 |
| 机械化农业及园艺机具制造 | | 0.30 | | | 0.10 | 0.10 |
| 农林牧渔机械配件制造 | | 0.21 | | | 5.41 | 5.41 |
| 环保、社会公共服务及其他专用设备制造 | | 0.20 | | | 2.46 | 2.46 |
| 交通安全、管制及类似专用设备制造 | | 0.20 | | | 2.46 | 2.46 |
| 汽车制造业 | 6.00 | 1.00 | | | 72.08 | 72.08 |
| 汽车整车制造 | 5.20 | | | | 31.85 | 31.85 |
| 电车制造 | | 0.98 | | | 6.45 | 6.45 |
| 汽车零部件及配件制造 | 0.80 | 0.02 | | | 33.78 | 33.78 |
| 电气机械和器材制造业 | 0.19 | 0.48 | | | 11.08 | 11.08 |
| 电池制造 | 0.14 | 0.07 | | | 2.47 | 2.47 |
| 锂离子电池制造 | 0.14 | 0.07 | | | 2.47 | 2.47 |
| 家用电力器具制造 | 0.05 | | | | 2.62 | 2.62 |
| 家用厨房电器具制造 | 0.05 | | | | 2.62 | 2.62 |
| 照明器具制造 | | 0.42 | | | 5.99 | 5.99 |
| 照明灯具制造 | | 0.42 | | | 5.99 | 5.99 |
| 计算机、通信和其他电子设备制造业 | 0.11 | 0.20 | | | 2.57 | 2.57 |
| 通信设备制造 | 0.11 | | | | 0.95 | 0.95 |
| 通信系统设备制造 | 0.11 | | | | 0.95 | 0.95 |
| 电子器件制造 | | 0.20 | | | 0.25 | 0.25 |
| 集成电路制造 | | 0.20 | | | 0.25 | 0.25 |
| 电子元件制造 | | 0.002 | | | 1.37 | 1.37 |
| 电子元件及组件制造 | | 0.002 | | | 1.37 | 1.37 |
| 电力、热力、燃气及水生产和供应业 | 2.65 | | | | 118.77 | 117.51 |
| 电力、热力生产和供应业 | 2.64 | | | | 117.99 | 116.73 |
| 电力生产 | 2.64 | | | | 88.97 | 88.16 |
| 火力发电 | 0.10 | | | | 76.18 | 75.38 |
| 水力发电 | | | | | 2.93 | 2.93 |
| 风力发电 | 1.94 | | | | 8.72 | 8.72 |
| 其他电力生产 | 0.60 | | | | 1.14 | 1.14 |
| 电力供应 | | | | | 29.01 | 28.57 |
| 水的生产和供应业 | 0.01 | | | | 0.79 | 0.79 |
| 自来水生产和供应 | 0.01 | | | | 0.79 | 0.79 |

# 指标(3—4)(2015年)

单位:亿元

| 营业成本 | 主营业务成本 | 营业税金及附加 | 主营业务税金及附加 | 其他业务收入 | 其他业务利润 |
|---|---|---|---|---|---|
| 0.56 | 0.52 | 0.01 | 0.01 | 0.02 | 0.02 |
| 1.18 | 1.18 | 0.0002 | 0.0002 | | |
| 0.30 | 0.30 | | | | |
| 0.30 | 0.30 | | | | |
| 30.50 | 30.50 | 0.08 | 0.08 | | |
| 30.50 | 30.50 | 0.08 | 0.08 | | |
| 0.96 | 0.96 | 0.001 | 0.001 | | |
| 0.96 | 0.96 | 0.001 | 0.001 | | |
| 0.96 | 0.96 | 0.001 | 0.001 | | |
| 10.00 | 10.00 | 0.26 | 0.26 | | |
| 9.58 | 9.58 | 0.26 | 0.26 | | |
| 8.28 | 8.28 | 0.15 | 0.15 | | |
| 1.31 | 1.31 | 0.12 | 0.12 | | |
| 0.42 | 0.42 | 0.002 | 0.002 | | |
| 0.42 | 0.42 | 0.002 | 0.002 | | |
| 5.26 | 5.26 | 0.02 | 0.02 | | |
| 5.26 | 5.26 | 0.02 | 0.02 | | |
| 5.26 | 5.26 | 0.02 | 0.02 | | |
| 10.64 | 7.90 | 0.84 | 0.51 | 0.27 | |
| 5.28 | 2.54 | 0.47 | 0.14 | 0.27 | |
| 5.28 | 2.54 | 0.47 | 0.14 | 0.27 | |
| 3.29 | 3.29 | 0.35 | 0.35 | | |
| 0.06 | 0.06 | 0.004 | 0.004 | | |
| 3.23 | 3.23 | 0.34 | 0.34 | | |
| 2.08 | 2.08 | 0.01 | 0.01 | | |
| 2.08 | 2.08 | 0.01 | 0.01 | | |
| 67.61 | 67.61 | 0.29 | 0.29 | | |
| 29.55 | 29.55 | 0.001 | 0.001 | | |
| 5.16 | 5.16 | 0.28 | 0.28 | | |
| 32.90 | 32.90 | 0.01 | 0.01 | | |
| 8.36 | 8.18 | 0.36 | 0.36 | | |
| 2.21 | 2.21 | 0.01 | 0.01 | | |
| 2.21 | 2.21 | 0.01 | 0.01 | | |
| 2.02 | 2.02 | 0.02 | 0.02 | | |
| 2.02 | 2.02 | 0.02 | 0.02 | | |
| 4.13 | 3.95 | 0.34 | 0.34 | | |
| 4.13 | 3.95 | 0.34 | 0.34 | | |
| 2.18 | 1.52 | 0.06 | 0.04 | | 0.08 |
| 0.67 | 0.01 | 0.06 | 0.04 | | 0.08 |
| 0.67 | 0.01 | 0.06 | 0.04 | | 0.08 |
| 0.25 | 0.25 | 0.0005 | 0.0005 | | |
| 0.25 | 0.25 | 0.0005 | 0.0005 | | |
| 1.27 | 1.27 | 0.004 | | | |
| 1.27 | 1.27 | 0.004 | | | |
| 96.54 | 96.13 | 0.75 | 0.60 | 1.26 | 0.61 |
| 96.11 | 95.70 | 0.75 | 0.60 | 1.26 | 0.61 |
| 69.00 | 68.80 | 0.69 | 0.54 | 0.81 | 0.61 |
| 62.15 | 61.95 | 0.66 | 0.51 | 0.80 | 0.61 |
| 2.19 | 2.19 | 0.03 | 0.03 | 0.003 | 0.002 |
| 3.82 | 3.82 | | | 0.002 | |
| 0.85 | 0.85 | | | 0.004 | |
| 27.11 | 26.90 | 0.06 | 0.06 | 0.45 | –0.001 |
| 0.43 | 0.43 | 0.004 | 0.002 | | |
| 0.43 | 0.43 | 0.004 | 0.002 | | |

| 指 标 | 销售费用 | 管理费用 | 税金 |
| --- | --- | --- | --- |
| 总计 | 16.69 | 37.13 | 1.98 |
| 一、按登记注册类型分组: | | | |
| 内资企业 | 16.62 | 36.79 | 1.97 |
| 国有企业 | 0.79 | 2.63 | 0.02 |
| 中央企业 | 0.36 | 0.98 | 0.003 |
| 地方企业 | 0.43 | 1.65 | 0.02 |
| 股份合作企业 | 0.001 | 0.06 | 0.00004 |
| 有限责任公司 | 8.17 | 17.98 | 1.35 |
| 国有独资公司 | 0.53 | 1.39 | 0.01 |
| 其他有限责任公司 | 7.64 | 16.59 | 1.34 |
| 股份有限公司 | 0.73 | 0.62 | 0.04 |
| 私营企业 | 6.93 | 15.44 | 0.56 |
| 私营独资企业 | 1.58 | 4.30 | 0.12 |
| 私营合伙企业 | 1.11 | 4.06 | 0.19 |
| 私营有限责任公司 | 4.15 | 6.92 | 0.25 |
| 私营股份有限公司 | 0.08 | 0.15 | 0.002 |
| 其他企业 | 0.01 | 0.05 | |
| 港、澳、台商投资企业 | 0.04 | 0.31 | 0.005 |
| 港澳台商独资经营企业 | 0.04 | 0.31 | 0.005 |
| 外商投资企业 | 0.03 | 0.03 | |
| 中外合资经营企业 | 0.03 | 0.03 | |
| 二、按经济组织类型分组 | | | |
| 独资企业 | 2.41 | 7.25 | 0.15 |
| 国有企业 | 0.79 | 2.63 | 0.02 |
| 私营独资企业 | 1.58 | 4.30 | 0.12 |
| 港澳台商独资经营企业 | 0.04 | 0.31 | 0.005 |
| 合作、合伙企业 | 1.12 | 4.18 | 0.19 |
| 股份合作企业 | 0.001 | 0.06 | 0.00004 |
| 私营合伙企业 | 1.11 | 4.06 | 0.19 |
| 其他企业(内资) | 0.01 | 0.05 | |
| 有限责任公司 | 12.35 | 24.93 | 1.60 |
| 国有独资公司 | 0.53 | 1.39 | 0.01 |
| 私营有限责任公司 | 4.15 | 6.92 | 0.25 |
| 中外合资经营企业 | 0.03 | 0.03 | |
| 其他有限责任公司 | 7.64 | 16.59 | 1.34 |
| 三、在总计中:亏损企业 | 3.57 | 10.68 | 0.63 |
| 在总计中:国有控股企业 | 3.32 | 8.44 | 0.11 |
| 在总计中:农村工业 | 0.15 | 1.60 | 0.01 |
| 在总计中:轻工业 | 2.99 | 4.18 | 0.50 |
| 重工业 | 13.70 | 32.95 | 1.48 |
| 在总计中:大型企业 | 1.18 | 1.57 | 0.15 |
| 中型企业 | 4.77 | 15.07 | 0.74 |
| 小型企业 | 10.73 | 20.49 | 1.10 |
| 纯小型企业 | 10.26 | 19.38 | 1.08 |
| 微型企业 | 0.47 | 1.11 | 0.01 |

# 经济指标(4—1)(2015年)

单位:亿元

| 财务费用 | 利息收入 | 利息支出 | 营业利润 | 资产减值损失 | 公允价值变动收益 | 投资收益 | 营业外收入 | 政府补助 |
|---|---|---|---|---|---|---|---|---|
| 28.45 | 0.75 | 23.20 | 35.91 | 3.05 | 0.01 | 0.57 | 2.53 | 0.85 |
| | | | | | | | | |
| 28.06 | 0.76 | 22.81 | 35.55 | 3.05 | 0.01 | 0.57 | 2.52 | 0.85 |
| 2.79 | 0.01 | 1.21 | 6.74 | 0.01 | | −0.04 | 0.14 | |
| 2.01 | 0.004 | 0.43 | 5.54 | 0.01 | | −0.04 | 0.08 | |
| 0.78 | 0.01 | 0.78 | 1.20 | 0.01 | | 0.0001 | 0.06 | |
| −0.001 | −0.0005 | | 0.002 | | | | 0.08 | |
| 18.50 | 0.59 | 16.28 | −2.10 | 2.81 | 0.01 | 0.62 | 1.79 | 0.77 |
| 4.23 | 0.01 | 4.24 | −1.60 | −0.0004 | | | 0.14 | 0.02 |
| 14.28 | 0.58 | 12.04 | −0.50 | 2.81 | 0.01 | 0.62 | 1.64 | 0.75 |
| 2.55 | 0.01 | 1.94 | 10.16 | 0.02 | 0.003 | 0.19 | 0.07 | 0.01 |
| 4.21 | 0.14 | 3.39 | 20.72 | 0.21 | | −0.20 | 0.45 | 0.06 |
| 0.85 | −0.002 | 0.81 | 5.51 | 0.01 | | −0.23 | 0.07 | 0.01 |
| 0.77 | 0.002 | 0.40 | 2.69 | | | 0.001 | 0.02 | 0.001 |
| 2.58 | 0.14 | 2.18 | 10.97 | 0.20 | | 0.03 | 0.36 | 0.05 |
| 0.02 | 0.00004 | 0.001 | 1.55 | | | | 0.001 | 0.0002 |
| −0.0001 | | | 0.03 | | | | 0.00001 | |
| 0.39 | 0.0004 | 0.39 | 0.45 | | | | 0.004 | |
| 0.39 | 0.0004 | 0.39 | 0.45 | | | | 0.004 | |
| −0.001 | −0.001 | | −0.09 | | | | 0.01 | |
| −0.001 | −0.001 | | −0.09 | | | | 0.01 | |
| | | | | | | | | |
| 4.04 | 0.01 | 2.40 | 12.70 | 0.02 | | −0.27 | 0.21 | 0.01 |
| 2.79 | 0.01 | 1.21 | 6.74 | 0.01 | | −0.04 | 0.14 | |
| 0.85 | −0.002 | 0.81 | 5.51 | 0.01 | | −0.23 | 0.07 | 0.01 |
| 0.39 | 0.0004 | 0.39 | 0.45 | | | | 0.004 | |
| 0.76 | 0.001 | 0.40 | 2.72 | | | 0.001 | 0.10 | 0.001 |
| −0.001 | −0.0005 | | 0.002 | | | | 0.08 | |
| 0.77 | 0.002 | 0.40 | 2.69 | | | 0.001 | 0.02 | 0.001 |
| −0.0001 | | | 0.03 | | | | 0.00001 | |
| 21.08 | 0.73 | 18.45 | 8.78 | 3.01 | 0.01 | 0.65 | 2.15 | 0.82 |
| 4.23 | 0.01 | 4.24 | −1.60 | −0.0004 | | | 0.14 | 0.02 |
| 2.58 | 0.14 | 2.18 | 10.97 | 0.20 | | 0.03 | 0.36 | 0.05 |
| −0.001 | −0.001 | | −0.09 | | | | 0.01 | |
| 14.28 | 0.58 | 12.04 | −0.50 | 2.81 | 0.01 | 0.62 | 1.64 | 0.75 |
| 10.51 | 0.25 | 8.37 | −23.67 | 2.81 | 0.01 | 0.07 | 0.45 | 0.04 |
| 18.69 | 0.48 | 16.28 | 0.14 | 2.81 | 0.01 | 0.24 | 1.25 | 0.34 |
| 0.23 | −0.001 | 0.20 | 2.00 | | | 0.51 | 0.002 | 0.001 |
| 1.40 | 0.03 | 0.84 | 7.95 | 0.03 | | 0.03 | 0.18 | 0.07 |
| 27.04 | 0.73 | 22.36 | 27.96 | 3.02 | 0.01 | 0.55 | 2.35 | 0.78 |
| 5.00 | −0.01 | 4.82 | 5.62 | | | | 0.08 | 0.01 |
| 11.38 | 0.27 | 8.80 | 10.03 | 2.82 | 0.01 | 0.06 | 1.12 | 0.29 |
| 12.06 | 0.49 | 9.57 | 20.26 | 0.23 | | 0.51 | 1.34 | 0.54 |
| 11.17 | 0.38 | 8.63 | 18.80 | 0.05 | | 0.50 | 1.34 | 0.54 |
| 0.89 | 0.10 | 0.94 | 1.46 | 0.18 | | 0.01 | 0.002 | |

| 指 标 | 销售费用 | 管理费用 | 税金 |
|---|---|---|---|
| 四、按行业分类 | 16.69 | 37.13 | 1.98 |
| 采矿业 | 7.47 | 21.76 | 1.02 |
| 煤炭开采和洗选业 | 7.38 | 21.48 | 0.98 |
| 烟煤和无烟煤开采洗选 | 7.38 | 21.48 | 0.98 |
| 黑色金属矿采选业 | 0.06 | 0.22 | 0.03 |
| 铁矿采选 | 0.06 | 0.22 | 0.03 |
| 有色金属矿采选业 | 0.02 | 0.06 | 0.001 |
| 常用有色金属矿采选 | 0.02 | 0.06 | 0.001 |
| 铅锌矿采选 | 0.02 | 0.06 | 0.001 |
| 非金属矿采选业 | 0.0003 | 0.002 | 0.001 |
| 土砂石开采 | 0.0003 | 0.002 | 0.001 |
| 石灰石、石膏开采 | 0.0003 | 0.002 | 0.001 |
| 制造业 | 8.81 | 13.19 | 0.94 |
| 农副食品加工业 | 0.23 | 0.59 | 0.04 |
| 饲料加工 | 0.05 | 0.03 | 0.003 |
| 植物油加工 | 0.001 | 0.003 | |
| 食用植物油加工 | 0.001 | 0.003 | |
| 屠宰及肉类加工 | 0.05 | 0.07 | |
| 肉制品及副产品加工 | 0.05 | 0.07 | |
| 蔬菜、水果和坚果加工 | 0.03 | 0.30 | 0.005 |
| 蔬菜加工 | 0.03 | 0.30 | 0.005 |
| 其他农副食品加工 | 0.10 | 0.18 | 0.03 |
| 淀粉及淀粉制品制造 | 0.06 | 0.11 | 0.03 |
| 其他未列明农副食品加工 | 0.04 | 0.07 | 0.001 |
| 食品制造业 | 0.47 | 0.53 | 0.0001 |
| 焙烤食品制造 | 0.21 | 0.32 | |
| 糕点、面包制造 | 0.21 | 0.32 | |
| 方便食品制造 | 0.20 | 0.17 | |
| 米、面制品制造 | 0.20 | 0.17 | |
| 调味品、发酵制品制造 | 0.0004 | 0.001 | |
| 其他调味品、发酵制品制造 | 0.0004 | 0.001 | |
| 其他食品制造 | 0.05 | 0.04 | 0.0001 |
| 营养食品制造 | 0.05 | 0.04 | 0.0001 |
| 酒、饮料和精制茶制造业 | 0.79 | 0.56 | 0.14 |
| 酒的制造 | 0.61 | 0.33 | 0.05 |
| 白酒制造 | 0.59 | 0.32 | 0.05 |
| 其他酒制造 | 0.02 | 0.01 | |
| 饮料制造 | 0.16 | 0.16 | 0.05 |
| 碳酸饮料制造 | 0.02 | 0.02 | 0.0002 |
| 瓶(罐)装饮用水制造 | 0.13 | 0.12 | 0.04 |
| 含乳饮料和植物蛋白饮料制造 | 0.01 | 0.02 | 0.004 |
| 精制茶加工 | 0.02 | 0.08 | 0.04 |
| 纺织业 | 0.01 | 0.06 | |
| 针织或钩针编织物及其制品制造 | 0.01 | 0.06 | |
| 针织或钩针编织品制造 | 0.01 | 0.06 | |
| 非家用纺织制成品制造 | | 0.002 | |
| 其他非家用纺织制成品制造 | | 0.002 | |
| 纺织服装、服饰业 | 0.25 | 0.33 | 0.004 |
| 机织服装制造 | 0.11 | 0.27 | 0.004 |
| 针织或钩针编织服装制造 | 0.09 | 0.03 | |
| 服饰制造 | 0.05 | 0.03 | 0.0004 |
| 皮革、毛皮、羽毛及其制品和制鞋业 | 0.04 | 0.10 | |
| 制鞋业 | 0.04 | 0.10 | |
| 皮鞋制造 | 0.04 | 0.10 | |

# 经济指标(4—2)(2015年)

单位:亿元

| 财务费用 | | | 营业利润 | 资产减值损失 | 公允价值变动收益 | 投资收益 | 营业外收入 | 政府补助 |
|---|---|---|---|---|---|---|---|---|
| | 利息收入 | 利息支出 | | | | | | |
| 28.45 | 0.75 | 23.20 | 35.91 | 3.05 | 0.01 | 0.57 | 2.53 | 0.85 |
| 10.67 | 0.36 | 8.51 | 8.55 | 2.97 | 0.01 | −0.14 | 0.73 | 0.26 |
| 10.66 | 0.36 | 8.51 | 7.81 | 2.97 | 0.01 | −0.14 | 0.73 | 0.26 |
| 10.66 | 0.36 | 8.51 | 7.81 | 2.97 | 0.01 | −0.14 | 0.73 | 0.26 |
| 0.01 | −0.0003 | | 0.66 | | | | 0.00001 | |
| 0.01 | −0.0003 | | 0.66 | | | | 0.00001 | |
| 0.00001 | 0.00001 | | 0.07 | | | | | |
| 0.00001 | 0.00001 | | 0.07 | | | | | |
| 0.00001 | 0.00001 | | 0.07 | | | | | |
| 0.0001 | | | 0.01 | | | | | |
| 0.0001 | | | 0.01 | | | | | |
| 0.0001 | | | 0.01 | | | | | |
| 6.22 | 0.36 | 4.74 | 16.61 | 0.04 | | 0.55 | 1.06 | 0.57 |
| 0.16 | −0.002 | 0.05 | 0.17 | 0.03 | | 0.02 | 0.01 | 0.001 |
| 0.001 | −0.002 | 0.002 | −0.05 | −0.0004 | | | 0.001 | |
| 0.01 | | | 0.01 | | | 0.01 | | |
| 0.01 | | | 0.01 | | | 0.01 | | |
| 0.002 | 0.0001 | 0.001 | 0.19 | | | 0.02 | | |
| 0.002 | 0.0001 | 0.001 | 0.19 | | | 0.02 | | |
| 0.03 | | 0.03 | −0.02 | 0.02 | | | 0.00001 | |
| 0.03 | | 0.03 | −0.02 | 0.02 | | | 0.00001 | |
| 0.12 | | 0.02 | 0.05 | 0.01 | | −0.01 | 0.01 | 0.001 |
| 0.09 | | | −0.004 | 0.01 | | −0.01 | 0.004 | |
| 0.03 | | 0.02 | 0.05 | | | | 0.005 | 0.001 |
| 0.25 | 0.03 | 0.01 | 0.24 | | | | | |
| 0.20 | | | 0.09 | | | | | |
| 0.20 | | | 0.09 | | | | | |
| 0.04 | 0.03 | 0.003 | 0.12 | | | | | |
| 0.04 | 0.03 | 0.003 | 0.12 | | | | | |
| 0.0004 | | | 0.02 | | | | | |
| 0.0004 | | | 0.02 | | | | | |
| 0.01 | 0.0003 | 0.004 | 0.01 | | | | | |
| 0.01 | 0.0003 | 0.004 | 0.01 | | | | | |
| 0.24 | 0.0003 | 0.07 | 5.60 | | | 0.00004 | 0.07 | 0.02 |
| 0.21 | 0.0002 | 0.04 | 5.38 | | | 0.00004 | 0.06 | 0.01 |
| 0.21 | 0.0002 | 0.04 | 5.36 | | | 0.00004 | 0.06 | 0.01 |
| | | | 0.03 | | | | | |
| 0.03 | 0.0001 | 0.03 | 0.14 | | | | 0.002 | 0.002 |
| 0.03 | 0.0001 | 0.03 | 0.09 | | | | | |
| | | | 0.03 | | | | | |
| 0.005 | | 0.005 | 0.02 | | | | 0.002 | 0.002 |
| 0.001 | 0.0001 | 0.001 | 0.08 | | | | 0.01 | 0.01 |
| 0.01 | 0.0001 | 0.005 | 0.05 | | | | 0.002 | |
| 0.01 | | 0.01 | 0.04 | | | | | |
| 0.01 | | 0.01 | 0.04 | | | | | |
| 0.0001 | 0.0001 | −0.0001 | 0.004 | | | | 0.002 | |
| 0.0001 | 0.0001 | −0.0001 | 0.004 | | | | 0.002 | |
| 0.06 | −0.0002 | 0.01 | −0.01 | | | | 0.03 | 0.001 |
| 0.05 | −0.0002 | 0.01 | −0.02 | | | | 0.03 | |
| 0.01 | | | 0.01 | | | | | |
| 0.001 | | 0.001 | −0.001 | | | | 0.001 | 0.001 |
| 0.01 | | 0.01 | 0.40 | | | | 0.04 | 0.04 |
| 0.01 | | 0.01 | 0.40 | | | | 0.04 | 0.04 |
| 0.01 | | 0 | 0.40 | | | | 0.04 | 0.04 |

| 指 标 | 销售费用 | 管理费用 | 税金 |
|---|---|---|---|
| 木材加工和木、竹、藤、棕、草制品业 | 0.02 | 0.01 | 0.01 |
| 人造板制造 | 0.01 | 0.01 | 0.00001 |
| 胶合板制造 | 0.01 | 0.01 | 0.00001 |
| 木制品制造 | 0.01 | 0.01 | 0.01 |
| 木门窗、楼梯制造 | 0.01 | 0.01 | 0.01 |
| 印刷和记录媒介复制业 | 0.01 | 0.02 | |
| 印刷 | 0.01 | 0.02 | |
| 包装装潢及其他印刷 | 0.01 | 0.02 | |
| 文教、工美、体育和娱乐用品制造业 | 0.61 | 0.84 | 0.04 |
| 文教办公用品制造 | 0.57 | 0.77 | 0.04 |
| 教学用模型及教具制造 | 0.57 | 0.77 | 0.04 |
| 工艺美术品制造 | | 0.04 | 0.001 |
| 雕塑工艺品制造 | | 0.04 | 0.001 |
| 体育用品制造 | 0.04 | 0.03 | |
| 体育器材及配件制造 | 0.04 | 0.03 | |
| 石油加工、炼焦和核燃料加工业 | 0.07 | 0.03 | 0.002 |
| 炼焦 | 0.07 | 0.03 | 0.002 |
| 化学原料和化学制品制造业 | 0.03 | 0.64 | 0.01 |
| 基础化学原料制造 | 0.00002 | 0.05 | |
| 无机酸制造 | 0.00002 | 0.05 | |
| 肥料制造 | 0.01 | 0.55 | 0.01 |
| 氮肥制造 | 0.01 | 0.46 | 0.01 |
| 复混肥料制造 | 0.0001 | 0.09 | |
| 合成材料制造 | 0.02 | 0.05 | |
| 初级形态塑料及合成树脂制造 | 0.02 | 0.05 | |
| 医药制造业 | 0.09 | 0.07 | 0.02 |
| 化学药品原料药制造 | 0.09 | 0.03 | 0.001 |
| 中药饮片加工 | 0.001 | 0.02 | |
| 卫生材料及医药用品制造 | 0.001 | 0.02 | 0.02 |
| 橡胶和塑料制品业 | 0.39 | 0.54 | 0.01 |
| 橡胶制品业 | 0.17 | 0.27 | |
| 轮胎制造 | 0.17 | 0.27 | |
| 塑料制品业 | 0.23 | 0.27 | 0.01 |
| 塑料薄膜制造 | 0.0002 | 0.004 | |
| 塑料板、管、型材制造 | 0.19 | 0.16 | |
| 塑料丝、绳及编织品制造 | 0.001 | 0.06 | 0.00003 |
| 日用塑料制品制造 | 0.02 | 0.02 | 0.002 |
| 其他塑料制品制造 | 0.02 | 0.03 | 0.005 |
| 非金属矿物制品业 | 2.64 | 3.79 | 0.20 |
| 水泥、石灰和石膏制造 | 1.41 | 1.58 | 0.06 |
| 水泥制造 | 1.41 | 1.58 | 0.06 |
| 石膏、水泥制品及类似制品制造 | 0.40 | 1.03 | 0.09 |
| 水泥制品制造 | 0.38 | 0.96 | 0.03 |
| 石棉水泥制品制造 | 0.01 | 0.01 | |
| 轻质建筑材料制造 | 0.01 | 0.07 | 0.06 |
| 砖瓦、石材等建筑材料制造 | 0.79 | 1.03 | 0.04 |
| 粘土砖瓦及建筑砌块制造 | 0.07 | 0.10 | 0.0003 |
| 建筑用石加工 | 0.01 | 0.01 | |
| 防水建筑材料制造 | 0.66 | 0.86 | 0.03 |
| 其他建筑材料制造 | 0.05 | 0.06 | 0.01 |
| 玻璃制造 | 0.02 | 0.09 | 0.004 |
| 平板玻璃制造 | 0.003 | 0.06 | 0.004 |
| 其他玻璃制造 | 0.02 | 0.03 | |
| 玻璃制品制造 | 0.01 | 0.02 | 0.002 |

# 经济指标(4—3)(2015年)

单位:亿元

| 财务费用 | 利息收入 | 利息支出 | 营业利润 | 资产减值损失 | 公允价值变动收益 | 投资收益 | 营业外收入 | 政府补助 |
|---|---|---|---|---|---|---|---|---|
| 0.002 | | 0.002 | 0.03 | | | | 0.0001 | 0.0001 |
| | | | 0.002 | | | | | |
| | | | 0.002 | | | | | |
| 0.002 | | 0.002 | 0.03 | | | | 0.0001 | 0.0001 |
| 0.002 | | 0.002 | 0.03 | | | | 0.0001 | 0.0001 |
| 0.005 | | | 0.17 | | | | 0.01 | 0.01 |
| 0.005 | | | 0.17 | | | | 0.01 | 0.01 |
| 0.005 | | | 0.17 | | | | 0.01 | 0.01 |
| 0.63 | –0.01 | 0.62 | 0.09 | | | | | |
| 0.62 | | 0.62 | 0.06 | | | | | |
| 0.62 | | 0.62 | 0.06 | | | | | |
| 0.001 | –0.01 | | –0.01 | | | | | |
| 0.001 | –0.01 | | –0.01 | | | | | |
| 0.003 | | | 0.04 | | | | | |
| 0.003 | | | 0.04 | | | | | |
| 0.01 | 0.0003 | 0.01 | 1.13 | | | | 0.005 | |
| 0.01 | 0.0003 | 0.01 | 1.13 | | | | 0.005 | |
| 0.34 | | 0.25 | –0.06 | | | 0.00001 | 0.10 | 0.01 |
| 0.04 | | 0.04 | –0.003 | | | | 0.01 | 0.01 |
| 0.04 | | 0.04 | –0.003 | | | | 0.01 | 0.01 |
| 0.23 | | 0.22 | –0.10 | | | 0.00001 | 0.09 | |
| 0.21 | | 0.20 | 0.01 | | | | | |
| 0.02 | | 0.02 | –0.11 | | | 0.00001 | 0.09 | |
| 0.08 | | | 0.04 | | | | 0.003 | |
| 0.08 | | | 0.04 | | | | 0.003 | |
| 0.004 | 0.001 | 0.0001 | –0.07 | 0.002 | | | 0.002 | |
| 0.0001 | | 0.0001 | –0.08 | 0.002 | | | 0.0003 | |
| 0.003 | | | –0.01 | | | | 0.001 | |
| 0.001 | 0.001 | | 0.01 | | | | 0.0002 | |
| 0.04 | 0.001 | 0.02 | 0.42 | | | 0.0004 | 0.01 | |
| 0.0002 | 0.0001 | | 0.20 | | | | | |
| 0.0002 | 0.0001 | | 0.20 | | | | | |
| 0.04 | 0.001 | 0.02 | 0.22 | | | 0.0004 | 0.01 | |
| 0.00002 | | | 0.03 | | | | | |
| 0.02 | | | 0.07 | | | | 0.001 | |
| 0.0001 | | | 0.02 | | | | | |
| 0.001 | 0.001 | 0.002 | 0.04 | | | | | |
| 0.02 | | 0.02 | 0.05 | | | 0.0004 | 0.01 | |
| 2.73 | 0.33 | 2.43 | 1.71 | –0.0001 | | 0.01 | 0.70 | 0.47 |
| 1.48 | 0.33 | 1.47 | 0.13 | | | | 0.60 | 0.46 |
| 1.48 | 0.33 | 1.47 | 0.13 | | | | 0.60 | 0.46 |
| 0.41 | 0.001 | 0.16 | 0.64 | –0.0001 | | 0.00001 | 0.06 | 0.01 |
| 0.35 | 0.001 | 0.16 | 0.68 | | | 0.00001 | 0.02 | 0.01 |
| 0.0004 | | 0.0004 | 0.02 | | | | | |
| 0.06 | | | –0.06 | –0.0001 | | | 0.04 | |
| 0.80 | 0.001 | 0.79 | 0.40 | | | | 0.02 | 0.003 |
| 0.02 | | 0.02 | 0.21 | | | | 0.02 | 0.002 |
| 0.002 | | | 0.06 | | | | | |
| 0.67 | | 0.67 | 0.18 | | | | | |
| 0.10 | 0.001 | 0.10 | –0.04 | | | | 0.003 | 0.001 |
| 0.01 | 0.0002 | 0.01 | 0.37 | | | | 0.01 | |
| 0.01 | 0.0002 | 0.01 | –0.07 | | | | 0.01 | |
| 0.0001 | | | 0.44 | | | | | |
| 0.01 | 0.001 | 0.002 | 0.16 | | | 0.01 | 0.01 | |

| 指标 | 销售费用 | 管理费用 | 税金 |
|---|---|---|---|
| 　　技术玻璃制品制造 | 0.01 | 0.02 | 0.002 |
| 　　日用玻璃制品制造 | | 0.001 | |
| 　玻璃纤维和玻璃纤维增强塑料制品制造 | 0.02 | 0.04 | 0.001 |
| 　　玻璃纤维增强塑料制品制造 | 0.02 | 0.04 | 0.001 |
| 黑色金属冶炼和压延加工业 | 0.58 | 0.90 | |
| 　黑色金属铸造 | 0.58 | 0.90 | |
| 有色金属冶炼和压延加工业 | 0.03 | 0.03 | 0.0003 |
| 　常用有色金属冶炼 | 0.03 | 0.03 | 0.0003 |
| 　　铅锌冶炼 | 0.03 | 0.03 | 0.0003 |
| 金属制品业 | 0.15 | 0.34 | 0.003 |
| 　结构性金属制品制造 | 0.15 | 0.34 | 0.003 |
| 　　金属结构制造 | 0.02 | 0.13 | 0.002 |
| 　　金属门窗制造 | 0.14 | 0.21 | 0.001 |
| 　其他金属制品制造 | | 0.01 | |
| 　　锻件及粉末冶金制品制造 | | 0.01 | |
| 通用设备制造业 | 0.11 | 0.13 | |
| 　锅炉及原动设备制造 | 0.11 | 0.13 | |
| 　　风能原动设备制造 | 0.11 | 0.13 | |
| 专用设备制造业 | 1.03 | 1.45 | 0.08 |
| 　采矿、冶金、建筑专用设备制造 | 0.41 | 0.61 | 0.04 |
| 　　矿山机械制造 | 0.41 | 0.61 | 0.04 |
| 　农、林、牧、渔专用机械制造 | 0.52 | 0.70 | 0.03 |
| 　　机械化农业及园艺机具制造 | 0.01 | 0.02 | |
| 　　农林牧渔机械配件制造 | 0.51 | 0.69 | 0.03 |
| 　环保、社会公共服务及其他专用设备制造 | 0.11 | 0.14 | 0.01 |
| 　　交通安全、管制及类似专用设备制造 | 0.11 | 0.14 | 0.01 |
| 汽车制造业 | 0.82 | 1.25 | 0.15 |
| 　汽车整车制造 | 0.22 | 0.50 | 0.10 |
| 　电车制造 | 0.50 | 0.40 | 0.02 |
| 　汽车零部件及配件制造 | 0.10 | 0.35 | 0.03 |
| 电气机械和器材制造业 | 0.39 | 0.92 | 0.25 |
| 　电池制造 | 0.01 | 0.04 | |
| 　　锂离子电池制造 | 0.01 | 0.04 | |
| 　家用电力器具制造 | 0.05 | 0.08 | |
| 　　家用厨房电器具制造 | 0.05 | 0.08 | |
| 　照明器具制造 | 0.33 | 0.79 | 0.25 |
| 　　照明灯具制造 | 0.33 | 0.79 | 0.25 |
| 计算机、通信和其他电子设备制造业 | 0.04 | 0.04 | |
| 　通信设备制造 | 0.001 | 0.01 | |
| 　　通信系统设备制造 | 0.001 | 0.01 | |
| 　电子器件制造 | 0.001 | 0.004 | |
| 　　集成电路制造 | 0.001 | 0.004 | |
| 　电子元件制造 | 0.03 | 0.03 | |
| 　　电子元件及组件制造 | 0.03 | 0.03 | |
| 电力、热力、燃气及水生产和供应业 | 0.41 | 2.17 | 0.02 |
| 电力、热力生产和供应业 | 0.36 | 2.08 | 0.02 |
| 　电力生产 | | 0.66 | |
| 　　火力发电 | | 0.60 | |
| 　　水力发电 | | | |
| 　　风力发电 | | 0.001 | |
| 　　其他电力生产 | | 0.06 | |
| 　电力供应 | 0.36 | 1.41 | 0.02 |
| 水的生产和供应业 | 0.05 | 0.10 | 0.004 |
| 　自来水生产和供应 | 0.05 | 0.10 | 0.004 |

# 经济指标(4—4)(2015年)

单位:亿元

| 财务费用 | 利息收入 | 利息支出 | 营业利润 | 资产减值损失 | 公允价值变动收益 | 投资收益 | 营业外收入 | 政府补助 |
|---|---|---|---|---|---|---|---|---|
| 0.01 | 0.001 | 0.002 | 0.15 | | | 0.01 | 0.01 | |
| 0.0001 | | 0.0001 | 0.02 | | | | | |
| 0.02 | | | −0.0001 | | | | | |
| 0.02 | | | −0.0001 | | | | | |
| 0.02 | 0.0001 | 0.02 | 2.82 | | | 0.51 | 0.02 | 0.01 |
| 0.02 | 0.0001 | 0.02 | 2.82 | | | 0.51 | 0.02 | 0.01 |
| 0.0003 | 0.0001 | | 0.01 | | | | | |
| 0.0003 | 0.0001 | | 0.01 | | | | | |
| 0.0003 | 0.0001 | | 0.01 | | | | | |
| 0.08 | 0.001 | 0.08 | 0.19 | | | | 0.03 | |
| 0.08 | 0.001 | 0.08 | 0.11 | | | | 0.03 | |
| 0.02 | 0.0003 | 0.02 | 0.10 | | | | | |
| 0.06 | 0.001 | 0.06 | 0.01 | | | | 0.03 | |
| 0.0001 | | 0.0001 | 0.08 | | | | | |
| 0.0001 | | 0.0001 | 0.08 | | | | | |
| 0.02 | 0.0001 | 0.02 | 0.15 | | | | | |
| 0.02 | 0.0001 | 0.02 | 0.15 | | | | | |
| 0.02 | 0.0001 | 0.02 | 0.15 | | | | | |
| 1.02 | | 0.70 | 0.78 | 0.01 | | | 0.002 | 0.002 |
| 0.45 | | 0.15 | 0.58 | 0.01 | | | 0.002 | 0.002 |
| 0.45 | | 0.15 | 0.58 | 0.01 | | | 0.002 | 0.002 |
| 0.56 | | 0.55 | 0.09 | | | | | |
| 0.01 | | | 0.003 | | | | | |
| 0.55 | | 0.55 | 0.09 | | | | | |
| 0.005 | | 0.005 | 0.12 | | | | | |
| 0.005 | | 0.005 | 0.12 | | | | | |
| 0.54 | −0.01 | 0.39 | 1.56 | | | | 0.04 | 0.02 |
| 0.38 | −0.01 | 0.39 | 1.19 | | | | 0.01 | 0.004 |
| 0.07 | | | 0.04 | | | | | |
| 0.09 | −0.0001 | | 0.32 | | | | 0.02 | 0.01 |
| 0.03 | 0.00003 | 0.03 | 1.02 | | | | 0.003 | 0.002 |
| 0.01 | | 0.01 | 0.19 | | | | 0.002 | 0.001 |
| 0.01 | | 0.01 | 0.19 | | | | 0.002 | 0.001 |
| 0.001 | | 0.001 | 0.46 | | | | 0.001 | 0.001 |
| 0.001 | | 0.001 | 0.46 | | | | 0.001 | 0.001 |
| 0.02 | 0.00003 | 0.02 | 0.37 | | | | | |
| 0.02 | 0.00003 | 0.02 | 0.37 | | | | | |
| 0.03 | | | 0.21 | | | | 0.001 | |
| | | | 0.21 | | | | | |
| | | | 0.21 | | | | | |
| 0.005 | | | −0.01 | | | | | |
| 0.005 | | | −0.01 | | | | | |
| 0.03 | | | 0.01 | | | | 0.001 | |
| 0.03 | | | 0.01 | | | | 0.001 | |
| 11.56 | 0.04 | 9.95 | 10.75 | 0.03 | | 0.17 | 0.75 | 0.02 |
| 11.56 | 0.04 | 9.95 | 10.55 | 0.03 | | 0.17 | 0.74 | 0.02 |
| 11.55 | 0.03 | 9.94 | 10.50 | 0.02 | | 0.17 | 0.69 | 0.02 |
| 8.07 | 0.01 | 6.45 | 8.14 | 0.01 | | 0.17 | 0.41 | 0.02 |
| 0.93 | | 0.93 | −0.22 | | | | | |
| 2.44 | 0.02 | 2.46 | 2.44 | 0.01 | | | 0.28 | 0.001 |
| 0.09 | 0.001 | 0.10 | 0.14 | | | | 0.0002 | |
| 0.01 | 0.01 | 0.01 | 0.05 | 0.01 | | 0.0001 | 0.05 | |
| −0.002 | −0.002 | | 0.20 | | | | 0.01 | |
| −0.002 | −0.002 | | 0.20 | | | | 0.01 | |

# 工业企业主要

| 指标 | 营业外支出 | 利润总额 | 所得税费用 | 亏损企业亏损总额 |
|---|---|---|---|---|
| 总计 | 2.06 | 36.40 | 5.39 | 23.71 |
| 一、按登记注册类型分组: | | | | |
| 内资企业 | 2.03 | 36.04 | 5.32 | 23.63 |
| 国有企业 | 0.17 | 6.70 | 0.14 | 0.46 |
| 中央企业 | 0.10 | 5.52 | 0.09 | 0.44 |
| 地方企业 | 0.07 | 1.18 | 0.05 | 0.02 |
| 股份合作企业 | 0.01 | 0.07 | 0.03 | |
| 有限责任公司 | 0.61 | –0.92 | 2.00 | 17.26 |
| 国有独资公司 | 0.10 | –1.55 | 0.08 | 2.48 |
| 其他有限责任公司 | 0.51 | 0.63 | 1.92 | 14.78 |
| 股份有限公司 | 0.14 | 10.09 | 0.67 | 0.50 |
| 私营企业 | 1.09 | 20.08 | 2.46 | 5.39 |
| 私营独资企业 | 0.33 | 5.25 | 1.02 | 0.93 |
| 私营合伙企业 | 0.34 | 2.38 | 0.58 | 2.20 |
| 私营有限责任公司 | 0.39 | 10.93 | 0.78 | 2.25 |
| 私营股份有限公司 | 0.03 | 1.52 | 0.08 | |
| 其他企业 | 0.01 | 0.02 | 0.03 | 0.03 |
| 港、澳、台商投资企业 | 0.02 | 0.44 | 0.07 | |
| 港澳台商独资经营企业 | 0.02 | 0.44 | 0.07 | |
| 外商投资企业 | 0.003 | –0.08 | | 0.08 |
| 中外合资经营企业 | 0.003 | –0.08 | | 0.08 |
| 二、按经济组织类型分组 | | | | |
| 独资企业 | 0.52 | 12.39 | 1.23 | 1.39 |
| 国有企业 | 0.17 | 6.70 | 0.14 | 0.46 |
| 私营独资企业 | 0.33 | 5.25 | 1.02 | 0.93 |
| 港澳台商独资经营企业 | 0.02 | 0.44 | 0.07 | |
| 合作、合伙企业 | 0.36 | 2.47 | 0.64 | 2.24 |
| 股份合作企业 | 0.01 | 0.07 | 0.03 | |
| 私营合伙企业 | 0.34 | 2.38 | 0.58 | 2.20 |
| 其他企业(内资) | 0.01 | 0.02 | 0.03 | 0.03 |
| 有限责任公司 | 1.01 | 9.93 | 2.78 | 19.59 |
| 国有独资公司 | 0.10 | –1.55 | 0.08 | 2.48 |
| 私营有限责任公司 | 0.39 | 10.93 | 0.78 | 2.25 |
| 中外合资经营企业 | 0.003 | –0.08 | | 0.08 |
| 其他有限责任公司 | 0.51 | 0.63 | 1.92 | 14.78 |
| 三、在总计中:亏损企业 | 0.49 | –23.71 | 0.65 | 23.71 |
| 在总计中:国有控股企业 | 0.45 | 0.93 | 1.49 | 14.90 |
| 在总计中:农村工业 | 0.04 | 1.96 | 0.26 | 0.43 |
| 在总计中:轻工业 | 0.05 | 8.07 | 0.06 | 0.72 |
| 重工业 | 2.00 | 28.32 | 5.33 | 22.99 |
| 在总计中:大型企业 | 0.05 | 5.65 | 0.31 | 1.21 |
| 中型企业 | 0.74 | 10.40 | 2.98 | 14.49 |
| 小型企业 | 1.27 | 20.34 | 2.10 | 8.01 |
| 纯小型企业 | 1.26 | 18.88 | 2.07 | 7.82 |
| 微型企业 | 0.01 | 1.46 | 0.03 | 0.19 |

# 经济指标(5—1)(2015年)

单位:亿元、万人

| 利税总额 | 应交税金及附加 | 本年应付职工薪酬 | 本年应交增值税 | 从业人员平均人数 | 从业人员期末人数 | 平均用工人数 | 期末用工人数 |
|---|---|---|---|---|---|---|---|
| 78.59 | 49.57 | 53.63 | 24.71 | 9.20 | 9.12 | 9.39 | 8.86 |
| | | | | | | | |
| 78.13 | 49.38 | 53.10 | 24.64 | 9.12 | 9.04 | 9.31 | 8.78 |
| 9.36 | 2.82 | 5.61 | 1.92 | 0.64 | 0.65 | 0.64 | 0.58 |
| 6.35 | 0.92 | 1.62 | 0.61 | 0.21 | 0.22 | 0.15 | 0.15 |
| 3.01 | 1.90 | 3.99 | 1.32 | 0.43 | 0.43 | 0.48 | 0.43 |
| 0.25 | 0.21 | 0.09 | 0.12 | 0.04 | 0.04 | 0.04 | 0.04 |
| 12.04 | 16.30 | 24.95 | 6.08 | 3.87 | 3.84 | 4.10 | 3.83 |
| -5.52 | -3.88 | 1.83 | -4.87 | 0.35 | 0.33 | 0.38 | 0.34 |
| 17.56 | 20.18 | 23.12 | 10.95 | 3.52 | 3.51 | 3.72 | 3.50 |
| 13.77 | 4.40 | 2.55 | 2.91 | 0.45 | 0.44 | 0.41 | 0.40 |
| 42.66 | 25.60 | 19.83 | 13.60 | 4.10 | 4.05 | 4.09 | 3.89 |
| 12.91 | 8.80 | 5.58 | 4.60 | 1.15 | 1.17 | 1.13 | 1.08 |
| 8.63 | 7.02 | 6.59 | 3.57 | 1.44 | 1.41 | 1.39 | 1.30 |
| 18.37 | 8.47 | 7.30 | 4.29 | 1.40 | 1.35 | 1.44 | 1.39 |
| 2.75 | 1.30 | 0.36 | 1.14 | 0.12 | 0.12 | 0.13 | 0.12 |
| 0.05 | 0.06 | 0.08 | 0.005 | 0.02 | 0.02 | 0.04 | 0.04 |
| 0.55 | 0.18 | 0.51 | 0.07 | 0.07 | 0.07 | 0.07 | 0.07 |
| 0.55 | 0.18 | 0.51 | 0.07 | 0.07 | 0.07 | 0.07 | 0.07 |
| -0.08 | 0.001 | 0.02 | | | | | |
| -0.08 | 0.001 | 0.02 | | | | | |
| | | | | | | | |
| 22.82 | 11.81 | 11.69 | 6.60 | 1.87 | 1.90 | 1.84 | 1.73 |
| 9.36 | 2.82 | 5.61 | 1.92 | 0.64 | 0.65 | 0.64 | 0.58 |
| 12.91 | 8.80 | 5.58 | 4.60 | 1.15 | 1.17 | 1.13 | 1.08 |
| 0.55 | 0.18 | 0.51 | 0.07 | 0.07 | 0.07 | 0.07 | 0.07 |
| 8.93 | 7.28 | 6.76 | 3.69 | 1.50 | 1.47 | 1.47 | 1.38 |
| 0.25 | 0.21 | 0.09 | 0.12 | 0.04 | 0.04 | 0.04 | 0.04 |
| 8.63 | 7.02 | 6.59 | 3.57 | 1.44 | 1.41 | 1.39 | 1.30 |
| 0.05 | 0.06 | 0.08 | 0.005 | 0.02 | 0.02 | 0.04 | 0.04 |
| 30.33 | 24.78 | 32.27 | 10.37 | 5.27 | 5.20 | 5.55 | 5.22 |
| -5.52 | -3.88 | 1.83 | -4.87 | 0.35 | 0.33 | 0.38 | 0.34 |
| 18.37 | 8.47 | 7.30 | 4.29 | 1.40 | 1.35 | 1.44 | 1.39 |
| -0.08 | 0.001 | 0.02 | | | | | |
| 17.56 | 20.18 | 23.12 | 10.95 | 3.52 | 3.51 | 3.72 | 3.50 |
| -15.14 | 9.84 | 17.17 | 5.27 | 2.87 | 2.72 | 2.98 | 2.65 |
| 4.24 | 4.89 | 19.75 | 0.35 | 2.56 | 2.49 | 2.57 | 2.31 |
| 3.42 | 1.74 | 2.87 | 1.08 | 0.27 | 0.29 | 0.37 | 0.28 |
| 10.66 | 3.14 | 3.25 | 0.78 | 0.98 | 0.92 | 1.00 | 0.93 |
| 67.94 | 46.43 | 50.38 | 23.93 | 8.22 | 8.19 | 8.39 | 7.93 |
| 12.02 | 6.83 | 3.69 | 5.43 | 0.91 | 0.90 | 0.89 | 0.88 |
| 28.77 | 22.07 | 30.90 | 13.36 | 4.50 | 4.56 | 4.61 | 4.32 |
| 37.80 | 20.66 | 19.04 | 5.92 | 3.79 | 3.66 | 3.89 | 3.65 |
| 35.44 | 19.71 | 18.77 | 5.24 | 3.71 | 3.60 | 3.75 | 3.60 |
| 2.37 | 0.95 | 0.27 | 0.68 | 0.08 | 0.05 | 0.14 | 0.05 |

| 指 标 | 营业外支出 | 利润总额 | 所得税费用 | 亏损企业亏损总额 |
|---|---|---|---|---|
| 四、按行业分类 | 2.06 | 36.40 | 5.39 | 23.71 |
| 采矿业 | 1.38 | 7.90 | 3.44 | 20.25 |
| 煤炭开采和洗选业 | 1.38 | 7.16 | 3.43 | 20.20 |
| 烟煤和无烟煤开采洗选 | 1.38 | 7.16 | 3.43 | 20.20 |
| 黑色金属矿采选业 | 0.001 | 0.66 | | 0.05 |
| 铁矿采选 | 0.001 | 0.66 | | 0.05 |
| 有色金属矿采选业 | 0.001 | 0.07 | 0.01 | |
| 常用有色金属矿采选 | 0.001 | 0.07 | 0.01 | |
| 铅锌矿采选 | 0.001 | 0.07 | 0.01 | |
| 非金属矿采选业 | | 0.01 | | |
| 土砂石开采 | | 0.01 | | |
| 石灰石、石膏开采 | | 0.01 | | |
| 制造业 | 0.39 | 17.28 | 0.77 | 1.57 |
| 农副食品加工业 | 0.002 | 0.17 | 0.04 | 0.53 |
| 饲料加工 | | −0.05 | | 0.05 |
| 植物油加工 | | 0.01 | | |
| 食用植物油加工 | | 0.01 | | |
| 屠宰及肉类加工 | 0.002 | 0.18 | | |
| 肉制品及副产品加工 | 0.002 | 0.18 | | |
| 蔬菜、水果和坚果加工 | | −0.02 | 0.03 | 0.47 |
| 蔬菜加工 | | −0.02 | 0.03 | 0.47 |
| 其他农副食品加工 | 0.0001 | 0.05 | 0.01 | 0.01 |
| 淀粉及淀粉制品制造 | 0.0001 | −0.0001 | | 0.01 |
| 其他未列明农副食品加工 | | 0.05 | 0.01 | 0.01 |
| 食品制造业 | 0.01 | 0.22 | | |
| 焙烤食品制造 | | 0.09 | | |
| 糕点、面包制造 | | 0.09 | | |
| 方便食品制造 | | 0.12 | | |
| 米、面制品制造 | | 0.12 | | |
| 调味品、发酵制品制造 | 0.01 | 0.0005 | | |
| 其他调味品、发酵制品制造 | 0.01 | 0.0005 | | |
| 其他食品制造 | | 0.01 | | |
| 营养食品制造 | | 0.01 | | |
| 酒、饮料和精制茶制造业 | 0.02 | 5.66 | 0.01 | 0.06 |
| 酒的制造 | 0.02 | 5.43 | 0.01 | 0.06 |
| 白酒制造 | 0.02 | 5.40 | 0.01 | 0.06 |
| 其他酒制造 | 0.0004 | 0.02 | | |
| 饮料制造 | | 0.14 | 0.003 | |
| 碳酸饮料制造 | | 0.09 | | |
| 瓶(罐)装饮用水制造 | | 0.03 | 0.003 | |
| 含乳饮料和植物蛋白饮料制造 | | 0.02 | | |
| 精制茶加工 | | 0.09 | | |
| 纺织业 | 0.002 | 0.05 | | |
| 针织或钩针编织物及其制品制造 | | 0.04 | | |
| 针织或钩针编织品制造 | | 0.04 | | |
| 非家用纺织制成品制造 | 0.002 | 0.004 | | |
| 其他非家用纺织制成品制造 | 0.002 | 0.004 | | |
| 纺织服装、服饰业 | 0.01 | 0.01 | 0.00004 | 0.02 |
| 机织服装制造 | 0.01 | 0.01 | | 0.02 |
| 针织或钩针编织服装制造 | | 0.01 | | |
| 服饰制造 | | 0.0002 | 0.00004 | |
| 皮革、毛皮、羽毛及其制品和制鞋业 | | 0.44 | | |
| 制鞋业 | | 0.44 | | |
| 皮鞋制造 | | 0.44 | | |

# 经济指标(5—2)(2015年)

| 利税总额 | 应交税金及附加 | 本年应付职工薪酬 | 本年应交增值税 | 从业人员平均人数 | 从业人员期末人数 | 平均用工人数 | 期末用工人数 |
|---|---|---|---|---|---|---|---|
| 78.59 | 49.57 | 53.63 | 24.71 | 9.20 | 9.12 | 9.39 | 8.86 |
| 38.91 | 35.46 | 35.42 | 18.64 | 6.21 | 6.18 | 6.34 | 5.93 |
| 37.52 | 34.77 | 35.00 | 18.09 | 6.04 | 6.01 | 6.16 | 5.76 |
| 37.52 | 34.77 | 35.00 | 18.09 | 6.04 | 6.01 | 6.16 | 5.76 |
| 1.05 | 0.42 | 0.23 | 0.32 | 0.09 | 0.10 | 0.09 | 0.09 |
| 1.05 | 0.42 | 0.23 | 0.32 | 0.09 | 0.10 | 0.09 | 0.09 |
| 0.33 | 0.27 | 0.18 | 0.23 | 0.08 | 0.08 | 0.08 | 0.08 |
| 0.33 | 0.27 | 0.18 | 0.23 | 0.08 | 0.08 | 0.08 | 0.08 |
| 0.33 | 0.27 | 0.18 | 0.23 | 0.08 | 0.08 | 0.08 | 0.08 |
| 0.02 | 0.01 | 0.01 | | | | | |
| 0.02 | 0.01 | 0.01 | | | | | |
| 0.02 | 0.01 | 0.01 | | | | | |
| 30.37 | 14.79 | 9.79 | 8.72 | 2.18 | 2.13 | 2.34 | 2.23 |
| 0.29 | 0.20 | 0.63 | 0.04 | 0.18 | 0.11 | 0.18 | 0.11 |
| −0.05 | 0.004 | 0.06 | 0.0004 | 0.01 | | 0.01 | |
| 0.01 | | 0.004 | | | | | |
| 0.01 | | 0.004 | | | | | |
| 0.20 | 0.01 | 0.02 | 0.01 | 0.01 | 0.01 | 0.01 | 0.01 |
| 0.20 | 0.01 | 0.02 | 0.01 | 0.01 | 0.01 | 0.01 | 0.01 |
| 0.05 | 0.11 | 0.35 | 0.05 | 0.11 | 0.04 | 0.11 | 0.04 |
| 0.05 | 0.11 | 0.35 | 0.05 | 0.11 | 0.04 | 0.11 | 0.04 |
| 0.09 | 0.08 | 0.20 | −0.02 | 0.05 | 0.05 | 0.05 | 0.06 |
| 0.02 | 0.05 | 0.09 | −0.02 | 0.02 | 0.02 | 0.02 | 0.02 |
| 0.07 | 0.03 | 0.10 | 0.001 | 0.04 | 0.04 | 0.03 | 0.04 |
| 0.50 | 0.27 | 0.08 | 0.04 | 0.03 | 0.03 | 0.03 | 0.03 |
| 0.25 | 0.15 | 0.03 | | 0.01 | 0.01 | 0.01 | 0.01 |
| 0.25 | 0.15 | 0.03 | | 0.01 | 0.01 | 0.01 | 0.01 |
| 0.24 | 0.12 | 0.03 | 0.04 | 0.01 | 0.01 | 0.01 | 0.01 |
| 0.24 | 0.12 | 0.03 | 0.04 | 0.01 | 0.01 | 0.01 | 0.01 |
| 0.0005 | | 0.004 | | | 0.01 | | |
| 0.0005 | | 0.004 | | | 0.01 | | |
| 0.01 | 0.002 | 0.01 | | | | 0.01 | |
| 0.01 | 0.002 | 0.01 | | | | 0.01 | |
| 6.61 | 1.10 | 0.73 | 0.32 | 0.22 | 0.21 | 0.20 | 0.21 |
| 6.23 | 0.86 | 0.64 | 0.23 | 0.19 | 0.18 | 0.18 | 0.18 |
| 6.14 | 0.79 | 0.58 | 0.21 | 0.18 | 0.17 | 0.17 | 0.17 |
| 0.10 | 0.07 | 0.05 | 0.02 | 0.01 | 0.01 | 0.01 | 0.01 |
| 0.20 | 0.11 | 0.06 | 0.05 | 0.02 | 0.02 | 0.01 | 0.02 |
| 0.09 | 0.004 | | 0.003 | 0.01 | 0.01 | | 0.01 |
| 0.08 | 0.09 | 0.04 | 0.04 | | | | |
| 0.03 | 0.01 | 0.02 | 0.004 | 0.01 | 0.01 | 0.01 | 0.01 |
| 0.17 | 0.13 | 0.04 | 0.04 | 0.01 | 0.01 | 0.01 | 0.01 |
| 0.05 | 0.002 | 0.001 | | 0.02 | 0.02 | 0.01 | 0.01 |
| 0.04 | 0.002 | | | 0.01 | 0.01 | 0.01 | 0.01 |
| 0.04 | 0.002 | | | 0.01 | 0.01 | 0.01 | 0.01 |
| 0.004 | | 0.001 | | | | | |
| 0.004 | | 0.001 | | | | | |
| 0.03 | 0.03 | 0.98 | 0.01 | 0.32 | 0.32 | 0.32 | 0.31 |
| 0.02 | 0.01 | 0.87 | 0.01 | 0.28 | 0.29 | 0.28 | 0.28 |
| 0.02 | 0.01 | 0.02 | | 0.01 | 0.01 | 0.01 | 0.01 |
| 0.002 | 0.002 | 0.10 | 0.001 | 0.03 | 0.03 | 0.03 | 0.03 |
| 0.50 | 0.07 | 0.07 | 0.05 | 0.04 | 0.04 | 0.04 | 0.04 |
| 0.50 | 0.07 | 0.07 | 0.05 | 0.04 | 0.04 | 0.04 | 0.04 |
| 1 | 0.07 | 0.07 | 0.05 | 0.04 | 0.04 | 0.04 | 0.04 |

| 指　标 | 营业外支出 | 利润总额 | 所得税费用 | 亏损企业亏损总额 |
|---|---|---|---|---|
| 木材加工和木、竹、藤、棕、草制品业 | | 0.03 | 0.01 | |
| 　人造板制造 | | 0.002 | 0.0004 | |
| 　　胶合板制造 | | 0.002 | 0.0004 | |
| 　木制品制造 | | 0.03 | 0.01 | |
| 　　木门窗、楼梯制造 | | 0.03 | 0.01 | |
| 印刷和记录媒介复制业 | 0.001 | 0.18 | | |
| 　印刷 | 0.001 | 0.18 | | |
| 　　包装装潢及其他印刷 | 0.001 | 0.18 | | |
| 文教、工美、体育和娱乐用品制造业 | | 0.09 | | 0.01 |
| 　文教办公用品制造 | | 0.06 | | |
| 　　教学用模型及教具制造 | | 0.06 | | |
| 　工艺美术品制造 | | −0.01 | | 0.01 |
| 　　雕塑工艺品制造 | | −0.01 | | 0.01 |
| 　体育用品制造 | | 0.04 | | |
| 　　体育器材及配件制造 | | 0.04 | | |
| 石油加工、炼焦和核燃料加工业 | 0.01 | 1.13 | 0.02 | |
| 　炼焦 | 0.01 | 1.13 | 0.02 | |
| 化学原料和化学制品制造业 | 0.005 | 0.03 | 0.001 | 0.02 |
| 　基础化学原料制造 | 0.001 | 0.002 | | |
| 　　无机酸制造 | 0.001 | 0.002 | | |
| 　肥料制造 | 0.004 | −0.01 | 0.001 | 0.02 |
| 　　氮肥制造 | 0.004 | 0.01 | | |
| 　　复混肥料制造 | | −0.02 | 0.001 | 0.02 |
| 　合成材料制造 | | 0.04 | | |
| 　　初级形态塑料及合成树脂制造 | | 0.04 | | |
| 医药制造业 | 0.001 | −0.07 | 0.01 | 0.09 |
| 　化学药品原料药制造 | 0.0005 | −0.08 | 0.002 | 0.08 |
| 　中药饮片加工 | 0.00002 | −0.01 | | 0.01 |
| 　卫生材料及医药用品制造 | 0.0001 | 0.01 | 0.005 | |
| 橡胶和塑料制品业 | | 0.43 | 0.01 | |
| 　橡胶制品业 | | 0.20 | | |
| 　　轮胎制造 | | 0.20 | | |
| 　塑料制品业 | | 0.22 | 0.01 | |
| 　　塑料薄膜制造 | | 0.03 | 0.01 | |
| 　　塑料板、管、型材制造 | | 0.07 | | |
| 　　塑料丝、绳及编织品制造 | | 0.02 | 0.01 | |
| 　　日用塑料制品制造 | | 0.04 | 0.0001 | |
| 　　其他塑料制品制造 | | 0.05 | | |
| 非金属矿物制品业 | 0.16 | 2.25 | 0.35 | 0.71 |
| 　水泥、石灰和石膏制造 | 0.07 | 0.67 | 0.14 | 0.32 |
| 　　水泥制造 | 0.07 | 0.67 | 0.14 | 0.32 |
| 　石膏、水泥制品及类似制品制造 | 0.06 | 0.64 | 0.17 | 0.23 |
| 　　水泥制品制造 | 0.05 | 0.65 | 0.17 | 0.20 |
| 　　石棉水泥制品制造 | | 0.02 | | |
| 　　轻质建筑材料制造 | 0.01 | −0.03 | −0.00004 | 0.03 |
| 　砖瓦、石材等建筑材料制造 | 0.01 | 0.41 | 0.0019 | 0.07 |
| 　　粘土砖瓦及建筑砌块制造 | 0.01 | 0.22 | 0.0019 | 0.02 |
| 　　建筑用石加工 | | 0.06 | | |
| 　　防水建筑材料制造 | | 0.18 | | |
| 　　其他建筑材料制造 | 0.002 | −0.04 | | 0.05 |
| 　玻璃制造 | 0.02 | 0.36 | | 0.08 |
| 　　平板玻璃制造 | 0.02 | −0.08 | | 0.08 |
| 　　其他玻璃制造 | | 0.44 | | |
| 　玻璃制品制造 | 0.004 | 0.18 | 0.04 | |

# 经济指标(5—3)(2015年)

| 利税总额 | 应交税金及附加 | 本年应付职工薪酬 | 本年应交增值税 | 从业人员平均人数 | 从业人员期末人数 | 平均用工人数 | 期末用工人数 |
|---|---|---|---|---|---|---|---|
| 0.04 | 0.02 | 0.02 | 0.01 | 0.01 | 0.01 | 0.01 | 0.01 |
| 0.002 | 0.001 | 0.01 | 0.001 | | | | |
| 0.002 | 0.001 | 0.01 | 0.001 | | | | |
| 0.04 | 0.02 | 0.01 | 0.005 | | | | |
| 0.04 | 0.02 | 0.01 | 0.005 | | | | |
| 0.23 | 0.05 | | 0.04 | 0.01 | 0.01 | 0.02 | 0.02 |
| 0.23 | 0.05 | | 0.04 | 0.01 | 0.01 | 0.02 | 0.02 |
| 0.23 | 0.05 | | 0.04 | 0.01 | 0.01 | 0.02 | 0.02 |
| 0.52 | 0.47 | 0.11 | 0.04 | 0.03 | 0.03 | 0.03 | 0.03 |
| 0.48 | 0.46 | 0.04 | 0.04 | 0.01 | 0.01 | 0.01 | 0.01 |
| 0.48 | 0.46 | 0.04 | 0.04 | 0.01 | 0.01 | 0.01 | 0.01 |
| −0.002 | 0.004 | 0.05 | 0.003 | 0.01 | 0.01 | 0.01 | 0.01 |
| −0.002 | 0.004 | 0.05 | 0.003 | 0.01 | 0.01 | 0.01 | 0.01 |
| 0.04 | 0.001 | 0.02 | | 0.01 | 0.01 | 0.01 | 0.01 |
| 0.04 | 0.001 | 0.02 | | 0.01 | 0.01 | 0.01 | 0.01 |
| 1.19 | 0.09 | 0.11 | 0.06 | 0.03 | 0.03 | 0.03 | 0.03 |
| 1.19 | 0.09 | 0.11 | 0.06 | 0.03 | 0.03 | 0.03 | 0.03 |
| 0.13 | 0.11 | 0.11 | 0.04 | 0.03 | 0.03 | 0.07 | 0.04 |
| 0.05 | 0.04 | 0.04 | 0.04 | 0.01 | 0.01 | 0.01 | 0.01 |
| 0.05 | 0.04 | 0.04 | 0.04 | 0.01 | 0.01 | 0.01 | 0.01 |
| 0.03 | 0.05 | 0.06 | | 0.01 | 0.02 | 0.05 | 0.03 |
| 0.02 | 0.02 | | | | | 0.02 | |
| 0.01 | 0.03 | 0.06 | | 0.01 | 0.02 | 0.03 | 0.03 |
| 0.06 | 0.01 | 0.01 | | | | | |
| 0.06 | 0.01 | 0.01 | | | | | |
| 0.01 | 0.11 | 0.10 | 0.06 | 0.03 | 0.03 | 0.03 | 0.03 |
| −0.05 | 0.03 | 0.07 | 0.03 | 0.02 | 0.02 | 0.02 | 0.02 |
| 0.02 | 0.03 | 0.02 | 0.03 | | | 0.01 | |
| 0.04 | 0.05 | 0.02 | 0.001 | 0.01 | 0.01 | 0.01 | 0.01 |
| 0.51 | 0.10 | 0.15 | 0.03 | 0.04 | 0.03 | 0.04 | 0.04 |
| 0.21 | 0.002 | 0.02 | 0.002 | 0.01 | | 0.01 | 0.01 |
| 0.21 | 0.002 | 0.02 | 0.002 | 0.01 | | 0.01 | 0.01 |
| 0.30 | 0.10 | 0.13 | 0.03 | 0.04 | 0.03 | 0.03 | 0.03 |
| 0.04 | 0.01 | 0.02 | | 0.01 | 0.01 | 0.01 | 0.01 |
| 0.08 | 0.003 | 0.03 | | 0.01 | 0.01 | 0.01 | 0.01 |
| 0.03 | 0.02 | 0.03 | 0.01 | 0.01 | 0.01 | 0.01 | 0.01 |
| 0.04 | 0.01 | 0.02 | 0.002 | | | | |
| 0.11 | 0.07 | 0.03 | 0.02 | 0.01 | 0.01 | 0.01 | 0.01 |
| 5.62 | 3.92 | 3.89 | 2.43 | 0.52 | 0.51 | 0.52 | 0.53 |
| 2.01 | 1.55 | 1.64 | 1.11 | 0.27 | 0.26 | 0.25 | 0.26 |
| 2.01 | 1.55 | 1.64 | 1.11 | 0.27 | 0.26 | 0.25 | 0.26 |
| 1.12 | 0.75 | 0.56 | 0.29 | 0.12 | 0.12 | 0.10 | 0.11 |
| 1.12 | 0.66 | 0.52 | 0.29 | 0.10 | 0.10 | 0.09 | 0.10 |
| 0.03 | 0.01 | 0.01 | | | | | |
| −0.02 | 0.08 | 0.03 | | 0.01 | 0.01 | 0.01 | 0.01 |
| 1.58 | 1.21 | 1.51 | 0.67 | 0.06 | 0.07 | 0.11 | 0.10 |
| 0.27 | 0.06 | 0.09 | 0.05 | 0.02 | 0.02 | 0.03 | 0.02 |
| 0.06 | 0.002 | | | | | | |
| 0.65 | 0.50 | 0.46 | 0.02 | 0.01 | 0.01 | 0.02 | 0.02 |
| 0.60 | 0.65 | 0.96 | 0.60 | 0.03 | 0.03 | 0.06 | 0.06 |
| 0.72 | 0.36 | 0.09 | 0.36 | 0.04 | 0.04 | 0.03 | 0.03 |
| 0.27 | 0.35 | 0.08 | 0.35 | 0.03 | 0.03 | 0.03 | 0.03 |
| 0.45 | 0.01 | 0.005 | 0.01 | 0.01 | 0.01 | 0.01 | 0.01 |
| 0.19 | 0.05 | 0.04 | 0.0002 | 0.02 | 0.02 | 0.02 | 0.02 |

| 指　标 | 营业外支出 | 利润总额 | 所得税费用 | 亏损企业亏损总额 |
|---|---|---|---|---|
| 技术玻璃制品制造 | 0.004 | 0.16 | 0.04 | |
| 日用玻璃制品制造 | | 0.02 | | |
| 玻璃纤维和玻璃纤维增强塑料制品制造 | | −0.0001 | | 0.0001 |
| 玻璃纤维增强塑料制品制造 | | −0.0001 | | 0.0001 |
| 黑色金属冶炼和压延加工业 | 0.001 | 2.84 | | |
| 黑色金属铸造 | 0.001 | 2.84 | | |
| 有色金属冶炼和压延加工业 | | 0.01 | 0.0002 | |
| 常用有色金属冶炼 | | 0.01 | 0.0002 | |
| 铅锌冶炼 | | 0.01 | 0.0002 | |
| 金属制品业 | 0.05 | 0.17 | | 0.06 |
| 结构性金属制品制造 | 0.05 | 0.09 | | 0.06 |
| 金属结构制造 | 0.04 | 0.06 | | 0.05 |
| 金属门窗制造 | 0.01 | 0.03 | | 0.01 |
| 其他金属制品制造 | | 0.08 | | |
| 锻件及粉末冶金制品制造 | | 0.08 | | |
| 通用设备制造业 | | 0.15 | 0.01 | |
| 锅炉及原动设备制造 | | 0.15 | 0.01 | |
| 风能原动设备制造 | | 0.15 | 0.01 | |
| 专用设备制造业 | 0.09 | 0.70 | −0.001 | 0.05 |
| 采矿、冶金、建筑专用设备制造 | 0.09 | 0.50 | −0.001 | 0.05 |
| 矿山机械制造 | 0.09 | 0.50 | −0.001 | 0.05 |
| 农、林、牧、渔专用机械制造 | | 0.09 | | |
| 机械化农业及园艺机具制造 | | 0.003 | | |
| 农林牧渔机械配件制造 | | 0.09 | | |
| 环保、社会公共服务及其他专用设备制造 | | 0.12 | | |
| 交通安全、管制及类似专用设备制造 | | 0.12 | | |
| 汽车制造业 | 0.03 | 1.56 | 0.30 | 0.01 |
| 汽车整车制造 | 0.01 | 1.20 | 0.30 | |
| 电车制造 | 0.01 | 0.03 | | |
| 汽车零部件及配件制造 | 0.02 | 0.33 | | 0.01 |
| 电气机械和器材制造业 | 0.001 | 1.03 | 0.00003 | 0.01 |
| 电池制造 | 0.0002 | 0.20 | 0.00003 | |
| 锂离子电池制造 | 0.0002 | 0.20 | 0.00003 | |
| 家用电力器具制造 | 0.001 | 0.46 | | |
| 家用厨房电器具制造 | 0.001 | 0.46 | | |
| 照明器具制造 | 0.00003 | 0.37 | | 0.01 |
| 照明灯具制造 | 0.00003 | 0.37 | | 0.01 |
| 计算机、通信和其他电子设备制造业 | | 0.21 | | 0.01 |
| 通信设备制造 | | 0.21 | | |
| 通信系统设备制造 | | 0.21 | | |
| 电子器件制造 | | −0.01 | | 0.01 |
| 集成电路制造 | | −0.01 | | 0.01 |
| 电子元件制造 | | 0.01 | | |
| 电子元件及组件制造 | | 0.01 | | |
| 电力、热力、燃气及水生产和供应业 | 0.29 | 11.21 | 1.19 | 1.89 |
| 电力、热力生产和供应业 | 0.28 | 11.01 | 1.19 | 1.89 |
| 电力生产 | 0.20 | 10.99 | 1.14 | 1.46 |
| 火力发电 | 0.17 | 8.38 | 0.98 | 1.21 |
| 水力发电 | 0.03 | −0.24 | | 0.24 |
| 风力发电 | 0.002 | 2.72 | 0.13 | |
| 其他电力生产 | 0.0002 | 0.14 | 0.04 | |
| 电力供应 | 0.08 | 0.02 | 0.04 | 0.43 |
| 水的生产和供应业 | 0.01 | 0.20 | | |
| 自来水生产和供应 | 0.01 | 0.20 | | |

# 经济指标（5—4）（2015年）

| 利税总额 | 应交税金及附加 | 本年应付职工薪酬 | 本年应交增值税 | 从业人员平均人数 | 从业人员期末人数 | 平均用工人数 | 期末用工人数 |
|---|---|---|---|---|---|---|---|
| 0.17 | 0.05 | 0.04 | 0.0002 | 0.01 | 0.01 | 0.01 | 0.01 |
| 0.02 | 0.0002 | | | | | | |
| −0.0004 | 0.0004 | 0.04 | −0.0003 | 0.01 | 0.01 | 0.01 | 0.01 |
| −0.0004 | 0.0004 | 0.04 | −0.0003 | 0.01 | 0.01 | 0.01 | 0.01 |
| 3.65 | 0.82 | 0.30 | 0.74 | 0.10 | 0.12 | 0.13 | 0.12 |
| 3.65 | 0.82 | 0.30 | 0.74 | 0.10 | 0.12 | 0.13 | 0.12 |
| 0.02 | 0.01 | 0.04 | 0.01 | 0.01 | 0.01 | 0.01 | 0.01 |
| 0.02 | 0.01 | 0.04 | 0.01 | 0.01 | 0.01 | 0.01 | 0.01 |
| 0.02 | 0.01 | 0.04 | 0.01 | 0.01 | 0.01 | 0.01 | 0.01 |
| 0.77 | 0.61 | 0.13 | 0.34 | 0.03 | 0.03 | 0.04 | 0.04 |
| 0.68 | 0.59 | 0.12 | 0.32 | 0.03 | 0.03 | 0.04 | 0.04 |
| 0.53 | 0.47 | 0.09 | 0.32 | 0.02 | 0.02 | 0.03 | 0.03 |
| 0.15 | 0.12 | 0.03 | 0.001 | 0.01 | 0.01 | 0.01 | 0.01 |
| 0.10 | 0.02 | 0.01 | 0.02 | | | | |
| 0.10 | 0.02 | 0.01 | 0.02 | | | | |
| 0.26 | 0.12 | 0.14 | 0.09 | 0.04 | 0.04 | 0.03 | 0.04 |
| 0.26 | 0.12 | 0.14 | 0.09 | 0.04 | 0.04 | 0.03 | 0.04 |
| 0.26 | 0.12 | 0.14 | 0.09 | 0.04 | 0.04 | 0.03 | 0.04 |
| 1.68 | 1.06 | 0.74 | 0.14 | 0.05 | 0.05 | 0.05 | 0.05 |
| 1.06 | 0.61 | 0.65 | 0.09 | 0.03 | 0.03 | 0.03 | 0.03 |
| 1.06 | 0.61 | 0.65 | 0.09 | 0.03 | 0.03 | 0.03 | 0.03 |
| 0.47 | 0.40 | 0.06 | 0.03 | 0.01 | 0.01 | 0.01 | 0.01 |
| 0.01 | 0.004 | 0.02 | | 0.01 | 0.01 | 0.01 | 0.01 |
| 0.46 | 0.40 | 0.03 | 0.03 | 0.01 | 0.01 | 0.01 | 0.01 |
| 0.15 | 0.04 | 0.04 | 0.02 | 0.01 | 0.01 | 0.01 | 0.01 |
| 0.15 | 0.04 | 0.04 | 0.02 | 0.01 | 0.01 | 0.01 | 0.01 |
| 6.00 | 4.88 | 1.09 | 4.14 | 0.37 | 0.37 | 0.45 | 0.42 |
| 4.93 | 4.12 | 0.81 | 3.72 | 0.26 | 0.26 | 0.21 | 0.21 |
| 0.39 | 0.38 | | 0.09 | 0.03 | 0.03 | 0.08 | 0.08 |
| 0.68 | 0.37 | 0.28 | 0.33 | 0.08 | 0.08 | 0.15 | 0.13 |
| 1.49 | 0.71 | 0.33 | 0.10 | 0.07 | 0.08 | 0.09 | 0.09 |
| 0.21 | 0.02 | 0.05 | 0.01 | 0.05 | 0.05 | 0.04 | 0.04 |
| 0.21 | 0.02 | 0.05 | 0.01 | 0.05 | 0.05 | 0.04 | 0.04 |
| 0.49 | 0.04 | 0.03 | 0.02 | 0.01 | 0.01 | 0.01 | 0.01 |
| 0.49 | 0.04 | 0.03 | 0.02 | 0.01 | 0.01 | 0.01 | 0.01 |
| 0.78 | 0.66 | 0.26 | 0.07 | 0.02 | 0.02 | 0.05 | 0.05 |
| 0.78 | 0.66 | 0.26 | 0.07 | 0.02 | 0.02 | 0.05 | 0.05 |
| 0.28 | 0.07 | 0.05 | 0.001 | 0.02 | 0.02 | 0.02 | 0.02 |
| 0.27 | 0.06 | 0.02 | 0.001 | 0.01 | 0.01 | 0.01 | 0.01 |
| 0.27 | 0.06 | 0.02 | 0.001 | 0.01 | 0.01 | 0.01 | 0.01 |
| −0.01 | 0.001 | 0.01 | 0.0001 | 0.01 | 0.01 | 0.01 | 0.01 |
| −0.01 | 0.001 | 0.01 | 0.0001 | 0.01 | 0.01 | 0.01 | 0.01 |
| 0.01 | 0.004 | 0.02 | | 0.01 | 0.01 | 0.01 | 0.01 |
| 0.01 | 0.004 | 0.02 | | 0.01 | 0.01 | 0.01 | 0.01 |
| 9.31 | −0.69 | 8.42 | −2.65 | 0.80 | 0.81 | 0.71 | 0.70 |
| 9.05 | −0.76 | 8.26 | −2.71 | 0.77 | 0.77 | 0.68 | 0.67 |
| 8.31 | −1.54 | 4.03 | −3.37 | 0.38 | 0.38 | 0.29 | 0.28 |
| 13.54 | 6.14 | 3.64 | 4.50 | 0.34 | 0.34 | 0.25 | 0.24 |
| 0.18 | 0.42 | 0.14 | 0.39 | 0.01 | 0.01 | 0.01 | 0.01 |
| −5.55 | −8.14 | 0.21 | −8.27 | 0.02 | 0.02 | 0.02 | 0.02 |
| 0.14 | 0.03 | 0.04 | −0.002 | 0.01 | 0.01 | 0.01 | 0.01 |
| 0.74 | 0.79 | 4.23 | 0.66 | 0.39 | 0.39 | 0.39 | 0.39 |
| 0.26 | 0.07 | 0.15 | 0.06 | 0.04 | 0.04 | 0.04 | 0.04 |
| 0.26 | 0.07 | 0.15 | 0.06 | 0.04 | 0.04 | 0.04 | 0.04 |

## 规模以上工业用水情况(2015年)

单位:立方米

| 指标 | 取水量 | | 外供水量 | |
|---|---|---|---|---|
| | 本期 | 上年同期 | 本期 | 上年同期 |
| 合计 | 89195901 | 106244103 | 17590235 | 14896855 |
| 1.地表淡水 | 84910662 | 102381820 | | |
| 2.地下淡水 | 1948159 | 1593196 | | |
| 3.自来水 | 1055193 | 1722802 | 17590230 | 14896855 |
| 4.矿井水 | 1239817 | 513311 | | |
| 5.雨水 | 2138 | 1974 | | |
| 6.其他水 | 39932 | 31000 | 5 | |

## 规模以上工业能源转换效率(2015年)

| 指标 | 能源加工转换产出(吨标准煤) | 加工转换投入合计(吨标准煤) | 能源转换效率(%) |
|---|---|---|---|
| 火力发电 | 3262123.8 | 8287889.1 | 39.4 |
| 供热 | 15466.7 | 19524.8 | 79.2 |
| 原煤入洗 | 5102258.4 | 6181628.3 | 82.5 |
| 炼焦 | 578977.0 | 720109.1 | 80.4 |
| 热电联产 | 3277590.5 | 8307413.9 | 39.5 |
| 炼焦与制气 | 578977.0 | 720109.1 | 80.4 |
| 合计 | 8958826.0 | 15209151.2 | 58.9 |

# 规模以上工业企业用水补充资料（2015年）

单位：立方米

| 指标 | 本期 | 上年同期 |
| --- | --- | --- |
| 外排水量 | 8628947 | 10058381 |
| 重复用水量 | 2121781688 | 2265644369 |
| 污水处理企业污水处理量 | 5386 | 4800 |

# 规模以上工业企业综合用能情况（2015年）

| 指标 | 单位 | 数值 |
| --- | --- | --- |
| 同期电力消费合计 | 万千瓦时 | 584276.3 |
| 本期电力消费合计 | 万千瓦时 | 539367.6 |
| 同期原煤消费量合计 | 吨 | 26077360.8 |
| 本期原煤消费量合计 | 吨 | 23564252.8 |
| 同期火力发电投入 | 吨标准煤 | 9775545.2 |
| 本期火力发电投入 | 吨标准煤 | 8287889.1 |
| 同期电力产出 | 万千瓦时 | 3164497.6 |
| 本期电力产出 | 万千瓦时 | 2654291.1 |
| 同期综合能源消费量（当量值） | 吨标准煤 | 9163128.8 |
| 本期综合能源消费量（当量值） | 吨标准煤 | 8503815.1 |

注：能源当量值是指一个计量单位的能源本身所具有的热量，一般用折标系数折成标准煤来表示。

# 规模以上工业企业能源

| 指标 | 工业生产消费量 | 加工转换投入合计 | 火力发电 |
|---|---|---|---|
| 原煤(吨) | 22127371 | 22123301 | 13768092 |
| 其中:1.无烟煤 | 18697064 | 18692994 | 12858409 |
| 2.一般烟煤 | 3430306 | 3430306 | 909683 |
| 洗精煤(吨) | 800121 | 800121 | |
| 其他洗煤(吨) | | | |
| 焦炭(吨) | | | |
| 煤层气(煤田)(万立方米) | 524 | 271 | 271 |
| 汽油(吨) | 6187 | 4878 | 4878 |
| 柴油(吨) | 9.01 | | |
| 热力(百万千焦) | | | |
| 电力(万千瓦时) | 233223 | | |
| 生物质废料用于燃料(吨) | 203890 | 203890 | 203890 |
| 能源合计(吨标准煤) | 15503159 | 15209151 | 8287889 |

# 加工转换生产情况(2015年)

| 供热 | 原煤入洗 | 炼焦 | 能源加工转换产出 |
|---|---|---|---|
| 30508 | 8324701 | | |
| | 5834585 | | |
| 30508 | 2490115 | | |
| | | 800121 | 5204008 |
| | | | 1473729 |
| | | | 596023 |
| | | | |
| | | | |
| | | | |
| | | | 453570 |
| | | | 2654291 |
| | | | |
| 19525 | 6181628 | 720109 | 8958826 |

| 指标 | 年初库存量 | 购进量 | | |
|---|---|---|---|---|
| | | | 购自省外 | 合计 |
| 原煤(吨) | 3823767.9 | 23198648.1 | 87808.0 | 23564252.8 |
| 其中:1.无烟煤 | 3536556.2 | 19216164.7 | 87808.0 | 19562676.8 |
| 2.一般烟煤 | 287211.8 | 3982483.4 | | 4001576.0 |
| 洗精煤(吨) | 3286.0 | 848860.2 | | 848860.2 |
| 其他洗煤(吨) | 900.0 | | | |
| 焦炭(吨) | 1037.1 | 335169.4 | | 334990.4 |
| 天然气(气态)(万立方米) | | 303.9 | | 303.6 |
| 液化天然气(液态)(吨) | | | | 1.2 |
| 煤层气(煤田)(万立方米) | | | | 524.1 |
| 汽油(吨) | 51.5 | 2642.3 | 630.0 | 2746.2 |
| 煤油(吨) | 3.0 | 25.8 | | 25.8 |
| 柴油(吨) | 3589.0 | 27338.7 | 288.0 | 27636.6 |
| 燃料油(吨) | | 0.8 | | 0.8 |
| 液化石油气(吨) | | 3.5 | | 3.5 |
| 润滑油(吨) | | 54.7 | | 54.7 |
| 石油焦(吨) | 5453.5 | 39880.8 | | 36434.9 |
| 其他石油制品(吨) | | 9.0 | | 9.0 |
| 热力(百万千焦) | | 52384.0 | | 269483.9 |
| 电力(万千瓦时) | | 277498.2 | 2594.9 | 539367.6 |
| 生物质废料用于燃料(吨) | | 203890.3 | | 203890.3 |
| 其他工业废料用于燃料(吨) | | | | 365.0 |
| 能源合计(吨标准煤) | | | | 17480339.0 |

备注:本表为辖区规模以上(年主营业务收入2000万元及以上)工业法人单位能源消费情况汇总表,“采用折标系数”栏所列值为参考折标煤系数。

# 能源购进、消费与库存(2015年)

| 消费量 | | | | 期末库存量 | 采用折标系数 |
| --- | --- | --- | --- | --- | --- |
| 1.工业生产消费 | 用于原材料 | 2.非工业生产消费 | 合计中:运输工具消费 | | |
| 23563284.7 | | 968.1 | | 3330554.9 | — |
| 19561762.7 | | 914.1 | | 3058767.7 | 0.9428 |
| 4001522.0 | | 54.0 | | 271787.2 | 0.7143 |
| 848860.2 | | | | 3286.0 | 0.9000 |
| | | | | | 0.4643 |
| 334990.4 | | | | 1301.1 | 0.9714 |
| 295.4 | | 8.2 | | | 13.300 |
| 0.7 | | 0.5 | | | 1.7572 |
| 524.1 | | | | | 11.0000 |
| 700.0 | | 2046.2 | 538.6 | 2.2 | 1.4714 |
| 25.0 | | 0.8 | 0.8 | | 1.4714 |
| 24972.1 | 694.0 | 2664.5 | 2563.6 | 3238.6 | 1.4571 |
| 0.8 | | | | | 1.4286 |
| 1.8 | | 1.7 | | | 1.7143 |
| 54.7 | | | | | 1.4143 |
| 36434.9 | | | | 8899.4 | 1.0918 |
| 9.0 | | | | | 1.4000 |
| 269483.9 | | | | | 0.0341 |
| 531354.8 | | 8012.8 | 304.0 | | 1.2290 |
| 203890.3 | | | | | 0.5 |
| 354.0 | | 11.0 | | | 0.4285 |
| 17462641.1 | | 17698.1 | | | —— |

| 指标 | 单位 | | | 单位换算系数 |
|---|---|---|---|---|
| | 指标单位 | 子项单位 | 母项单位 | |
| 吨水泥熟料综合能耗 | 千克标准煤/吨 | 吨标准煤 | 吨 | 1000 |
| 吨水泥熟料烧成标准煤耗 | 千克标准煤/吨 | 吨标准煤 | 吨 | 1000 |
| 吨水泥熟料综合电耗 | 千瓦时/吨 | 万千瓦时 | 吨 | 10000 |
| 吨水泥综合能耗 | 千克标准煤/吨 | 吨标准煤 | 吨 | 1000 |
| 吨水泥综合电耗 | 千瓦时/吨 | 万千瓦时 | 吨 | 10000 |
| 吨水泥标准煤耗 | 千克标准煤/吨 | 吨标准煤 | 吨 | 1000 |
| 选煤电力单耗 | 千瓦时/吨 | 万千瓦时 | 吨 | 10000 |
| 电厂火力发电标准煤耗 | 克标准煤/千瓦时 | 吨标准煤 | 万千瓦时 | 100 |
| 电厂火力供电标准煤耗 | 克标准煤/千瓦时 | 吨标准煤 | 万千瓦时 | 100 |
| 发电厂用电率 | % | 万千瓦时 | 万千瓦时 | 100 |
| 炼焦工序单位能耗 | 千克标准煤/吨 | 吨标准煤 | 吨 | 1000 |
| 单位合成氨生产综合能耗 | 千克标准煤/吨 | 吨标准煤 | 吨 | 1000 |
| 单位合成氨耗电 | 千瓦时/吨 | 万千瓦时 | 吨 | 10000 |
| 单位合成氨耗原料煤 | 千克标煤/吨 | 吨标准煤 | 吨 | 1000 |
| 单位合成氨耗标准燃料煤 | 千克标煤/吨 | 吨标准煤 | 吨 | 1000 |

备注:本表为辖区内年综合能源消费量1万吨标煤及以上工业法人单位产品能耗汇总表,指标值=(子项值/母项值)*单位换算系数。指标值为生产某产品的单位能耗,子项值为能源消费量,母项值为产品产出量。

# 单位产品能源消耗(2015年)

| 本期 | | | 上年同期 | | |
| --- | --- | --- | --- | --- | --- |
| 指标值 | 子项值 | 母项值 | 指标值 | 子项值 | 母项值 |
| 124.4 | 513680.0 | 4129948.8 | 142.6 | 608362.4 | 4266518.9 |
| 116.7 | 482091.1 | 4129948.8 | 134.2 | 572661.1 | 4266518.9 |
| 86.5 | 35729.0 | 4129948.8 | 98.2 | 41899.4 | 4266518.9 |
| 90.8 | 521777.4 | 5744966.0 | 97.3 | 644206.0 | 6622011.9 |
| 89.5 | 51423.1 | 5744966.0 | 96.2 | 63725.3 | 6622010.9 |
| 94.0 | 439984.2 | 4682300.6 | 98.1 | 530946.9 | 5413779.0 |
| 5.2 | 692.0 | 1332934.0 | 6.5 | 842.4 | 1289894.0 |
| 308.3 | 8114323.0 | 2632130.2 | 308.9 | 9772594.4 | 3164024.6 |
| 335.1 | 8114323.0 | 2421761.2 | 335.8 | 9772594.4 | 2910613.7 |
| 8.1 | 212300.8 | 2632130.2 | 7.9 | 251034.1 | 3164024.6 |
| 215.3 | 136413.9 | 633684.5 | 258.0 | 126337.2 | 489667.0 |
| 1764.2 | 181050.8 | 102626.0 | 1809.2 | 277960.8 | 153637.9 |
| 2065.4 | 21196.7 | 102626.0 | 2088.1 | 32081.0 | 153637.9 |
| 1417.8 | 145501.4 | 102626.0 | 1464.9 | 225064.1 | 153637.9 |
| 92.6 | 9498.7 | 102626.0 | 87.7 | 13469.2 | 153637.9 |

# 重点经销企业能源

| 指标 | 年初商品库存量 | 商品购进量 | | | |
|---|---|---|---|---|---|
| | | 本年 | | 上年同期 | |
| | | | 购自省外 | | 购自省外 |
| 原煤 | 68309.0 | 2591893.1 | 49268.7 | 1066504.0 | 38051.6 |
| 焦炭 | 2744.9 | 1822.2 | 1822.2 | 3899.3 | 3899.3 |
| 液化天然气 | 126 | 33029 | 33029 | 28855 | 28855 |
| 汽油 | 2983 | 243702 | | 5246 | |
| 煤油 | 12 | 781 | | 839 | |
| 柴油 | 4176 | 376603 | | 4843 | |

备注:本表为辖区内限额以上(年主营业务收入2000万及以上)批发和零售业法人单位情况汇总表。

# 规模以上工业能源

| 产品 | 年初产成品库存量 | 产品产量 | | | |
|---|---|---|---|---|---|
| | | 本年 | | 上年同期 | |
| | | 本月 | 1–本月 | 本月 | 1–本月 |
| 原煤(吨) | 1489749 | 3987932 | 48009162 | 4007190 | 47638429 |
| 无烟煤 | 1420289 | 3849767 | 46149963 | 3831697 | 45820164 |
| 烟煤 | 69460 | 138165 | 1859198 | 175583 | 1818265 |
| 炼焦烟煤 | | 20096 | 241381 | 37731 | 346046 |
| 一般烟煤 | 69460 | 118069 | 1617818 | 137852 | 1472219 |
| 洗煤(吨) | 57770 | 554774 | 6677737 | 452490 | 6542667 |
| 其中:洗精煤 | 14086 | 439550 | 5204008 | 378901 | 5427927 |
| 煤层气(煤田)(万立方米) | | | 397 | | |
| 焦炭(吨) | 114742 | 39918 | 596023 | 36794 | 545251 |
| 其中:机焦 | 69358 | 34063 | 540839 | 31039 | 490567 |
| 发电量(万千瓦时) | | 295929 | 2916659 | 407133 | 3387880 |
| 其中:火力发电量 | | 271358 | 2632817 | 373889 | 3164498 |
| 水力发电量 | | 11757 | 126375 | 27686 | 137770 |
| 风力发电量 | | 10296 | 136024 | 5558 | 85612 |
| 竹木生物质燃料发电量 | | 2518 | 21443 | | |

# 购进、销售与库存（2015年）

计量单位：吨

| 商品销售量 | | | | 期末商品库存量 | |
|---|---|---|---|---|---|
| 本年 | | 上年同期 | | 本期 | 上年同期 |
| | 销往省外 | | 销往省外 | | |
| 2577722.2 | 162199.7 | 10454120.6 | 143707.1 | 82483.7 | 58164.2 |
| 4544.5 | 3368.4 | 1226.2 | 1226.2 | 22.5 | 2744.9 |
| 32547 | | 28729 | | 608 | 126 |
| 239971 | | 7612 | | 6778 | 89 |
| 778 | | 841 | | 37 | 45 |
| 374260 | | 7584 | | 6529 | 100 |

# 产品生产、销售与库存（2015年）

| 销售量 | | | | 企业自用及其他 | | 期末产成品库存量 | |
|---|---|---|---|---|---|---|---|
| 1-本月 | 上年同期 | 销往省外 | | 1-本月 | 上年同期 | 本期 | 上年同期 |
| | | 1-本月 | 上年同期 | | | | |
| 47665543 | 46531312 | 1833699 | 1085265 | 283026 | 176326 | 1541852 | 1690693 |
| 45969601 | 44784476 | 1604768 | 1010565 | 282333 | 137388 | 1309713 | 1617147 |
| 1695942 | 1746836 | 228931 | 74700 | 693 | 38938 | 232139 | 73546 |
| 240781 | 345346 | | | 600 | 700 | | |
| 1455162 | 1401490 | 228931 | 74700 | 93 | 38238 | 232139 | 73546 |
| 6705797 | 6545420 | 384269 | 220160 | 18 | 318 | 29748 | 57788 |
| 5201709 | 5458068 | 331811 | 195213 | 18 | 18 | 16510 | 14104 |
| | | | | 397 | | | |
| 559476 | 515767 | | | | | 151290 | 114742 |
| 539476 | 505567 | | | | | 70721 | 70258 |
| 2694671 | 3123990 | | | 223990 | 264913 | | |
| 2412886 | 2900787 | | | 221289 | 264734 | | |
| 125880 | 137770 | | | 1141 | | | |
| 136024 | 85433 | | | | 179 | | |
| 19882 | | | | 1560 | | | |

| 指　标 | 本期 | | | |
|---|---|---|---|---|
| | 综合能源消费量(吨标准煤) | 电力消费合计(万千瓦时) | 电力加工转换产出(万千瓦时) | 原煤消费(万吨) |
| 全部工业企业 | 8503815 | 539368 | 2654291 | 23564253 |
| 一、按工业行业门类分 | | | | |
| (一)轻工业 | 37048 | 10255 | | 28033 |
| (二)重工业 | 8466767 | 529113 | 2654291 | 23536220 |
| (三)采矿业 | 1318868 | 152053 | 718 | 8369784 |
| 06.煤炭开采和洗选业 | 1287377 | 150378 | 718 | 8330349 |
| 07.石油和天然气开采业 | | | | |
| 08.黑色金属矿采选业 | 31011 | 1290 | | 39435 |
| 09.有色金属矿采选业 | 480 | 385 | | |
| 10.非金属矿采选业 | | | | |
| 11.开采辅助活动 | | | | |
| 12.其他采矿业 | | | | |
| (四)制造业 | 1860059 | 142115 | | 1395869 |
| 13.农副食品加工业 | 1025 | 773 | | 105 |
| 14.食品制造业 | 7000 | 725 | | 6480 |
| 15.酒、饮料和精制茶制造业 | 14690 | 610 | | 19257 |
| 16.烟草制品业 | 5149 | 1634 | | |
| 17.纺织业 | 143 | 108 | | |
| 18.纺织服装、服饰业 | 2252 | 857 | | 1106 |
| 19.皮革、毛皮、羽毛及其制品和制鞋业 | 179 | 145 | | |
| 20.木材加工和木、竹、藤、棕、草制品业 | 16 | 13 | | |
| 21.家具制造业 | | | | |
| 22.造纸和纸制品业 | | | | |
| 23.印刷和记录媒介复制业 | 11 | 9 | | |
| 24.文教、工美、体育和娱乐用品制造业 | 1846 | 1957 | | |
| 25.石油加工、炼焦和核燃料加工业 | 142694 | 961 | | |
| 26.化学原料和化学制品制造业 | 231692 | 25998 | | 249940 |
| 27.医药制造业 | 2290 | 1361 | | 1085 |
| 28.化学纤维制造业 | | | | |
| 29.橡胶和塑料制品业 | 3069 | 2566 | | |
| 30.非金属矿物制品业 | 1033333 | 82201 | | 1096257 |
| 31.黑色金属冶炼和压延加工业 | 393080 | 16789 | | 10662 |
| 32.有色金属冶炼和压延加工业 | 8020 | 107 | | 1525 |
| 33.金属制品业 | 615 | 302 | | 49 |
| 34.通用设备制造业 | 362 | 305 | | |
| 35.专用设备制造业 | 2171 | 1961 | | 36 |

# 电力产出、煤耗分组表（2015年）

| 同比增长(%) | | | |
| --- | --- | --- | --- |
| 综合能源消费量 | 电力消费合计 | 电力加工转换产出 | 原煤消费 |
| -7.2 | -7.7 | -16.1 | -9.6 |
| | | | |
| 20.8 | 3.0 | -100.0 | 13.6 |
| -7.3 | -7.9 | -16.1 | -9.7 |
| 14.6 | 3.5 | 51.8 | 7.0 |
| 16.1 | 3.5 | 51.8 | 7.2 |
| -100.0 | -100.0 | -100.0 | -100.0 |
| -25.5 | 2.5 | -100.0 | -27.1 |
| 12.6 | 13.6 | -100.0 | -100.0 |
| -100.0 | -100.0 | -100.0 | -100.0 |
| -100.0 | -100.0 | -100.0 | -100.0 |
| -100.0 | -100.0 | -100.0 | -100.0 |
| 5.4 | -1.6 | -100.0 | -0.4 |
| -2.9 | 14.8 | -100.0 | -57.5 |
| 1119.8 | 1275.8 | -100.0 | 1100.0 |
| -3.3 | -28.3 | -100.0 | -0.2 |
| -12.0 | -4.8 | -100.0 | -100.0 |
| -87.2 | -87.9 | -100.0 | -100.0 |
| 296.2 | 236.4 | -100.0 | 342.2 |
| 415.6 | 415.6 | -100.0 | -100.0 |
| -100.0 | -100.0 | -100.0 | -100.0 |
| -100.0 | -100.0 | -100.0 | -100.0 |
| -100.0 | -100.0 | -100.0 | -100.0 |
| -100.0 | -100.0 | -100.0 | -100.0 |
| 33.1 | 39.0 | -100.0 | -100.0 |
| 7.6 | -0.4 | -100.0 | -100.0 |
| -38.8 | -37.3 | -100.0 | -40.4 |
| 301.9 | 1872.5 | -100.0 | 63.4 |
| -100t.0 | -100.0 | -100.0 | -100.0 |
| 9888.4 | 10165.2 | -100.0 | -100.0 |
| 20.2 | 11.1 | -100.0 | 19.2 |
| 13.3 | 21.5 | -100.0 | -60.2 |
| 56.2 | -16.4 | -100.0 | -0.2 |
| 70.5 | 28.5 | -100.0 | -24.6 |
| 45.6 | 47.1 | -100.0 | -100.0 |
| 22.8 | -4.1 | -100.0 | -100.0 |

| 指　　标 | 本期 | | | |
|---|---|---|---|---|
| | 综合能源消费量(吨标准煤) | 电力消费合计(万千瓦时) | 电力加工转换产出(万千瓦时) | 原煤消费(万吨) |
| 36.汽车制造业 | 8955 | 1462 | | 9367 |
| 37.铁路、船舶、航空航天和其他运输设备制造业 | | | | |
| 38.电气机械和器材制造业 | 1269 | 1104 | | |
| 39.计算机、通信和其他电子设备制造业 | 197 | 168 | | |
| 40.仪器仪表制造业 | | | | |
| 41.其他制造业 | | | | |
| 42.废弃资源综合利用业 | | | | |
| 43.金属制品、机械和设备修理业 | | | | |
| (五)电力、热力、燃气及水生产和供应业 | 5324888 | 245199 | 2653573 | 13798600 |
| 44.电力、热力生产和供应业 | 5324157 | 244605 | 2653573 | 13798600 |
| 45.燃气生产和供应业 | | | | |
| 46.水的生产和供应业 | 731 | 595 | | |
| 二、分部门 | | | | |
| 总计 | 8503815 | 539368 | 2654291 | 23564253 |
| 煤炭 | 1287377 | 150378 | 718 | 8330349 |
| 石油石化 | | | | |
| 冶金 | 566785 | 19039 | | 50097 |
| 有色 | 8500 | 492 | | 1525 |
| 建材 | 1033721 | 82319 | | 1096306 |
| 化工 | 233755 | 27698 | | 249940 |
| 轻工 | 27026 | 6189 | | 25842 |
| 烟草 | 5149 | 1634 | | |
| 纺织 | 2395 | 965 | | 1106 |
| 医药 | 2290 | 1361 | | 1085 |
| 机械 | 11489 | 3728 | | 9403 |
| 电子 | 197 | 168 | | |
| 电力 | 5324157 | 244605 | 2653573 | 13798600 |
| 其他 | 973 | 792 | | |
| 三、分能源消费量(吨标准煤) | | | | |
| 5000吨以下 | 212343 | 143791 | 280 | 53205 |
| 5000吨以上 | 8291472 | 395576 | 2654011 | 23511048 |
| 1万以上 | 8182417 | 365689 | 2653573 | 22665807 |
| 5万以上 | 7424256 | 321407 | 2653573 | 17597111 |
| 10万以上 | 6401602 | 288770 | 2632130 | 15081074 |
| 15万以上 | 5946294 | 265866 | 2632130 | 14309661 |

# 电力产出、煤耗分组表(续)(2015年)

| 同比增长(%) | | | |
| --- | --- | --- | --- |
| 综合能源消费量 | 电力消费合计 | 电力加工转换产出 | 原煤消费 |
| -8.7 | -23.0 | -100.0 | -5.0 |
| -100.0 | -100.0 | -100.0 | -100.0 |
| -64.4 | -67.5 | -100.0 | -100.0 |
| -47.4 | -44.9 | -100.0 | -100.0 |
| -100.0 | -100.0 | -100.0 | -100.0 |
| -100.0 | -100.0 | -100.0 | -100.0 |
| -100.0 | -100.0 | -100.0 | -100.0 |
| -100.0 | -100.0 | -100.0 | -100.0 |
| -14.8 | -16.3 | -16.1 | -18.1 |
| -14.8 | -16.4 | -16.1 | -18.1 |
| -100.0 | -100.0 | -100.0 | -100.0 |
| 7.7 | 7.7 | -100.0 | -100.0 |
| | | | |
| -7.2 | -7.7 | -16.1 | -9.6 |
| 16.1 | 3.5 | 51.8 | 7.2 |
| -100.0 | -100.0 | -100.0 | -100.0 |
| 8.8 | 18.7 | -100.0 | -38.1 |
| 52.9 | 5.4 | -100.0 | -0.2 |
| 20.2 | 10.9 | -100.0 | 19.2 |
| -38.2 | -33.2 | -100.0 | -40.4 |
| 23.8 | -3.9 | -100.0 | 28.6 |
| -12.0 | -4.8 | -100.0 | -100.0 |
| 41.5 | -15.7 | -100.0 | 342.2 |
| 301.9 | 1872.5 | -100.0 | 63.4 |
| -2.9 | -10.2 | -100.0 | -4.7 |
| -47.4 | -44.9 | -100.0 | -100.0 |
| -14.8 | -16.4 | -16.1 | -18.1 |
| 35.6 | 35.6 | -100.0 | -100.0 |
| | | | |
| -37.3 | 7.3 | -40.8 | -92.4 |
| -6.0 | -12.1 | -16.1 | -7.3 |
| -6.3 | -13.0 | -16.1 | -7.7 |
| -7.0 | -13.3 | -16.1 | -11.5 |
| -10.1 | -13.9 | -16.8 | -15.7 |
| -12.3 | -14.7 | -16.8 | -17.1 |

# 建筑业总产值

单位：千元

| 指标 | 2015年 | 2014年 | 增长(%) |
|---|---|---|---|
| 毕节市 | 2559602 | 2072119 | 23.5 |
| 七星关区 | 1352300 | 1050010 | 28.8 |
| 大方县 | 197000 | 169250 | 16.4 |
| 黔西县 | 46116 | 37025 | 24.6 |
| 金沙县 | 236829 | 190002 | 24.6 |
| 织金县 | 99517 | 101210 | -1.7 |
| 纳雍县 | 113500 | 97194 | 16.8 |
| 威宁县 | 147758 | 134761 | 9.6 |
| 赫章县 | 366582 | 292667 | 25.3 |

# 建筑业企业生产情况（2015年）

| 指标 | 计量单位 | 总计 | 国有及国有控股企业 |
|---|---|---|---|
| 一、企业个数 | 个 | 62 | 8 |
| 有工作量的企业个数 | 个 | 54 | 8 |
| 二、建筑业合同情况 | | | |
| 签订的合同额 | 千元 | 3928677 | 891275 |
| 1、上年结转合同额 | 千元 | 1640095 | 257677 |
| 2、本年新签合同额 | 千元 | 2288582 | 633598 |
| 三、承包工程完成情况 | | | |
| 1、直接从建设单位承揽工程完成的产值 | 千元 | 2834992 | 778237 |
| 自行完成施工产值(千元) | 千元 | 2834992 | 778237 |
| 2、从建设单位以外承揽工程完成的产值 | 千元 | 109610 | |
| 四、建筑业总产值 | 千元 | 2559602 | 778237 |
| 其中：装饰装修产值 | 千元 | 178970 | |
| 1、建筑工程产值 | 千元 | 2437053 | 770664 |
| 2、安装工程产值 | 千元 | 77689 | 7573 |
| 3、其他产值 | 千元 | 44860 | |
| 五、竣工产值 | 千元 | 2204322 | 531490 |
| 六、房屋建筑施工面积 | 平方米 | 1971828 | 548567 |
| 其中：本年新开工面积 | 平方米 | 1534649 | 481118 |
| 其中：实行投标承包面积 | 平方米 | 576486 | 49360 |
| 七、劳动人员情况 | | | |
| 从事建筑业活动的从业人员平均人数 | 人 | 12508 | 3198 |
| 其中：工程技术人员 | 人 | 1172 | 401 |
| 其中：一级建造师 | 人 | 75 | 34 |

# 建筑业企业主要生产指标完成情况（2015年）

| 指标 | 计量单位 | 自年初累计 | 上年同期 | 增长(%) |
| --- | --- | --- | --- | --- |
| 一、全部建筑业企业 | | | | |
| 企业个数 | 个 | 54 | 44 | 22.7 |
| 签订的合同额 | 亿元 | 39.29 | 33.91 | 15.9 |
| 建筑业总产值 | 亿元 | 25.59 | 20.72 | 23.5 |
| 竣工产值 | 亿元 | 22.04 | 13.32 | 65.5 |
| 房屋建筑施工面积 | 万平方米 | 197.18 | 127.89 | 54.2 |
| 其中:新开工面积 | 万平方米 | 153.46 | 89.87 | 70.8 |
| 其中:实行投标承包面积 | 万平方米 | 57.65 | 61.77 | -6.7 |
| 房屋建筑竣工面积 | 万平方米 | 99.95 | 88.99 | 12.3 |
| 从事建筑业活动的从业人员平均人数 | 万人 | 1.25 | 1.07 | 16.8 |
| 二、国有及国有控股建筑业企业 | | | | |
| 企业个数 | 个 | 8 | 7 | 14.3 |
| 签订的合同额 | 亿元 | 8.91 | 9.67 | -7.9 |
| 建筑业总产值 | 亿元 | 7.78 | 5.56 | 39.9 |
| 竣工产值 | 亿元 | 5.31 | 1.01 | 425.7 |
| 房屋建筑施工面积 | 万平方米 | 54.86 | 16.48 | 232.9 |
| 其中:新开工面积 | 万平方米 | 48.11 | 8.76 | 449.2 |
| 其中:实行投标承包面积 | 万平方米 | 4.94 | 11.48 | -57.0 |
| 房屋竣工面积 | 万平方米 | 11.75 | 6.42 | 83.0 |

# 建筑业企业财务情况

单位：千元

| 指标 | 2015年 | 2014年 | 增长(%) |
|---|---|---|---|
| 一、年初存货 | 625389 | 944671 | -33.8 |
| 二、期末资产负债 | | | |
| 流动资产合计 | 6137793 | 3932398 | 56.1 |
| 其中：应收工程款 | 1272981 | 357189 | 256.4 |
| 存货 | 1162717 | 1207764 | -3.7 |
| 固定资产合计 | 210076 | 177851 | 18.1 |
| 固定资产减值准备 | 388 | 203 | 91.1 |
| 固定资产原价 | 232462 | 201891 | 15.1 |
| 累计折旧 | 88465 | 60328 | 46.6 |
| 其中：本年折旧 | 4683 | 5157 | -9.2 |
| 在建工程 | 9357 | 6897 | 35.7 |
| 资产总计 | 7214556 | 4882066 | 47.8 |
| 流动负债合计 | 5055814 | 378316 | 1236.4 |
| 其中：应付账款 | 825645 | 512439 | 61.1 |
| 非流动负债合计 | 318804 | 152403 | 109.2 |
| 负债合计 | 5418626 | 3965963 | 36.6 |
| 所有者权益合计 | 1795930 | 916103 | 96.0 |
| 其中：实收资本 | 996793 | 700669 | 42.3 |
| 国家资本 | 65880 | 159950 | -58.8 |
| 集体资本 | 172523 | 153817 | 12.2 |
| 法人资本 | 382205 | 206603 | 85.0 |
| 个人资本 | 376185 | 180299 | 108.6 |
| 三、损益及分配 | | | |
| 营业收入 | 2479225 | 2560938 | -3.2 |
| 其中：主营业务收入 | 2476579 | 2539649 | -2.5 |
| 营业成本 | 2273151 | 2233237 | 1.8 |
| 其中：主营业务成本 | 2270866 | 2216083 | 2.5 |
| 营业税金及附加 | 92150 | 109544 | -15.9 |
| 其中：主营业务税金及附加 | 88440 | 109219 | -19.0 |
| 其他业务利润 | 1549 | 1490 | 4.0 |
| 销售费用 | 2622 | 3938 | -33.4 |
| 管理费用 | 52928 | 91495 | -42.2 |
| 财务费用 | 11822 | 46091 | -74.4 |
| 营业利润 | 46552 | 76633 | -39.3 |
| 营业外收入 | 2010 | 21299 | -90.6 |
| 营业外支出 | 13355 | 34627 | -61.4 |
| 利润总额 | 35207 | 63305 | -44.4 |
| 应交所得税 | 32878 | 19380 | 69.6 |
| 应付职工薪酬(本年贷方累计发生额) | 226166 | 274741 | -17.7 |

# 建筑业企业房屋建筑竣工面积及价值(综合)(2015年)

| 房屋建筑分类 | 房屋建筑竣工面积(平方米) | 国有及国有控股企业(平方米) | 竣工房屋价值(千元) | 国有及国有控股企业(千元) |
|---|---|---|---|---|
| 合计 | 999494 | 117515 | 1351478 | 187990 |
| 住宅房屋 | 399304 | 52024 | 542359 | 74057 |
| 商业及服务用房屋 | 30186 | | 75444 | |
| 商厦房屋(批发和零售用房) | 1900 | | 3800 | |
| 商务会展用房屋 | 1563 | | 5704 | |
| 其他商业及服务用房屋(居民服务业用房) | 26723 | | 65940 | |
| 办公用房屋 | 146072 | 14612 | 187458 | 32146 |
| 科研、教育、医疗用房屋 | 343244 | 42499 | 427727 | 70223 |
| 科学研究用房屋 | 2500 | | 2000 | |
| 教育用房屋 | 331994 | 42499 | 414426 | 70223 |
| 医疗用房屋(卫生医疗用房) | 8750 | | 11301 | |
| 厂房及建筑物 | 71677 | 4272 | 109306 | 5896 |
| 厂房 | 67652 | 4272 | 104786 | 5896 |
| 仓库 | 4040 | 2553 | 5391 | 3524 |
| 其他未列明的房屋建筑物 | 4971 | 1555 | 3793 | 2144 |

# 固定资产投资完成情况

单位:亿元

| 指标 | 2015年 | 2014年 | 增长(%) |
|---|---|---|---|
| 500万元以上固定资产投资 | 1344.9 | 1128.8 | 19.2 |
| 七星关区 | 189.3 | 155.3 | 21.9 |
| 大方县 | 120.8 | 102.1 | 18.3 |
| 黔西县 | 151.6 | 123.9 | 22.4 |
| 金沙县 | 183.8 | 149.8 | 22.7 |
| 织金县 | 192.4 | 170.8 | 12.6 |
| 纳雍县 | 131.7 | 110.5 | 19.2 |
| 威宁县 | 145.3 | 120.2 | 20.9 |
| 赫章县 | 84.2 | 71.4 | 18.0 |
| 百里杜鹃管理区 | 35.8 | 30.8 | 16.4 |
| 金海湖新区 | 110.0 | 89.0 | 23.6 |

注:固定资产投资统计口径为计划总投资500万元及以上的固定资产项目投资和房地产开发项目投资。

| 指标 | 总计 | 内资企业 | 国有企业 | 国有独资公司 | 其他有限责任公司 |
|---|---|---|---|---|---|
| 企业个数(个) | 227 | 227 | 2 | 4 | 72 |
| 年末从业人员总计 | 6836 | 6836 | 36 | 71 | 2689 |
| 本年资金来源合计 | 1924175 | 1924175 | 650 | 19013 | 750903 |
| (1)国内贷款 | 103750 | 103750 | | | 23850 |
| (2)自筹资金 | 989940 | 989940 | 650 | 13650 | 439756 |
| (3)其他资金来源 | 422388 | 422388 | | 2984 | 117412 |
| 其中:个人按揭贷款 | 192898 | 192898 | | | 63811 |
| 本年完成投资 | 1524359 | 1524359 | 650 | 16386 | 630522 |
| 其中:土地开发投资额 | | | | | |
| 按工程用途分 | | | | | |
| 按工程用途分:商品住宅 | 906360 | 906360 | 600 | 14055 | 349691 |
| 按工程用途分:办公楼 | 25473 | 25473 | | | 2066 |
| 按工程用途分:商业营业用房 | 495309 | 495309 | 50 | 1507 | 234774 |
| 按工程用途分:其他 | 97217 | 97217 | | 824 | 43991 |
| 按构成分 | | | | | |
| 按构成分:建筑工程 | 1335211 | 1335211 | 650 | 16086 | 534762 |
| 按构成分:安装工程 | 88514 | 88514 | | 300 | 35836 |
| 按构成分:设备工器具购置 | 17248 | 17248 | | | 7986 |
| 按构成分:其他费用 | 83386 | 83386 | | | 51938 |
| 土地购置费 | 34199 | 34199 | | | 26478 |
| 待开发土地面积 | 602456 | 602456 | | | 408850 |
| 本年购置土地面积 | 466310 | 466310 | | | 250099 |
| 房屋施工面积 | 17995493 | 17995493 | 19000 | 310562 | 7404900 |
| 房屋竣工面积 | 1694774 | 1694774 | | | 858636 |
| 新开工面积 | 3725863 | 3725863 | 13000 | 95006 | 1443357 |
| 住宅 | 2408181 | 2408181 | 13000 | 52866 | 814109 |
| 办公楼 | 96082 | 96082 | | | 11800 |
| 商业营业用房 | 800932 | 800932 | | 5920 | 429592 |
| 其他房屋 | 420668 | 420668 | | 36220 | 187856 |

# 资金情况表(2015年)

单位:万元、平方米

| | | | 国有控股 | 集体控股 | 私人控股 | 其他 |
|---|---|---|---|---|---|---|
| 股份有限公司 | 私营有限责任公司 | 私营股份有限公司 | | | | |
| 7 | 131 | 11 | 9 | 2 | 208 | 8 |
| 281 | 3536 | 223 | 219 | 20 | 6121 | 476 |
| 77710 | 981002 | 94897 | 89822 | 8160 | 1740509 | 85684 |
| | 63900 | 16000 | 18000 | | 85750 | |
| 66105 | 451226 | 18553 | 56355 | 6560 | 877667 | 49358 |
| 1300 | 247505 | 53187 | 2984 | 500 | 384969 | 33935 |
| 1000 | 106000 | 22087 | | | 175453 | 17445 |
| 78927 | 720977 | 76897 | 84649 | 8420 | 1363143 | 68147 |
| | | | | | | |
| | | | | | | |
| 37288 | 442900 | 61826 | 51773 | 8420 | 824670 | 21497 |
| 1805 | 21602 | | 1805 | | 23586 | 82 |
| 37992 | 208908 | 12078 | 24772 | | 442157 | 28380 |
| 1842 | 47567 | 2993 | 6299 | | 72730 | 18188 |
| | | | | | | |
| 74169 | 637059 | 72485 | 81261 | 7110 | 1200382 | 46458 |
| 70 | 47902 | 4406 | 300 | 510 | 85388 | 2316 |
| 200 | 9062 | | | | 17248 | |
| 4488 | 26954 | 6 | 3088 | 800 | 60125 | 19373 |
| 450 | 7271 | | | 800 | 31679 | 1720 |
| 3645 | 189961 | | | | 512690 | 89766 |
| 3645 | 212566 | | | 13852 | 452458 | |
| 328410 | 8770645 | 1161976 | 756499 | 403110 | 16023782 | 812102 |
| 35059 | 480509 | 320570 | | 25000 | 1353616 | 316158 |
| 97407 | 2018934 | 58159 | 118006 | 3110 | 3461331 | 143416 |
| 41935 | 1432068 | 54203 | 65866 | 3110 | 2225228 | 113977 |
| | 84282 | | | | 96082 | |
| 47638 | 313826 | 3956 | 5920 | | 774104 | 20908 |
| 7834 | 188758 | | 46220 | | 365917 | 8531 |

| 指标 | 商品房销售面积 | 现房销售面积 | 期房销售面积 | 住宅 | 现房销售面积 | 期房销售面积 |
|---|---|---|---|---|---|---|
| 总计 | 2481139 | 328712 | 2152427 | 2141282 | 262136 | 1879146 |
| 内资企业 | 2481139 | 328712 | 2152427 | 2141282 | 262136 | 1879146 |
| 国有独资公司 | 100945 | | 100945 | 100945 | | 100945 |
| 其他有限责任公司 | 938854 | 188010 | 750844 | 797852 | 141952 | 655900 |
| 股份有限公司 | 17177 | 1215 | 15962 | 17177 | 1215 | 15962 |
| 私营有限责任公司 | 1356614 | 114636 | 1241978 | 1161665 | 94156 | 1067509 |
| 私营股份有限公司 | 67549 | 24851 | 42698 | 63643 | 24813 | 38830 |
| 国有控股 | 206190 | | 206190 | 194542 | | 194542 |
| 集体控股 | 4500 | 4500 | | 4500 | 4500 | |
| 私人控股 | 2106906 | 320052 | 1786854 | 1787763 | 253823 | 1533940 |
| 其他 | 163543 | 4160 | 159383 | 154477 | 3813 | 150664 |

# 情况表(2015年)

单位:万元、平方米

| 商品房销售额 | | | 住宅 | | |
|---|---|---|---|---|---|
| | 现房销售额 | 期房销售额 | | 现房销售额 | 期房销售额 |
| 887751 | 120792 | 766959 | 654856 | 79452 | 575404 |
| 887751 | 120792 | 766959 | 654856 | 79452 | 575404 |
| 29361 | | 29361 | 29361 | | 29361 |
| 331578 | 72188 | 259390 | 236070 | 43462 | 192608 |
| 4005 | 300 | 3705 | 4005 | 300 | 3705 |
| 498040 | 39866 | 458174 | 365307 | 27328 | 337979 |
| 24767 | 8438 | 16329 | 20113 | 8362 | 11751 |
| 63298 | | 63298 | 56691 | | 56691 |
| 800 | 800 | | 800 | 800 | |
| 769334 | 118577 | 650757 | 552769 | 77525 | 475244 |
| 54319 | 1415 | 52904 | 44596 | 1127 | 43469 |

# 社会消费品零售总额

单位：万元

| 指标 | 2015年 | 2014年 | 增长(%) |
| --- | --- | --- | --- |
| 社会消费品零售总额 | 3019505 | 2693804 | 12.1 |
| (一)分区域： | | | |
| 七星关区 | 1036653 | 923522 | 12.2 |
| 大方县 | 241839 | 215833 | 12.0 |
| 黔西县 | 284906 | 254496 | 11.9 |
| 金沙县 | 313068 | 278973 | 12.2 |
| 织金县 | 290385 | 259006 | 12.1 |
| 纳雍县 | 238194 | 213036 | 11.8 |
| 威宁县 | 289537 | 258515 | 12.0 |
| 赫章县 | 212342 | 189678 | 11.9 |
| 百里杜鹃管理区 | 50856 | 45509 | 11.7 |
| (二)按销售单位所在地分： | | | |
| 城镇 | 2275877 | 2018486 | 12.8 |
| 其中：城区 | 1673140 | 1536326 | 8.9 |
| 乡村 | 743628 | 675318 | 10.1 |
| (三)按行业分： | | | |
| 批发业 | 106606 | 76612 | 39.2 |
| 零售业 | 2450725 | 2224801 | 10.2 |
| 住宿业 | 68110 | 60573 | 12.4 |
| 餐饮业 | 394064 | 331818 | 18.8 |
| (四)按消费形态分 | | | |
| 餐费收入 | 261841 | 232408 | 12.7 |
| 商品零售 | 2757664 | 2461396 | 12.0 |

# 限额以上消费品零售额（企业+大个体）

单位：万元

| 县区 | 2015年 | 增长(%) |
|---|---|---|
| 毕节市 | 921136.2 | 11.4 |
| 七星关区 | 667539.6 | 5.4 |
| 大方县 | 26823.2 | 48.3 |
| 黔西县 | 25952.1 | 27.1 |
| 金沙县 | 31236.0 | 39.7 |
| 织金县 | 44503.8 | 48.4 |
| 纳雍县 | 56923.3 | 23.1 |
| 威宁县 | 23428.3 | 15.8 |
| 赫章县 | 25938.9 | 41.3 |
| 百里杜鹃管理区 | 305.4 | 33.8 |

# 批零销售额、住餐营业额（2015年）

单位：万元

| 县区 | 批发业销售额 | | 零售业销售额 | | 住宿业营业额 | | 餐饮业营业额 | |
|---|---|---|---|---|---|---|---|---|
| | 完成数 | 增长(%) | 完成数 | 增长(%) | 完成数 | 增长(%) | 完成数 | 增长(%) |
| 毕节市 | 2927047.0 | 23.0 | 3886812.9 | 14.0 | 68109.8 | 12.4 | 394064.0 | 18.8 |
| 七星关区 | 1559487.5 | 23.9 | 1076848.9 | 16.7 | 22434.3 | 12.4 | 83749.4 | 21.4 |
| 大方县 | 190241.3 | 25.0 | 378359.5 | 12.9 | 6234.9 | 11.1 | 39659.5 | 16.3 |
| 黔西县 | 189428.7 | 23.2 | 382052.1 | 12.4 | 6372.5 | 13.1 | 42129.2 | 18.4 |
| 金沙县 | 207054.1 | 25.5 | 403447.2 | 13.8 | 6905.3 | 13.5 | 45831.0 | 21.4 |
| 织金县 | 201235.6 | 25.2 | 394601.5 | 13.7 | 7193.3 | 13.8 | 45571.0 | 22.4 |
| 纳雍县 | 170666.2 | 22.5 | 355180.3 | 12.2 | 5249.0 | 12.7 | 37682.0 | 16.8 |
| 威宁县 | 205599.3 | 18.1 | 379026.9 | 13.0 | 5846.7 | 11.6 | 41401.6 | 16.0 |
| 赫章县 | 162249.6 | 17.8 | 366733.7 | 13.6 | 5315.0 | 11.3 | 37808.0 | 16.8 |
| 百里杜鹃 | 17219.8 | 16.5 | 74319.1 | 11.8 | 1274.5 | 11.6 | 11081.4 | 13.6 |

# 批发和零售业商品销售情况(2015年)

单位:万元

| 指标 | 销售额 | | | 零售额 | | |
|---|---|---|---|---|---|---|
| | 本年 | 上年同期 | 增长(%) | 本年 | 上年同期 | 增长(%) |
| 总计 | 6813859.9 | 5789198.0 | 17.7 | 2756205.0 | 2460357.4 | 12.0 |
| 一、批发业 | 2927047.0 | 2379713.0 | 23.0 | 106606.3 | 76612.1 | 39.2 |
| 1、限额以上 | 1566426.5 | 1332047.8 | 17.6 | 35841.3 | 19447.1 | 84.3 |
| 2、限额以下 | 1360620.5 | 1047665.2 | 29.9 | 70765.0 | 57165.0 | t23.8 |
| 二、零售业 | 3886812.9 | 3409485.0 | 14.0 | 2649598.7 | 2383745.3 | 11.2 |
| 1、限额以上 | 955860.8 | 905048.5 | 5.6 | 866221.2 | 800652.6 | 8.2 |
| 2、限额以下 | 2930952.1 | 2504436.5 | 17.0 | 1783377.5 | 1583092.7 | 12.7 |

# 住宿和餐饮业经营情况(2015年)

单位:万元

| 指标 | 住宿业 | | | 餐饮业 | | |
|---|---|---|---|---|---|---|
| | 本年 | 上年同期 | 增长(%) | 本年 | 上年同期 | 增长(%) |
| 营业额总计 | 68109.8 | 60573.0 | 12.4 | 394064.0 | 331818.0 | 18.8 |
| (一)限额以上营业额 | 38095.6 | 35260.1 | 8.0 | 6306.2 | 4892.9 | 28.9 |
| 1.客房收入 | 22020.4 | 20444.6 | 7.7 | 557.7 | 345.6 | 61.4 |
| 2.餐费收入 | 12491.3 | 11413.1 | 9.4 | 5123.4 | 4114.0 | 24.5 |
| 3.商品销售额 | 1020.0 | 674.0 | 51.3 | 439.0 | 364.5 | 20.4 |
| 4.其他收入 | 2563.9 | 2728.4 | –6.0 | 186.1 | 68.8 | 170.5 |
| (二)限额以下营业额 | 30014.2 | 25312.9 | 18.6 | 387757.8 | 326925.1 | 18.6 |
| 其中:餐费收入和商品销售额 | 24720.0 | 18462.7 | 33.9 | 219506.0 | 198418.3 | 10.6 |

# 分县(区)财政收支情况(2015年)

单位:万元

| 县区 | 累计完成数 | 与上年同期相比 | | |
|---|---|---|---|---|
| | | 上年同期数 | 增长(%) | 增减额 |
| 公共财政预算收入 | 1076178 | 1161479 | -7.3 | -85301 |
| 市本级 | 219270 | 216045 | 1.5 | 3225 |
| 七星关区 | 228699 | 196118 | 16.6 | 32581 |
| 大方县 | 58321 | 134740 | -56.7 | -76419 |
| 黔西县 | 81003 | 113192 | -28.4 | -32189 |
| 金沙县 | 151083 | 159142 | -5.1 | -8059 |
| 织金县 | 97970 | 111618 | -12.2 | -13648 |
| 纳雍县 | 64829 | 64279 | 0.9 | 550 |
| 威宁县 | 88929 | 79400 | 12.0 | 9529 |
| 赫章县 | 30558 | 29743 | 2.7 | 815 |
| 百里杜鹃管理区 | 24545 | 28480 | -13.8 | -3935 |
| 公共财政预算支出 | 4062200 | 3607689 | 12.6 | 454511 |
| 市本级 | 414463 | 380428 | 8.9 | 34035 |
| 七星关区 | 571722 | 479695 | 19.2 | 92027 |
| 大方县 | 356691 | 389729 | -8.5 | -33038 |
| 黔西县 | 327462 | 350111 | -6.5 | -22649 |
| 金沙县 | 375957 | 351664 | 6.9 | 24293 |
| 织金县 | 475053 | 391788 | 21.3 | 83265 |
| 纳雍县 | 380922 | 305617 | 24.6 | 75305 |
| 威宁县 | 625263 | 519197 | 20.4 | 106066 |
| 赫章县 | 371440 | 310379 | 19.7 | 61061 |
| 百里杜鹃管理区 | 79607 | 65563 | 21.4 | 14044 |

注:财政数据由市财政局提供。

# 财政收入基本情况

单位：万元

| 指标 | 2015年 | 2014年 | 增长(%) |
|---|---|---|---|
| 一、公共财政预算收入合计 | 1076178 | 1161479 | –7.3 |
| 1、税收收入小计 | 792066 | 717182 | 10.4 |
| 增值税(20%部分) | 88024 | 93054 | –5.4 |
| 营业税 | 171636 | 189232 | –9.3 |
| 企业所得税 | 43223 | 48681 | –11.2 |
| 个人所得税 | 24597 | 35181 | –30.1 |
| 资源税 | 35789 | 16550 | 116.2 |
| 城镇土地使用税 | 18618 | 10502 | 77.3 |
| 城市维护建设税 | 53118 | 58077 | –8.5 |
| 耕地占用税 | 119009 | 100759 | 18.1 |
| 契税 | 119866 | 68264 | 75.6 |
| 房产税 | 12747 | 15496 | –17.7 |
| 印花税 | 8703 | 10386 | –16.2 |
| 土地增值税 | 48913 | 26231 | 86.5 |
| 车船税 | 7875 | 6444 | 22.2 |
| 烟叶税 | 39948 | 38325 | 4.2 |
| 2、非税收入小计 | 284112 | 444297 | –36.1 |
| 专项收入 | 93137 | 93217 | –0.1 |
| 行政事业性收费收入 | 56210 | 42688 | 31.7 |
| 罚没收入 | 26805 | 43644 | –38.6 |
| 国有资源（资产）有偿使用收入 | 53318 | 114892 | –53.6 |
| 其他收入 | 54642 | 149856 | –63.5 |

# 财政支出基本情况

单位:万元

| 指标 | 2015年 | 2014年 | 增长(%) |
|---|---|---|---|
| 公共财政预算支出合计 | 4062200 | 3607689 | 12.6 |
| 一、一般公共服务 | 369072 | 377975 | -2.4 |
| 二、国防 | 1436 | 2133 | -32.7 |
| 三、公共安全 | 185976 | 163258 | 13.9 |
| 四、教育 | 1117134 | 906833 | 23.2 |
| 五、科学技术 | 24599 | 23213 | 6.0 |
| 六、文化体育与传媒 | 40957 | 36963 | 10.8 |
| 七、社会保障和就业 | 384521 | 325439 | 18.2 |
| 八、医疗卫生与计划生育 | 571006 | 463492 | 23.2 |
| 九、节能环保 | 118556 | 78239 | 51.5 |
| 十、城乡社区 | 95416 | 90866 | 5.0 |
| 十一、农林水 | 540471 | 456416 | 18.4 |
| 十二、交通运输 | 73803 | 89189 | -17.3 |
| 十三、资源勘探信息等 | 79045 | 63481 | 24.5 |
| 十四、商业服务业等 | 17664 | 14509 | 21.7 |
| 十五、金融支出 | 688 | 177 | 288.7 |
| 十六、国土海洋气象等 | 40062 | 37087 | 8.0 |
| 十七、住房保障支出 | 340017 | 403133 | -15.7 |
| 十八、粮油物资储备 | 5911 | 4278 | 38.2 |
| 十九、债务付息支出 |  | 4689 | -100.0 |
| 二十、其他支出 | 55866 | 66319 | -15.8 |

# 全部金融机构人民币

| 指标 | 毕节市 | 七星关区 | 大方县 |
|---|---|---|---|
| 一、各项存款 | 12546271.5 | 4727219.1 | 1189539.7 |
| (一)境内存款 | 12538365.9 | 4725595.6 | 1188462.4 |
| 1.住户存款 | 6624442.0 | 1851140.3 | 825074.4 |
| (1)活期存款 | 3795984.2 | 1004738.0 | 432808.7 |
| (2)定期及其他存款 | 2828457.8 | 846402.3 | 392265.8 |
| 2.非金融企业存款 | 2875616.9 | 1556846.2 | 176272.5 |
| (1)活期存款 | 2553193.9 | 1307595.8 | 168315.7 |
| (2)定期及其他存款 | 322423.0 | 249250.5 | 7956.7 |
| 3.广义政府存款 | 3034472.0 | 1313778.8 | 187115.5 |
| (1)财政性存款 | 421687.9 | 109360.7 | 56275.5 |
| (2)机关团体存款 | 2612784.1 | 1204418.0 | 130840.0 |
| 4.非银行业金融机构存款 | 3835.0 | 3830.316 | |
| (二)境外存款 | 7905.6 | 1623.5 | 1077.3 |
| 二、各项贷款 | 8844642.8 | 2971916.1 | 742785.8 |
| (一)境内贷款 | 8844404.1 | 2971779.2 | 742785.8 |
| 1.住户贷款 | 3849549.6 | 1155550.8 | 445530.5 |
| (1)短期贷款 | 1538099.7 | 314519.5 | 334665.7 |
| 消费贷款 | 329934.3 | 78541.9 | 75067.2 |
| 经营贷款 | 1208165.5 | 235977.6 | 259598.5 |
| (2)中长期贷款 | 2311449.9 | 841031.3 | 110864.8 |
| 消费贷款 | 1482827.8 | 588262.4 | 69430.6 |
| 经营贷款 | 828622.1 | 252768.9 | 41434.1 |
| 2.非金融企业及机关团体贷款 | 4994854.5 | 1816228.4 | 297255.3 |
| (1)短期贷款 | 524101.9 | 193384.7 | 23142.4 |
| (2)中长期贷款 | 4454298.6 | 1606632.7 | 274112.9 |
| (3)票据融资 | 11401.0 | 11391.0 | |
| (4)各项垫款 | 5053.0 | 4820.0 | |
| (二)境外贷款 | 238.6 | 136.8 | |

注:本表由人民银行毕节市中心支行提供。

# 信贷收支情况(2015年)

单位:万元

| 黔西县 | 金沙县 | 织金县 | 纳雍县 | 威宁县 | 赫章县 |
|---|---|---|---|---|---|
| 1205945.5 | 993343.5 | 1472083.3 | 925100.6 | 1174841.1 | 858198.7 |
| 1205415.6 | 992367.1 | 1471953.4 | 925084.8 | 1171291.9 | 858195.[illegible] |
| 723726.6 | 681302.4 | 798248.3 | 581903.5 | 629618.1 | 533428.4 |
| 432868.9 | 381607.3 | 465166.6 | 360798.6 | 419899.2 | 298097.0 |
| 290857.7 | 299695.1 | 333081.7 | 221104.9 | 209718.9 | 235331.4 |
| 158592.3 | 127722.2 | 350441.6 | 141755.3 | 286664.2 | 77322.6 |
| 149035.7 | 113409.7 | 335366.5 | 129980.5 | 277231.4 | 72258.7 |
| 9556.7 | 14312.5 | 15075.1 | 11774.8 | 9432.8 | 5063.9 |
| 323093.1 | 183342.3 | 323263.3 | 201425.7 | 255009.3 | 247443.9 |
| 7720.4 | 20762.7 | 66368.0 | 42916.0 | 63468.9 | 54815.6 |
| 315372.7 | 162579.6 | 256895.3 | 158509.7 | 191540.4 | 192628.3 |
| 3.6 | 0.259 | 0.2 | 0.2 | 0.2 | 0.2 |
| 529.8 | 976.4 | 129.9 | 15.8 | 3549.3 | 3.6 |
| 979067.1 | 993954.3 | 1286449.2 | 781772.2 | 653756.4 | 434941.8 |
| 979040.3 | 993945.7 | 1286449.2 | 781772.2 | 653689.9 | 434941.8 |
| 417281.3 | 334454.3 | 470805.5 | 337151.6 | 394441.7 | 294333.9 |
| 177179.0 | 121125.9 | 120065.2 | 124985.9 | 272829.0 | 72729.5 |
| 11699.2 | 43550.6 | 41111.7 | 46709.3 | 8144.1 | 25110.1 |
| 165479.8 | 77575.3 | 78953.5 | 78276.6 | 264684.9 | 47619.3 |
| 240102.3 | 213328.4 | 350740.3 | 212165.7 | 121612.7 | 221604.4 |
| 158123.6 | 131088.0 | 218779.2 | 135373.1 | 83840.0 | 97930.8 |
| 81978.8 | 82240.4 | 131961.1 | 76792.6 | 37772.7 | 123673.6 |
| 561759.0 | 659491.4 | 815643.7 | 444620.6 | 259248.2 | 140607.9 |
| 17223.5 | 64752.2 | 65248.8 | 117705.9 | 23424.9 | 19219.5 |
| 544535.4 | 594506.3 | 750394.9 | 326904.7 | 235823.3 | 121388.4 |
| | | | 10.0 | | |
| | 233.0 | | | | |
| 26.8 | 8.5 | | | 66.5 | |

# 国税税收收入分县区情况（2015年）

单位：万元

| 县区 | 完成数 | 比去年同期 | |
|---|---|---|---|
| | | 增减额 | 增长（%） |
| 毕节市 | 851724 | 6661 | 0.8 |
| 七星关区 | 464071 | 26049 | 5.9 |
| 大方县 | 49379 | –10764 | –17.9 |
| 黔西县 | 62366 | 4747 | 8.2 |
| 金沙县 | 105210 | –3540 | –3.3 |
| 织金县 | 58301 | –6803 | –10.4 |
| 纳雍县 | 43209 | –5046 | –10.5 |
| 威宁县 | 39089 | 5902 | 17.8 |
| 赫章县 | 21649 | 1883 | 9.5 |
| 百里杜鹃管理区 | 8450 | –5767 | –40.6 |

注：国税数据由市国税局提供。

# 国税税收收入分企业类型情况（2015年）

单位：万元

| 指标 | 国内税收收入 | 增值税收入 | | | 消费税收入 | 企业所得税 | 个人所得税 | 车辆购置税 |
|---|---|---|---|---|---|---|---|---|
| | | | 一般纳税人 | 小规模纳税人 | | | | |
| 合计 | 801713 | 432562 | 409832 | 22729 | 256060 | 73794 | 19 | 39278 |
| 内资企业 | 757194 | 422429 | 407977 | 14451 | 256031 | 71006 | | 7728 |
| 国有企业 | 103291 | 53174 | 46373 | 6801 | 20985 | 27751 | | 1381 |
| 集体企业 | 2936 | 343 | 321 | 22 | 1 | 2484 | | 108 |
| 股份合作企业 | 8274 | 745 | 730 | 15 | | 7056 | | 473 |
| 联营企业 | 149 | 135 | 135 | | | | | 14 |
| 其中：国有控股 | 3 | 3 | 3 | | | | | |
| 股份公司 | 521236 | 251234 | 244604 | 6630 | 234793 | 31650 | | 3559 |
| 其中：国有控股 | 47347 | 42781 | 42781 | | | 4562 | | 4 |
| 私营企业 | 119315 | 116364 | 115672 | 692 | 252 | 2042 | | 657 |
| 其它企业 | 1993 | 434 | 142 | 291 | | 23 | | 1536 |
| 港澳台投资企业 | 1351 | 1077 | 1077 | | | 274 | | |
| 外商投资企业 | 2628 | 114 | 114 | | | 2514 | | |
| 个体经营 | 40540 | 8942 | 664 | 8278 | 29 | | 19 | 31550 |
| 附列资料：乡(镇)企业 | 9901 | 8942 | 8624 | 318 | 27 | 932 | | |

# 国税税收收入分行业

| 指标 | 税收收入合计 | 国内增值税 | 一般纳税人增值税 |
|---|---|---|---|
| 合计 | 801713 | 432562 | 409833 |
| 一、第一产业 | 767 | 103 | 79 |
| 二、第二产业 | 637996 | 374007 | 360321 |
| (一)采矿业 | 198003 | 194315 | 191765 |
| 1.煤炭开采和洗选业 | 190425 | 186954 | 184785 |
| 2.石油和天然气开采业 | | | |
| 其中:原油 | 1 | 1 | |
| 3.黑色金属矿采选业 | 6016 | 5839 | 5785 |
| 4.有色金属矿采选业 | 567 | 557 | 509 |
| 5.非金属矿采选业 | 788 | 769 | 633 |
| 6.其他采矿业 | 207 | 196 | 53 |
| (二)制造业 | 331061 | 86220 | 85012 |
| 1.农副食品加工业 | 277 | 270 | 260 |
| 2.食品制造业 | 62 | 47 | 36 |
| 3.酒、饮料和精制茶制造业 | 4044 | 1138 | 1128 |
| ①酒的制造 | 3987 | 1095 | 1095 |
| ②饮料制造 | 36 | 22 | 12 |
| ③精制茶制造 | 21 | 21 | 21 |
| 4.烟草制品业 | 297867 | 62103 | 62103 |
| 其中:卷烟制造 | 295915 | 60217 | 60217 |
| 5.纺织业 | 87 | 86 | 83 |
| 6.纺织服装、服饰业 | 39 | 31 | 22 |
| 7.皮革、毛皮、羽毛及其制品和制鞋业 | 41 | 38 | 36 |
| 8.木材加工和木竹藤棕草制品业 | 38 | 31 | 4 |
| 9.家具制造业 | 12 | 9 | |
| 10.造纸和纸制品业 | 23 | 20 | 18 |
| 11.印刷和记录媒介复制业 | 198 | 193 | 180 |
| 12.文教、工美、体育和娱乐用品制造业 | 58 | 54 | 32 |
| 13.石油加工、炼焦和核燃料加工业 | 1125 | 795 | 795 |
| 14.化学原料和化学制品制造业 | 747 | 707 | 703 |
| 15.医药制造业 | 799 | 795 | 795 |
| 16.橡胶和塑料制品业 | 86 | 56 | 53 |

# 分税种情况(一)(2015年)

单位:万元

| 国内消费税 | 企业所得税 | | 个人所得税 | 车辆购置税 |
|---|---|---|---|---|
| | 内资企业 | 外资企业 | | |
| 256060 | 71006 | 2788 | 19 | 39278 |
| | 16 | | | 648 |
| 235045 | 26532 | 919 | | 1493 |
| | 3472 | | | 216 |
| | 3293 | | | 178 |
| | | | | |
| | | | | |
| | 170 | | | 7 |
| | | | | 10 |
| | 8 | | | 11 |
| | 1 | | | 10 |
| 235045 | 8348 | 869 | | 579 |
| | −1 | | | 8 |
| | 3 | | | 12 |
| 2887 | 1 | | | 18 |
| 2887 | | | | 5 |
| | 1 | | | 13 |
| | | | | |
| 232126 | 3600 | | | 38 |
| 232126 | 3572 | | | |
| | | | | 1 |
| | | | | 8 |
| | | | | 3 |
| | 2 | | | 5 |
| | | | | 3 |
| | 1 | | | 2 |
| | 1 | | | 4 |
| | 1 | | | 3 |
| | 321 | | | 9 |
| 32 | | | | 8 |
| | | | | 4 |
| | 27 | | | 3 |

# 国税税收收入分行业

| 指标 | 税收收入合计 | 国内增值税 | 一般纳税人增值税 |
|---|---|---|---|
| 17.非金属矿物制品业 | 22902 | 17529 | 16579 |
| 18.黑色金属冶炼和压延加工业 | 701 | 679 | 666 |
| 19.有色金属冶炼和压延加工业 | 479 | 434 | 434 |
| 20.金属制品业 | 232 | 169 | 136 |
| 21.通用设备制造业 | 49 | 41 | 37 |
| 22.专用设备制造业 | 226 | 205 | 204 |
| 23.汽车制造业 | 182 | 167 | 167 |
| 24.电气机械和器材制造业 | 6 | 2 | |
| 25.计算机、通信和其他电子设备制造业 | 21 | 17 | 17 |
| 26.仪表仪器制造业 | 9 | 8 | 8 |
| 27.其他制造业 | 751 | 596 | 516 |
| (三)电力、热力、燃气及水的生产和供应业 | 108113 | 93472 | 83544 |
| 1.电力、热力生产和供应业 | 107060 | 92574 | 82664 |
| ①电力生产 | 93069 | 78640 | 68730 |
| ②电力供应 | 13991 | 13934 | 13934 |
| 2.燃气生产和供应业 | 63 | 47 | 45 |
| 3.水的生产和供应业 | 990 | 851 | 835 |
| (四)建筑业 | 819 | | |
| 1.房屋建筑业 | 93 | | |
| 2.土木工程建筑业 | 410 | | |
| 3.建筑安装业 | 72 | | |
| 4.建筑装饰和其他建筑业 | 244 | | |
| 三、第三产业 | 162950 | 58452 | 49433 |
| (一)批发和零售业 | 104424 | 51937 | 46892 |
| 1.批发业 | 87136 | 37643 | 37425 |
| 其中: 烟草制品批发 | 75641 | 26952 | 26756 |
| 煤炭及制品批发 | 4915 | 4763 | 4759 |
| 石油及其制品批发 | 2351 | 2351 | 2351 |
| 汽车及零配件批发 | 217 | 210 | 208 |
| 2.零售业 | 17287 | 14294 | 9467 |
| (二)交通运输、仓储和邮政业 | 6321 | 3610 | 1267 |
| 1.交通运输业 | 6306 | 3610 | 1267 |

# 分税种情况(二)(2015年)

单位:万元

| 国内消费税 | 企业所得税 | | 个人所得税 | 车辆购置税 |
|---|---|---|---|---|
| | 内资企业 | 外资企业 | | |
| | 4240 | 869 | | 264 |
| | | | | 22 |
| | 44 | | | 1 |
| | 37 | | | 26 |
| | 5 | | | 3 |
| | 13 | | | 8 |
| | 9 | | | 6 |
| | 4 | | | |
| | 1 | | | 3 |
| | 1 | | | |
| | 38 | | | 117 |
| | 14373 | 50 | | 218 |
| | 14283 | | | 203 |
| | 14283 | | | 146 |
| | | | | 57 |
| | | 9 | | 7 |
| | 90 | 41 | | 8 |
| | 339 | | | 480 |
| | 6 | | | 87 |
| | 259 | | | 151 |
| | 27 | | | 45 |
| | 47 | | | 197 |
| 21015 | 44458 | 1869 | 19 | 37137 |
| 21015 | 29608 | | | 1864 |
| 20985 | 28340 | | | 168 |
| 20985 | 27702 | | | 2 |
| | 121 | | | 31 |
| | | | | |
| | 1 | | | 6 |
| 29 | 1268 | | | 1696 |
| | 23 | | | 2688 |
| | 19 | | | 2677 |

# 国税税收收入分行业

| 指标 | 税收收入合计 | 国内增值税 | 一般纳税人增值税 |
|---|---|---|---|
| 2.仓储业 | 5 | | |
| 3.邮政业 | 10 | | |
| (三)住宿和餐饮业 | 17 | | |
| 1.住宿业 | 9 | | |
| 2.餐饮业 | 8 | | |
| (四)信息传输、软件和信息技术服务业 | 1956 | 9 | |
| 1.电信、广播电视和卫星传输服务业 | 1881 | | |
| 其中:电信 | 1869 | | |
| 2.互联网和相关服务 | 5 | | |
| 3.软件和信息技术服务业 | 70 | 9 | |
| (五)金融业 | 10841 | | |
| 1.货币金融服务 | 10628 | | |
| 其中:银行 | 9583 | | |
| 2.资本市场服务 | 6 | | |
| 3.保险业 | 9 | | |
| 4.其他金融业 | 198 | | |
| (六)房地产业 | 4134 | | |
| (七)租赁和商务服务业 | 1443 | 1156 | 804 |
| 1.租赁业 | 261 | 225 | |
| 2.商务服务业 | 1181 | 930 | 804 |
| (八)科学研究和技术服务业 | 479 | 318 | 84 |
| (九)居民服务、修理和其他服务业 | 1523 | 690 | 350 |
| 其中:居民服务业 | 43 | 3 | |
| 机动车、电子产品和日用产品修理业 | 516 | 401 | 150 |
| (十)教育 | 222 | | |
| (十一)卫生和社会工作 | 177 | | |
| 其中:卫生 | 144 | | |
| (十二)文化、体育和娱乐业 | 67 | 5 | |
| 其中:新闻和出版业 | 5 | | |
| 广播、电视、电影和影视录音制作业 | 12 | | |
| 娱乐业 | 6 | | |
| (十三)公共管理、社会保障和社会组织 | 1058 | | |
| (十四)其他行业 | 30288 | 727 | 36 |

# 分税种情况（三）（2015年）

单位：万元

| 国内消费税 | 企业所得税 | | 个人所得税 | 车辆购置税 |
|---|---|---|---|---|
| | 内资企业 | 外资企业 | | |
| | 4 | | | 1 |
| | | | | 10 |
| | 10 | | | 7 |
| | 8 | | | 1 |
| | 2 | | | 6 |
| | 39 | 1869 | | 39 |
| | | 1869 | | 12 |
| | | 1869 | | |
| | | | | 5 |
| | 39 | | | 22 |
| | 10566 | | | 275 |
| | 10537 | | | 91 |
| | 9573 | | | 10 |
| | 5 | | | 1 |
| | | | | 9 |
| | 24 | | | 174 |
| | 3721 | | | 413 |
| | 4 | | | 283 |
| | 1 | | | 35 |
| | 3 | | | 248 |
| | 126 | | | 35 |
| | 317 | | | 516 |
| | 1 | | | 39 |
| | 5 | | | 110 |
| | 48 | | | 174 |
| | –4 | | | 181 |
| | –4 | | | 148 |
| | | | | 62 |
| | | | | 5 |
| | | | | 12 |
| | | | | 6 |
| | | | | 1058 |
| | | | 19 | 29542 |

# 地税税收收入收入分县区情况

单位：万元

| 县区 | 2015年 | 2014年 | 增长(%) |
|---|---|---|---|
| 总计 | 929692 | 869962 | 6.9 |
| 一、两项收入合计 | 898028 | 833727 | 7.7 |
| 七星关区 | 241112 | 209971 | 14.8 |
| 大方县 | 70530 | 76298 | -7.6 |
| 黔西县 | 72782 | 65261 | 11.5 |
| 金沙县 | 153438 | 147058 | 4.3 |
| 织金县 | 107697 | 105852 | 1.7 |
| 纳雍县 | 68519 | 61651 | 11.1 |
| 威宁县 | 94062 | 85766 | 9.7 |
| 赫章县 | 30617 | 29758 | 2.9 |
| 百里杜鹃管理区 | 17427 | 13959 | 24.8 |
| 金海湖新区 | 41844 | 38153 | 9.7 |
| 二、其他非税收入合计 | 31664 | 36235 | -12.6 |
| 七星关区 | 8914 | 9465 | -5.8 |
| 大方县 | 3383 | 6122 | -44.7 |
| 黔西县 | 2900 | 2456 | 18.1 |
| 金沙县 | 4200 | 3835 | 9.5 |
| 织金县 | 3965 | 2960 | 34.0 |
| 纳雍县 | 1998 | 2562 | -22.0 |
| 威宁县 | 3253 | 3419 | -4.9 |
| 赫章县 | 1546 | 1483 | 4.3 |
| 百里杜鹃管理区 | 535 | 2907 | -81.6 |
| 金海湖新区 | 970 | 1026 | -5.5 |

注：地税数据由市地方税务局提供。

# 地税税收收入分税种情况

单位:万元

| 指标 | 2015年 | 2014年 | 增长(%) |
|---|---|---|---|
| 两项收入合计 | 929692 | 869962 | 6.9 |
| 一、税收收入 | 898028 | 833727 | 7.7 |
| 1.营业税 | 254897 | 272071 | -6.3 |
| 2.企业所得税 | 77180 | 93926 | -17.8 |
| 3.个人所得税 | 76874 | 109939 | -30.1 |
| 4.资源税 | 55628 | 20683 | 169.0 |
| 5.土地使用税 | 23274 | 13129 | 77.3 |
| 6.城市维护建设税 | 53115 | 58076 | -8.5 |
| 7.印花税 | 8703 | 10386 | -16.2 |
| 8.土地增值税 | 48912 | 26231 | 86.5 |
| 9.房产税 | 12747 | 15496 | -17.7 |
| 10.车船税 | 7875 | 6444 | 22.2 |
| 11.烟叶税 | 39948 | 38325 | 4.2 |
| 12.契税 | 119868 | 68263 | 75.6 |
| 13.耕地占用税 | 119007 | 100758 | 18.1 |
| 二、非税收入 | 31664 | 36235 | -12.6 |
| 1、教育费附加 | 7994 | 8314 | -3.9 |
| 2、文化事业建设费收入 | 57 | 82 | -30.5 |
| 3、地方教育费附加 | 5455 | 5528 | -1.3 |
| 4、煤炭价格调节基金 | 589 | 6517 | -91.0 |
| 5、残疾人就业保障金 | 3020 | 1375 | 119.6 |
| 6、工会经费 | 6764 | 6520 | 3.7 |
| 7、价格调节基金 | 7225 | 7342 | -1.6 |
| 8、其他 | 560 | 557 | 0.5 |

# 地税税收收入分行业完成情况表

单位：万元

| 指标 | 2015年 | 2014年 | 增长(%) |
|---|---|---|---|
| 合计 | 898028 | 833727 | 7.7 |
| 一、第一产业 | 8917 | 1249 | 613.9 |
| 二、第二产业 | 460953 | 445346 | 3.5 |
| （一）采矿业 | 112910 | 158837 | –28.9 |
| 其中：煤炭开采及洗选业 | 109133 | 153320 | –28.8 |
| （二）制造业 | 42895 | 36312 | 18.1 |
| 其中：卷烟制造 | 24413 | 23124 | 5.6 |
| （三）电力、热力、燃气及水的生产和供应业 | 21379 | 24851 | –14.0 |
| （四）建筑业 | 283769 | 225346 | 25.9 |
| 三、第三产业 | 428158 | 387132 | 10.6 |
| （一）批发和零售业 | 60325 | 56962 | 5.9 |
| （二）交通运输、仓储及邮政业 | 8487 | 3476 | 144.2 |
| （三）住宿和餐饮业 | 4457 | 5429 | –17.9 |
| （四）信息传输、软件和信息技术服务业 | 1960 | 5946 | –67.0 |
| （五）金融业 | 65575 | 62584 | 4.8 |
| （六）房地产业 | 142105 | 122482 | 16.0 |
| （七）租赁和商务服务业 | 37878 | 15849 | 139.0 |
| （八）科学研究和技术服务业 | 6093 | 18340 | –66.8 |
| （九）居民服务、修理和其他服务业 | 11085 | 31495 | –64.8 |
| （十）教育 | 1192 | 1211 | –1.6 |
| （十一）卫生和社会工作 | 3565 | 3481 | 2.4 |
| （十二）文化、体育和娱乐业 | 1682 | 971 | 73.2 |
| （十三）公共管理、社会保障和社会组织 | 77609 | 58452 | 32.8 |
| （十四）其他行业 | 6145 | 453 | 1256.5 |

# 地税税收收入分企业类型完成情况表

单位：万元

| 指标 | 2015年 | 2014年 | 增长(%) |
|---|---|---|---|
| 合计 | 898028 | 833727 | 7.71 |
| 一、国有企业 | 142645 | 140316 | 1.66 |
| 二、集体企业 | 6117 | 7486 | –18.29 |
| 三、股份合作企业 | 9738 | 8075 | 20.59 |
| 四、股份公司 | 513467 | 424047 | 21.09 |
| 五、私营企业 | 71190 | 110725 | –35.71 |
| 六、涉外企业 | 3076 | 5019 | –38.71 |
| 七、其它 | 151795 | 138059 | 9.95 |

# 保险业(财产保险)情况(2015年)

单位:万元、件

| 指标 | 数值 | 指标 | 数值 |
| --- | --- | --- | --- |
| 保费收入 | 106193.2 | 赔款支出 | 55877.6 |
| 同比增长(%) | 21.6 | 机动车辆保险 | 46684.5 |
| 机动车辆保险金额 | 90470.2 | 企业财产保险 | 322.6 |
| 企业财产保险金额 | 556.8 | 货物运输保险 | 14.5 |
| 货物运输保险 | 30.8 | 家财险 | 515.9 |
| 家财险 | 1094.8 | 工程险 | 27.2 |
| 工程险 | 63.2 | 责任险 | 2946.5 |
| 责任险 | 5862.6 | 信用保险 | |
| 信用保险 | 15.7 | 保证保险 | |
| 保证保险 | 512.0 | 其它财产保险 | |
| 其它财产保险 | 2.9 | 意外险 | 2619.1 |
| 意外险 | 1837.2 | 健康险 | 637.7 |
| 健康险 | 437.6 | 农业险 | 2109.5 |
| 农业险 | 5309.6 | 赔案件数 | 97029 |
| 机动车辆保险件数 | 736438 | 机动车辆保险 | 90088 |
| 企业财产保险件数 | 87 | 企业财产保险 | 16 |

# 保险业(人寿保险)情况(2015年)

单位:万元

| 指标 | 数值 | 指标 | 数值 |
| --- | --- | --- | --- |
| 总保费收入 | 69156.0 | 年金给付 | 2305.2 |
| 新单保费 | 45421.6 | 满期给付 | 14060.0 |
| 续期保费 | 23734.5 | 死亡医疗给付 | 2043.4 |
| 赔款支出 | 16232.7 | 退保金额 | 13347.6 |

# 市政公用

| 指标 | 毕节市 | 七星关区 | 大方县 |
|---|---|---|---|
| 人均日生活用水量(升) | 106.8 | 137.9 | 64.8 |
| 用水普及率(%) | 85.9 | 96.0 | 97.9 |
| 燃气普及率(%) | 48.4 | 66.6 | 24.6 |
| 人均城市道路面积(平方米) | 12.1 | 16.8 | 7.0 |
| 建成区供水管道密度(公里/平方公里) | 8.5 | 15.0 | 3.2 |
| 建成区排水管道密度(公里/平方公里) | 5.8 | 4.8 | 4.1 |
| 建成区绿化覆盖率(%) | 17.1 | 30.5 | 5.7 |
| 建成区绿地率(%) | 15.9 | 29.2 | 5.4 |
| 人均公园绿地面积(平方米) | 8.9 | 20.2 | 15.7 |
| 城镇污水处理率(%) | 90.4 | 95.1 | 88.2 |
| 污水处理总量(万立方米) | 7471.9 | 3033.0 | 511.7 |
| 污水排放总量(万立方米) | 8264.7 | 3189.3 | 580.3 |
| 污水处理厂集中处理率(%) | 88.6 | 96.9 | 93.4 |
| 生活垃圾处理率(%) | 84.2 | 95.1 | 80.0 |
| 生活垃圾无害化处理率(%) | 79.0 | 95.1 | 80.0 |

# 城市(县城)市政公用

| 指标 | 毕节市 | 七星关区 | 大方县 |
|---|---|---|---|
| 本年完成投资合计 | 843452 | 359470 | 165942 |
| 供水 | 28561 | 7561 | 19000 |
| 燃气 | 19500 | | 7500 |
| 道路桥梁 | 689519 | 299951 | 121175 |
| 排水 | 32721 | 15288 | 2000 |
| 污水处理 | 18131 | 13538 | |
| 园林绿化 | 56696 | 29000 | 13000 |
| 市容环境卫生 | 16455 | 7670 | 3267 |
| 垃圾处理 | 6761 | 4600 | |
| 本年新增固定资产 | 615454 | 165408 | 142243 |

注:城市(县城)建设数据由市住建局、市城管局和市水务局提供。

# 设施水平（2015年）

| 黔西县 | 金沙县 | 织金县 | 纳雍县 | 威宁县 | 赫章县 |
|---|---|---|---|---|---|
| 116.7 | 120.9 | 113.0 | 89.4 | 81.9 | 56.9 |
| 99.0 | 71.6 | 80.0 | 85.1 | 67.1 | 84.4 |
| 43.7 | 47.5 | 37.3 | 47.9 | 44.7 | 48.3 |
| 13.6 | 8.3 | 5.8 | 10.7 | 14.2 | 11.2 |
| 13.9 | 5.1 | 7.9 | 3.3 | 3.3 | 6.1 |
| 7.4 | 11.2 | 5.5 | 8.9 | 2.5 | 5.6 |
| 32.4 | 4.9 | 8.7 | 10.6 | 6.9 | 14.7 |
| 32.1 | 2.1 | 8.3 | 9.6 | 5.6 | 13.9 |
| 7.5 | 2.3 | 0.9 | 9.1 | 2.7 | 1.3 |
| 75.6 | 90.0 | 91.0 | 88.0 | 92.6 | 81.8 |
| 397.0 | 985.5 | 839.5 | 277.4 | 870.2 | 453.8 |
| 525.3 | 1095.0 | 922.5 | 315.3 | 939.8 | 555.1 |
| 65.6 | 86.1 | 80.8 | 80.6 | 88.9 | 69.7 |
| 80.1 | 80.1 | 80.0 | 80.1 | 81.0 | 72.5 |
| 80.1 | 80.1 | 80.0 | 80.1 | 81.0 | |

# 设施建设固定资产投资（2015年）

单位：万元

| 黔西县 | 金沙县 | 织金县 | 纳雍县 | 威宁县 | 赫章县 |
|---|---|---|---|---|---|
| 50332 | 19879 | 34335 | 149243 | 21359 | 42892 |
| | | | 2000 | | |
| | | | 12000 | | |
| 50219 | 11100 | 26769 | 122300 | 17126 | 40879 |
| 42 | 6850 | | 6800 | 1028 | 713 |
| | | | 4300 | | 293 |
| 71 | 1800 | 4630 | 6100 | 1240 | 855 |
| | 129 | 2936 | 43 | 1965 | 445 |
| | | 102 | | 1650 | 409 |
| 50370 | 10209 | 33893 | 149243 | 21359 | 42729 |

| 指标 | 毕节市 | 七星关区 | 大方县 |
|---|---|---|---|
| 环卫工(人) | 5146 | 1839 | 610 |
| 道路清扫保洁面积(万平方米) | 1839 | 480 | 130 |
| 垃圾处理 | | | |
| 其中:机械化道路清扫保洁面积(万平方米) | 1400 | 395 | 75 |
| 垃圾清运量(万吨) | 87.5 | 14.0 | 9.4 |
| 密闭车(箱)清运量 | 86.8 | 14.0 | 9.0 |
| 生活垃圾处理量(万吨) | 84.4 | 14.0 | 8.4 |
| 垃圾填埋场(座) | 8 | 1 | 1 |
| 新建数 | 5 | 1 | |
| 设计处理能力(吨/日) | 1265 | 425 | 90 |
| 无害化处理量(万吨) | 71.0 | 14.0 | 8.4 |
| 本年度垃圾处理费征收额(万元) | 1472 | 475 | 110 |
| 粪便 | | | |
| 清运量(万吨) | 0.62 | 0.06 | |
| 处理量(万吨) | 0.62 | 0.06 | |
| 垃圾转运站(座) | 31 | 14 | 1 |
| 环卫车辆(辆) | | | |
| 垃圾清运车 | 367 | 67 | 35 |
| 道路清扫车 | 103 | 28 | 8 |
| 高压清洗车 | 112 | 54 | 9 |
| 洒水车 | 9 | 1 | 1 |
| 吸粪车 | 4 | 1 | |
| 护栏清洗车 | 1 | | 1 |
| 公共厕所(座) | | | |
| 一类 | 65 | 21 | |
| 二类 | 102 | 18 | |
| 三类及以下 | 89 | 16 | 27 |
| 其他环卫设施 | | | |
| 果皮箱 | 6516 | 1100 | 1370 |
| 垃圾桶 | 3900 | 2000 | 150 |
| 人力车 | 1140 | 420 | 50 |

# 环境卫生（2015年）

| 黔西县 | 金沙县 | 织金县 | 纳雍县 | 威宁县 | 赫章县 | 百里杜鹃 | 金海湖新区 |
|---|---|---|---|---|---|---|---|
| 714 | 421 | 437 | 369人 | 582 | 293 | 30 | 220 |
| 197 | 99 | 110 | 103 | 305 | 97 | 38 | 280 |
| | | | | | | | |
| 112 | 70 | 110 | 82 | 250 | 68 | 32 | 206 |
| 5.9 | 8.4 | 9.3 | 9.5 | 25.0 | 3.6 | 2.3 | 1.5 |
| 5.6 | 8.4 | 9.3 | 9.5 | 25.0 | 3.6 | 2.3 | 1.5 |
| 5.9 | 8.4 | 9.3 | 9.3 | 23.0 | 3.6 | 1.0 | 1.5 |
| 1 | 1 | 1 | 1 | 1 | 1 | | |
| | 1 | | 2 | 1 | | | |
| 120 | 100 | 190 | 80 | 180 | 80 | | |
| 5.9 | 8.4 | 9.3 | 9.3 | 12.0 | 1.2 | 1.0 | 1.5 |
| 173 | 92 | 365 | | 180 | 77 | | |
| | | | | | | | |
| | 0.56 | | | | | | |
| | 0.56 | | | | | | |
| 6 | 3 | 2 | 2 | 6 | 4 | | |
| | | | | | | | |
| 55 | 55 | 25 | 32 | 60 | 23 | 6 | 9 |
| 4 | 8 | 10 | 9 | 9 | 12 | 4 | 11 |
| 6 | 6 | 6 | 7 | 3 | 8 | 2 | 11 |
| 3 | 2 | | | | | 2 | |
| 2 | | | | 1 | | | |
| | | | | | | | |
| | | | | | | | |
| 11 | 1 | 24 | | 8 | | | |
| 16 | 10 | | 15 | 38 | 2 | 2 | 1 |
| 8 | 21 | | 1 | | 13 | | 3 |
| | | | | | | | |
| 1136 | 385 | 330 | 665 | 1090 | 350 | 90 | |
| 417 | 171 | 120 | 602 | 55 | 350 | 35 | |
| 207 | 80 | 280 | 21 | 20 | 50 | 12 | |

# 城市(县城)供水

| 指标 | 毕节市 | 七星关区 | 大方县 |
| --- | --- | --- | --- |
| 综合生产能力(万立方米/日) | 26.3 | 12 | 1.8 |
| 地下水 | 4.2 | | |
| 水厂(个) | 16 | 2 | 1 |
| 地下水 | 2 | | |
| 供水管道长度(公里) | 1212.8 | 638 | 39 |
| 供水总量(万立方米) | 5636.2 | 2316 | 245 |
| 售水量 | 4447.4 | 1596 | 221 |
| 生产运营用水 | 474.1 | 48 | 14.8 |
| 公共服务用水 | 550.8 | 400 | 18.9 |
| 居民家庭用水 | 3216.0 | 980 | 187 |
| 其他用水 | 206.5 | 168 | 0.4 |
| 免费供水量 | 392.4 | 280.0 | |
| 生活用水 | 6.41 | 4.8 | |
| 漏损水量 | 796.4 | 440 | 24 |
| 用水户数(户) | 180441 | 61292 | 11845 |
| 家庭用户 | 161469 | 53362 | 11250 |
| 用水人口(万人) | 97.4 | 28 | 9.9 |

## （公共供水）（2015年）

| 黔西县 | 金沙县 | 织金县 | 纳雍县 | 威宁县 | 赫章县 |
|---|---|---|---|---|---|
| 2.7 | 1.8 | 2 | 1.2 | 3 | 1.6 |
| | | | 1.2 | 3 | |
| 4 | 3 | 2 | 1 | 1 | 2 |
| | | | 1 | 1 | |
| 209 | 83.5 | 71.0 | 46 | 79 | 48 |
| 851.0 | 609 | 535 | 439 | 444.3 | 197.0 |
| 763 | 548 | 480 | 299 | 381.9 | 159.3 |
| 130 | 90 | 105 | 38 | 22.3 | 26.0 |
| 72 | 18 | | 25 | 17.5 | 0.3 |
| 561 | 415 | 363.0 | 236 | 341 | 133.0 |
| | 25 | 12 | | 1.1 | |
| 3.5 | | | 80 | 11.4 | 17.5 |
| | | | | 0.01 | 1.6 |
| 85 | 61 | 55 | 60 | 51 | 20.2 |
| 30547 | 12455 | 20864 | 12926 | 18368 | 12144 |
| 26500 | 10020 | 19526 | 11561 | 18170 | 11080 |
| 14.9 | 10 | 9 | 8.0 | 12 | 7 |

| 指标 | 毕节市 | 七星关区 | 大方县 |
| --- | --- | --- | --- |
| 排水管道长度(公里) | 839 | 203 | 63 |
| 污水管道 | 477 | 152 | 63 |
| 雨水管道 | 225 | 28 | |
| 雨污合流管道 | 137 | 23 | |
| 污水处理厂 | | | |
| 座数(座) | 9 | 1 | 1 |
| 二、三级处理 | 7 | 1 | |
| 处理能力(万立方米/日) | 14.7 | 8 | 0.7 |
| 二、三级 | 13 | 8 | |
| 处理量(万立方米) | 5390 | 3100 | 268 |
| 二、三级 | 4722 | 3100 | |
| 干污泥无害化处置能力(吨/年) | 9449 | 6000 | 511 |
| 干污泥产生量(吨) | 8446 | 5500 | 450 |
| 干污泥无害化处置量(吨) | 8426 | 5500 | 450 |
| 填埋 | 8134 | 5500 | 450 |
| 本年运行费用(万元) | 4356 | 2360 | 190 |

# 和污水处理(2015年)

| 黔西县 | 金沙县 | 织金县 | 纳雍县 | 威宁县 | 赫章县 |
|---|---|---|---|---|---|
| 111 | 185 | 50 | 124 | 58 | 45 |
| 39 | 66 | 50 | 62 | 25 | 20 |
| 50 | 85 | | 62 | | |
| 22 | 34 | | | 34 | 25 |
| | | | | | |
| 1 | 1 | 1 | 2 | 1 | 1 |
| | 1 | 1 | 2 | 1 | 1 |
| 1 | 1 | 1 | 1 | 1 | 1 |
| | 1 | 1 | 1 | 1 | 1 |
| 400 | 396 | 420 | 270 | 320 | 216 |
| | 396 | 420 | 270 | 320 | 216 |
| 600 | 537 | 450 | 279 | 500 | 572 |
| 600 | 537 | 440 | 279 | 340 | 300 |
| 600 | 537 | 440 | 279 | 340 | 280 |
| 600 | 405 | 440 | 279 | 180 | 280 |
| 204 | 348 | 750 | 218 | 170 | 116 |

# 建设用地

| 指标 | 毕节市 | 七星关区 | 大方县 |
| --- | --- | --- | --- |
| 城区(县城)面积 | 648.34 | 166.09 | 22.60 |
| 建成区面积 | 144.0 | 42.5 | 15.4 |
| 城市规划建设用地面积 | 213.8 | 52.3 | 22.0 |
| 城市现状建设用地面积 | 124.1 | 40.4 | 8.4 |
| 居住用地 | 45.9 | 12.0 | 3.7 |
| 公共管理与公共服务用地 | 11.0 | 4.0 | 1.3 |
| 商业服务业设施用地 | 10.4 | 4.2 | 0.6 |
| 工业用地 | 15.5 | 8.3 | 0.1 |
| 物流仓储用地 | 7.7 | 3.0 | 0.5 |
| 道路与交通设施用地 | 13.0 | 1.9 | 0.9 |
| 公用设施用地 | 7.1 | 2.0 | 0.2 |
| 绿地与广场用地 | 13.5 | 5.0 | 1.1 |
| 本年征用土地面积 | 4.1 | 2.3 | |
| #耕地 | 2.3 | 1.0 | |

# 城市(县城)道路

| 指标 | 毕节市 | 七星关区 | 大方县 |
| --- | --- | --- | --- |
| 道路长度(公里) | 799.9 | 230.8 | 63.2 |
| 道路面积(万平方米) | 1378.2 | 481.7 | 72.3 |
| 人行道 | 419.9 | 152.6 | 17.2 |
| 桥梁数(座) | 71 | 40 | 5 |
| 大桥及特大桥 | 5 | 3 | |
| 立交桥 | 2 | 2 | |
| 道路照明灯盏数(盏) | 38840 | 6383 | 1800 |
| 安装路灯的道路长度(公里) | 346 | 147 | 30 |
| 城市照明总用电量(万千瓦时) | 1366 | 191 | 48 |
| 城市照明装灯总功率(千瓦) | 3920 | 500 | 120 |

# 情况（2015年）

单位：平方公里

| 黔西县 | 金沙县 | 织金县 | 纳雍县 | 威宁县 | 赫章县 |
|---|---|---|---|---|---|
| 19.00 | 22.38 | 33.21 | 104.80 | 168.00 | 112.26 |
| 15.0 | 16.5 | 9.0 | 14.0 | 23.7 | 7.9 |
| 16.5 | 16.5 | 14.0 | 14.0 | 50.0 | 28.5 |
| 12.8 | 9.9 | 8.1 | 13.1 | 23.7 | 7.9 |
| 5.5 | 1.5 | 1.0 | 7.5 | 10.9 | 3.8 |
| 1.0 | 0.8 | 1.0 | 0.7 | 1.7 | 0.4 |
| 1.0 | 0.6 | 0.3 | 0.6 | 2.7 | 0.4 |
| 0.5 | 1.9 | 0.8 | 0.7 | 2.3 | 1.0 |
| 0.3 | 1.3 | 1.0 | 0.2 | 1.3 | 0.1 |
| 1.4 | 1.5 | 2.5 | 1.5 | 1.7 | 1.7 |
| 1.1 | 1.2 | 1.0 | 0.5 | 1.0 | 0.2 |
| 2.0 | 1.1 | 0.5 | 1.3 | 2.2 | 0.4 |
|  | 0.5 |  |  |  | 1.3 |
|  |  |  |  |  | 1.2 |

# 和桥梁情况（2015年）

| 黔西县 | 金沙县 | 织金县 | 纳雍县 | 威宁县 | 赫章县 |
|---|---|---|---|---|---|
| 145.0 | 59.9 | 73.5 | 65.0 | 104.7 | 57.9 |
| 204.2 | 114.0 | 64.0 | 101.0 | 254.6 | 86.4 |
| 66.2 | 38.0 |  | 26.5 | 89.2 | 30.2 |
| 2 | 12 |  | 2 |  | 10 |
|  |  |  | 2 |  |  |
|  |  |  |  |  |  |
| 16000 | 2300 | 9000 | 1000 | 1000 | 1357 |
| 40 | 55 | 31 | 17 | 10 | 17 |
| 760 | 90 | 197 | 20 | 20 | 40 |
| 2300 | 240 | 540 | 50 | 60 | 110 |

| 指标 | 毕节市 | 七星关区 | 大方县 |
| --- | --- | --- | --- |
| 城市(县城)市政公用设施建设维护管理财政性资金收入 | 800056 | 305249 | 94598 |
| 中央预算资金 | 51055 | 45125 | 930 |
| 省级预算资金 | 2500 | 800 | |
| 市(县)级预算资金 | 746501 | 259324 | 93668 |
| 城市维护建设税 | 48661 | 26950 | 1010 |
| 城市公用事业附加 | 3868 | 97 | |
| 城市基础设施配套费 | 21208 | 12303 | |
| 国有土地使用权出让收入 | 421650 | 200446 | 50248 |
| 市政公用设施有偿使用费 | 10506 | 1074 | 420 |
| 污水处理费 | 3864 | 366 | 230 |
| 垃圾处理费 | 2737 | 708 | 96 |
| 其他资金 | | | |
| 城市(县城)市政公用设施建设维护管理财政性资金支出 | 410607 | 32396 | 62295 |
| 城乡社区规划与管理 | 13646 | 4960 | 3720 |
| 市政公用行业市场监管 | 40294 | 343 | 38947 |
| 市政公用设施建设维护与管理 | 304546 | 17348 | 6323 |
| 风景名胜区规划与保护 | 14899 | | 5232 |
| 其他 | 37222 | 9745 | 8073 |

# （财政性资金）收支情况（2015年）

单位：万元

| 黔西县 | 金沙县 | 织金县 | 纳雍县 | 威宁县 | 赫章县 |
|---|---|---|---|---|---|
| 107891 | 4391 | 18120 | 255072 | 8970 | 5765 |
| 5000 | | | | | |
| 1000 | | | 150 | 550 | |
| 101891 | 4391 | 18120 | 254922 | 8420 | 5765 |
| 2766 | 143 | 8482 | 6601 | 1311 | 1398 |
| | 20 | 1870 | 1280 | 551 | 50 |
| 3000 | 50 | 2165 | 920 | 2270 | 500 |
| 95325 | | | 75631 | | |
| 800 | 853 | 1710 | 4308 | 971 | 370 |
| 500 | 300 | 1403 | 534 | 281 | 250 |
| 300 | 538 | 307 | 63 | 605 | 120 |
| | | | | | |
| 121800 | 2680 | 8959 | 168802 | 7173 | 6502 |
| 300 | | 1710 | 860 | 64 | 2032 |
| 200 | | 100 | 660 | | 44 |
| 102318 | 2450 | 7004 | 158741 | 6028 | 4334 |
| | | 45 | 8541 | 1081 | |
| 18982 | 230 | 100 | | | 92 |

# 城市(县城)

| 指标 | 毕节市 | 七星关区 | 大方县 |
|---|---|---|---|
| 绿化覆盖面积(公顷) | 2840 | 1320 | 219 |
| 建成区 | 2456 | 1298 | 87 |
| 园林绿地面积(公顷) | 2584 | 1310 | 170 |
| 建成区 | 2290 | 1239 | 83 |
| 公园绿地面积 | 1016 | 580 | 140 |
| 公园个数(个) | 19 | 7 | 2 |
| 公园面积(公顷) | 734 | 487 | 6 |

# 城市(县城)液化

| 指标 | 毕节市 | 七星关区 | 大方县 |
|---|---|---|---|
| 储气能力(吨) | 2316 | 700 | 250 |
| 供气管道长度(公里) | 53.9 | | |
| 外购气量(吨) | 4170 | | 360 |
| 供气总量合计(吨) | 7822 | 2023 | 360 |
| 其中:销售气量 | 5479 | 2023 | 360 |
| 居民家庭 | 4066 | 2011 | 360 |
| 燃气损失量 | 32 | 8 | |
| 用气户数(户) | 169900 | 23200 | 8000 |
| 其中:家庭用户 | 149692 | 20032 | 7200 |
| 用气人口(万人) | 88.6 | 12.0 | 2.5 |
| 液化石油气汽车加气站(座) | 3 | | 2 |

# 园林绿化（2015年）

| 黔西县 | 金沙县 | 织金县 | 纳雍县 | 威宁县 | 赫章县 | 百里杜鹃管理区 |
|---|---|---|---|---|---|---|
| 486 | 175 | 200 | 148 | 162 | 130 | |
| 486 | 80 | 78 | 148 | 162 | 116 | |
| 481 | 36 | 189 | 135 | 134 | 130 | |
| 481 | 34 | 75 | 135 | 134 | 110 | |
| 112 | 31 | 10 | 86 | 48 | 10 | |
| 6 | 1 | | 1 | 2 | | |
| 102 | 18 | | 85 | 36 | | |

# 石油气综合表（2015年）

| 黔西县 | 金沙县 | 织金县 | 纳雍县 | 威宁县 | 赫章县 | 金海湖新区 |
|---|---|---|---|---|---|---|
| 490 | 200 | 96 | 13 | 322 | 60 | 185 |
| 30.0 | | | 10.0 | 13.9 | | |
| 1600 | 500 | 960 | | 690 | 60 | |
| 1500 | 500 | 960 | 339 | 690 | 700 | 750 |
| | 150 | 480 | 339 | 690 | 700 | 737 |
| | 350 | 220 | 305 | 420 | 400 | |
| | | | | 4 | 7 | 13 |
| 35000 | 10000 | 18000 | 5200 | 40000 | | 30500 |
| 30000 | 9930 | 17350 | 4680 | 30000 | | 30500 |
| 15.0 | 13.0 | 8.5 | 2.6 | 20.0 | | 15.0 |
| | | | | | 1 | |

# 公路里程基本情况(2015年)

单位:公里

| 指标 | 合计 | 交通局 | 公路局 | 营运管理中心(高速路) |
|---|---|---|---|---|
| 公路里程 | 30529 | 28380 | 1563 | 586 |
| 其中:高级公路 | 586 | | | 586 |
| 一级公路 | 40 | 9 | 31 | |
| 二级公路 | 977 | 182 | 795 | |
| 三级公路 | 1259 | 544 | 715 | |
| 四级公路 | 16861 | 16838 | 23 | |
| 等外级公路 | 10807 | 10807 | | |
| 其中:国高 | 372 | | | 372 |
| 省高 | 214 | | | 214 |
| 国道 | 592 | | 592 | |
| 省道 | 661 | | 661 | |
| 县道 | 2559 | 2249 | 310 | |
| 乡道 | 3469 | 3469 | | |
| 村道 | 22661 | 22661 | | |
| 其中:七星关区 | 4015 | 3715 | 245 | 55 |
| 大方县 | 3804 | 3436 | 296 | 72 |
| 黔西县 | 3115 | 2902 | 187 | 27 |
| 金沙县 | 3143 | 3034 | 74 | 35 |
| 织金县 | 2940 | 2741 | 190 | 8 |
| 纳雍县 | 3712 | 3566 | 147 | |
| 威宁县 | 5744 | 5435 | 286 | 24 |
| 赫章县 | 3780 | 3553 | 173 | 54 |
| 等级路合计 | 19446 | 17573 | 1598 | 275 |
| 其中:七星关区 | 2032 | 1732 | 245 | 55 |
| 大方县 | 1702 | 1334 | 296 | 72 |
| 黔西县 | 2087 | 1873 | 187 | 27 |
| 金沙县 | 1136 | 1027 | 74 | 35 |
| 织金县 | 1668 | 1469 | 190 | 8 |
| 纳雍县 | 3015 | 2868 | 147 | |
| 威宁县 | 4588 | 4278 | 286 | 24 |
| 赫章县 | 3218 | 2991 | 173 | 54 |

注:交通运输数据由市交通运输局提供。

# 城市公共交通情况(2015年)

| 县区 | 年末公共交通运营数(辆) | 公共汽车 | 运营线路网长度(公里) | 公共汽车 | 公共交通客运总量(万人次) | 公共汽车 | 出租汽车(辆) |
|---|---|---|---|---|---|---|---|
| 毕节市 | 2455 | 495 | 916.9 | 916.9 | 21863.4 | 8675.6 | 1960 |
| 七星关区 | 731 | 194 | 415.0 | 415.0 | 9240.0 | 4240.0 | 537 |
| 大方县 | 319 | 27 | 72.0 | 72.0 | 1743.3 | 384.4 | 292 |
| 黔西县 | 364 | 69 | 90.8 | 90.8 | 3612.6 | 1012.3 | 295 |
| 金沙县 | 352 | 77 | 126.5 | 126.5 | 2716.0 | 1330.0 | 275 |
| 织金县 | 284 | 54 | 154.0 | 154.0 | 2543.0 | 920.0 | 230 |
| 纳雍县 | 144 | 44 | 27.5 | 27.5 | 1087.3 | 331.3 | 100 |
| 赫章县 | 236 | 30 | 31.1 | 31.1 | 908.7 | 457.6 | 206 |
| 百管委 | 25 | | | | 12.5 | | 25 |

# 城市(县城)公共汽车情况(2015年)

| 县区 | 运营车数(辆) | 公共汽车 | 标准运营车数(标台) | 运营线路网长度(公里) | 客运总量(万人次) | 柴油消耗量(吨) | 天然气消耗量(万标准立方米) |
|---|---|---|---|---|---|---|---|
| 毕节市 | 495 | 495 | 603 | 916.9 | 8675.6 | 4387.4 | 19.4 |
| 七星关区 | 194 | 194 | 249 | 415.0 | 4240.0 | 2073.0 | |
| 大方县 | 27 | 27 | 29 | 72.0 | 384.4 | 137.7 | 19.4 |
| 黔西县 | 69 | 69 | 90 | 90.8 | 1012.3 | 575.8 | |
| 金沙县 | 77 | 77 | 77 | 126.5 | 1330.0 | 850.0 | |
| 织金县 | 54 | 54 | 64 | 154.0 | 920.0 | 256.3 | |
| 纳雍县 | 44 | 44 | 64 | 27.5 | 331.3 | 372.0 | |
| 赫章县 | 30 | 30 | 30 | 31.1 | 457.6 | 122.6 | |

# 邮政业务发展情况

| 指标 | 2015年 |
| --- | --- |
| 邮政业业务收入 | 28318.4 |
| 邮政业务收入 | 20503.4 |
| 快递业务收入 | 8031.0 |
| 邮政业业务总量 | 25815.3 |
| 邮政业务总量 | 20290.1 |
| 快递业务量 | 357.4 |
| 快递业务量(万件) | 357.51 |
| 国内同城业务量 | 77.15 |
| 国内异地业务量 | 279.79 |
| 港澳台及国际业务量 | 0.17 |
| 快递业务收入(万元) | 8031.0 |
| 国内同城业务收入 | 885.8 |
| 国内异地业务收入 | 4677.0 |
| 港澳台及国际业务收入 | 13.0 |

注:本表数据由市邮政管理局提供。

# 电信业务情况(2015年)

单位:万元、万户

| 县区 | 业务收入 | 移动电话 | | | 互联网 | | 固定电话 |
| --- | --- | --- | --- | --- | --- | --- | --- |
| | | | 4G用户 | 3G用户 | | 无线上网卡 | |
| 毕节市 | 281005 | 344.29 | 116.22 | 91.91 | 292.09 | 2.83 | 25.14 |
| 七星关区 | 72159 | 78.40 | 23.33 | 21.38 | 60.36 | 1.63 | 7.79 |
| 大方县 | 30567 | 53.24 | 16.58 | 13.17 | 46.73 | 0.22 | 2.39 |
| 黔西县 | 31869 | 32.98 | 10.04 | 8.62 | 28.93 | 0.22 | 3.32 |
| 金沙县 | 28284 | 33.71 | 10.80 | 8.60 | 28.63 | 0.13 | 2.97 |
| 织金县 | 31631 | 37.40 | 13.50 | 8.38 | 32.96 | 0.20 | 2.79 |
| 纳雍县 | 24085 | 37.78 | 13.84 | 9.83 | 33.33 | 0.13 | 2.01 |
| 威宁县 | 39348 | 33.06 | 11.88 | 7.77 | 27.32 | 0.15 | 2.26 |
| 赫章县 | 23063 | 37.73 | 16.25 | 14.15 | 33.83 | 0.15 | 1.60 |

注:本表数据由通信传输部门提供。

# 水资源总量

| 指标 | 毕节市 | 七星关区 | 大方县 |
| --- | --- | --- | --- |
| 水资源总量 | 128.05 | 13.93 | 14.74 |
| 地表水资源量 | 128.05 | 13.93 | 14.74 |
| 地下水资源量 | 40.08 | 4.53 | 4.48 |

注：水资源数据由市水务局提供。

# 供水总量

| 指标 | | 毕节市 | 七星关区 | 大方县 |
| --- | --- | --- | --- | --- |
| 水资源开发利用率 | | 0.08 | 0.14 | 0.10 |
| 供水量 | 地表水源 | 270.04 | 61.33 | 52.73 |
| | 地下水源 | 3.95 | 0.69 | 0.65 |
| | 其他水源 | 340.50 | 70.62 | 64.78 |
| | 总供水量 | 292.89 | 54.44 | 40.88 |

注：水资源开发利用率=用水总量/水资源总量*100%

# 情况表(2015年)

单位:亿吨/年

| 黔西县 | 金沙县 | 织金县 | 纳雍县 | 威宁县 | 赫章县 | 百里杜鹃管理区 |
|---|---|---|---|---|---|---|
| 12.05 | 11.01 | 20.42 | 15.30 | 24.38 | 14.31 | 1.91 |
| 12.05 | 11.01 | 20.42 | 15.30 | 24.38 | 14.31 | 1.91 |
| 4.01 | 4.13 | 5.04 | 4.62 | 7.69 | 5.04 | 0.55 |

# 情况表(2015年)

单位:万吨/日

| 黔西县 | 金沙县 | 织金县 | 纳雍县 | 威宁县 | 赫章县 | 百里杜鹃管理区 |
|---|---|---|---|---|---|---|
| 0.10 | 0.15 | 0.05 | 0.10 | 0.05 | 0.04 | 0.08 |
| 43.16 | 65.31 | 40.29 | 47.22 | 36.28 | 22.13 | 15.90 |
| 0.24 | 0.25 | 0.84 | 0.34 | 0.48 | 0.40 | 0.08 |
| 44.75 | 66.33 | 41.76 | 58.09 | 40.64 | 26.40 | 12.01 |
| 32.20 | 46.19 | 29.65 | 40.05 | 34.08 | 17.37 | 4.35 |

# 用水量

| 指标 | 毕节市 | 七星关区 | 大方县 |
| --- | --- | --- | --- |
| 工业用水量 | 114.01 | 20.60 | 13.79 |
| 农田灌溉 | 83.76 | 9.30 | 17.35 |
| 林木鱼畜 | 10.07 | 1.86 | 0.95 |
| 生活用水量 | 70.87 | 14.00 | 7.87 |
| 城镇公共 | 24.10 | 5.62 | 2.53 |
| 生态用水量 | 2.41 | 0.56 | 0.25 |

# 耗水量

| 指标 | 毕节市 | 七星关区 | 大方县 |
| --- | --- | --- | --- |
| 农田灌溉耗水量 | | | |
| 水田 | | | |
| 耗水率 | 55.0 | 55.0 | 55.0 |
| 耗水量 | 1.51 | 0.24 | 0.24 |
| 水浇地 | | | |
| 耗水率 | 85.0 | 85.0 | 85.0 |
| 耗水量 | 0.52 | 0.04 | 0.13 |
| 林牧渔耗水量 | | | |
| 牲畜 | | | |
| 耗水率 | 90.0 | 90.0 | 90.0 |
| 耗水量 | 0.41 | 0.07 | 0.04 |
| 工业耗水量 | | | |
| 火电 | | | |
| 耗水率 | 95.0 | 95.0 | 95.0 |
| 耗水量 | 0.61 | 0.04 | 0.18 |
| 一般工业 | | | |
| 耗水率 | 18.0 | 18.0 | 18.0 |
| 耗水量 | 0.64 | 0.15 | 0.07 |

# 情况表（2015年）

单位：万吨/日

| 黔西县 | 金沙县 | 织金县 | 纳雍县 | 威宁县 | 赫章县 | 百里杜鹃 |
|---|---|---|---|---|---|---|
| 13.26 | 22.57 | 9.80 | 17.87 | 9.14 | 4.41 | 2.69 |
| 6.91 | 10.29 | 7.43 | 13.61 | 12.20 | 5.16 | 1.51 |
| 0.86 | 0.75 | 1.00 | 0.88 | 2.62 | 1.33 | 0.11 |
| 8.01 | 6.68 | 8.79 | 7.25 | 11.98 | 6.07 | 0.59 |
| 3.02 | 2.48 | 3.00 | 2.35 | 3.36 | 1.59 | 0.14 |
| 0.30 | 0.25 | 0.30 | 0.24 | 0.34 | 0.16 | 0.01 |

# 情况表（2015年）

单位：%、亿立方米

| 黔西县 | 金沙县 | 织金县 | 纳雍县 | 威宁县 | 赫章县 | 百里杜鹃 |
|---|---|---|---|---|---|---|
| 55.0 | 55.0 | 55.0 | 55.0 | 55.0 | 55.0 | 55.0 |
| 0.17 | 0.28 | 0.20 | 0.14 | 0.14 | 0.08 | 0.02 |
| 85.0 | 85.0 | 85.0 | 85.0 | 85.0 | 85.0 | 85.0 |
| 0.04 | 0.04 | 0.03 | 0.12 | 0.10 | 0.04 | 0.00 |
| 90.0 | 90.0 | 90.0 | 90.0 | 90.0 | 90.0 | 90.0 |
| 0.03 | 0.03 | 0.04 | 0.03 | 0.10 | 0.05 | 0.00 |
| 95.0 | 95.0 | 95.0 | 95.0 | 95.0 | 95.0 | 95.0 |
| 0.10 | 0.09 | | 0.20 | | | |
| 18.0 | 18.0 | 18.0 | 18.0 | 18.0 | 18.0 | 18.0 |
| 0.07 | 0.14 | 0.06 | 0.10 | 0.05 | 0.03 | 0.02 |

# 森林资源

| 县区 | 林业用地面积（万公顷） | 森林面积（万公顷） | 森林覆盖率(%) |
|---|---|---|---|
| 毕节市 | 122.70 | 129.00 | 48.04 |
| 七星关区 | 14.89 | 16.34 | 51.73 |
| 大方县 | 13.05 | 12.48 | 43.71 |
| 黔西县 | 8.75 | 10.34 | 43.45 |
| 金沙县 | 13.23 | 13.68 | 54.13 |
| 织金县 | 14.58 | 14.69 | 51.24 |
| 纳雍县 | 11.36 | 12.34 | 50.41 |
| 威宁县 | 24.90 | 26.53 | 42.13 |
| 赫章县 | 17.60 | 17.60 | 54.23 |
| 百里杜鹃管理区 | 2.41 | 2.97 | 61.08 |
| 金海湖新区 | 1.93 | 2.03 | 34.41 |

注:林业数据由市林业局提供。

# 情况（2015 年）

| 城市绿化率(%) | 活立木总蓄积量（万立方米） | 森林蓄积量（万立方米） |
|---|---|---|
| 35.09 | 2729.28 | 2357.25 |
| 36.75 | 294.33 | 248.04 |
| 29.71 | 217.37 | 165.41 |
| 38.36 | 303.99 | 265.55 |
| 38.37 | 476.36 | 414.33 |
| 29.23 | 312.37 | 289.84 |
| 31.63 | 254.88 | 232.81 |
| 32.26 | 529.75 | 432.91 |
| 29.56 | 289.09 | 268.93 |
| 52.34 | 29.38 | 23.90 |
| 30.42 | 21.76 | 15.53 |

# 湿地公园

| 名称 | 类型 | 总面积(公顷) |
| --- | --- | --- |
| 纳雍大坪箐国家湿地公园 | 湿地 | 1074.0 |
| 威宁县锁黄仓国家湿地公园 | 湿地 | 244.7 |
| 黔西水西柯海国家湿地公园 | 湿地 | 490.6 |
| 毕节七星关干堰塘市级湿地公园 | 湿地 | 378.8 |
| 毕节金沙西洛河市级湿地公园 | 湿地 | 170.0 |
| 毕节织金绮陌河市级湿地公园 | 湿地 | 7147.0 |
| 毕节纳雍白水河市级湿地公园 | 湿地 | 50.2 |
| 毕节威宁海舍市级湿地公园 | 湿地 | 113.1 |

# 林业系统自然

| 名称 | 类型 | 总面积(公顷) |
| --- | --- | --- |
| 贵州草海国家级自然保护区 | 湿地 | 9600.0 |
| 贵州百里杜鹃省级自然保护区 | 森林生态 | 9669.1 |
| 纳雍珙桐省级自然保护区 | 野生生物类 | 11398.2 |
| 威宁县黄杉县级自然保护区 | 野生植物 | 937.0 |
| 金沙县冷水河县级自然保护区 | 森林生态 | 30041.0 |
| 金沙县福建柏自然保护区(县级) | 野生植物 | 100.0 |
| 威宁县妥打白冠长尾雉自然保护区(县级) | 野生动物 | 9393.0 |
| 毕节市罩子山县级自然保护区 | 森林生态 | 2513.4 |
| 毕节市乌箐县级自然保护区 | 森林生态 | 1296.2 |
| 大方县福建柏自然保护区(县级) | 野生植物 | 56.0 |

# 名录（2015年）

| 所在行政区域 | 主要保护对象 |
| --- | --- |
| 张家湾镇、王家寨镇、水东乡三乡（镇）交界处 | 以灌丛沼泽、森林沼泽、草本沼泽以及藓类沼泽型湿地为主，兼有人工库塘型湿地 |
| 威宁县草海镇 | 高原湿地 |
| 黔西县金碧镇、绿化乡 | 湖泊湿地 |
| 长春堡镇干堰村和犀牛村 | 库塘湿地 |
| 金沙县平坝镇 | 库塘湿地 |
| 织金县桂果镇 | 河流湿地 |
| 纳雍县居仁街道办事处 | 草本沼泽 |
| 威宁路炉山镇 | 湖泊湿地 |

# 保护区名录（2015年）

| 所在行政区域 | 主要保护对象 |
| --- | --- |
| 威宁县草海镇 | 黑颈鹤等珍稀鸟类及高原湿地生态系统 |
| 百里杜鹃管理区 | 杜鹃及其森林生态系统 |
| 纳雍县纳雍林场 | 光叶珙桐、云贵水韭、十齿花等国家一级保护珍稀植物及其生境 |
| 威宁县黑石、哲觉、么站、草海镇，麻乍、金斗乡 | 国家二级保护植物黄杉及其森林生态系统 |
| 金沙县平坝、大田、太平、石场、桂花、箐门乡 | 森林生态系统 |
| 金沙县箐门乡 | 国家二级保护植物福建柏及其森林生态系统 |
| 威宁县雪山、观风海镇 | 国家二级保护动物白冠长尾雉及其生存环境 |
| 七星关区燕子口、林口、生机、团结、亮岩等五个乡镇 | 森林生态系统 |
| 七星关区岔河镇 | 森林生态系统 |
| 大方县雨冲乡 | 国家二级保护植物福建柏和整个森林生态系统 |

# 森林公园名录

| 名称 | 面积(公顷) | 所在行政区域 |
|---|---|---|
| 毕节国家森林公园 | 4133 | 七星关区 |
| 百里杜鹃国家森林公园 | 12580 | 黔西县、大方县 |
| 赫章夜郎国家森林公园 | 4733 | 赫章县 |
| 贵州油杉河大峡谷国家森林公园 | 5178 | 大方县 |
| 金沙三丈水省级森林公园 | 6653 | 金沙县 |
| 金沙冷水河省级森林公园 | 27351 | 金沙县 |
| 七星关马家坪市级森林公园 | 896 | 七星关区 |
| 金沙偏岩河市级森林公园 | 2285 | 金沙县 |
| 纳雍莲花山市级森林公园 | 491 | 纳雍县 |
| 大方县大海坝县级森林公园 | 1067 | 大方县 |
| 织金县桂花县级森林公园 | 132 | 织金县 |
| 纳雍县小湖坝县级森林公园 | 1067 | 纳雍县 |
| 黔西县水西县级森林公园 | 4298 | 黔西县 |

# 营造林

| 县区 | 总面积 | 其中:经济林建设 | 按工程类别分 | | |
|---|---|---|---|---|---|
| | | | 荒山造林 | 退耕还林 | 重点区域耕地造林 |
| 毕节市 | 141.6 | 50.2 | 100.0 | 23.0 | 18.6 |
| 七星关区 | 19.0 | 7.4 | 13.3 | 3.5 | 2.2 |
| 大方县 | 24.0 | 12.5 | 14.6 | 2.5 | 6.9 |
| 黔西县 | 8.9 | 3.4 | 5.5 | 1.0 | 2.5 |
| 金沙县 | 15.6 | 2.4 | 13.6 | 1.3 | 0.7 |
| 织金县 | 15.2 | 5.8 | 8.9 | 3.0 | 3.2 |
| 纳雍县 | 13.5 | 4.4 | 9.9 | 3.0 | 0.6 |
| 威宁县 | 23.7 | 2.3 | 19.1 | 3.0 | 1.6 |
| 赫章县 | 15.1 | 9.0 | 11.1 | 4.0 | 0.0 |
| 百里杜鹃管理区 | 1.2 | 0.1 | 0.2 | 0.9 | 0.1 |
| 金海湖新区 | 5.4 | 2.9 | 3.7 | 0.8 | 0.9 |

# 国有林场基本情况（2015年）

| 林场 | 国有林场总面积(万亩) | | | 森林总蓄积(万立方米) | 森林覆盖率(%) |
|---|---|---|---|---|---|
| | | 林地面积 | 非林地面积 | | |
| 毕节市 | 59.04 | 58.11 | 0.94 | 235.51 | |
| 七星关区白马山林场 | 6.87 | 6.84 | 0.03 | 16.55 | 82.50 |
| 七星关区拱拢坪林场 | 5.33 | 5.10 | 0.23 | 36.50 | 93.50 |
| 大方县大海坝国有林场 | 2.00 | 2.002 | 0.002 | 8.89 | 94.67 |
| 黔西县国有林场 | 1.83 | 1.81 | 0.02 | 0.08 | 97.75 |
| 金沙县国有石仓林场 | 2.12 | 2.035 | 0.080 | 14.84 | 94.89 |
| 织金县国营桂花林场 | 1.31 | 1.30 | 0.01 | 20.48 | 93.64 |
| 纳雍县国有化作林场 | 4.16 | 4.16 | 0.01 | 17.45 | 92.76 |
| 纳雍县国有纳雍林场 | 9.29 | 9.27 | 0.02 | 39.59 | 75.50 |
| 威宁县国有新华林场 | 18.45 | 18.219 | 0.231 | 34.34 | 93.17 |
| 赫章县国营平山林场 | 1.06 | 1.06 | 0.001 | 3.20 | 91.44 |
| 赫章县水塘林场 | 3.06 | 2.83 | 0.23 | 17.61 | 84.00 |
| 百管委九龙山林场 | 3.56 | 3.49 | 0.08 | 25.98 | 86.00 |

# 情况(2015年)

单位:万亩

| 按营造林方式分 | | 按林种分 | | | |
|---|---|---|---|---|---|
| 人工造林 | 封山育林 | 用材林 | 经济林 | 防护林 | 特用林 |
| 98.6 | 43.1 | 24.0 | 50.2 | 64.5 | 3.0 |
| 16.5 | 2.5 | 10.3 | 7.4 | | 1.3 |
| 18.8 | 5.3 | 6.9 | 12.5 | 4.0 | 0.6 |
| 6.4 | 2.6 | | 3.4 | 5.3 | 0.3 |
| 8.6 | 7.0 | 5.1 | 2.4 | 7.7 | 0.4 |
| 13.5 | 1.7 | | 5.8 | 9.2 | 0.2 |
| 9.7 | 3.8 | | 4.4 | 9.1 | 0.01 |
| 9.8 | 13.9 | | 2.3 | 21.4 | |
| 8.9 | 6.2 | 1.5 | 9.0 | 4.6 | |
| 1.1 | 0.1 | | 0.1 | 1.0 | 0.1 |
| 5.4 | | 0.1 | 2.9 | 2.3 | 0.1 |

# 森林病虫鼠害

| 县区 | 发生情况(公顷) | | | |
| --- | --- | --- | --- | --- |
| | 总计 | 病害 | 虫害 | 鼠害 |
| 毕节市 | 54573.3 | 2700.0 | 51000.0 | 873.3 |
| 七星关区 | 8786.7 | 2366.7 | 6420.0 | |
| 大方县 | 1200.0 | 33.3 | 1033.3 | 133.3 |
| 黔西县 | 2666.7 | | 2666.7 | |
| 金沙县 | 2640.0 | 73.3 | 2573.3 | |
| 织金县 | 2933.3 | | 2933.3 | |
| 纳雍县 | 2220.0 | 126.7 | 1346.7 | 740.0 |
| 威宁县 | 19626.7 | | 19626.7 | |
| 赫章县 | 14500.0 | 100.0 | 14400.0 | |

# 森林火灾

| 县区 | 森林火灾次数(次) | | |
| --- | --- | --- | --- |
| | | 一般火灾 | 较大火灾 |
| 毕节市 | 23 | 20 | 3 |
| 七星关区 | 2 | 1 | 1 |
| 大方县 | 5 | 5 | |
| 黔西县 | 2 | 2 | |
| 金沙县 | 2 | 1 | 1 |
| 织金县 | | | |
| 纳雍县 | 3 | 3 | |
| 威宁县 | 3 | 2 | 1 |
| 赫章县 | 3 | 3 | |
| 百里杜鹃管理区 | 2 | 2 | |
| 金海湖新区 | 1 | 1 | |

注:火灾受害率等于受害森林面积除以2005年各县“二调”森林面积。

## 发生防治情况(2015年)

| 防治情况(公顷) | | | 成灾情况(公顷) | | 测报准确率(≧85%) | 种苗产地检疫率(=100%) |
|---|---|---|---|---|---|---|
| 防治面积 | 无公害防治面积 | 无公害防治率(≧85%) | 成灾面积 | 成灾率(≦3‰) | | |
| 42853.3 | 42653.3 | 99.5 | 1700.0 | 0.1 | 99.8 | 100 |
| 3120.0 | 3120.0 | 100.0 | | | 98.6 | 100 |
| 1153.3 | 1153.3 | 100.0 | | | 97.4 | 100 |
| 1800.0 | 1800.0 | 100.0 | | | 91.2 | 100 |
| 2300.0 | 2300.0 | 100.0 | 1100.0 | 0.6 | 99.1 | 100 |
| 933.3 | 933.3 | 100.0 | 100.0 | 0.1 | 90.0 | 100 |
| 33.3 | 33.3 | 100.0 | 500.0 | 0.3 | 95.0 | 100 |
| 19533.3 | 19420.0 | 99.4 | | | 98.2 | 100 |
| 13980.0 | 13893.3 | 99.4 | | | 97.0 | 100 |

## 情况(2015年)

| 火场总面积(公顷) | 受灾森林面积(公顷) | | | 火灾受害率(‰) |
|---|---|---|---|---|
| | | 天然林(公顷) | 人工林(公顷) | |
| 91.75 | 18.59 | 10.38 | 8.21 | 0.02 |
| 41.20 | 3.03 | 3.03 | | 0.02 |
| 10.50 | 1.40 | 1.40 | | 0.01 |
| 0.53 | 0.18 | 0.08 | 0.10 | |
| 13.20 | 3.20 | 3.20 | | 0.03 |
| | | | | |
| 12.30 | 7.00 | | 7.00 | 0.06 |
| 3.67 | 2.07 | 1.87 | 0.20 | 0.01 |
| 6.70 | 0.80 | 0.80 | | 0.01 |
| 1.24 | | | | |
| 2.41 | 0.91 | | 0.91 | 0.48 |

# 主要污染物

| 指标 | 毕节市 | 七星关区 | 大方县 |
|---|---|---|---|
| 一般工业固体废物产生量 | 1044.9 | 49.9 | 207.5 |
| 一般工业固体废物综合利用量 | 708.7 | 49.4 | 138.8 |
| 其中:综合利用往年贮存量(一般固体废物) | 35.0 | 26.4 | |
| 一般工业固体废物处置量 | 82.8 | 11.0 | 34.6 |
| 一般工业固体废物贮存量 | 288.3 | 15.9 | 34.0 |
| 一般工业固体废物倾倒丢弃量 | 0.1 | | |

注:本表数据由市环保局提供。

# 各类伤亡事故情况(按行业)(2015年)

| 名称 | 总计 | | 其中:一次死亡3-9人 | | 其中:一次死亡10人以上 | |
|---|---|---|---|---|---|---|
| | 起数(起) | 死亡(人) | 起数(起) | 死亡(人) | 起数(起) | 死亡(人) |
| 合计 | 52 | 76 | 4 | 17 | 1 | 21 |
| 工矿商贸 | 6 | 13 | 1 | 6 | | |
| 煤矿 | 4 | 10 | 1 | 6 | | |
| 金属与非金属矿 | 2 | 3 | | | | |
| 道路交通 | 45 | 62 | 3 | 11 | 1 | 21 |
| 铁路运输 | 1 | 1 | | | | |

注:本页数据由市安监局提供。

# 排放情况（2015年）

单位：万吨

| 黔西县 | 金沙县 | 织金县 | 纳雍县 | 威宁县 | 赫章县 | 百里杜鹃管理区 |
|---|---|---|---|---|---|---|
| 193.2 | 188.7 | 3.7 | 339.0 | 37.0 | 19.0 | 7.0 |
| 193.1 | 128.9 | 2.3 | 140.2 | 37.0 | 19.0 | |
| | | | 8.7 | | | |
| | 28.9 | 1.4 | | | | 7.0 |
| | 30.8 | | 207.5 | | | |
| 0.1 | | | | | | |

# 各类伤亡事故情况（按事故地区）（2015年）

| 名　称 | 总　计 | | 其中：一次死亡3-9人 | | 其中：一次死亡10人以上 | |
|---|---|---|---|---|---|---|
| | 起数(起) | 死亡(人) | 起数(起) | 死亡(人) | 起数(起) | 死亡(人) |
| 合计 | 52 | 76 | 4 | 17 | 1 | 21 |
| 七星关区 | 6 | 3 | | | | |
| 大方县 | | | | | | |
| 黔西县 | 1 | 1 | | | | |
| 金沙县 | 2 | 7 | 1 | 6 | | |
| 织金县 | 5 | 10 | 1 | 5 | | |
| 纳雍县 | 9 | 29 | 2 | 6 | 1 | 21 |
| 赫章县 | 5 | 6 | | | | |
| 百里杜鹃管理区 | | | | | | |
| 金海湖新区 | | | | | | |
| 贵毕公路毕节段 | 12 | 12 | | | | |
| 杭瑞公路毕节段 | 7 | 3 | | | | |
| 毕威高速公路 | 3 | 3 | | | | |
| 黔织高速公路 | 2 | 2 | | | | |

# 居民消费价格指数

单位:上年同期=100

| 指标 | 2015年 | 2014年 |
|---|---|---|
| 居民消费价格总指数 | 101.1 | 103.2 |
| 生活费用价格总指数 | 101.0 | 104.3 |
| 低收入居民生活费用指数 | 101.2 | 103.4 |
| 非食品价格指数 | 101.2 | 102.1 |
| 服务项目价格指数 | 101.5 | 102.2 |
| 工业品价格指数 | 101.1 | 102.0 |
| 扣除食品烟酒和能源价格指数 | 101.7 | 102.2 |
| 扣除鲜菜鲜果总指数 | 101.1 | 102.8 |
| 消费品价格指数 | 100.9 | 103.5 |
| 一、食品 | 100.7 | 105.4 |
| 1.粮食 | 103.7 | 109.5 |
| 2.淀粉及制品 | 102.9 | 110.7 |
| 3.干豆类及豆制品 | 98.3 | 104.7 |
| 4.油脂 | 90.3 | 91.4 |
| 5.肉禽及其制品 | 104.2 | 108.5 |
| 6.蛋 | 100.1 | 104.3 |
| 7.水产品 | 101.4 | 102.8 |
| 8.菜 | 98.4 | 107.4 |
| 9.调味品 | 104.7 | 105.8 |
| 10.糖 | 96.1 | 97.8 |
| 11.茶及饮料 | 99.7 | 102.4 |
| 12.干鲜瓜果 | 95.1 | 121.7 |
| 13.糕点饼干面包 | 100.9 | 101.1 |
| 14.液体乳及乳制品 | 101.2 | 108.3 |
| 15.在外用膳食品 | 105.5 | 103.5 |
| 16.其他食品 | 110.8 | 102.6 |
| 二、烟酒 | 104.7 | 100.8 |

注:物价数据均为中心城区七星关区数据。

# 居民消费价格指数(续)

单位:上年同期=100

| 指标 | 2015年 | 2014年 |
|---|---|---|
| 1.烟草 | 109.5 | 101.6 |
| 2.酒 | 98.2 | 99.6 |
| 三、衣着 | 103.2 | 101.5 |
| 1.服装 | 99.5 | 99.4 |
| 2.衣着材料 | 99.7 | 100.3 |
| 3.鞋袜帽 | 100.1 | 100.3 |
| 4.衣着加工服务费 | 130.3 | 116.8 |
| 四、家庭设备用品及维修服务 | 102.4 | 100.8 |
| 1.耐用消费品 | 99.4 | 99.9 |
| 2.室内装饰品 | 112.4 | 103.6 |
| 3.床上用品 | 97.1 | 101.3 |
| 4.家庭日用杂品 | 103.6 | 99.9 |
| 5.家庭服务及加工维修服务 | 107.6 | 101.5 |
| 五、医疗保健和个人用品 | 101.9 | 104.0 |
| 1.医疗保健 | 102.2 | 105.3 |
| 2.个人用品及服务 | 101.5 | 102.4 |
| 六、交通和通信 | 99.6 | 101.1 |
| 1.交通 | 99.4 | 102.1 |
| 2.通信 | 100.3 | 98.4 |
| 七、娱乐教育文化用品及服务 | 101.8 | 101.4 |
| 1.文娱用耐用消费品及服务 | 99.4 | 98.0 |
| 2.教育 | 102.6 | 101.7 |
| 3.文化娱乐类 | 102.5 | 102.2 |
| 4.旅游 | 99.0 | 102.4 |
| 八、居住 | 98.9 | 103.1 |
| 1.建房及装修材料 | 101.7 | 101.3 |
| 2.住房租金 | 94.5 | 102.1 |
| 3.自有住房 | 93.8 | 100.0 |
| 4.水、电、燃料 | 101.4 | 107.0 |

# 农业生产资料价格指数

单位:上年同期=100

| 指标 | 2015年 | 2014年 |
|---|---|---|
| 农业生产资料价格指数 | 100.3 | 98.5 |
| 一、农用手工工具 | 100.0 | 100.0 |
| 二、饲料 | 102.0 | 99.7 |
| 三、产品畜 | 100.0 | 100.0 |
| 四、半机械化农具 | 104.7 | 97.2 |
| 五、机械化农具 | 103.1 | 97.8 |
| 六、化学肥料 | 100.7 | 97.0 |
| 七、农药及农药器械 | 99.9 | 98.1 |
| 八、农用机油 | 88.0 | 98.1 |
| 九、其他农业生产资料 | 100.1 | 99.3 |
| 十、农业生产服务 | 100.0 | 100.0 |

# 商品零售价格指数

单位:上年同期=100

| 指标 | 2015年 | 2014年 |
| --- | --- | --- |
| 商品零售价格总指数 | 100.1 | 102.0 |
| 一、食品 | 101.0 | 105.7 |
| 二、饮料、烟酒 | 105.0 | 101.1 |
| 三、服装、鞋帽 | 99.7 | 99.8 |
| 四、纺织品 | 98.0 | 100.7 |
| 五、家用电器及音像器材 | 99.0 | 97.5 |
| 六、文化办公用品 | 100.0 | 100.8 |
| 七、日用品 | 102.3 | 102.4 |
| 八、体育娱乐用品 | 102.3 | 101.0 |
| 九、交通、通信用品 | 98.3 | 96.9 |
| 十、家具 | 99.2 | 99.9 |
| 十一、化妆品 | 103.9 | 100.8 |
| 十二、金银珠宝 | 89.7 | 93.2 |
| 十三、中西药品及医疗保健用品 | 103.2 | 108.3 |
| 十四、书报杂志及电子出版物 | 100.1 | 102.3 |
| 十五、燃料 | 95.2 | 99.7 |
| 十六、建筑材料及五金电料 | 99.7 | 100.4 |

| 项目 | 1月 | 2月 | 3月 | 4月 |
|---|---|---|---|---|
| 居民消费价格总指数 | 100.1 | 100.7 | 99.3 | 99.8 |
| 生活费用价格总指数 | 100.4 | 101.0 | 99.3 | 99.3 |
| 低收入居民生活费用指数 | 100.6 | 101.2 | 98.8 | 99.8 |
| 非食品价格指数 | 100.2 | 100.0 | 99.3 | 100.2 |
| 服务项目价格指数 | 100.0 | 99.7 | 98.2 | 100.5 |
| 工业品价格指数 | 100.2 | 100.2 | 99.8 | 100.0 |
| 扣除食品烟酒和能源价格指数 | 100.0 | 100.0 | 99.3 | 100.1 |
| 扣除鲜菜鲜果总指数 | 100.1 | 100.3 | 99.5 | 99.8 |
| 消费品价格指数 | 100.2 | 100.9 | 99.6 | 99.7 |
| 一、食品 | 100.1 | 101.8 | 99.2 | 99.3 |
| 1.粮食 | 100.0 | 99.9 | 100.0 | 100.0 |
| 2.淀粉及制品 | 98.9 | 99.8 | 102.5 | 102.9 |
| 3.干豆类及豆制品 | 98.8 | 101.2 | 100.0 | 100.0 |
| 4.油脂 | 99.6 | 99.7 | 98.6 | 94.7 |
| 5.肉禽及其制品 | 100.0 | 102.3 | 98.6 | 98.5 |
| 6.蛋 | 98.2 | 102.0 | 98.1 | 97.0 |
| 7.水产品 | 100.3 | 104.3 | 101.4 | 98.6 |
| 8.菜 | 102.1 | 104.9 | 96.4 | 104.8 |
| 9.调 味 品 | 100.0 | 102.1 | 103.0 | 100.0 |
| 10.糖 | 102.6 | 96.9 | 99.6 | 94.6 |
| 11.茶及饮料 | 100.0 | 100.2 | 100.2 | 100.0 |
| 12.干鲜瓜果 | 100.1 | 107.4 | 97.7 | 94.6 |
| 13.糕点饼干面包 | 100.0 | 100.3 | 98.8 | 101.7 |
| 14.液体乳及乳制品 | 99.6 | 99.9 | 101.0 | 100.0 |
| 15.在外用膳食品 | 100.0 | 100.0 | 99.7 | 99.7 |
| 16.其他食品 | 100.0 | 100.0 | 101.3 | 104.7 |
| 二、烟酒 | 100.0 | 99.8 | 99.4 | 100.4 |
| 1.烟草 | 100.0 | 99.7 | 99.7 | 100.0 |

# 各月环比指数（2015年）

单位：上月=100

| 5月 | 6月 | 7月 | 8月 | 9月 | 10月 | 11月 | 12月 |
|---|---|---|---|---|---|---|---|
| 99.9 | 99.8 | 100.3 | 100.5 | 100.3 | 99.7 | 99.8 | 100.0 |
| 99.7 | 99.6 | 99.9 | 100.7 | 100.7 | 99.8 | 99.5 | 99.9 |
| 99.2 | 99.4 | 99.9 | 102.1 | 100.9 | 99.6 | 99.2 | 100.1 |
| 100.4 | 100.2 | 100.5 | 99.5 | 99.8 | 99.6 | 100.0 | 100.1 |
| 99.5 | 100.1 | 101.8 | 99.8 | 99.9 | 99.0 | 100.1 | 100.3 |
| 100.8 | 100.2 | 99.9 | 99.4 | 99.8 | 99.9 | 100.0 | 100.0 |
| 100.2 | 100.2 | 100.6 | 99.5 | 99.7 | 99.6 | 100.0 | 100.1 |
| 100.0 | 100.1 | 100.4 | 100.4 | 100.2 | 99.7 | 99.9 | 99.9 |
| 100.0 | 99.7 | 99.9 | 100.7 | 100.4 | 99.9 | 99.7 | 99.9 |
| 99.1 | 99.1 | 99.7 | 102.3 | 101.2 | 99.9 | 99.4 | 99.7 |
| 99.9 | 98.7 | 100.4 | 101.0 | 100.0 | 99.2 | 100.0 | 100.0 |
| 100.0 | 97.2 | 99.4 | 99.4 | 100.0 | 100.0 | 100.0 | 100.0 |
| 100.0 | 100.0 | 100.0 | 100.0 | 100.0 | 100.5 | 100.0 | 100.0 |
| 99.5 | 100.4 | 100.7 | 103.0 | 102.3 | 100.5 | 104.8 | 100.3 |
| 97.4 | 100.9 | 99.5 | 108.4 | 102.6 | 98.5 | 98.5 | 99.5 |
| 95.8 | 100.4 | 101.0 | 105.9 | 103.4 | 100.6 | 98.5 | 98.6 |
| 99.5 | 100.3 | 99.8 | 102.1 | 100.2 | 99.0 | 97.3 | 97.3 |
| 95.9 | 94.2 | 97.0 | 102.1 | 102.3 | 100.6 | 96.8 | 100.7 |
| 100.0 | 100.0 | 99.5 | 99.7 | 100.0 | 100.1 | 100.1 | 100.0 |
| 105.4 | 100.3 | 100.6 | 96.9 | 95.5 | 103.8 | 101.1 | 100.0 |
| 100.2 | 100.0 | 99.6 | 100.0 | 102.5 | 99.4 | 100.0 | 100.0 |
| 103.4 | 96.0 | 98.4 | 100.0 | 99.9 | 99.8 | 98.7 | 99.4 |
| 100.1 | 99.3 | 99.6 | 97.1 | 101.3 | 102.4 | 100.0 | 100.0 |
| 100.0 | 98.7 | 100.0 | 101.8 | 100.0 | 99.6 | 100.0 | 100.0 |
| 100.0 | 100.9 | 101.9 | 100.5 | 100.0 | 100.0 | 100.0 | 100.1 |
| 101.6 | 100.0 | 100.0 | 96.5 | 103.6 | 100.0 | 100.0 | 100.0 |
| 105.1 | 101.9 | 100.0 | 99.7 | 100.3 | 99.6 | 100.4 | 100.0 |
| 106.1 | 103.3 | 100.0 | 100.0 | 100.0 | 100.0 | 100.0 | 100.0 |

| 项目 | 1月 | 2月 | 3月 | 4月 |
| --- | --- | --- | --- | --- |
| 2.酒 | 100.1 | 100.0 | 99.1 | 101.0 |
| 三、衣着 | 100.0 | 99.9 | 100.0 | 99.9 |
| 1.服装 | 100.0 | 99.8 | 100.0 | 100.0 |
| 2.衣着材料 | 100.0 | 100.0 | 100.0 | 99.6 |
| 3.鞋袜帽 | 100.0 | 100.0 | 100.0 | 100.0 |
| 4.衣着加工服务费 | 100.0 | 100.0 | 100.0 | 100.0 |
| 四、家庭设备用品及维修服务 | 100.0 | 100.8 | 99.8 | 100.0 |
| 1.耐用消费品 | 100.0 | 100.0 | 100.0 | 100.0 |
| 2.室内装饰品 | 100.0 | 100.0 | 98.4 | 100.0 |
| 3.床上用品 | 100.0 | 100.0 | 100.0 | 100.0 |
| 4.家庭日用杂品 | 100.0 | 104.7 | 100.6 | 100.0 |
| 5.家庭服务及加工维修服务 | 100.0 | 100.0 | 100.0 | 100.0 |
| 五、医疗保健和个人用品 | 100.0 | 100.5 | 100.1 | 99.6 |
| 1.医疗保健 | 100.0 | 99.9 | 100.2 | 100.2 |
| 2.个人用品及服务 | 100.1 | 101.2 | 99.9 | 99.0 |
| 六、交通和通信 | 100.2 | 100.9 | 98.5 | 101.1 |
| 1.交通 | 100.3 | 101.2 | 98.0 | 101.5 |
| 2.通信 | 100.0 | 100.0 | 100.0 | 100.0 |
| 七、娱乐教育文化用品及服务 | 99.9 | 100.3 | 99.4 | 101.1 |
| 1.文娱用耐用消费品及服务 | 100.0 | 100.0 | 100.0 | 100.0 |
| 2.教育 | 100.0 | 100.0 | 100.0 | 101.2 |
| 3.文化娱乐类 | 100.0 | 100.3 | 100.0 | 102.6 |
| 4.旅游 | 99.3 | 102.1 | 95.1 | 100.0 |
| 八、居住 | 100.5 | 99.1 | 98.6 | 99.5 |
| 1.建房及装修材料 | 100.0 | 100.0 | 100.0 | 100.0 |
| 2.住房租金 | 100.0 | 95.1 | 96.1 | 98.7 |
| 3.自有住房 | 100.0 | 97.9 | 95.9 | 98.3 |
| 4.水、电、燃料 | 101.2 | 100.0 | 100.0 | 100.0 |

# 各月环比指数(续)(2015年)

单位:上月=100

| 5月 | 6月 | 7月 | 8月 | 9月 | 10月 | 11月 | 12月 |
|---|---|---|---|---|---|---|---|
| 103.6 | 100.0 | 100.0 | 99.2 | 100.8 | 99.1 | 101.1 | 100.0 |
| 100.0 | 100.0 | 100.0 | 100.0 | 99.9 | 100.0 | 100.0 | 100.6 |
| 100.0 | 100.0 | 100.0 | 100.0 | 100.0 | 100.0 | 100.0 | 100.0 |
| 100.0 | 100.0 | 100.0 | 100.0 | 100.0 | 100.0 | 100.0 | 100.0 |
| 100.0 | 100.0 | 100.0 | 100.0 | 99.7 | 100.0 | 99.9 | 100.0 |
| 100.0 | 100.0 | 100.0 | 100.0 | 100.0 | 100.0 | 100.0 | 104.1 |
| 100.0 | 100.0 | 99.8 | 97.9 | 97.5 | 100.0 | 100.0 | 100.0 |
| 99.9 | 99.9 | 100.0 | 99.4 | 99.4 | 100.0 | 100.0 | 100.0 |
| 100.0 | 100.0 | 100.0 | 100.0 | 100.0 | 100.0 | 100.0 | 100.0 |
| 100.0 | 100.0 | 100.0 | 88.8 | 86.5 | 100.0 | 100.0 | 100.0 |
| 100.0 | 100.0 | 98.8 | 101.0 | 100.0 | 100.0 | 100.0 | 100.0 |
| 100.0 | 100.0 | 100.0 | 100.0 | 100.0 | 100.0 | 100.0 | 100.0 |
| 100.0 | 99.4 | 100.8 | 99.3 | 100.3 | 99.8 | 100.0 | 100.0 |
| 100.0 | 100.0 | 99.8 | 99.2 | 100.1 | 100.0 | 100.2 | 100.0 |
| 100.0 | 98.7 | 102.0 | 99.6 | 100.5 | 99.6 | 99.8 | 100.1 |
| 99.2 | 99.9 | 100.2 | 99.6 | 99.5 | 100.1 | 99.7 | 99.7 |
| 99.0 | 99.9 | 100.2 | 99.4 | 99.5 | 100.2 | 99.5 | 99.7 |
| 100.0 | 100.0 | 100.0 | 100.0 | 99.7 | 100.0 | 100.0 | 100.0 |
| 99.9 | 100.0 | 100.1 | 99.8 | 101.4 | 99.4 | 100.3 | 100.2 |
| 100.0 | 99.9 | 100.0 | 99.8 | 99.8 | 100.0 | 100.0 | 100.0 |
| 100.0 | 100.0 | 100.0 | 99.5 | 102.2 | 100.0 | 100.0 | 100.0 |
| 100.0 | 100.0 | 100.0 | 100.5 | 100.4 | 100.0 | 101.2 | 99.9 |
| 98.8 | 100.0 | 100.6 | 100.8 | 99.9 | 94.9 | 101.8 | 101.9 |
| 100.1 | 100.3 | 101.7 | 99.6 | 99.3 | 99.0 | 100.0 | 100.0 |
| 100.0 | 100.7 | 100.0 | 100.1 | 100.1 | 100.0 | 100.0 | 100.0 |
| 103.1 | 103.1 | 104.8 | 95.1 | 99.2 | 97.4 | 100.0 | 100.0 |
| 99.6 | 99.6 | 105.2 | 100.0 | 97.0 | 96.8 | 100.0 | 100.0 |
| 100.0 | 100.0 | 100.0 | 100.0 | 100.3 | 100.0 | 100.0 | 100.0 |

| 项目 | 1月 | 2月 | 3月 | 4月 |
|---|---|---|---|---|
| 居民消费价格总指数 | 101.9 | 102.1 | 101.8 | 101.5 |
| 生活费用价格总指数 | 102.7 | 102.8 | 102.3 | 102.0 |
| 低收入居民生活费用指数 | 101.8 | 102.0 | 101.6 | 101.5 |
| 非食品价格指数 | 102.6 | 102.6 | 102.1 | 101.8 |
| 服务项目价格指数 | 103.7 | 103.6 | 103.0 | 102.7 |
| 工业品价格指数 | 102.0 | 102.1 | 101.6 | 101.4 |
| 扣除食品烟酒和能源价格指数 | 103.3 | 103.3 | 102.7 | 102.5 |
| 扣除鲜菜鲜果总指数 | 102.0 | 102.1 | 101.8 | 101.6 |
| 消费品价格指数 | 101.5 | 101.7 | 101.5 | 101.2 |
| 一、食品 | 100.8 | 101.3 | 101.2 | 101.0 |
| 1.粮食 | 113.3 | 113.0 | 111.7 | 109.9 |
| 2.淀粉及制品 | 105.3 | 105.2 | 105.3 | 105.6 |
| 3.干豆类及豆制品 | 98.1 | 96.7 | 96.8 | 97.1 |
| 4.油脂 | 85.1 | 86.1 | 86.6 | 85.5 |
| 5.肉禽及其制品 | 104.1 | 105.2 | 105.2 | 104.5 |
| 6.蛋 | 102.7 | 104.1 | 104.5 | 104.4 |
| 7.水产品 | 94.3 | 95.7 | 97.6 | 98.8 |
| 8.菜 | 100.5 | 100.7 | 99.3 | 100.6 |
| 9.调 味 品 | 103.0 | 104.1 | 105.5 | 105.4 |
| 10.糖 | 101.0 | 99.6 | 99.1 | 97.3 |
| 11.茶及饮料 | 98.7 | 98.8 | 98.9 | 98.9 |
| 12.干鲜瓜果 | 94.8 | 95.5 | 94.4 | 93.4 |
| 13.糕点饼干面包 | 100.9 | 101.3 | 101.0 | 101.3 |
| 14.液体乳及乳制品 | 100.2 | 100.6 | 101.3 | 101.5 |
| 15.在外用膳食品 | 104.9 | 104.9 | 104.8 | 104.7 |
| 16.其他食品 | 106.0 | 106.0 | 106.5 | 107.9 |
| 二、烟酒 | 101.2 | 100.7 | 100.4 | 100.3 |
| 1.烟草 | 105.5 | 104.8 | 104.5 | 104.3 |

# 各月同比指数（2015年）

单位：上年同月=100

| 5月 | 6月 | 7月 | 8月 | 9月 | 10月 | 11月 | 12月 |
|---|---|---|---|---|---|---|---|
| 101.4 | 101.2 | 101.2 | 101.2 | 101.2 | 101.2 | 101.1 | 101.1 |
| 101.7 | 101.4 | 101.2 | 101.2 | 101.2 | 101.1 | 101.1 | 101.0 |
| 101.2 | 101.0 | 100.8 | 101.0 | 101.1 | 101.2 | 101.2 | 101.2 |
| 101.8 | 101.7 | 101.8 | 101.7 | 101.6 | 101.5 | 101.4 | 101.2 |
| 102.4 | 102.2 | 102.3 | 102.3 | 102.2 | 102.0 | 101.8 | 101.5 |
| 101.5 | 101.5 | 101.5 | 101.5 | 101.3 | 101.3 | 101.2 | 101.1 |
| 102.4 | 102.3 | 102.4 | 102.3 | 102.2 | 102.0 | 101.9 | 101.7 |
| 101.4 | 101.3 | 101.2 | 101.3 | 101.3 | 101.2 | 101.2 | 101.1 |
| 101.1 | 101.0 | 100.9 | 100.9 | 100.9 | 101.0 | 101.0 | 100.9 |
| 100.6 | 100.3 | 100.0 | 100.2 | 100.4 | 100.6 | 100.7 | 100.7 |
| 108.4 | 107.0 | 106.1 | 105.5 | 105.1 | 104.6 | 104.2 | 103.7 |
| 105.7 | 105.3 | 104.8 | 104.1 | 103.6 | 103.4 | 103.2 | 102.9 |
| 97.2 | 97.4 | 97.6 | 97.8 | 97.9 | 97.9 | 98.1 | 98.3 |
| 85.4 | 85.9 | 86.2 | 86.7 | 87.3 | 87.8 | 89.1 | 90.3 |
| 103.2 | 102.7 | 102.2 | 102.9 | 103.7 | 104.1 | 104.2 | 104.2 |
| 102.6 | 101.0 | 100.2 | 100.2 | 100.3 | 100.3 | 100.2 | 100.1 |
| 99.7 | 100.0 | 100.1 | 100.6 | 100.9 | 101.2 | 101.5 | 101.4 |
| 101.0 | 100.0 | 98.6 | 98.1 | 98.0 | 98.3 | 98.5 | 98.4 |
| 105.4 | 105.3 | 105.2 | 105.1 | 105.0 | 105.0 | 104.8 | 104.7 |
| 97.2 | 97.1 | 97.2 | 97.0 | 96.4 | 96.3 | 96.0 | 96.1 |
| 99.0 | 99.0 | 99.0 | 99.0 | 99.2 | 99.4 | 99.5 | 99.7 |
| 92.7 | 93.0 | 93.3 | 93.6 | 94.1 | 94.7 | 95.1 | 95.1 |
| 101.5 | 101.5 | 101.5 | 101.1 | 100.9 | 101.0 | 100.9 | 100.9 |
| 101.6 | 101.4 | 101.2 | 101.3 | 101.4 | 101.4 | 101.3 | 101.2 |
| 104.6 | 104.7 | 105.1 | 105.4 | 105.7 | 105.9 | 105.8 | 105.5 |
| 109.2 | 110.0 | 110.6 | 110.5 | 110.9 | 111.2 | 111.1 | 110.8 |
| 101.3 | 102.3 | 103.0 | 103.5 | 103.9 | 104.2 | 104.5 | 104.7 |
| 105.5 | 106.9 | 107.9 | 108.6 | 109.2 | 109.6 | 109.6 | 109.5 |

| 项目 | 1月 | 2月 | 3月 | 4月 |
| --- | --- | --- | --- | --- |
| 2.酒 | 95.6 | 95.4 | 95.1 | 95.1 |
| 三、衣着 | 104.8 | 104.7 | 104.6 | 104.6 |
| 1.服装 | 99.2 | 99.1 | 99.1 | 99.2 |
| 2.衣着材料 | 100.0 | 100.0 | 100.0 | 99.9 |
| 3.鞋袜帽 | 100.9 | 100.9 | 100.7 | 100.6 |
| 4.衣着加工服务费 | 149.5 | 148.5 | 148.1 | 147.9 |
| 四、家庭设备用品及维修服务 | 104.4 | 104.8 | 104.9 | 104.9 |
| 1.耐用消费品 | 100.1 | 100.1 | 100.0 | 100.0 |
| 2.室内装饰品 | 115.3 | 115.3 | 114.7 | 114.4 |
| 3.床上用品 | 107.6 | 107.6 | 107.6 | 107.6 |
| 4.家庭日用杂品 | 98.9 | 101.2 | 102.2 | 102.6 |
| 5.家庭服务及加工维修服务 | 109.2 | 109.2 | 109.2 | 109.2 |
| 五、医疗保健和个人用品 | 102.9 | 103.1 | 103.1 | 103.0 |
| 1.医疗保健 | 104.0 | 103.9 | 103.8 | 103.8 |
| 2.个人用品及服务 | 101.4 | 102.0 | 102.2 | 101.9 |
| 六、交通和通信 | 100.5 | 101.0 | 100.6 | 100.6 |
| 1.交通 | 101.0 | 101.5 | 101.0 | 100.9 |
| 2.通信 | 99.1 | 99.3 | 99.5 | 99.7 |
| 七、娱乐教育文化用品及服务 | 100.8 | 101.2 | 101.1 | 101.4 |
| 1.文娱用耐用消费品及服务 | 99.4 | 99.4 | 99.4 | 99.4 |
| 2.教育 | 101.6 | 101.6 | 101.6 | 101.9 |
| 3.文化娱乐类 | 100.4 | 100.5 | 100.5 | 101.0 |
| 4.旅游 | 98.3 | 100.9 | 100.6 | 100.7 |
| 八、居住 | 103.3 | 102.8 | 101.2 | 100.3 |
| 1.建房及装修材料 | 102.6 | 102.5 | 102.1 | 101.9 |
| 2.住房租金 | 100.0 | 97.5 | 95.5 | 94.2 |
| 3.自有住房 | 100.0 | 99.0 | 97.3 | 96.1 |
| 4.水、电、燃料 | 107.0 | 107.0 | 104.6 | 103.5 |

# 各月同比指数(续)(2015年)

单位:上年同月=100

| 5月 | 6月 | 7月 | 8月 | 9月 | 10月 | 11月 | 12月 |
|---|---|---|---|---|---|---|---|
| 95.8 | 96.3 | 96.7 | 96.8 | 97.0 | 97.1 | 97.7 | 98.2 |
| 104.4 | 104.2 | 104.0 | 103.9 | 103.8 | 103.6 | 103.5 | 103.2 |
| 99.2 | 99.3 | 99.3 | 99.4 | 99.4 | 99.5 | 99.5 | 99.5 |
| 99.8 | 99.8 | 99.8 | 99.8 | 99.7 | 99.7 | 99.7 | 99.7 |
| 100.4 | 100.4 | 100.3 | 100.3 | 100.2 | 100.2 | 100.1 | 100.1 |
| 145.7 | 142.7 | 140.6 | 139.0 | 137.4 | 135.8 | 133.5 | 130.3 |
| 104.9 | 104.9 | 104.8 | 104.5 | 104.0 | 103.6 | 103.1 | 102.4 |
| 99.9 | 99.9 | 99.8 | 99.7 | 99.6 | 99.5 | 99.4 | 99.4 |
| 114.2 | 114.1 | 114.0 | 114.0 | 113.9 | 113.9 | 113.8 | 112.4 |
| 107.6 | 107.6 | 107.6 | 106.1 | 103.5 | 101.4 | 99.1 | 97.1 |
| 102.9 | 103.1 | 103.1 | 103.2 | 103.3 | 103.3 | 103.5 | 103.6 |
| 109.2 | 109.2 | 109.2 | 109.2 | 109.2 | 109.2 | 108.3 | 107.6 |
| 102.9 | 102.8 | 102.8 | 102.7 | 102.5 | 102.3 | 102.1 | 101.9 |
| 103.8 | 103.8 | 103.8 | 103.7 | 103.1 | 102.7 | 102.4 | 102.2 |
| 101.8 | 101.5 | 101.6 | 101.6 | 101.6 | 101.7 | 101.6 | 101.5 |
| 100.5 | 100.3 | 100.2 | 100.1 | 100.0 | 99.9 | 99.7 | 99.6 |
| 100.6 | 100.4 | 100.2 | 100.0 | 99.9 | 99.7 | 99.5 | 99.4 |
| 99.9 | 100.1 | 100.3 | 100.4 | 100.5 | 100.4 | 100.4 | 100.3 |
| 101.5 | 101.7 | 101.7 | 101.8 | 101.8 | 101.7 | 101.8 | 101.8 |
| 99.4 | 99.4 | 99.4 | 99.4 | 99.4 | 99.4 | 99.4 | 99.4 |
| 102.1 | 102.3 | 102.3 | 102.4 | 102.4 | 102.5 | 102.5 | 102.6 |
| 101.2 | 101.4 | 101.6 | 101.7 | 101.9 | 102.0 | 102.3 | 102.5 |
| 100.6 | 100.9 | 100.9 | 100.7 | 100.2 | 99.7 | 99.4 | 99.0 |
| 99.8 | 99.4 | 99.4 | 99.3 | 99.2 | 99.1 | 99.0 | 98.9 |
| 101.7 | 101.8 | 101.8 | 101.8 | 101.8 | 101.9 | 101.8 | 101.7 |
| 94.0 | 94.3 | 95.2 | 95.2 | 95.2 | 94.9 | 94.7 | 94.5 |
| 95.3 | 94.7 | 94.9 | 95.1 | 94.9 | 94.5 | 94.1 | 93.8 |
| 102.8 | 102.2 | 101.8 | 101.4 | 101.3 | 101.3 | 101.3 | 101.4 |

# 居民消费价格

| 项目 | 1月 | 2月 | 3月 | 4月 |
|---|---|---|---|---|
| 居民消费价格总指数 | 101.9 | 102.3 | 101.1 | 100.9 |
| 生活费用价格总指数 | 102.7 | 102.9 | 101.4 | 101.1 |
| 低收入居民生活费用指数 | 101.8 | 102.2 | 100.7 | 101.1 |
| 非食品价格指数 | 102.6 | 102.5 | 101.1 | 101.2 |
| 服务项目价格指数 | 103.7 | 103.4 | 101.7 | 101.9 |
| 工业品价格指数 | 102.0 | 102.1 | 100.8 | 100.8 |
| 扣除食品烟酒和能源价格指数 | 103.3 | 103.2 | 101.7 | 101.7 |
| 扣除鲜菜鲜果总指数 | 102.0 | 102.2 | 101.3 | 100.8 |
| 消费品价格指数 | 101.5 | 102.0 | 100.9 | 100.6 |
| 一、食品 | 100.8 | 101.8 | 101.1 | 100.4 |
| 1.粮食 | 113.3 | 112.6 | 109.2 | 104.8 |
| 2.淀粉及制品 | 105.3 | 105.1 | 105.5 | 106.4 |
| 3.干豆类及豆制品 | 98.1 | 95.3 | 97.0 | 98.0 |
| 4.油脂 | 85.1 | 87.2 | 87.4 | 82.5 |
| 5.肉禽及其制品 | 104.1 | 106.4 | 105.1 | 102.3 |
| 6.蛋 | 102.7 | 105.6 | 105.3 | 104.0 |
| 7.水产品 | 94.3 | 97.2 | 101.5 | 102.5 |
| 8.菜 | 100.5 | 100.8 | 96.7 | 104.5 |
| 9.调 味 品 | 103.0 | 105.2 | 108.3 | 105.2 |
| 10.糖 | 101.0 | 98.3 | 98.0 | 91.8 |
| 11.茶及饮料 | 98.7 | 98.9 | 99.0 | 99.0 |
| 12.干鲜瓜果 | 94.8 | 96.2 | 92.2 | 90.6 |
| 13.糕点饼干面包 | 100.9 | 101.7 | 100.5 | 102.2 |
| 14.液体乳及乳制品 | 100.2 | 100.9 | 102.8 | 102.3 |
| 15.在外用膳食品 | 104.9 | 104.9 | 104.6 | 104.3 |
| 16.其他食品 | 106.0 | 106.0 | 107.4 | 112.3 |
| 二、烟酒 | 101.2 | 100.3 | 99.7 | 100.1 |
| 1.烟草 | 105.5 | 104.1 | 103.8 | 103.8 |

# 各月累比指数（2015年）

单位：上年同期=100

| 5月 | 6月 | 7月 | 8月 | 9月 | 10月 | 11月 | 12月 |
|---|---|---|---|---|---|---|---|
| 100.6 | 100.6 | 100.7 | 101.3 | 101.2 | 101.1 | 100.8 | 100.2 |
| 100.5 | 100.1 | 99.9 | 100.9 | 101.2 | 101.0 | 100.9 | 99.9 |
| 100.3 | 100.0 | 99.4 | 102.1 | 102.6 | 102.0 | 101.2 | 100.8 |
| 101.5 | 101.5 | 102.0 | 101.5 | 100.8 | 100.5 | 100.2 | 99.8 |
| 101.3 | 101.1 | 102.7 | 102.4 | 101.5 | 100.0 | 99.6 | 98.8 |
| 101.6 | 101.7 | 101.6 | 101.1 | 100.4 | 100.8 | 100.4 | 100.3 |
| 101.9 | 102.0 | 102.6 | 102.1 | 101.2 | 100.7 | 100.0 | 99.6 |
| 100.6 | 100.7 | 101.0 | 101.5 | 101.2 | 101.0 | 100.7 | 100.3 |
| 100.5 | 100.4 | 100.2 | 101.1 | 101.1 | 101.4 | 101.1 | 100.5 |
| 99.1 | 98.8 | 98.3 | 101.0 | 102.0 | 102.3 | 101.9 | 100.9 |
| 102.8 | 100.6 | 100.6 | 101.7 | 101.7 | 100.9 | 99.9 | 99.1 |
| 106.4 | 103.4 | 101.4 | 99.6 | 99.6 | 102.2 | 101.0 | 100.0 |
| 98.0 | 98.4 | 98.8 | 98.8 | 98.8 | 98.2 | 100.4 | 100.4 |
| 84.6 | 88.7 | 88.0 | 90.8 | 91.8 | 92.6 | 103.5 | 103.8 |
| 98.2 | 100.3 | 99.3 | 108.1 | 110.0 | 107.7 | 104.5 | 104.2 |
| 95.6 | 93.5 | 95.3 | 100.2 | 100.9 | 100.1 | 99.6 | 99.1 |
| 103.5 | 101.5 | 100.8 | 104.0 | 103.7 | 103.8 | 104.4 | 100.1 |
| 102.3 | 94.9 | 90.3 | 94.8 | 97.4 | 100.9 | 101.1 | 97.2 |
| 105.2 | 105.2 | 104.7 | 104.3 | 104.3 | 104.4 | 102.7 | 104.5 |
| 96.7 | 97.1 | 97.6 | 95.3 | 91.7 | 95.2 | 93.6 | 96.7 |
| 99.2 | 99.2 | 98.8 | 98.9 | 101.4 | 100.8 | 100.5 | 102.1 |
| 89.9 | 94.4 | 95.2 | 95.7 | 98.5 | 100.7 | 99.5 | 94.8 |
| 102.3 | 101.5 | 101.1 | 98.2 | 99.5 | 101.9 | 100.3 | 100.5 |
| 101.8 | 100.4 | 100.3 | 101.9 | 101.9 | 101.4 | 100.7 | 100.4 |
| 104.3 | 105.2 | 107.2 | 107.8 | 107.8 | 107.8 | 104.9 | 102.8 |
| 114.1 | 114.1 | 114.1 | 110.1 | 114.1 | 114.1 | 109.8 | 107.6 |
| 105.2 | 107.3 | 107.3 | 106.9 | 107.3 | 106.9 | 106.9 | 106.9 |
| 110.2 | 113.8 | 113.8 | 113.8 | 113.8 | 113.8 | 109.0 | 109.0 |

| 项目 | 1月 | 2月 | 3月 | 4月 |
|---|---|---|---|---|
| 2.酒 | 95.6 | 95.2 | 94.3 | 95.3 |
| 三、衣着 | 104.8 | 104.6 | 104.5 | 104.4 |
| 1.服装 | 99.2 | 99.0 | 99.2 | 99.4 |
| 2.衣着材料 | 100.0 | 100.0 | 100.0 | 99.6 |
| 3.鞋袜帽 | 100.9 | 100.9 | 100.4 | 100.0 |
| 4.衣着加工服务费 | 149.5 | 147.4 | 147.4 | 147.4 |
| 四、家庭设备用品及维修服务 | 104.4 | 105.2 | 105.0 | 105.0 |
| 1.耐用消费品 | 100.1 | 100.1 | 99.9 | 99.9 |
| 2.室内装饰品 | 115.3 | 115.3 | 113.5 | 113.5 |
| 3.床上用品 | 107.6 | 107.6 | 107.6 | 107.6 |
| 4.家庭日用杂品 | 98.9 | 103.5 | 104.1 | 104.1 |
| 5.家庭服务及加工维修服务 | 109.2 | 109.2 | 109.2 | 109.2 |
| 五、医疗保健和个人用品 | 102.9 | 103.3 | 103.1 | 102.7 |
| 1.医疗保健 | 104.0 | 103.8 | 103.6 | 103.7 |
| 2.个人用品及服务 | 101.4 | 102.6 | 102.4 | 101.3 |
| 六、交通和通信 | 100.5 | 101.4 | 100.0 | 100.6 |
| 1.交通 | 101.0 | 102.1 | 100.1 | 100.6 |
| 2.通信 | 99.1 | 99.5 | 99.7 | 100.4 |
| 七、娱乐教育文化用品及服务 | 100.8 | 101.5 | 101.0 | 102.2 |
| 1.文娱用耐用消费品及服务 | 99.4 | 99.4 | 99.4 | 99.4 |
| 2.教育 | 101.6 | 101.6 | 101.6 | 102.9 |
| 3.文化娱乐类 | 100.4 | 100.7 | 100.4 | 102.4 |
| 4.旅游 | 98.3 | 103.6 | 99.9 | 101.0 |
| 八、居住 | 103.3 | 102.3 | 98.2 | 97.6 |
| 1.建房及装修材料 | 102.6 | 102.4 | 101.4 | 101.2 |
| 2.住房租金 | 100.0 | 95.1 | 91.4 | 90.2 |
| 3.自有住房 | 100.0 | 97.9 | 93.9 | 92.4 |
| 4.水、电、燃料 | 107.0 | 107.0 | 100.2 | 100.2 |

# 各月累比指数(续)(2015年)

单位:上年同期=100

| 5月 | 6月 | 7月 | 8月 | 9月 | 10月 | 11月 | 12月 |
|---|---|---|---|---|---|---|---|
| 98.7 | 98.7 | 98.7 | 98.0 | 98.8 | 97.9 | 104.0 | 104.0 |
| 103.7 | 103.0 | 103.0 | 103.2 | 102.8 | 102.5 | 101.5 | 100.4 |
| 99.4 | 99.6 | 99.6 | 99.8 | 99.8 | 99.8 | 99.8 | 99.8 |
| 99.6 | 99.6 | 99.6 | 99.6 | 99.6 | 99.6 | 99.6 | 99.6 |
| 100.0 | 100.0 | 100.0 | 100.0 | 99.7 | 99.7 | 99.7 | 99.7 |
| 137.6 | 129.1 | 129.1 | 129.1 | 125.8 | 122.8 | 114.0 | 104.1 |
| 104.8 | 104.8 | 104.6 | 102.4 | 99.9 | 99.9 | 97.7 | 95.7 |
| 99.6 | 99.5 | 99.5 | 99.1 | 98.6 | 98.6 | 98.7 | 98.7 |
| 113.5 | 113.5 | 113.5 | 113.5 | 113.5 | 113.5 | 113.5 | 98.4 |
| 107.6 | 107.6 | 107.6 | 95.6 | 82.7 | 82.7 | 76.9 | 76.9 |
| 104.1 | 104.1 | 102.9 | 103.9 | 103.9 | 103.9 | 105.1 | 105.1 |
| 109.2 | 109.2 | 109.2 | 109.2 | 109.2 | 109.2 | 100.0 | 100.0 |
| 102.7 | 102.2 | 102.9 | 102.2 | 100.2 | 100.5 | 100.3 | 100.0 |
| 103.7 | 103.9 | 103.7 | 102.8 | 98.7 | 99.5 | 99.6 | 99.6 |
| 101.3 | 100.0 | 102.0 | 101.5 | 102.1 | 101.9 | 101.2 | 100.4 |
| 99.9 | 99.8 | 99.6 | 99.4 | 99.2 | 98.4 | 98.2 | 98.8 |
| 99.5 | 99.2 | 99.0 | 98.7 | 98.6 | 97.9 | 97.7 | 98.4 |
| 100.9 | 101.2 | 101.2 | 101.3 | 101.1 | 99.7 | 99.7 | 99.7 |
| 102.1 | 102.4 | 102.2 | 101.8 | 101.8 | 101.7 | 102.1 | 101.8 |
| 99.4 | 99.4 | 99.5 | 99.4 | 99.2 | 99.5 | 99.6 | 99.6 |
| 102.9 | 102.9 | 102.9 | 102.4 | 103.0 | 103.0 | 103.0 | 102.9 |
| 102.4 | 102.4 | 102.4 | 102.9 | 103.3 | 103.3 | 105.1 | 105.0 |
| 100.2 | 102.8 | 100.7 | 99.5 | 96.2 | 94.9 | 96.9 | 94.9 |
| 97.7 | 97.6 | 99.3 | 98.9 | 98.4 | 98.0 | 97.7 | 97.7 |
| 101.2 | 101.9 | 102.0 | 102.0 | 102.0 | 102.0 | 101.0 | 100.8 |
| 93.1 | 95.9 | 100.5 | 95.6 | 94.9 | 92.4 | 92.4 | 92.4 |
| 92.1 | 91.7 | 96.4 | 96.4 | 93.6 | 90.6 | 90.6 | 90.6 |
| 100.2 | 99.2 | 99.2 | 99.2 | 100.1 | 101.6 | 101.6 | 101.6 |

# 中心城区居民消费价格各季价格指数表(2015年)

单位:上年同期=100

| 项目 | 第一季度 | 第二季度 | 第三季度 | 第四季度 |
|---|---|---|---|---|
| 居民消费价格总指数 | 101.8 | 100.7 | 101.1 | 100.7 |
| 生活费用价格总指数 | 102.3 | 100.5 | 100.7 | 100.6 |
| 低收入居民生活费用指数 | 101.6 | 100.5 | 101.4 | 101.3 |
| 非食品价格指数 | 102.1 | 101.4 | 101.4 | 100.2 |
| 服务项目价格指数 | 103.0 | 101.4 | 102.2 | 99.5 |
| 工业品价格指数 | 101.6 | 101.3 | 101.0 | 100.5 |
| 扣除食品烟酒和能源价格指数 | 102.7 | 101.9 | 102.0 | 100.1 |
| 扣除鲜菜鲜果总指数 | 101.8 | 100.7 | 101.2 | 100.7 |
| 消费品价格指数 | 101.5 | 100.5 | 100.8 | 101.0 |
| 一、食品 | 101.2 | 99.5 | 100.5 | 101.7 |
| 1.粮食 | 111.7 | 102.7 | 101.3 | 100.0 |
| 2.淀粉及制品 | 105.3 | 105.4 | 100.2 | 101.0 |
| 3.干豆类及豆制品 | 96.8 | 98.1 | 98.8 | 99.7 |
| 4.油脂 | 86.6 | 85.2 | 90.2 | 99.8 |
| 5.肉禽及其制品 | 105.2 | 100.2 | 105.8 | 105.4 |
| 6.蛋 | 104.5 | 97.5 | 98.8 | 99.6 |
| 7.水产品 | 97.6 | 102.5 | 102.8 | 102.8 |
| 8.菜 | 99.3 | 100.6 | 94.1 | 99.7 |
| 9.调 味 品 | 105.5 | 105.2 | 104.4 | 103.9 |
| 10.糖 | 99.1 | 95.2 | 94.9 | 95.2 |
| 11.茶及饮料 | 98.9 | 99.2 | 99.7 | 101.1 |
| 12.干鲜瓜果 | 94.4 | 91.6 | 96.4 | 98.3 |
| 13.糕点饼干面包 | 101.0 | 102.0 | 99.6 | 100.9 |
| 14.液体乳及乳制品 | 101.3 | 101.5 | 101.3 | 100.8 |
| 15.在外用膳食品 | 104.8 | 104.6 | 107.6 | 105.1 |
| 16.其他食品 | 106.5 | 113.5 | 112.8 | 110.5 |
| 二、烟酒 | 100.4 | 104.2 | 107.1 | 106.9 |
| 1.烟草 | 104.5 | 109.3 | 113.8 | 110.5 |

# 中心城区居民消费价格各季价格指数表(续)(2015年)

单位:上年同期=100

| 项目 | 第一季度 | 第二季度 | 第三季度 | 第四季度 |
|---|---|---|---|---|
| 2.酒 | 95.1 | 97.6 | 98.5 | 101.9 |
| 三、衣着 | 104.6 | 103.7 | 103.0 | 101.5 |
| 1.服装 | 99.1 | 99.4 | 99.7 | 99.3 |
| 2.衣着材料 | 100.0 | 99.6 | 99.6 | 99.6 |
| 3.鞋袜帽 | 100.7 | 100.0 | 99.9 | 99.7 |
| 4.衣着加工服务费 | 148.1 | 137.6 | 128.0 | 112.9 |
| 四、家庭设备用品及维修服务 | 104.9 | 104.9 | 102.3 | 97.7 |
| 1.耐用消费品 | 100.0 | 99.7 | 99.1 | 98.6 |
| 2.室内装饰品 | 114.7 | 113.5 | 113.5 | 108.0 |
| 3.床上用品 | 107.6 | 107.6 | 95.3 | 78.7 |
| 4.家庭日用杂品 | 102.2 | 104.1 | 103.6 | 104.7 |
| 5.家庭服务及加工维修服务 | 109.2 | 109.2 | 109.2 | 102.9 |
| 五、医疗保健和个人用品 | 103.1 | 102.5 | 101.8 | 100.2 |
| 1.医疗保健 | 103.8 | 103.8 | 101.7 | 99.6 |
| 2.个人用品及服务 | 102.2 | 100.9 | 101.9 | 101.2 |
| 六、交通和通信 | 100.6 | 100.1 | 99.4 | 98.4 |
| 1.交通 | 101.0 | 99.8 | 98.8 | 98.0 |
| 2.通信 | 99.5 | 100.8 | 101.2 | 99.7 |
| 七、娱乐教育文化用品及服务 | 101.1 | 102.2 | 101.9 | 101.9 |
| 1.文娱用耐用消费品及服务 | 99.4 | 99.4 | 99.3 | 99.6 |
| 2.教育 | 101.6 | 102.9 | 102.8 | 103.0 |
| 3.文化娱乐类 | 100.5 | 102.4 | 102.8 | 104.4 |
| 4.旅游 | 100.6 | 101.3 | 98.8 | 95.5 |
| 八、居住 | 101.2 | 97.7 | 98.9 | 97.8 |
| 1.建房及装修材料 | 102.1 | 101.4 | 102.0 | 101.3 |
| 2.住房租金 | 95.5 | 93.1 | 97.0 | 92.4 |
| 3.自有住房 | 97.3 | 92.0 | 95.5 | 90.6 |
| 4.水、电、燃料 | 104.6 | 99.9 | 99.5 | 101.6 |

# 城市调查住户家庭基本情况(2015年)

| 指标 | 计量单位 | 合计 |
|---|---|---|
| 调查户数 | 户 | 452 |
| 人均住房建筑面积 | 平方米 | 37.98 |
| 调查常住人员情况 | 人 | 1437 |
| (一)性别 | | |
| (1)男性 | 人 | 735 |
| (2)女性 | 人 | 702 |
| (二)常住成员从业人数 | 人 | 775 |
| (三)主要从事行业 | | |
| (1)第一产业 | 人 | 105 |
| (2)第二产业 | 人 | 126 |
| (3)第三产业 | 人 | 544 |
| (四)就业类型 | | |
| (1)雇主 | 人 | 4 |
| (2)公职人员 | 人 | 46 |
| (3)事业单位人员 | 人 | 77 |
| (4)国有企业职员 | 人 | 27 |
| (5)其他雇员 | 人 | 336 |
| (6)农业自营 | 人 | 110 |
| (7)非农业自营 | 人 | 175 |
| 信息化调查(每百户) | | |
| 1.接入互联网的移动电话 | 部/百户 | 99 |
| 2.接入有线电视网络的电视机 | 台/百户 | 71 |
| 3.接入互联网的计算机 | 台/百户 | 31 |

# 城市住户人均现金收支情况(一)(2015年)

| 指标 | 计量单位 | 合计 |
|---|---|---|
| 现金收支情况 | | |
| 一、家庭总收入 | 元 | 25945.39 |
| 其中:可支配收入 | 元 | 23121.42 |
| (一)工资性收入 | 元 | 12671.60 |
| 1.工资 | 元 | 12183.04 |
| 2.实物福利 | 元 | 5.81 |
| 3.其他 | 元 | 482.75 |
| (二)经营性收入 | 元 | 7522.05 |
| (三)财产性收入 | 元 | 1772.21 |
| 1.利息净收入 | 元 | 113.97 |
| 2.红利收入 | 元 | 49.20 |
| 3.出租房屋财产性收入 | 元 | 621.86 |
| 4.出租机械、专利、版权等资产的收入 | 元 | 52.50 |
| 5.其他财产净收入 | 元 | 6.13 |
| 6.房屋虚拟租金 | 元 | 928.55 |
| (四)转移性收入 | 元 | 3979.53 |
| 1.养老金或离退休金 | 元 | 3260.31 |
| 2.社会救济和补助 | 元 | 99.60 |
| 3.政策性生活补贴 | 元 | 8.73 |
| 4.家庭外出从业人员寄回带回收入 | 元 | 170.47 |
| 5.赡养收入 | 元 | 279.57 |
| 6.报销医疗费 | 元 | 81.74 |
| 7.从政府和组织得到的实物产品和服务折价 | 元 | 7.88 |
| 8.现金政策性惠农补贴 | 元 | 7.14 |
| 9.其他转移性收入 | 元 | 64.09 |
| (五)非收入所得 | 元 | 555.75 |
| 1.出售资产所得 | 元 | 159.28 |
| 2.非经常性转移所得 | 元 | 250.06 |
| 3.其他非收入所得 | 元 | 146.41 |
| (六)借贷性所得 | 元 | 534.91 |
| 1.提取储蓄存款 | 元 | 397.53 |
| 2.借入款 | 元 | 128.79 |
| 3.收回借出款 | 元 | 8.59 |

# 城市住户人均现金收支情况(二)(2015年)

| 指标 | 计量单位 | 合计 |
|---|---|---|
| 二、家庭总支出 | 元 | 17578.95 |
| (一)消费支出 | 元 | 12386.64 |
| 1.食品烟酒 | 元 | 4249.76 |
| 2.衣着 | 元 | 1114.12 |
| 3.居住 | 元 | 2819.32 |
| 4.生活用品及服务 | 元 | 868.23 |
| 5.交通通信 | 元 | 1063.16 |
| 6.教育文化娱乐 | 元 | 1527.76 |
| 7.医疗保健 | 元 | 511.34 |
| 8.其他用品和服务 | 元 | 232.96 |
| (二)生产经营费用支出 | 元 | 1958.91 |
| 1.第一产业经营费用支出 | 元 | 169.96 |
| 2.第二产业经营费用支出 | 元 | 142.45 |
| 3.第三产业经营费用支出 | 元 | 1646.51 |
| (三)财产性支出 | 元 | 29.45 |
| 1.生活贷款利息支出 | 元 | 29.45 |
| (四)转移性支出 | 元 | 366.24 |
| 1.个人所得税 | 元 | 3.14 |
| 2.社会保障支出 | 元 | 278.30 |
| 3.外来从业人员寄给家人的支出 | 元 | 1.34 |
| 4.赡养支出 | 元 | 61.31 |
| 5.其他转移性支出 | 元 | 22.15 |
| (五)部分商业保险支出 | 元 | 93.95 |
| (六)购置资产及非经常性转移支出 | 元 | 2003.14 |
| (七)借贷性支出 | 元 | 740.62 |
| 1.存入储蓄款 | 元 | 80.50 |
| 2.借出款 | 元 | 37.70 |
| 3.归还借款 | 元 | 86.32 |
| 4.其他投资支出 | 元 | 17.03 |
| 5.归还住房贷款 | 元 | 488.06 |
| 6.归还汽车贷款 | 元 | 7.34 |
| 7.归还其他贷款 | 元 | 17.61 |
| 8.其他借贷支出 | 元 | 6.06 |

# 城镇居民人均收支情况(2015年)

单位:元

| 指标 | 合计 | 七星关区 | 大方县 | 黔西县 | 金沙县 | 织金县 | 纳雍县 | 威宁县 | 赫章县 |
|---|---|---|---|---|---|---|---|---|---|
| 一、家庭总收入(未扣除生产费用) | 25945 | 25245 | 24056 | 24875 | 37515 | 25055 | 24194 | 23813 | 24134 |
| 其中:可支配收入 | 23121 | 24614 | 22320 | 23036 | 24956 | 22343 | 22312 | 22154 | 22093 |
| (一)工资性收入 | 12672 | 12936 | 9512 | 7135 | 14092 | 15890 | 11066 | 15096 | 15256 |
| (二)经营性收入 | 7522 | 6783 | 8084 | 5170 | 19670 | 6466 | 7364 | 4973 | 2508 |
| (三)财产性收入 | 1772 | 1097 | 1824 | 2479 | 1529 | 2308 | 1858 | 1633 | 2174 |
| (四)转移性收入 | 3980 | 4429 | 4636 | 10091 | 2225 | 391 | 3905 | 2111 | 4196 |
| (五)非收入所得 | 556 | 202 | 210 | 1805 | 1615 | 44 | 73 | 79 | 966 |
| (六)借贷性所得 | 535 | 49 | 568 | 125 | 2291 | 1 | 126 | 114 | 2450 |
| 二、家庭总支出 | 17579 | 10816 | 13433 | 18028 | 29898 | 23221 | 16444 | 13358 | 27607 |
| (一)消费支出 | 12387 | 8969 | 10014 | 12098 | 14924 | 18298 | 13449 | 10609 | 16519 |
| 1.食品烟酒 | 4250 | 3100 | 3417 | 4024 | 5264 | 6064 | 5097 | 3523 | 5676 |
| 2.衣着 | 1114 | 680 | 862 | 971 | 1421 | 1503 | 1415 | 1108 | 1588 |
| 3.居住 | 2819 | 2452 | 2522 | 2802 | 2697 | 4821 | 2734 | 2288 | 2797 |
| 4.生活用品及服务 | 868 | 587 | 474 | 780 | 1286 | 1750 | 657 | 689 | 1132 |
| 5.交通通信 | 1063 | 695 | 715 | 1167 | 1380 | 1508 | 1074 | 985 | 1500 |
| 6.教育文化娱乐 | 1528 | 1166 | 1316 | 1346 | 1801 | 1576 | 1729 | 1435 | 2776 |
| 7.医疗保健 | 511 | 153 | 443 | 812 | 715 | 659 | 392 | 545 | 648 |
| 8.其他用品和服务 | 233 | 136 | 266 | 197 | 361 | 416 | 350 | 34 | 402 |
| (二)生产经营费用支出 | 1959 | 187 | 890 | 1387 | 11029 | 1930 | 1251 | 668 | 61 |
| 1.第一产业经营费用支出 | 170 | 108 | 326 | 459 | 94 | 232 | 142 | 16 | 29 |
| 2.第二产业经营费用支出 | 142 |  | 11 | 111 | 322 | 78 | 929 | 6 | 11 |
| 3.第三产业经营费用支出 | 1647 | 79 | 553 | 817 | 10613 | 1619 | 181 | 646 | 21 |
| (三)财产性支出 | 29 | 30 | 29 | 18 | 100 |  | 31 | 14 | 27 |
| (四)转移性支出 | 366 | 250 | 197 | 347 | 616 | 492 | 299 | 206 | 939 |
| (五)部分商业保险支出 | 94 | 29 | 99 | 577 | 10 |  |  | 0 | 57 |
| (六)购置资产及非经常性转移支出 | 2003 | 964 | 1762 | 3066 | 2439 | 1577 | 1174 | 1018 | 7315 |
| (七)借贷性支出 | 741 | 388 | 441 | 535 | 780 | 924 | 241 | 845 | 2688 |

# 城镇居民每百户主要消费品拥有量(2015年)

| 指标 | 计量单位 | 合计 | 七星关区 | 大方县 | 黔西县 | 金沙县 | 织金县 | 纳雍县 | 威宁县 | 赫章县 |
|---|---|---|---|---|---|---|---|---|---|---|
| 1.家用汽车 | 辆 | 17 | 15 | 5 | 15 | 31 | 16 | 28 | 13 | 17 |
| 2.摩托车 | 辆 | 20 | 9 | 26 | 35 | 60 | 17 | 13 | 9 | 5 |
| 3.助力车 | 辆 | 5 | 1 | 10 | 12 | 2 | 14 | 3 |  | 5 |
| 4.洗衣机 | 台 | 98 | 100 | 87 | 100 | 100 | 102 | 98 | 97 | 102 |
| 5.电冰箱(柜) | 台 | 83 | 80 | 54 | 97 | 98 | 86 | 68 | 85 | 106 |
| 6.微波炉 | 台 | 23 | 23 | 10 | 28 | 38 | 26 | 10 | 24 | 27 |
| 7.彩色电视机 | 台 | 103 | 102 | 98 | 105 | 108 | 107 | 99 | 100 | 111 |
| 8.空调 | 套 | 10 | 10 | 7 | 8 | 33 | 5 |  | 8 |  |
| 9.热水器 | 架 | 63 | 59 | 40 | 73 | 90 | 62 | 63 | 56 | 82 |
| 10.消毒碗柜 | 架 | 21 | 8 | 14 | 21 | 42 | 31 | 25 | 24 | 20 |
| 11.排油烟机 | 件 | 35 | 38 | 13 | 37 | 59 | 49 | 13 | 23 | 49 |
| 12.固定电话 | 台 | 16 | 6 | 3 | 27 | 13 | 8 | 18 | 34 | 21 |
| 13.移动电话 | 台 | 203 | 176 | 162 | 239 | 267 | 242 | 192 | 149 | 275 |
| 14.计算机 | 台 | 46 | 35 | 32 | 44 | 78 | 74 | 38 | 26 | 63 |
| 15.摄像机 | 台 | 2 | 3 | 5 |  | 5 | 4 |  |  | 4 |
| 16.照相机 | 台 | 11 | 6 | 5 | 6 | 36 | 8 | 8 | 17 | 14 |
| 17.中高档乐器 | 套 | 2 | 1 |  | 2 |  |  |  | 4 | 9 |
| 18.健身器材 | 部 | 4 | 1 | 11 | 6 | 7 | 2 |  | 2 | 6 |
| 19.组合音响 | 部 | 14 | 11 | 9 | 12 | 14 | 26 | 8 | 15 | 26 |

# 城市住户家庭人均购买的主要商品及消费金额(一)(2015年)

| 指标 | 计量单位 | 合 计 |
| --- | --- | --- |
| 一、食品烟酒 | 元 | 4138.93 |
| (一)食品 | 元 | 3094.51 |
| 1.谷物 | 元 | 501.78 |
| 2.薯类 | 公斤 | 26.76 |
| 金额 | 元 | 68.93 |
| 3.豆类 | 公斤 | 17.62 |
| 金额 | 元 | 110.29 |
| 4.食用油 | 公斤 | 13.89 |
| 金额 | 元 | 227.78 |
| 5.蔬菜和食用菌 | 公斤 | 69.63 |
| 金额 | 元 | 406.81 |
| 6.肉类 | 公斤 | 27.12 |
| 金额 | 元 | 804.44 |
| 7.禽类 | 公斤 | 5.71 |
| 金额 | 元 | 163.59 |
| 8.水产品 | 公斤 | 2.15 |
| 金额 | 元 | 55.40 |
| 9.蛋类 | 公斤 | 5.16 |
| 金额 | 元 | 81.46 |
| 10.奶类 | 公斤 | 6.93 |
| 金额 | 元 | 105.34 |
| 11.干鲜瓜果类 | 公斤 | 32.81 |
| 金额 | 元 | 291.10 |
| 12.糖果糕点类 | 公斤 | 4.91 |
| 金额 | 元 | 88.11 |
| 13.其他食品 | 元 | 189.47 |
| ①调味品 | 元 | 114.24 |
| ②其他食品 | 元 | 75.24 |
| (二)饮料 | 元 | 106.92 |
| 1.茶叶 | 公斤 | 0.38 |
| 金额 | 元 | 32.42 |
| 2.咖啡 | 元 | 0.80 |
| 3.其他固体饮料 | 元 | 1.97 |
| 4.瓶装饮用水 | 元 | 30.15 |
| 5.果汁饮料 | 元 | 7.35 |
| 6.其他液体饮料 | 元 | 34.23 |
| (三)烟酒 | 元 | 504.11 |
| 1.烟草 | 元 | 395.47 |

## 城市住户家庭人均购买的主要商品及消费金额(二)(2015年)

| 指标 | 计量单位 | 合 计 |
|---|---|---|
| 2.酒类 | 元 | 108.64 |
| (四)饮食服务 | 元 | 433.40 |
| 1.食堂用餐 | 元 | 7.40 |
| 2.其他在外饮食 | 元 | 421.07 |
| 3.食品加工服务费 | 元 | 4.93 |
| 二、衣着 | 元 | 1114.12 |
| (一)衣类 | 元 | 793.31 |
| 1.服装 | 元 | 752.38 |
| 2.服装材料 | 元 | 10.63 |
| 3.其他衣类及配件 | 元 | 29.71 |
| 4.衣类加工服务费 | 元 | 0.59 |
| (二)鞋类 | 元 | 320.80 |
| 1.鞋 | 双 | 2.57 |
| 金额 | 元 | 315.37 |
| 2.鞋类配件及加工服务费 | 元 | 5.43 |
| 三、居住 | 元 | 1197.85 |
| (一)租赁房房租 | 元 | 231.76 |
| 1.租赁公房房租 | 元 | 4.51 |
| 2.租赁私房房租 | 元 | 227.25 |
| (二)住房维修及管理 | 元 | 102.56 |
| 1.住房装潢 | 元 | 18.53 |
| 2.住房维修 | 元 | 50.09 |
| 3.物业管理费 | 元 | 25.86 |
| 4.其他 | 元 | 8.08 |
| (三)水电燃料及其他 | 元 | 863.53 |
| 1.水 | 吨 | 44.50 |
| 金额 | 元 | 118.56 |
| 2.电 | 度 | 884.14 |
| 金额 | 元 | 463.96 |
| 3.燃料 | 元 | 279.51 |
| ①柴 | 公担 | 0.01 |
| 金额 | 元 | 0.54 |
| ②煤炭 | 公担 | 201.36 |
| 金额 | 元 | 191.06 |
| ③管道天然气 | 公斤 | 0.77 |
| 金额 | 元 | 1.65 |
| ④管道煤气 | 立方米 | 0.04 |
| 金额 | 元 | 0.29 |

# 城市住户家庭人均购买的主要商品及消费金额(三)(2015年)

| 指标 | 计量单位 | 合计 |
| --- | --- | --- |
| ⑤管道液化石油气 | 立方米 | 0.10 |
| 金额 | 元 | 0.75 |
| ⑥罐装液化石油气 | 立方米 | 15.89 |
| 金额 | 元 | 82.40 |
| ⑦汽油(生活燃料) | 立方米 | 0.33 |
| 金额 | 元 | 2.29 |
| ⑧其他油(生活燃料) | 公斤 | 0.03 |
| 金额 | 元 | 0.09 |
| ⑨其他生活燃料 | 升 | 0.45 |
| 4.其他 | 元 | 1.50 |
| 四、生活用品及服务 | 元 | 868.10 |
| (一)家具及室内装饰品 | 元 | 94.99 |
| 1.家具 | 元 | 70.57 |
| 2.家具材料 | 元 | 2.74 |
| 3.室内装饰品 | 元 | 21.68 |
| (二)家用器具 | 元 | 192.73 |
| 1.耐用消费品 | 元 | 163.05 |
| ①洗衣机 | 台 | 0.03 |
| 金额 | 元 | 32.51 |
| ②电冰箱(柜) | 台 | 0.02 |
| 金额 | 元 | 48.16 |
| ③空调器 | 台 | 0.00 |
| 金额 | 元 | 2.24 |
| ④吸尘器 | 台 | 0.001 |
| 金额 | 元 | 0.11 |
| ⑤抽油烟机 | 台 | 0.01 |
| 金额 | 元 | 12.46 |
| ⑥微波炉 | 台 | 0.0032 |
| 金额 | 元 | 0.41 |
| ⑦非太阳能热水器 | 台 | 0.01 |
| 金额 | 元 | 7.71 |
| ⑧太阳能热水器 | 台 | 0.0005 |
| 金额 | 元 | 0.98 |
| ⑨燃气炉具 | 套 | 0.03 |
| 金额 | 元 | 20.62 |
| ⑩太阳能炉具 | 套 | 0.01 |
| 金额 | 元 | 7.14 |
| ⑪洗碗机 | 台 | 0.0008 |
| 金额 | 元 | 0.10 |
| ⑫消毒碗柜 | 台 | 0.0026 |
| 金额 | 元 | 1.99 |
| ⑬其他 | 元 | 28.63 |
| 2.小家电 | 元 | 29.69 |

## 城市住户家庭人均购买的主要商品及消费金额(四)(2015年)

| 指标 | 计量单位 | 合计 |
| --- | --- | --- |
| (三)家用纺织品 | 元 | 98.59 |
| 1.床上用品 | 元 | 79.40 |
| 2.窗帘门帘 | 元 | 13.48 |
| 3.其他家用纺织品 | 元 | 5.71 |
| (四)家庭日用杂品 | 元 | 317.69 |
| 1.洗涤及卫生用品 | 元 | 120.97 |
| 2.厨具、餐具、茶具 | 元 | 41.13 |
| 3.家用手工工具 | 元 | 3.16 |
| 4.其他 | 元 | 152.43 |
| (五)个人用品 | 元 | 121.08 |
| 1.化妆品 | 元 | 37.88 |
| 2.其他个人用品 | 元 | 83.21 |
| (六)家庭服务 | 元 | 43.00 |
| 1.家政服务 | 元 | 10.00 |
| 2.家庭设备修理费 | 元 | 33.00 |
| 五、交通通信 | 元 | 1038.28 |
| (一)交通 | 元 | 354.49 |
| 1.交通工具 | 元 | 22.16 |
| ①汽车 | 辆 | |
| 金额 | 元 | |
| ②摩托车 | 辆 | 0.0038 |
| 金额 | 元 | 9.32 |
| ③自行车 | 辆 | 0.01 |
| 金额 | 元 | 7.31 |
| ④电动自行车 | 辆 | 0.0017 |
| 金额 | 元 | 5.11 |
| ⑤其他交通工具 | 元 | 0.43 |
| 2.交通费 | 元 | 131.26 |
| ①飞机 | 元 | 14.11 |
| ②火车 | 元 | 15.28 |
| ③长途汽车 | 元 | 45.97 |
| ④市内公共交通 | 元 | 17.71 |
| ⑤出租汽车费 | 元 | 23.34 |
| ⑥其他交通费 | 元 | 14.85 |
| 3.交通工具用燃料 | 元 | 146.35 |
| ①汽油 | 升 | 22.16 |
| 金额 | 元 | 143.44 |
| ②柴油 | 升 | 0.19 |
| 金额 | 元 | 1.26 |
| ③其他燃料和润滑剂 | 元 | 1.65 |

# 城市住户家庭人均购买的主要商品及消费金额(五)(2015年)

| 指标 | 计量单位 | 合计 |
| --- | --- | --- |
| 4.交通工具使用及维修 | 元 | 54.72 |
| ①交通工具零配件和维修 | 元 | 32.98 |
| ②停车费 | 元 | 1.02 |
| ③车辆使用税费(含过桥过路费) | 元 | 12.24 |
| ④其他 | 元 | 8.49 |
| (二)通信 | 元 | 683.78 |
| 1.通信工具 | 元 | 186.61 |
| ①电话机 | 部 | 0.0016 |
| 金额 | 元 | 0.19 |
| ②移动电话机 | 部 | 0.18 |
| 金额 | 元 | 179.60 |
| ③其他通信工具及零配件 | 元 | 6.82 |
| 2.通信服务 | 元 | 497.17 |
| ①固定电话费 | 元 | 14.06 |
| ②移动电话费 | 元 | 385.70 |
| ③上网费 | 元 | 95.91 |
| ④邮费 | 元 | 0.77 |
| ⑤其他通信服务费 | 元 | 0.74 |
| 六、教育文化娱乐 | 元 | 1527.76 |
| (一)教育 | 元 | 954.98 |
| 1.学前教育 | 元 | 48.28 |
| ①教育用品 | 元 | 0.73 |
| ②学杂费 | 元 | 18.52 |
| ③培训费 | 元 | 0.60 |
| ④赞助费 | 元 | |
| ⑤一揽子教育服务(含食宿) | 元 | 24.25 |
| ⑥其他费用 | 元 | 4.18 |
| 2.小学教育 | 元 | 42.01 |
| ①教育用品 | 元 | 5.28 |
| ②学杂费 | 元 | 4.97 |
| ③培训费 | 元 | 2.98 |
| ④赞助费 | 元 | 0.34 |
| ⑤一揽子教育服务(含食宿) | 元 | 15.66 |
| ⑥其他费用 | 元 | 12.79 |
| 3.初中教育 | 元 | 122.42 |
| ①教育用品 | 元 | 5.98 |
| ②学杂费 | 元 | 16.80 |

# 城市住户家庭人均购买的主要商品及消费金额(六)(2015年)

| 指标 | 计量单位 | 合计 |
| --- | --- | --- |
| ③培训费 | 元 | 11.45 |
| ④赞助费 | 元 | 6.74 |
| ⑤一揽子教育服务(含食宿) | 元 | 54.59 |
| ⑥其他费用 | 元 | 26.87 |
| 4.高中教育 | 元 | 257.57 |
| ①教育用品 | 元 | 4.82 |
| ②学杂费 | 元 | 44.07 |
| ③培训费 | 元 | 16.93 |
| ④赞助费 | 元 | 11.39 |
| ⑤一揽子教育服务(含食宿) | 元 | 138.86 |
| ⑥其他费用 | 元 | 41.51 |
| 5.中专职高教育 | 元 | 17.99 |
| ①教育用品 | 元 | |
| ②学杂费 | 元 | 8.72 |
| ③培训费 | 元 | |
| ④一揽子教育服务(含食宿) | 元 | 5.28 |
| ⑤其他费用 | 元 | 4.00 |
| 6.大专及以上教育 | 元 | 435.19 |
| ①教育用品 | 元 | 0.11 |
| ②学杂费 | 元 | 117.96 |
| ③培训费 | 元 | 0.10 |
| ④一揽子教育服务(含食宿) | 元 | 236.96 |
| ⑤其他费用 | 元 | 80.06 |
| 7.成人教育 | 元 | 31.52 |
| ①教育用品 | 元 | 0.58 |
| ②培训费 | 元 | 19.95 |
| ③其他费用 | 元 | 10.99 |
| (二)文化娱乐 | 元 | 572.78 |
| 1.文娱耐用消费品 | 元 | 151.63 |
| ①组合音响 | 台 | 0.00 |
| 金额 | 元 | 2.97 |
| ②彩色电视机 | 台 | 0.02 |
| 金额 | 元 | 59.52 |
| ③影碟机 | 台 | 0.0023 |
| 金额 | 元 | 0.42 |
| ④摄像机 | 台 | 0.0009 |
| 金额 | 元 | 0.22 |
| ⑤照相机 | 台 | |
| 金额 | 元 | |
| ⑥家用台式电脑 | 台 | 0.0038 |

## 城市住户家庭人均购买的主要商品及消费金额(七)(2015年)

| 指标 | 计量单位 | 合计 |
|---|---|---|
| 金额 | 元 | 14.19 |
| ⑦家用笔记本电脑 | 台 | 0.0035 |
| 金额 | 元 | 17.74 |
| ⑧中高档乐器 | 元 | 23.43 |
| ⑨健身器材 | 元 | 3.75 |
| ⑩其他文娱耐用消费品 | 元 | 22.10 |
| ⑪文娱耐用消费品的零配件及维修 | 元 | 7.29 |
| 2.其他文娱用品 | 元 | 125.81 |
| ①书、报、杂志及音像制品 | 元 | 20.94 |
| ②文具纸张 | 元 | 38.03 |
| ③体育户外用品 | 元 | 5.57 |
| ④游戏用品和玩具 | 元 | 13.10 |
| ⑤园艺花卉及有关产品 | 元 | 19.59 |
| ⑥宠物及有关产品 | 元 | 2.74 |
| ⑦其他文娱用品及维修 | 元 | 25.85 |
| 3.文化娱乐服务 | 元 | 295.33 |
| ①团体旅游 | 元 | 147.77 |
| ②景点门票 | 元 | 15.54 |
| ③体育健身活动 | 元 | 4.04 |
| ④电影、话剧、演出票 | 元 | 2.59 |
| ⑤有线电视费 | 元 | 81.76 |
| ⑥其他文化娱乐服务 | 元 | 43.63 |
| 七、医疗保健 | 元 | 516.83 |
| (一)医疗器具及药品 | 元 | 223.19 |
| 1.药品 | 元 | 192.54 |
| 2.滋补保健品 | 元 | 19.43 |
| 3.医疗卫生器具 | 元 | 7.83 |
| 4.保健器具 | 元 | 3.38 |
| (二)医疗服务 | 元 | 293.64 |
| 1.门诊医疗总费用 | 元 | 127.25 |
| 2.住院医疗总费用 | 元 | 166.38 |
| 八、其他用品和服务 | 元 | 231.52 |
| (一)其他用品 | 元 | 147.34 |
| 1.首饰及手表 | 元 | 57.58 |
| 2.其他杂项用品 | 元 | 89.75 |
| (二)其他服务 | 元 | 84.19 |
| 1.旅馆住宿费 | 元 | 15.86 |
| 2.美容美发洗浴 | 元 | 33.85 |
| 3.其他杂项服务 | 元 | 34.47 |

# 城市住户家庭人均食品消费情况（含自产自用）（一）（2015年）

| 指标 | 计量单位 | 合计 |
|---|---|---|
| 一、粮食消费量 | 公斤 | 141.44 |
| （一）谷物消费量 | 公斤 | 117.45 |
| 1.小麦 | 公斤 | 16.39 |
| 2.稻谷 | 公斤 | 88.21 |
| 3.玉米 | 公斤 | 6.21 |
| 4.其他谷物 | 公斤 | 6.64 |
| （二）薯类消费量 | 公斤 | 5.99 |
| 1.红薯 | 公斤 | 0.21 |
| 2.马铃薯 | 公斤 | 5.63 |
| 3.其他薯类 | 公斤 | 0.14 |
| （三）豆类消费量 | 公斤 | 18.00 |
| 1.大豆 | 公斤 | 0.88 |
| 2.其他豆类 | 公斤 | 17.13 |
| 二、油脂类消费量 | 公斤 | 14.01 |
| （一）植物油 | 公斤 | 11.09 |
| （二）动物油 | 公斤 | 2.92 |
| 三、蔬菜及菜制品消费量 | 公斤 | 80.43 |
| （一）鲜菜 | 公斤 | 76.71 |
| （二）干菜及菜制品 | 公斤 | 2.61 |
| （三）鲜菌 | 公斤 | 0.93 |
| （四）干菌及菌制品 | 公斤 | 0.17 |
| 四、肉类 | 公斤 | 29.52 |
| （一）猪肉 | 公斤 | 26.15 |
| （二）牛肉 | 公斤 | 1.17 |
| （三）羊肉 | 公斤 | 0.27 |
| （四）其他肉类及制品 | 公斤 | 1.93 |
| 五、禽类 | 公斤 | 6.22 |
| （一）鸡 | 公斤 | 5.35 |
| （二）鸭 | 公斤 | 0.31 |
| （三）鹅 | 公斤 | 0.08 |

## 城市住户家庭人均食品消费情况(含自产自用)(二)(2015年)

| 指标 | 计量单位 | 合计 |
| --- | --- | --- |
| (四)其他禽类及制品 | 公斤 | 0.48 |
| 六、水产品 | 公斤 | 2.17 |
| (一)鱼类 | 公斤 | 1.85 |
| (二)虾、贝、蟹类 | 公斤 | 0.11 |
| (三)藻类 | 公斤 | 0.17 |
| (四)其他 | 公斤 | 0.04 |
| 七、蛋类及蛋制品 | 公斤 | 5.55 |
| (一)鲜蛋 | 公斤 | 5.26 |
| (二)蛋制品 | 公斤 | 0.29 |
| 八、奶和奶制品 | 公斤 | 7.12 |
| (一)鲜奶 | 公斤 | 4.64 |
| (二)酸奶 | 公斤 | 1.11 |
| (三)奶粉 | 公斤 | 0.30 |
| (四)其他奶制品 | 公斤 | 1.08 |
| 九、干鲜瓜果类 | 公斤 | 33.79 |
| (一)鲜瓜果 | 公斤 | 28.57 |
| (二)瓜果制品 | 公斤 | 0.12 |
| (三)坚果类 | 公斤 | 5.10 |
| 十、糖果糕点类 | 公斤 | 5.23 |
| (一)食糖 | 公斤 | 1.50 |
| (二)糖果 | 公斤 | 0.43 |
| (三)糕点 | 公斤 | 2.49 |
| (四)其他糖果糕点 | 公斤 | 0.82 |
| 十一、饮料 | 公斤 | 0.39 |
| (一)茶叶 | 公斤 | 0.39 |
| 十二、烟叶消费量 | 公斤 | 29.49 |
| 十三、酒 | 公斤 | 5.22 |
| (一)白酒 | 公斤 | 2.88 |
| (二)啤酒 | 公斤 | 2.30 |
| (三)果酒 | 公斤 | 0.04 |

# 农村住户人均总

| 指标 | 毕节市 | 七星关区 | 大方县 |
|---|---|---|---|
| 总收入 | 9273.02 | 8605.98 | 9077.70 |
| (一)工资性收入 | 2691.81 | 2909.07 | 2786.09 |
| (二)家庭经营收入 | 3087.82 | 2569.46 | 2819.23 |
| 1.第一产业收入 | 2530.50 | 1849.56 | 2507.63 |
| 2.第二产业收入 | 127.57 | 380.61 | 6.02 |
| 3.第三产业收入 | 429.75 | 339.28 | 305.58 |
| (三)财产性收入 | 14.53 | 13.41 | 4.45 |
| (四)转移性收入 | 1151.30 | 1624.22 | 1364.37 |
| 全年可支配收入 | 6945 | 7116 | 6974 |

# 农村住户人均

| 指标 | 毕节市 | 七星关区 | 大方县 |
|---|---|---|---|
| 一、期内现金收入(未扣除生产费用) | 7448.72 | 7424.73 | 7433.53 |
| (一)现金工资性收入 | 2691.59 | 2908.49 | 2786.09 |
| (二)现金经营性收入 | 3535.97 | 2878.62 | 3245.00 |
| (三)现金财产性收入 | 26.38 | 18.07 | 8.93 |
| (四)现金转移性收入 | 1194.78 | 1619.54 | 1393.52 |
| (五)非收入所得 | 598.05 | 249.29 | 510.36 |
| (六)借贷性所得 | 1220.34 | 1019.62 | 1601.18 |
| 二、期内现金支出 | 7779.88 | 5834.02 | 8067.46 |
| (一)现金消费支出 | 4617.87 | 4018.74 | 4923.58 |
| (二)生产经营现金费用支出 | 1360.50 | 1041.07 | 1068.19 |
| (三)现金财产性支出 | 11.85 | 4.66 | 4.48 |
| (四)现金转移性支出 | 130.43 | 68.63 | 76.60 |
| (五)部分商业保险支出 | 0.02 | | |
| (六)购置资产及非经常性转移支出 | 1244.22 | 575.02 | 1141.93 |
| (七)借贷性支出 | 414.99 | 125.89 | 852.68 |

# 收入和可支配收入（2015年）

单位：元

| 黔西县 | 金沙县 | 织金县 | 纳雍县 | 威宁县 | 赫章县 |
|---|---|---|---|---|---|
| 10241.64 | 10818.50 | 8885.34 | 7686.44 | 10841.20 | 8128.12 |
| 2624.98 | 4196.88 | 3196.87 | 2648.42 | 1603.57 | 2673.70 |
| 3089.32 | 2687.39 | 3041.84 | 2665.75 | 4341.00 | 2696.1[illegible] |
| 2837.47 | 1778.69 | 2301.71 | 1950.77 | 3897.56 | 2203.61 |
| 121.19 | 46.07 | 235.41 | | 153.04 | |
| 130.65 | 862.63 | 504.73 | 714.98 | 290.40 | 492.50 |
| 43.59 | 114.67 | 5.10 | 16.60 | –24.70 | 15.95 |
| 1256.13 | 905.07 | 639.51 | 1235.39 | 1025.39 | 1174.28 |
| 7014 | 7904 | 6883 | 6566 | 6945 | 6560 |

# 现金收支情况（2015年）

单位：元

| 黔西县 | 金沙县 | 织金县 | 纳雍县 | 威宁县 | 赫章县 |
|---|---|---|---|---|---|
| 8021.93 | 9324.44 | 8266.89 | 6074.65 | 7660.98 | 6020.92 |
| 2624.98 | 4196.88 | 3196.22 | 2648.42 | 1603.57 | 2673.28 |
| 4411.19 | 3869.25 | 4349.68 | 2159.09 | 4850.08 | 2061.69 |
| 56.09 | 145.44 | 13.76 | 16.99 | 7.17 | 15.95 |
| 929.67 | 1112.87 | 707.23 | 1250.15 | 1200.17 | 1270.00 |
| 2586.06 | 301.22 | 338.39 | 147.12 | 540.64 | 549.45 |
| 2434.23 | 1815.77 | 39.84 | 1210.77 | 1587.74 | 544.70 |
| 12031.12 | 8995.95 | 7006.51 | 6248.18 | 8665.26 | 6612.46 |
| 4829.81 | 5128.16 | 5180.50 | 4679.83 | 4446.30 | 4022.52 |
| 1891.94 | 2086.81 | 1112.12 | 723.50 | 2329.29 | 601.46 |
| 12.51 | 30.78 | 8.66 | 0.40 | 31.87 | |
| 158.44 | 230.32 | 136.16 | 49.81 | 198.12 | 143.85 |
| | | | 0.20 | | |
| 4233.81 | 1237.25 | 509.77 | 711.14 | 890.06 | 1712.35 |
| 904.61 | 282.63 | 59.29 | 83.29 | 769.62 | 132.28 |

## 农村住户人

| 指标 | 毕节市 | 七星关区 | 大方县 |
|---|---|---|---|
| 全年总支出 | 10297.23 | 7636.47 | 10406.07 |
| 一、消费支出 | 6573.90 | 5607.77 | 6608.94 |
| (一)食品烟酒 | 2681.34 | 1990.15 | 2297.97 |
| (二)衣着 | 382.20 | 358.80 | 292.32 |
| (三)居住 | 1364.73 | 1431.32 | 1441.36 |
| (四)生活用品及服务 | 411.69 | 264.69 | 244.63 |
| (五)交通通信 | 569.19 | 435.57 | 526.80 |
| (六)教育文化娱乐 | 779.55 | 741.33 | 1243.53 |
| (七)医疗保健 | 312.91 | 312.86 | 538.49 |
| (八)其他用品和服务 | 72.27 | 73.05 | 23.85 |
| 二、生产经营费用支出 | 1921.82 | 1254.50 | 1721.44 |
| 三、财产性支出 | 11.85 | 4.66 | 4.48 |
| 四、转移性支出 | 130.43 | 68.63 | 76.60 |
| 五、部分商业保险支出 | 0.02 | | |
| 六、购置资产及非经常性转移支出 | 1244.22 | 575.02 | 1141.93 |
| 七、借贷性支出 | 414.99 | 125.89 | 852.68 |

## 农村住户人均

| 指标 | 毕节市 | 七星关区 | 大方县 |
|---|---|---|---|
| 农村住户当年生产经营情况 | | | |
| (一)谷物产量 | 414.91 | 310.54 | 590.62 |
| 其中:1.小麦 | 3.16 | 0.88 | 1.31 |
| 2.稻谷 | 35.23 | 47.89 | 1.22 |
| 3.玉米 | 376.13 | 261.72 | 588.09 |
| (二)薯类产量 | 105.58 | 65.41 | 35.72 |
| 其中:马铃薯产量 | 99.68 | 62.76 | 35.18 |
| (三)豆类产量 | 44.69 | 16.96 | 40.11 |
| 其中:大豆产量 | 32.54 | 13.00 | 21.63 |
| (四)油料产量 | 12.40 | 0.23 | 1.14 |
| 其中:油菜籽产量 | 12.17 | 0.10 | |

# 均总支出（2015年）

单位：元

| 黔西县 | 金沙县 | 织金县 | 纳雍县 | 威宁县 | 赫章县 |
|---|---|---|---|---|---|
| 14948.10 | 11446.59 | 9079.76 | 8294.15 | 12007.18 | 9527.65 |
| 6889.16 | 7263.36 | 6865.94 | 6539.22 | 6751.63 | 6356.02 |
| 2582.38 | 2926.97 | 2708.60 | 2769.13 | 3207.52 | 2850.12 |
| 394.86 | 353.75 | 438.23 | 420.54 | 387.27 | 403.17 |
| 1283.08 | 1842.96 | 1701.36 | 1094.87 | 1203.50 | 1115.87 |
| 431.36 | 385.38 | 745.44 | 334.55 | 491.07 | 320.26 |
| 740.28 | 541.52 | 575.97 | 494.45 | 633.66 | 610.38 |
| 841.60 | 802.14 | 583.90 | 966.44 | 552.26 | 645.99 |
| 548.48 | 290.63 | 90.88 | 350.10 | 258.40 | 202.07 |
| 67.13 | 120.01 | 21.55 | 109.15 | 17.96 | 208.15 |
| 2749.57 | 2402.25 | 1499.94 | 910.08 | 3365.88 | 1183.16 |
| 12.51 | 30.78 | 8.66 | 0.40 | 31.87 | |
| 158.44 | 230.32 | 136.16 | 49.81 | 198.12 | 143.85 |
| | | | 0.20 | | |
| 4233.81 | 1237.25 | 509.77 | 711.14 | 890.06 | 1712.35 |
| 904.61 | 282.63 | 59.29 | 83.29 | 769.62 | 132.28 |

# 种植业农产品产量（2015年）

单位：公斤

| 黔西县 | 金沙县 | 织金县 | 纳雍县 | 威宁县 | 赫章县 |
|---|---|---|---|---|---|
| 647.74 | 434.50 | 433.57 | 222.26 | 473.23 | 219.99 |
| 1.54 | 1.82 | 7.51 | | 7.39 | 1.18 |
| 44.84 | 81.67 | 116.85 | 17.93 | 1.01 | |
| 601.37 | 351.01 | 309.21 | 204.33 | 463.17 | 218.26 |
| 32.59 | 12.04 | 48.60 | 70.79 | 315.96 | 109.91 |
| 21.89 | 6.48 | 28.96 | 70.29 | 309.29 | 109.91 |
| 53.45 | 0.89 | 78.98 | 25.31 | 79.62 | 23.53 |
| 47.49 | 0.83 | 78.98 | 14.96 | 49.74 | 9.38 |
| 45.40 | 18.24 | 45.50 | | 1.29 | 0.27 |
| 45.37 | 18.10 | 45.39 | | 1.29 | |

# 农村住户家庭人均购买的主要商品及消费金额(一)(2015年)

| 指标 | 计量单位 | 合计 |
|---|---|---|
| 一、食品烟酒 | 元 | 1607.24 |
| (一)食品 | 元 | 1168.14 |
| 1.谷物 | 元 | 410.33 |
| 2.薯类 | 公斤 | 7.58 |
| 金额 | 元 | 16.37 |
| 3.豆类 | 公斤 | 8.42 |
| 金额 | 元 | 47.38 |
| 4.食用油 | 公斤 | 8.23 |
| 金额 | 元 | 119.55 |
| 5.蔬菜和食用菌 | 公斤 | 16.45 |
| 金额 | 元 | 79.89 |
| 6.肉类 | 公斤 | 7.73 |
| 金额 | 元 | 195.51 |
| 7.禽类 | 公斤 | 1.31 |
| 金额 | 元 | 29.79 |
| 8.水产品 | 公斤 | 0.63 |
| 金额 | 元 | 12.74 |
| 9.蛋类 | 公斤 | 1.25 |
| 金额 | 元 | 16.54 |
| 10.奶类 | 公斤 | 1.29 |
| 金额 | 元 | 29.75 |
| 11.干鲜瓜果类 | 公斤 | 16.29 |
| 金额 | 元 | 96.99 |
| 12.糖果糕点类 | 公斤 | 2.77 |
| 金额 | 元 | 31.27 |
| 13.其他食品 | 元 | 82.03 |
| ①调味品 | 元 | 62.43 |
| ②其他食品 | 元 | 19.60 |
| (二)饮料 | 元 | 48.36 |
| 1.茶叶 | 公斤 | 0.41 |
| 金额 | 元 | 17.80 |
| 2.咖啡 | 元 | 0.39 |
| 3.其他固体饮料 | 元 | 0.74 |
| 4.瓶装饮用水 | 元 | 4.00 |
| 5.果汁饮料 | 元 | 5.88 |
| 6.其他液体饮料 | 元 | 19.57 |
| (三)烟酒 | 元 | 345.53 |

# 农村住户家庭人均购买的主要商品及消费金额(二)(2015年)

| 指标 | 计量单位 | 合计 |
| --- | --- | --- |
| 1.烟草 | 元 | 229.20 |
| 2.酒类 | 元 | 116.33 |
| (四)饮食服务 | 元 | 45.21 |
| 1.食堂用餐 | 元 | 1.48 |
| 2.其他在外饮食 | 元 | 41.74 |
| 3.食品加工服务费 | 元 | 1.99 |
| 二、衣着 | 元 | 382.13 |
| (一)衣类 | 元 | 252.76 |
| 1.服装 | 元 | 242.98 |
| 2.服装材料 | 元 | 1.62 |
| 3.其他衣类及配件 | 元 | 8.05 |
| 4.衣类加工服务费 | 元 | 0.11 |
| (二)鞋类 | 元 | 129.36 |
| 1.鞋 | 双 | 2.38 |
| 金额 | 元 | 127.98 |
| 2.鞋类配件及加工服务费 | 元 | 1.38 |
| 三、居住 | 元 | 540.35 |
| (一)租赁房房租 | 元 | 3.96 |
| 1.租赁私房房租 | 元 | 3.96 |
| (二)住房维修及管理 | 元 | 110.93 |
| 1.住房装潢 | 元 | 26.68 |
| 2.住房维修 | 元 | 79.71 |
| 3.物业管理费 | 元 | 0.44 |
| 4.其他 | 元 | 4.09 |
| (三)水电燃料及其他 | 元 | 425.46 |
| 1.水 | 吨 | 8.06 |
| 金额 | 元 | 13.75 |
| 2.电 | 度 | 302.00 |
| 金额 | 元 | 150.22 |
| 3.燃料 | 元 | 259.39 |
| ①煤炭 | 公斤 | 273.17 |
| 金额 | 元 | 237.97 |
| ②管道天然气 | 立方米 | 0.13 |

# 农村住户家庭人均购买的主要商品及消费金额(三)(2015年)

| 指标 | 计量单位 | 合计 |
| --- | --- | --- |
| 金额 | 元 | 0.08 |
| ③管道煤气 | 立方米 | 0.26 |
| 金额 | 元 | 0.94 |
| ④管道液化石油气 | 立方米 | 0.01 |
| 金额 | 元 | 0.08 |
| ⑤罐装液化石油气 | 公斤 | 4.44 |
| 金额 | 元 | 17.33 |
| ⑥汽油(生活燃料) | 升 | 0.30 |
| 金额 | 元 | 1.99 |
| ⑦柴油(生活燃料) | 升 | 0.08 |
| 金额 | 元 | 0.49 |
| ⑧其他生活燃料 | 元 | 0.23 |
| 4.其他 | 元 | 1.26 |
| 四、生活用品及服务 | 元 | 408.57 |
| (一)家具及室内装饰品 | 元 | 61.49 |
| 1.家具 | 元 | 54.54 |
| 2.家具材料 | 元 | 5.42 |
| 3.室内装饰品 | 元 | 1.53 |
| (二)家用器具 | 元 | 113.45 |
| 1.耐用消费品 | 元 | 96.51 |
| ①洗衣机 | 台 | 0.03 |
| 金额 | 元 | 30.46 |
| ②电冰箱(柜) | 台 | 0.01 |
| 金额 | 元 | 16.02 |
| ③空调器 | 台 | 0.0003 |
| 金额 | 元 | 0.81 |
| ④吸尘器 | 台 | 0.00 |
| 金额 | 元 | 0.00 |
| ⑤抽油烟机 | 台 | 0.0016 |
| 金额 | 元 | 2.42 |
| ⑥微波炉 | 台 | 0.0046 |
| 金额 | 元 | 1.66 |
| ⑦非太阳能热水器 | 台 | 0.0023 |
| 金额 | 元 | 2.03 |
| ⑧太阳能热水器 | 台 | 0.0021 |
| 金额 | 元 | 5.47 |
| ⑨燃气炉具 | 套 | 0.03 |

# 农村住户家庭人均购买的主要商品及消费金额(四)(2015年)

| 指标 | 计量单位 | 合计 |
| --- | --- | --- |
| 金额 | 元 | 9.18 |
| ⑩太阳能炉具 | 套 | 0.0006 |
| 金额 | 元 | 0.15 |
| ⑪洗碗机 | 台 | 0.0010 |
| 金额 | 元 | 0.30 |
| ⑫消毒碗柜 | 台 | 0.0024 |
| 金额 | 元 | 1.97 |
| ⑬其他 | 元 | 26.04 |
| 2.小家电 | 元 | 16.95 |
| (三)家用纺织品 | 元 | 35.81 |
| 1.床上用品 | 元 | 27.46 |
| 2.窗帘门帘 | 元 | 6.36 |
| 3.其他家用纺织品 | 元 | 1.99 |
| (四)家庭日用杂品 | 元 | 158.72 |
| 1.洗涤及卫生用品 | 元 | 51.60 |
| 2.厨具、餐具、茶具 | 元 | 26.04 |
| 3.家用手工工具 | 元 | 8.75 |
| 4.其他 | 元 | 72.33 |
| (五)个人用品 | 元 | 29.91 |
| 1.化妆品 | 元 | 4.23 |
| 2.其他个人用品 | 元 | 25.68 |
| (六)家庭服务 | 元 | 9.18 |
| 1.家政服务 | 元 | 0.87 |
| 2.家庭设备修理费 | 元 | 8.31 |
| 五、交通通信 | 元 | 562.31 |
| (一)交通 | 元 | 275.41 |
| 1.交通工具 | 元 | 66.28 |
| ①汽车 | 辆 | 0.00 |
| 金额 | 元 | 24.19 |
| ②摩托车 | 辆 | 0.01 |
| 金额 | 元 | 32.25 |
| ③自行车 | 辆 | 0.01 |
| 金额 | 元 | 1.50 |
| ④电动自行车 | 辆 | 0.0013 |
| 金额 | 元 | 3.21 |
| ⑤其他交通工具 | 元 | 5.13 |
| 2.交通费 | 元 | 91.09 |
| ①飞机 | 元 | 1.13 |
| ②火车 | 元 | 2.85 |
| ③长途汽车 | 元 | 29.44 |
| ④市内公共交通 | 元 | 17.18 |
| ⑤出租汽车费 | 元 | 1.15 |
| ⑥其他交通费 | 元 | 39.35 |

# 农村住户家庭人均购买的主要商品及消费金额(五)(2015年)

| 指标 | 计量单位 | 合计 |
| --- | --- | --- |
| 3.交通工具用燃料 | 元 | 88.73 |
| ①汽油 | 升 | 12.48 |
| 金额 | 元 | 80.84 |
| ②柴油 | 升 | 0.98 |
| 金额 | 元 | 6.15 |
| ③其他燃料和润滑剂 | 元 | 1.75 |
| 4.交通工具使用及维修 | 元 | 29.31 |
| ①交通工具零配件和维修 | 元 | 23.92 |
| ②停车费 | 元 | 0.22 |
| ③车辆使用税费(含过桥过路费) | 元 | 2.60 |
| ④其他 | 元 | 2.57 |
| (二)通信 | 元 | 286.90 |
| 1.通信工具 | 元 | 92.97 |
| ①电话机 | 部 | 0.0010 |
| 金额 | 元 | 0.66 |
| ②移动电话机 | 部 | 0.19 |
| 金额 | 元 | 90.29 |
| ③其他通信工具及零配件 | 元 | 2.02 |
| 2.通信服务 | 元 | 193.93 |
| ①固定电话费 | 元 | 1.27 |
| ②移动电话费 | 元 | 184.22 |
| ③上网费 | 元 | 7.66 |
| ④邮费 | 元 | 0.10 |
| ⑤其他通信服务费 | 元 | 0.67 |
| 六、教育文化娱乐 | 元 | 779.55 |
| (一)教育 | 元 | 658.58 |
| 1.学前教育 | 元 | 12.44 |
| ①教育用品 | 元 | 0.36 |
| ②学杂费 | 元 | 2.71 |
| ③培训费 | 元 | |
| ④赞助费 | 元 | |
| ⑤一揽子教育服务(含食宿) | 元 | 7.62 |
| ⑥其他费用 | 元 | 1.75 |
| 2.小学教育 | 元 | 32.25 |
| ①教育用品 | 元 | 3.71 |
| ②学杂费 | 元 | 1.89 |
| ③培训费 | 元 | 0.73 |
| ④赞助费 | 元 | 1.08 |
| ⑤一揽子教育服务(含食宿) | 元 | 12.36 |

# 农村住户家庭人均购买的主要商品及消费金额(六)(2015年)

| 指标 | 计量单位 | 合计 |
|---|---|---|
| ⑥其他费用 | 元 | 12.49 |
| 3.初中教育 | 元 | 139.48 |
| ①教育用品 | 元 | 4.53 |
| ②学杂费 | 元 | 8.29 |
| ③培训费 | 元 | 5.39 |
| ④赞助费 | 元 | |
| ⑤一揽子教育服务(含食宿) | 元 | 47.35 |
| ⑥其他费用 | 元 | 73.81 |
| 4.高中教育 | 元 | 227.00 |
| ①教育用品 | 元 | 2.43 |
| ②学杂费 | 元 | 34.41 |
| ③培训费 | 元 | 5.86 |
| ④赞助费 | 元 | 1.13 |
| ⑤一揽子教育服务(含食宿) | 元 | 87.33 |
| ⑥其他费用 | 元 | 95.83 |
| 5.中专职高教育 | 元 | 28.81 |
| ①教育用品 | 元 | |
| ②学杂费 | 元 | 5.37 |
| ③培训费 | 元 | 0.37 |
| ④一揽子教育服务(含食宿) | 元 | 4.99 |
| ⑤其他费用 | 元 | 18.08 |
| 6.大专及以上教育 | 元 | 203.19 |
| ①教育用品 | 元 | 0.00 |
| ②学杂费 | 元 | 43.28 |
| ③培训费 | 元 | |
| ④一揽子教育服务(含食宿) | 元 | 90.57 |
| ⑤其他费用 | 元 | 69.34 |
| 7.成人教育 | 元 | 15.41 |
| ①教育用品 | 元 | 0.92 |
| ②培训费 | 元 | 0.71 |
| ③其他费用 | 元 | 13.78 |
| (二)文化娱乐 | 元 | 120.97 |
| 1.文娱耐用消费品 | 元 | 52.10 |
| ①组合音响 | 台 | 0.0024 |
| 金额 | 元 | 1.18 |
| ②彩色电视机 | 台 | 0.03 |
| 金额 | 元 | 35.69 |
| ③影碟机 | 台 | 0.01 |
| 金额 | 元 | 2.09 |
| ④摄像机 | 台 | |
| 金额 | 元 | |
| ⑤照相机 | 台 | 0.0006 |

# 农村住户家庭人均购买的主要商品及消费金额(七)(2015年)

| 指标 | 计量单位 | 合计 |
|---|---|---|
| 金额 | 元 | 0.19 |
| ⑥家用台式电脑 | 台 | 0.0008 |
| 金额 | 元 | 1.63 |
| ⑦家用笔记本电脑 | 台 | |
| 金额 | 元 | |
| ⑧中高档乐器 | 元 | 0.36 |
| ⑨健身器材 | 元 | 4.52 |
| ⑩其他文娱耐用消费品 | 元 | 4.16 |
| ⑪文娱耐用消费品的零配件及维修 | 元 | 2.27 |
| 2.其他文娱用品 | 元 | 52.09 |
| ①书、报、杂志及音像制品 | 元 | 6.39 |
| ②文具纸张 | 元 | 26.92 |
| ③体育户外用品 | 元 | 2.36 |
| ④游戏用品和玩具 | 元 | 2.87 |
| ⑤园艺花卉及有关产品 | 元 | 0.80 |
| ⑥宠物及有关产品 | 元 | 1.54 |
| ⑦其他文娱用品及维修 | 元 | 11.22 |
| 3.文化娱乐服务 | 元 | 16.78 |
| ①团体旅游 | 元 | 4.76 |
| ②景点门票 | 元 | 0.33 |
| ③体育健身活动 | 元 | |
| ④电影、话剧、演出票 | 元 | |
| ⑤有线电视费 | 元 | 2.19 |
| ⑥其他文化娱乐服务 | 元 | 9.50 |
| 七、医疗保健 | 元 | 312.93 |
| (一)医疗器具及药品 | 元 | 116.18 |
| 1.药品 | 元 | 111.43 |
| 2.滋补保健品 | 元 | 4.69 |
| 3.医疗卫生器具 | 元 | 0.01 |
| 4.保健器具 | 元 | 0.05 |
| (二)医疗服务 | 元 | 196.75 |
| 1.门诊医疗总费用 | 元 | 104.13 |
| 2.住院医疗总费用 | 元 | 92.62 |
| 八、其他用品和服务 | 元 | 71.93 |
| (一)其他用品 | 元 | 48.34 |
| 1.首饰及手表 | 元 | 7.91 |
| 2.其他杂项用品 | 元 | 40.42 |
| (二)其他服务 | 元 | 23.59 |
| 1.旅馆住宿费 | 元 | 4.45 |
| 2.美容美发洗浴 | 元 | 5.40 |
| 3.其他杂项服务 | 元 | 13.74 |

# 农村住户家庭人均食品消费情况(含自产自用)(一)(2015年)

| 指标 | 计量单位 | 合计 |
|---|---|---|
| 一、粮食消费量 | 公斤 | 180.47 |
| (一)谷物消费量 | 公斤 | 154.70 |
| 1.小麦 | 公斤 | 13.38 |
| 2.稻谷 | 公斤 | 99.86 |
| 3.玉米 | 公斤 | 38.00 |
| 4.其他谷物 | 公斤 | 3.46 |
| (二)薯类消费量 | 公斤 | 10.05 |
| 1.红薯 | 公斤 | 0.52 |
| 2.马铃薯 | 公斤 | 9.34 |
| 3.其他薯类 | 公斤 | 0.19 |
| (三)豆类消费量 | 公斤 | 15.73 |
| 1.大豆 | 公斤 | 5.32 |
| 2.其他豆类 | 公斤 | 10.41 |
| 二、油脂类消费量 | 公斤 | 9.59 |
| (一)植物油 | 公斤 | 7.11 |
| (二)动物油 | 公斤 | 2.48 |
| 三、蔬菜及菜制品消费量 | 公斤 | 75.03 |
| (一)鲜菜 | 公斤 | 73.70 |
| (二)干菜及菜制品 | 公斤 | 0.94 |
| (三)鲜菌 | 公斤 | 0.42 |
| (四)干菌及菌制品 | 公斤 | 0.06 |
| 四、肉类 | 公斤 | 35.48 |
| (一)猪肉 | 公斤 | 33.98 |
| (二)牛肉 | 公斤 | 0.71 |
| (三)羊肉 | 公斤 | 0.49 |
| (四)其他肉类及制品 | 公斤 | 0.30 |
| 五、禽类 | 公斤 | 5.41 |
| (一)鸡 | 公斤 | 5.14 |
| (二)鸭 | 公斤 | 0.11 |
| (三)鹅 | 公斤 | 0.05 |

# 农村住户家庭人均食品消费情况(含自产自用)(二)(2015年)

| 指标 | 计量单位 | 合计 |
| --- | --- | --- |
| (四)其他禽类及制品 | 公斤 | 0.10 |
| 六、水产品 | 公斤 | 0.67 |
| (一)鱼类 | 公斤 | 0.59 |
| (二)虾、贝、蟹类 | 公斤 | 0.03 |
| (三)藻类 | 公斤 | 0.02 |
| (四)其他 | 公斤 | 0.03 |
| 七、蛋类及蛋制品 | 公斤 | 4.26 |
| (一)鲜蛋 | 公斤 | 4.19 |
| (二)蛋制品 | 公斤 | 0.07 |
| 八、奶和奶制品 | 公斤 | 1.30 |
| (一)鲜奶 | 公斤 | 0.36 |
| (二)酸奶 | 公斤 | 0.34 |
| (三)奶粉 | 公斤 | 0.16 |
| (四)其他奶制品 | 公斤 | 0.44 |
| 九、干鲜瓜果类 | 公斤 | 26.58 |
| (一)鲜瓜果 | 公斤 | 22.12 |
| (二)瓜果制品 | 公斤 | 0.18 |
| (三)坚果类 | 公斤 | 4.28 |
| 十、糖果糕点类 | 公斤 | 2.77 |
| (一)食糖 | 公斤 | 1.30 |
| (二)糖果 | 公斤 | 0.38 |
| (三)糕点 | 公斤 | 0.93 |
| (四)其他糖果糕点 | 公斤 | 0.16 |
| 十一、饮料 | 公斤 | 0.52 |
| (一)茶叶 | 公斤 | 0.52 |
| 十二、烟叶消费量 | 公斤 | 28.88 |
| 十三、酒 | 公斤 | 12.13 |
| (一)白酒 | 公斤 | 6.63 |
| (二)啤酒 | 公斤 | 5.48 |
| (三)果酒 | 公斤 | 0.02 |

# 文化事业基本情况（2015年）

| 指标 | 单位 | 数值 | 指标 | 单位 | 数值 |
|---|---|---|---|---|---|
| 文化事业机构 | 个 | 24 | 图书馆流通人次 | 人次 | 483147 |
| #公共图书馆 | 个 | 9 | #市级 | 人次 | 121637 |
| 群众文化服务业 | 个 | 9 | 七星关区 | 人次 | 40000 |
| #群众艺术馆、文化馆 | 个 | 9 | 大方县 | 人次 | 152000 |
| 艺术业 | 个 | 4 | 黔西县 | 人次 | 17300 |
| #艺术表演场所 | 个 | 4 | 金沙县 | 人次 | 45000 |
| 文物业 | 个 | 2 | 织金县 | 人次 | 30000 |
| #博物馆、纪念馆 | 个 | 2 | 纳雍县 | 人次 | 3210 |
| 文化事业机构人业人员 | 人 | 1199 | 威宁县 | 人次 | 44000 |
| #公共图书馆 | 人 | 99 | 赫章县 | 人次 | 30000 |
| 群众文化服务业 | 人 | 760 | 群众艺术文化馆培训班次 | 班次 | |
| #群众艺术馆、文化馆 | 人 | 143 | #市级 | 班次 | 40 |
| 艺术业 | 人 | 128 | 七星关区 | 班次 | 24 |
| #艺术表演场所 | 人 | 128 | 大方县 | 班次 | 30 |
| 文物业 | 人 | 110 | 黔西县 | 班次 | 50 |
| #博物馆、纪念馆 | 人 | 47 | 金沙县 | 班次 | 30 |
| 公共图书馆 | 个 | 9 | 织金县 | 班次 | 21 |
| 总藏书量 | 万册件 | 117.21 | 纳雍县 | 班次 | 40 |
| #图书 | 万册件 | 80.15 | 威宁县 | 班次 | 3 |
| 阅览室座位数 | 个 | 1991 | 赫章县 | 班次 | 12 |
| 总流通人次 | 万人次 | 48.31 | 群众艺术文化馆培训人次 | 人次 | |
| 书看文献外借人次 | 万人次 | 22.85 | #市级 | 人次 | 28 |
| 书看文献外借册次 | 万册次 | 44.30 | 七星关区 | 人次 | 12 |
| 累计发放有效借书证 | 万张 | 3.35 | 大方县 | 人次 | 6 |
| 乡镇文化站 | 个 | 252 | 黔西县 | 人次 | |
| 乡镇文化站组织文艺活动次数 | 次 | 1586 | 金沙县 | 人次 | 2 |
| 艺术团演出场次 | 场 | 312 | 织金县 | 人次 | 12 |
| 艺术团演出观众人次 | 万人次 | 22.3 | 纳雍县 | 人次 | 3 |
| 博物馆举办展览 | 次 | 5 | 威宁县 | 人次 | 5 |
| 博物馆举办展览参观人次 | 万人次 | 49.17 | 赫章县 | 人次 | 2 |
| 其中：未成年人 | 万人次 | 15.87 | 文物机构从业人员 | 人 | |
| 图书馆藏书量 | 册 | 1172169 | #市级 | 人 | 6 |
| #市级 | 册 | 299073 | 七星关区 | 人 | 29 |
| 七星关区 | 册 | 195040 | 大方县 | 人 | 6 |
| 大方县 | 册 | 82469 | 黔西县 | 人 | 5 |
| 黔西县 | 册 | 90997 | 金沙县 | 人 | 4 |
| 金沙县 | 册 | 140000 | 织金县 | 人 | 6 |
| 织金县 | 册 | 64150 | 纳雍县 | 人 | 3 |
| 纳雍县 | 册 | 70090 | 威宁县 | 人 | 4 |
| 威宁县 | 册 | 75250 | 赫章县 | 人 | 17 |
| 赫章县 | 册 | 155100 | | | |

注：文体广电数据由市文体广电新闻出版局提供。

# 体育事业基本情况(一)(2015年)

| 指标 | 活动次数 | 活动人次 |
| --- | --- | --- |
| 群众体育 | | |
| #体育总会 | 30 | 25000 |
| 老体协 | 8 | 10000 |
| #七星关区 | 17 | 3000 |
| 大方县 | 36 | 3600 |
| 黔西县 | 18 | 4000 |
| 金沙县 | 36 | 2500 |
| 织金县 | 12 | 3000 |
| 纳雍县 | 12 | 2500 |
| 威宁县 | 12 | 3400 |
| 赫章县 | 12 | 3000 |
| 百里杜鹃 | 12 | 1500 |
| 竞技体育 | | |
| 组队参加全省各项赛事 | 2 | 480 |
| 审批二级裁判员 | 4 | 209 |
| 审批二级运动员 | 2 | 45 |
| 审批二级社会指导员 | 2 | 114 |

# 体育事业基本情况(二)(2015年)

| 指标 | 单位 | 数值 |
| --- | --- | --- |
| 体育彩票销售额 | 万元 | 23423.5 |
| 乡镇农体工程 | 个 | 121 |
| 村级农体工程 | 个 | 1670 |
| 老年体育活动中心 | 个 | 3 |
| 路径工程 | 个 | 236 |

# 广播电视事业发展情况（2015年）

| 指标 | 单位 | 数值 | 指标 | 单位 | 数值 |
|---|---|---|---|---|---|
| 职工人数 | 人 | 1269 | 纳雍县 | 座 | 138156 |
| 广播发射台及转播台 | 座 | 80 | 威宁县 | 座 | 201364 |
| 广播发射机功率 | 千瓦 | 8.9 | 赫章县 | 座 | 133063 |
| 广播综合人口覆盖率 | % | 91.9 | 有线数字电视用户数 | 户 | 342405 |
| #农村 | % | 91.7 | #城镇用户 | 户 | 235843 |
| #中央台 | % | 88.4 | 广播综合人口覆盖率 | % | 91.9 |
| 省台 | % | 91.9 | #七星关区 | % | 89.6 |
| 市(州)台 | % | 10.3 | 大方县 | % | 90.5 |
| 广播电视台 | 座 | 9 | 黔西县 | % | 88.9 |
| 电视发射台及转播台 | 座 | 10 | 金沙县 | % | 95.0 |
| 电视发射机功率 | 千瓦 | 39 | 织金县 | % | 96.3 |
| 电视节目综合人口覆盖率 | % | 95.0 | 纳雍县 | % | 93.1 |
| #农村 | % | 94.9 | 威宁县 | % | 91.6 |
| #中央台 | % | 95.0 | 赫章县 | % | 92.3 |
| 省台 | % | 94.5 | 电视综合人口覆盖率 | % | 95.0 |
| 市(州)台 | % | 31.5 | #七星关区 | % | 95.1 |
| 县台 | % | 12.0 | 大方县 | % | 94.4 |
| 直播卫星地面接收站 | 座 | 1168825 | 黔西县 | % | 94.3 |
| #七星关区 | 座 | 172286 | 金沙县 | % | 95.0 |
| 大方县 | 座 | 118943 | 织金县 | % | 96.4 |
| 黔西县 | 座 | 113156 | 纳雍县 | % | 96.3 |
| 金沙县 | 座 | 135937 | 威宁县 | % | 94.2 |
| 织金县 | 座 | 155920 | 赫章县 | % | 95.0 |

| 县区 | 接待总人数(万人次) | 接待总收入(亿元) | 国内旅游者人数(万人次) |
|---|---|---|---|
| 毕节市 | 4093.80 | 312.56 | 4087.20 |
| 七星关区 | 609.37 | 46.05 | 609.37 |
| 大方县 | 574.30 | 45.53 | 574.30 |
| 黔西县 | 482.35 | 37.07 | 482.35 |
| 金沙县 | 399.38 | 34.40 | 399.38 |
| 织金县 | 667.22 | 51.10 | 666.86 |
| 纳雍县 | 270.01 | 19.09 | 270.01 |
| 威宁县 | 603.18 | 46.96 | 603.18 |
| 赫章县 | 338.85 | 27.14 | 338.28 |
| 百里杜鹃管理区 | 149.14 | 8.83 | 142.91 |

注:本表数据由市旅游局提供。

# 基本情况（2015年）

| 入境旅游者人数 (人次) | 外国人(人次) | 港澳台同胞(人次) | 国内旅游者收入(亿元) | 国际旅游(外汇)收入(万美元) |
|---|---|---|---|---|
| 66111 | 25035 | 41076 | 312.56 | 1539.56 |
| | | | 46.05 | |
| | | | 44.53 | |
| | | | 36.07 | |
| | | | 34.40 | |
| 3698 | 1747 | 1951 | 51.10 | 37.62 |
| | | | 19.09 | |
| 88 | 61 | 27 | 45.96 | 3.48 |
| | | | 26.53 | |
| 62325 | 23227 | 39098 | 8.83 | 1498.48 |

# 科技活动基本情况（2015年）

| 指标 | 单位 | 数值 |
| --- | --- | --- |
| 科技管理机构 | 个 | 10 |
| 市直 | 个 | 1 |
| 科技研究机构 | 个 | 9 |
| 市直 | 个 | 6 |
| 科研机构职工 | 人 | 366 |
| 从事科技活动人员数 | 人 | 260 |
| 高级职称数 | 人 | 60 |
| 中级职称数 | 人 | 96 |
| 初级职称数 | 人 | 48 |
| 科技管理机构管理的政府科技拨款 | 万元 | 27672 |
| 技术研究与开发经费 | 万元 | 12162 |
| 科研机构本年经费收支 | | |
| 经费收入合计 | 万元 | 6754.9 |
| 政府拨款 | 万元 | 5527.6 |
| 经费支出合计 | 万元 | 5799.1 |
| 科研机构固定资产合计 | 万元 | 2865.1 |
| 科技计划项目数 | 个 | 73 |
| 科技成果获奖情况 | | |
| 省级 | 个 | 1 |
| 市级 | 个 | 23 |

# 专利基本情况（2015年）

| 指标名称 | 单位 | 数值 |
| --- | --- | --- |
| 专利申请、授权 | | |
| 全市申请受理专利 | 件 | 621 |
| 其中：发明专利 | 件 | 172 |
| 实用新型专利 | 件 | 263 |
| 外观设计 | 件 | 186 |
| 全市专利授权 | 件 | 335 |
| 其中：发明专利 | 件 | 37 |
| 实用新型专利 | 件 | 152 |
| 外观设计 | 件 | 146 |

注：科技、专利及科普情况数据由市科技局提供。

# 科普基本情况（2015年）

| 指标 | 单位 | 数值 |
| --- | --- | --- |
| 科普人员 | | |
| 1.科普专职人员 | 人 | 398 |
| 2.科普兼职人员 | 人 | 7321 |
| 3.注册科普志愿者 | 人 | 2083 |
| 科普经费 | | |
| 一、年度科普经费筹集额 | 万元 | 6474.76 |
| 1.政府拨款 | 万元 | 4883.64 |
| 其中：科普专项经费 | 万元 | 1210.90 |
| 2.捐赠 | 万元 | 220.50 |
| 3.自筹资金 | 万元 | 911.06 |
| 4.其它收入 | 万元 | 459.56 |
| 二、年度科普经费使用额 | 万元 | 5927.75 |
| 1.行政支出 | 万元 | 2549.84 |
| 2.科普活动支出 | 万元 | 3209.71 |
| 3.科普场馆基建支出 | 万元 | 3.30 |
| 其中：政府拨款支出 | 万元 | 0.10 |
| 其中：展品、设施支出 | 万元 | 3.30 |
| 4.其他支出 | 万元 | 164.90 |
| 三、科技活动周经费专项统计 | | |
| 科技活动周经费筹集额 | 万元 | 346.84 |
| 其中：政府拨款 | 万元 | 325.60 |
| 企业赞助 | 万元 | 2.50 |
| 科普传媒 | | |
| 一、科普期刊 | | |
| 1.出版种数 | 种 | 1 |
| 2.年出版总册数 | 册 | 4000 |
| 二、出版科普（技）音像制品 | | |
| 1.出版种数 | 种 | 5 |
| 2.光盘发行总量 | 张 | 728 |
| 3.录音、录像带发行总量 | 盒 | 78 |
| 三、科技类报纸年发行总份数 | 份 | 15000 |
| 四、电视台播出科普（技）节目时间 | 小时 | 2893 |
| 五、电台播出科普（技）节目时间 | 小时 | 712 |
| 六、科普网站个数 | 个 | 15 |
| 七、发放科普读物和资料 | 份 | 6188901 |
| 八、电子科普屏数量 | 块 | 82 |

# 科普场地情况(2015年)

| 指标 | 单位 | 数值 |
|---|---|---|
| 一、科普场馆 | | |
| 1.科技馆 | 个 | 1 |
| 建筑面积 | 平方米 | 6847 |
| 展厅面积 | 平方米 | 3760 |
| 参观人次 | 人次 | 20000 |
| 常设展品 | 件 | 126 |
| 年累计免费开放天数 | 天 | 260 |
| 2.青少年科技馆站 | 个 | 1 |
| 建筑面积 | 平方米 | 500 |
| 展厅面积 | 平方米 | 120 |
| 参观人次 | 人次 | 2200 |
| 常设展品 | 人次 | 250 |
| 年累计免费开放天数 | 人次 | 2200 |
| 二、非场馆类科普基地 | | |
| 1.个数 | 个 | 92 |
| 2.科普展览区面积 | 平方米 | 30453 |
| 3.当年参观人数 | 人次 | 623138 |
| 三、公共场所科普宣传场地 | | |
| 1.城市社区科普(技)专用活动室 | 个 | 74 |
| 2.农村科普(技)活动场地 | 个 | 432 |
| 3.科普宣传专用车 | 辆 | 46 |
| 4.科普画廊 | 个 | 237 |
| 四、科普(技)教育基地 | | |
| 1.国家级科普(技)教育基地 | 个 | 2 |
| 参观人次 | 人次 | 460000 |
| 2.省级科普(技)教育基地 | 个 | 3 |
| 参观人次 | 人次 | 470830 |

# 科普活动情况(2015年)

| 指标 | 单位 | 数值 |
| --- | --- | --- |
| 一、科普(技)讲座 | | |
| 举办次数 | 次 | 1281 |
| 参加人数 | 人次 | 211056 |
| 二、科普(技)展览 | | |
| 专题展览次数 | 次 | 474 |
| 参观人数 | 人次 | 245103 |
| 三、科普(技)竞赛 | | |
| 举办次数 | 次 | 250 |
| 参加人数 | 人次 | 46543 |
| 四、青少年科普 | | |
| 1.成立青少年科技兴趣小组 | | |
| 个数 | 个 | 531 |
| 参加人数 | 人次 | 33876 |
| 2.科技夏(冬)令营 | | |
| 举办次数 | 次 | 11 |
| 参加人数 | 人次 | 2935 |
| 五、科技活动周 | | |
| 科普专题活动次数 | 次 | 531 |
| 参加人数 | 人次 | 313534 |
| 六、举办实用技术培训 | 次 | 1412 |
| 参加人次 | 人次 | 209247 |
| 七、重大科普活动次数 | 次 | 115 |

# 幼儿园基本情况(2015年)

单位:所、人

| 县区 | 幼儿园数 | 班数 | 入园人数 | 在园人数 | 离园人数 | 教职工数 | 专任教师 |
|---|---|---|---|---|---|---|---|
| 毕节市 | 593 | 5530 | 186123 | 242122 | 115590 | 10229 | 7861 |
| 七星关区 | 94 | 909 | 30706 | 38153 | 13730 | 2007 | 1489 |
| 大方县 | 41 | 684 | 15543 | 26037 | 11123 | 1363 | 1060 |
| 黔西县 | 145 | 625 | 17383 | 22300 | 6573 | 1641 | 1133 |
| 金沙县 | 108 | 524 | 17196 | 20687 | 9061 | 1225 | 801 |
| 织金县 | 34 | 623 | 24212 | 31523 | 15366 | 531 | 338 |
| 纳雍县 | 39 | 638 | 20477 | 29701 | 17691 | 1145 | 1042 |
| 威宁县 | 50 | 712 | 33234 | 36717 | 25568 | 809 | 715 |
| 赫章县 | 56 | 569 | 19502 | 27795 | 9944 | 1177 | 981 |
| 百里杜鹃 | 12 | 75 | 1550 | 2388 | 1145 | 186 | 176 |
| 城市 | 51 | 566 | 15039 | 21670 | 8073 | 1325 | 881 |
| 七星关区 | 50 | 549 | 14229 | 20860 | 7628 | 1305 | 864 |
| 县镇 | 258 | 2371 | 80879 | 106325 | 47412 | 5496 | 4093 |
| 七星关区 | 28 | 269 | 12980 | 13732 | 4503 | 488 | 428 |
| 大方县 | 19 | 323 | 8080 | 12269 | 5066 | 786 | 584 |
| 黔西县 | 74 | 398 | 10538 | 14555 | 3731 | 1258 | 815 |
| 金沙县 | 44 | 279 | 9981 | 11599 | 5166 | 745 | 474 |
| 织金县 | 17 | 359 | 13745 | 18202 | 9032 | 379 | 228 |
| 纳雍县 | 17 | 226 | 7145 | 11726 | 5848 | 574 | 505 |
| 威宁县 | 32 | 255 | 10108 | 12737 | 8514 | 660 | 574 |
| 赫章县 | 23 | 201 | 5836 | 9039 | 4200 | 546 | 431 |
| 农村 | 284 | 2593 | 90205 | 114127 | 60105 | 3408 | 2887 |
| 七星关区 | 16 | 91 | 3497 | 3561 | 1599 | 214 | 197 |
| 大方县 | 22 | 361 | 7463 | 13768 | 6057 | 577 | 476 |
| 黔西县 | 71 | 227 | 6845 | 7745 | 2842 | 383 | 318 |
| 金沙县 | 64 | 245 | 7215 | 9088 | 3895 | 480 | 327 |
| 织金县 | 17 | 264 | 10467 | 13321 | 6334 | 152 | 110 |
| 纳雍县 | 22 | 412 | 13332 | 17975 | 11843 | 571 | 537 |
| 威宁县 | 18 | 457 | 23126 | 23980 | 17054 | 149 | 141 |
| 赫章县 | 33 | 368 | 13666 | 18756 | 5744 | 631 | 550 |
| 百里杜鹃 | 12 | 75 | 1550 | 2388 | 1145 | 186 | 176 |

注:幼儿园、中小学及职高、中专学校教育数据由市教育局提供。

# 小学基本情况(2015年)

单位:所、人

| 县区 | 学校数 | 毕业生数 | 招生数 | 在校生数 | 毕业班学生数 | 教职工数 | 专任教师 |
|---|---|---|---|---|---|---|---|
| 毕节市 | 2071 | 164544 | 145458 | 831021 | 150654 | 41439 | 39532 |
| 七星关区 | 271 | 27145 | 26881 | 146865 | 25838 | 7667 | 7194 |
| 大方县 | 261 | 17618 | 17734 | 77643 | 12851 | 3995 | 3912 |
| 黔西县 | 133 | 12072 | 11535 | 62704 | 11130 | 3596 | 3394 |
| 金沙县 | 86 | 10111 | 10476 | 61688 | 10034 | 3394 | 3135 |
| 织金县 | 291 | 18915 | 15645 | 93848 | 17539 | 4440 | 4215 |
| 纳雍县 | 237 | 18816 | 16180 | 97472 | 17771 | 4484 | 4172 |
| 威宁县 | 416 | 37866 | 27407 | 176622 | 34777 | 7988 | 7891 |
| 赫章县 | 274 | 16405 | 14309 | 86895 | 15629 | 4272 | 4165 |
| 百里杜鹃 | 32 | 1399 | 1181 | 6390 | 1173 | 475 | 364 |
| 城市 | 42 | 8686 | 9214 | 47817 | 8441 | 2031 | 1919 |
| 七星关区 | 39 | 8466 | 8961 | 46580 | 8257 | 1947 | 1839 |
| 县镇 | 405 | 57452 | 51046 | 292958 | 53191 | 13255 | 12629 |
| 七星关区 | 38 | 5425 | 5247 | 29523 | 5206 | 1607 | 1485 |
| 大方县 | 47 | 7501 | 6875 | 31518 | 5371 | 1297 | 1270 |
| 黔西县 | 44 | 5788 | 5513 | 31496 | 5567 | 1590 | 1501 |
| 金沙县 | 23 | 5130 | 4976 | 29678 | 5222 | 1478 | 1387 |
| 织金县 | 71 | 8176 | 7272 | 41722 | 7575 | 1834 | 1781 |
| 纳雍县 | 52 | 6481 | 5594 | 33578 | 6182 | 1372 | 1260 |
| 威宁县 | 91 | 14041 | 10965 | 68822 | 13118 | 2882 | 2807 |
| 赫章县 | 29 | 3828 | 3417 | 20890 | 3984 | 908 | 872 |
| 农村 | 1624 | 98406 | 85198 | 490246 | 89022 | 26153 | 24984 |
| 七星关区 | 194 | 13254 | 12673 | 70762 | 12375 | 4113 | 3870 |
| 大方县 | 214 | 10117 | 10859 | 46125 | 7480 | 2698 | 2642 |
| 黔西县 | 89 | 6284 | 6022 | 31208 | 5563 | 2006 | 1893 |
| 金沙县 | 63 | 4981 | 5500 | 32010 | 4812 | 1916 | 1748 |
| 织金县 | 220 | 10739 | 8373 | 52126 | 9964 | 2606 | 2435 |
| 纳雍县 | 185 | 12335 | 10586 | 63894 | 11589 | 3112 | 2912 |
| 威宁县 | 325 | 23825 | 16442 | 107800 | 21659 | 5106 | 5084 |
| 赫章县 | 245 | 12577 | 10892 | 66005 | 11645 | 3364 | 3293 |
| 百里杜鹃 | 32 | 1399 | 1181 | 6390 | 1173 | 475 | 364 |

# 小学办学条件情况（2015年）

单位：平方米

| 县区 | 学校占地面积 | 校舍建筑面积 | 教学及辅助用房 | 行政办公用房 | 生活用房 | 其他用房 |
|---|---|---|---|---|---|---|
| 毕节市 | 15110924 | 4882874 | 2575209 | 284149 | 1862143 | 161373 |
| 七星关区 | 2143234 | 725477 | 345370 | 42452 | 314302 | 23353 |
| 大方县 | 1416025 | 503898 | 266988 | 26518 | 209848 | 544 |
| 黔西县 | 1342039 | 358178 | 188138 | 27103 | 128951 | 13987 |
| 金沙县 | 1738399 | 433129 | 217061 | 24612 | 128962 | 62494 |
| 织金县 | 1662041 | 679674 | 399247 | 33325 | 233578 | 13524 |
| 纳雍县 | 1617911 | 488746 | 242170 | 37294 | 200986 | 8295 |
| 威宁县 | 3187434 | 1013640 | 572362 | 44290 | 371520 | 25468 |
| 赫章县 | 1428687 | 481828 | 262622 | 34517 | 179100 | 5589 |
| 百里杜鹃 | 167439 | 61273 | 28070 | 4637 | 24430 | 4136 |
| 城市 | 353137 | 139310 | 77981 | 13184 | 42114 | 6031 |
| 七星关区 | 341617 | 134024 | 75678 | 12158 | 40157 | 6031 |
| 县镇 | 4277565 | 1473058 | 762739 | 102190 | 537564 | 70565 |
| 七星关区 | 511754 | 164367 | 72299 | 10538 | 75954 | 5576 |
| 大方县 | 331968 | 160045 | 83140 | 11389 | 65441 | 75 |
| 黔西县 | 429312 | 121159 | 67457 | 11609 | 36361 | 5732 |
| 金沙县 | 701144 | 179831 | 85918 | 9159 | 52975 | 31778 |
| 织金县 | 702682 | 242289 | 148603 | 13557 | 72726 | 7403 |
| 纳雍县 | 437927 | 135563 | 68323 | 13025 | 49888 | 4327 |
| 威宁县 | 860059 | 344809 | 176172 | 19365 | 136568 | 12705 |
| 赫章县 | 207961 | 85247 | 47981 | 10775 | 24069 | 2422 |
| 农村 | 10480222 | 3270506 | 1734490 | 168774 | 1282465 | 84777 |
| 七星关区 | 1289864 | 427087 | 197393 | 19757 | 198191 | 11746 |
| 大方县 | 1084057 | 343853 | 183848 | 15129 | 144407 | 469 |
| 黔西县 | 912727 | 237019 | 120681 | 15494 | 92590 | 8255 |
| 金沙县 | 1037255 | 253299 | 131143 | 15453 | 75987 | 30716 |
| 织金县 | 959359 | 437385 | 250644 | 19768 | 160852 | 6121 |
| 纳雍县 | 1179984 | 353182 | 173847 | 24269 | 151098 | 3968 |
| 威宁县 | 2327375 | 668831 | 396191 | 24925 | 234952 | 12763 |
| 赫章县 | 1220726 | 396581 | 214641 | 23742 | 155031 | 3167 |
| 百里杜鹃 | 167439 | 61273 | 28070 | 4637 | 24430 | 4136 |

# 中学基本情况(一)(2015年)

单位:所

| 县区 | 总计 | 城市 | 县镇 | 农村 | 县区 | 总计 | 城市 | 县镇 | 农村 |
|---|---|---|---|---|---|---|---|---|---|
| 毕节市 | 454 | 41 | 206 | 207 | 高级中学 | 3 | | 3 | |
| 初级中学 | 296 | 16 | 121 | 159 | 织金县 | 45 | | 22 | 23 |
| 九年一贯制学校 | 81 | 14 | 25 | 42 | 初级中学 | 37 | | 14 | 23 |
| 完全中学 | 50 | 4 | 40 | 6 | 九年一贯制学校 | 1 | | 1 | |
| 高级中学 | 23 | 5 | 18 | | 完全中学 | 5 | | 5 | |
| 十二年一贯制学校 | 4 | 2 | 2 | | 高级中学 | 2 | | 2 | |
| 七星关区 | 95 | 40 | 27 | 28 | 纳雍县 | 40 | | 14 | 26 |
| 初级中学 | 49 | 15 | 18 | 16 | 初级中学 | 27 | | 9 | 18 |
| 九年一贯制学校 | 28 | 14 | 3 | 11 | 九年一贯制学校 | 8 | | 1 | 7 |
| 完全中学 | 11 | 4 | 6 | 1 | 完全中学 | 2 | | 1 | 1 |
| 高级中学 | 5 | 5 | | | 高级中学 | 3 | | 3 | |
| 十二年一贯制学校 | 2 | 2 | | | 威宁县 | 68 | | 44 | 24 |
| 大方县 | 46 | | 28 | 18 | 初级中学 | 52 | | 28 | 24 |
| 初级中学 | 29 | | 13 | 16 | 九年一贯制学校 | 5 | | 5 | |
| 九年一贯制学校 | 4 | | 4 | | 完全中学 | 7 | | 7 | |
| 完全中学 | 9 | | 7 | 2 | 高级中学 | 4 | | 4 | |
| 高级中学 | 4 | | 4 | | 赫章县 | 52 | | 17 | 35 |
| 黔西县 | 57 | | 33 | 24 | 初级中学 | 27 | | 5 | 22 |
| 初级中学 | 35 | | 18 | 17 | 九年一贯制学校 | 15 | | 3 | 12 |
| 九年一贯制学校 | 14 | | 7 | 7 | 完全中学 | 8 | | 7 | 1 |
| 完全中学 | 6 | | 6 | | 十二年一贯制学校 | 2 | | 2 | |
| 高级中学 | 2 | | 2 | | 百里杜鹃 | 5 | | | 5 |
| 金沙县 | 30 | | 16 | 14 | 初级中学 | 4 | | | 4 |
| 初级中学 | 27 | | 13 | 14 | 九年一贯制学校 | 1 | | | 1 |

| 县区 | 初中 | | | |
| --- | --- | --- | --- | --- |
| | 毕业生数 | 招生数 | 在校生数 | 毕业班学生数 |
| 毕节市 | 168351 | 158024 | 488316 | 173403 |
| 七星关区 | 28954 | 28562 | 85729 | 28901 |
| 大方县 | 15995 | 14153 | 42936 | 15299 |
| 黔西县 | 13986 | 12229 | 39198 | 13552 |
| 金沙县 | 10205 | 9447 | 29582 | 10489 |
| 织金县 | 21507 | 18384 | 58397 | 21281 |
| 纳雍县 | 17111 | 17841 | 52062 | 17535 |
| 威宁县 | 38634 | 37255 | 114717 | 43678 |
| 赫章县 | 17199 | 16087 | 52776 | 18059 |
| 百里杜鹃 | 1169 | 950 | 2990 | 1056 |
| 城市 | 9459 | 9926 | 30148 | 10319 |
| 七星关区 | 9173 | 9567 | 29225 | 10026 |
| 双山新区 | 286 | 359 | 923 | 293 |
| 县镇 | 92305 | 87084 | 266092 | 93801 |
| 七星关区 | 12560 | 11899 | 35211 | 11854 |
| 大方县 | 9414 | 8591 | 25653 | 8946 |
| 黔西县 | 9413 | 8384 | 26324 | 9013 |
| 金沙县 | 6703 | 6476 | 19746 | 6818 |
| 织金县 | 13195 | 11714 | 36926 | 13211 |
| 纳雍县 | 7720 | 8181 | 23866 | 7958 |
| 威宁县 | 25521 | 24108 | 73922 | 27963 |
| 赫章县 | 6262 | 6312 | 20298 | 6706 |
| 农村 | 66587 | 61014 | 192076 | 69283 |
| 七星关区 | 7221 | 7096 | 21293 | 7021 |
| 大方县 | 6581 | 5562 | 17283 | 6353 |
| 黔西县 | 4573 | 3845 | 12874 | 4539 |
| 金沙县 | 3502 | 2971 | 9836 | 3671 |
| 织金县 | 8312 | 6670 | 21471 | 8070 |
| 纳雍县 | 9391 | 9660 | 28196 | 9577 |
| 威宁县 | 13113 | 13147 | 40795 | 15715 |
| 赫章县 | 10937 | 9775 | 32478 | 11353 |
| 百里杜鹃 | 1169 | 950 | 2990 | 1056 |

# 情况（二）（2015年）

单位：人

| 高中 | | | | 中学教职工数 | 专任教师 | | |
|---|---|---|---|---|---|---|---|
| 毕业生数 | 招生数 | 在校生数 | 毕业班学生数 | | | 初中 | 高中 |
| 48358 | 73716 | 193481 | 55892 | 40764 | 38187 | 24330 | 13857 |
| 10038 | 14551 | 39447 | 12319 | 8042 | 7343 | 4400 | 2943 |
| 6341 | 7666 | 22534 | 6264 | 4461 | 4383 | 2470 | 1913 |
| 4813 | 6244 | 17367 | 5484 | 4199 | 3659 | 2532 | 1127 |
| 2989 | 4551 | 11678 | 3727 | 2837 | 2409 | 1711 | 698 |
| 5904 | 9642 | 23394 | 6044 | 4310 | 4188 | 2379 | 1809 |
| 4549 | 6194 | 16395 | 4612 | 3646 | 3412 | 2486 | 926 |
| 9050 | 16549 | 41702 | 11297 | 7299 | 7103 | 4621 | 2482 |
| 4504 | 7743 | 19704 | 5879 | 4816 | 4627 | 2812 | 1815 |
| 81 | 170 | 407 | 89 | 284 | 228 | 228 | |
| 8261 | 10426 | 29391 | 9733 | 4162 | 3668 | 1570 | 2098 |
| 8261 | 10426 | 29391 | 9733 | 4091 | 3601 | 1503 | 2098 |
| | | | | 71 | 67 | 67 | |
| 38630 | 60659 | 158057 | 44796 | 24622 | 23097 | 12129 | 10968 |
| 1639 | 3559 | 8835 | 2361 | 2457 | 2338 | 1604 | 734 |
| 5534 | 6798 | 20346 | 5780 | 3172 | 3113 | 1482 | 1631 |
| 4813 | 6244 | 17367 | 5484 | 3185 | 2710 | 1583 | 1127 |
| 2989 | 4551 | 11678 | 3727 | 2239 | 1892 | 1194 | 698 |
| 5904 | 9642 | 23394 | 6044 | 3210 | 3147 | 1338 | 1809 |
| 4364 | 5725 | 15479 | 4406 | 1941 | 1795 | 1032 | 763 |
| 9050 | 16549 | 41702 | 11297 | 5511 | 5359 | 2877 | 2482 |
| 4301 | 7400 | 18925 | 5663 | 2578 | 2434 | 758 | 1676 |
| 1467 | 2631 | 6033 | 1363 | 11980 | 11422 | 10631 | 791 |
| 138 | 566 | 1221 | 225 | 1494 | 1404 | 1293 | 111 |
| 807 | 868 | 2188 | 484 | 1289 | 1270 | 988 | 282 |
| | | | | 1014 | 949 | 949 | |
| | | | | 598 | 517 | 517 | |
| | | | | 1100 | 1041 | 1041 | |
| 185 | 469 | 916 | 206 | 1705 | 1617 | 1454 | 163 |
| | | | | 1788 | 1744 | 1744 | |
| 203 | 343 | 779 | 216 | 2238 | 2193 | 2054 | 139 |
| 81 | 170 | 407 | 89 | 284 | 228 | 228 | |

# 中学校舍

| 县区 | 初中 | | | | |
| --- | --- | --- | --- | --- | --- |
| | 学校占地面积 | 校舍建筑面积 | 教学及辅 助用房 | 行政办公用房 | 生活用房 |
| 毕节市 | 9373019 | 3224155 | 1233311 | 151663 | 1753617 |
| 七星关区 | 1473248 | 526365 | 194347 | 27396 | 275422 |
| 大方县 | 830255 | 290437 | 106022 | 16706 | 164962 |
| 黔西县 | 1000331 | 316937 | 126967 | 16673 | 157981 |
| 金沙县 | 855447 | 330623 | 115648 | 13362 | 184656 |
| 织金县 | 1060741 | 354402 | 169382 | 11702 | 167940 |
| 纳雍县 | 1011149 | 356652 | 134814 | 25074 | 188449 |
| 威宁县 | 1631981 | 551614 | 206362 | 19136 | 321681 |
| 赫章县 | 1170132 | 374781 | 127721 | 16595 | 229248 |
| 百里杜鹃 | 94570 | 29969 | 11651 | 1477 | 16516 |
| 城市 | 413654 | 178591 | 76233 | 16397 | 62785 |
| 七星关区 | 390654 | 172927 | 73686 | 15631 | 60434 |
| 双山新区 | 23000 | 5664 | 2547 | 766 | 2351 |
| 县镇 | 4729784 | 1570643 | 597958 | 75150 | 857660 |
| 七星关区 | 620041 | 193906 | 63564 | 5855 | 120149 |
| 大方县 | 511226 | 175052 | 63018 | 11909 | 97420 |
| 黔西县 | 607599 | 199247 | 76939 | 10803 | 99847 |
| 金沙县 | 527002 | 212235 | 72510 | 8698 | 118688 |
| 织金县 | 629129 | 190985 | 93682 | 6832 | 89112 |
| 纳雍县 | 350617 | 121831 | 50596 | 9590 | 57306 |
| 威宁县 | 1031726 | 352326 | 129324 | 14053 | 206162 |
| 赫章县 | 353387 | 90691 | 33239 | 6159 | 51213 |
| 农村 | 4229581 | 1474921 | 559120 | 60115 | 833172 |
| 七星关区 | 462553 | 159532 | 57097 | 5910 | 94839 |
| 大方县 | 319029 | 115385 | 43004 | 4797 | 67542 |
| 黔西县 | 392732 | 117690 | 50028 | 5870 | 58134 |
| 金沙县 | 328445 | 118388 | 43138 | 4664 | 65968 |
| 织金县 | 431613 | 163417 | 75700 | 4870 | 78828 |
| 纳雍县 | 660532 | 234821 | 84218 | 15484 | 131143 |
| 威宁县 | 600255 | 199287 | 77038 | 5083 | 115519 |
| 赫章县 | 816745 | 284090 | 94482 | 10436 | 178035 |
| 百里杜鹃 | 94570 | 29969 | 11651 | 1477 | 16516 |

# 基本情况（2015年）

单位：平方米

| | 高中 | | | | | |
|---|---|---|---|---|---|---|
| 其他用房 | 学校占地面积 | 校舍建筑面积 | 教学及辅助用房 | 行政办公用房 | 生活用房 | 其他用房 |
| 85565 | 4935124 | 2175260 | 790406 | 166511 | 1083759 | 134584 |
| 29200 | 1616758 | 695718 | 214877 | 66832 | 348710 | 65299 |
| 2747 | 561473 | 211453 | 89247 | 11412 | 109476 | 1318 |
| 15316 | 392587 | 158169 | 56119 | 13220 | 72972 | 15858 |
| 16957 | 468152 | 164329 | 33320 | 8241 | 91005 | 31763 |
| 5378 | 518572 | 283184 | 109548 | 10792 | 157438 | 5407 |
| 8314 | 348719 | 135717 | 56263 | 9002 | 70049 | 403 |
| 4435 | 595170 | 318614 | 132991 | 23919 | 149736 | 11969 |
| 1217 | 387980 | 191527 | 90422 | 20430 | 78418 | 2257 |
| 325 | | | | | | |
| 23176 | 1223496 | 573929 | 161992 | 63617 | 283261 | 65059 |
| 23176 | 1223496 | 573929 | 161992 | 63617 | 283261 | 65059 |
| | | | | | | |
| 39875 | 3461983 | 1495947 | 589658 | 97521 | 739352 | 69415 |
| 4338 | 358158 | 106911 | 45915 | 3215 | 57541 | 240 |
| 2705 | 473636 | 179299 | 78568 | 10572 | 88841 | 1318 |
| 11658 | 392587 | 158169 | 56119 | 13220 | 72972 | 15858 |
| 12339 | 468152 | 164329 | 33320 | 8241 | 91005 | 31763 |
| 1359 | 518572 | 283184 | 109548 | 10792 | 157438 | 5407 |
| 4339 | 285639 | 111138 | 50331 | 7353 | 53051 | 403 |
| 2787 | 595170 | 318614 | 132991 | 23919 | 149736 | 11969 |
| 80 | 364670 | 168947 | 80666 | 19790 | 66234 | 2257 |
| 22514 | 249645 | 105384 | 38756 | 5373 | 61146 | 109 |
| 1686 | 35104 | 14878 | 6970 | | 7908 | |
| 42 | 87837 | 32154 | 10679 | 840 | 20635 | |
| 3658 | | | | | | |
| 4618 | | | | | | |
| 4019 | | | | | | |
| 3975 | 63080 | 24579 | 5932 | 1649 | 16998 | |
| 1648 | | | | | | |
| 1137 | 23310 | 22580 | 9756 | 640 | 12184 | |
| 325 | | | | | | |

# 职高、中专基本情况(2015年)

单位:人

| 学校 | 毕业生数 | 招生数 | 在校生数 | 毕业班学生数 | 教职工数 | 校本部教职工数 | 专任教师 |
|---|---|---|---|---|---|---|---|
| 毕节市 | 11518 | 24421 | 69977 | 18485 | 2609 | 2598 | 2196 |
| 毕节市财贸学校 | 619 | 905 | 3475 | 965 | 229 | 229 | 155 |
| 毕节市工业学校 | 1158 | 1398 | 6085 | 1958 | 223 | 223 | 167 |
| 毕节市农业学校 | 488 | 3771 | 5659 | 863 | 108 | 108 | 77 |
| 毕节市卫生学校 | 2014 | 1419 | 8542 | 2573 | 405 | 405 | 352 |
| 毕节市幼儿师范学校 | 1022 | 663 | 2299 | 793 | | | |
| 毕节市七星关区中等职业学校 | 310 | 2006 | 4512 | 803 | 122 | 122 | 103 |
| 毕节市体育职业学校 | | 47 | 94 | | 66 | 66 | 42 |
| 毕节同心农工中等技术学校 | 2191 | 1162 | 4221 | 1429 | 157 | 157 | 152 |
| 黔西县中等职业学校 | 226 | 2384 | 5242 | 1234 | 173 | 173 | 161 |
| 金沙县中等职业学校 | 759 | 3118 | 7287 | 2124 | 228 | 218 | 217 |
| 织金县职业技术高级中学 | 291 | 1506 | 4228 | 1092 | 107 | 107 | 103 |
| 织金县精诚职业高级中学 | 37 | 139 | 380 | 79 | 25 | 24 | 16 |
| 纳雍县中等职业学校 | 884 | 889 | 3362 | 972 | 87 | 87 | 84 |
| 威宁县职业技术高级中学 | 1167 | 2657 | 7041 | 2191 | 413 | 413 | 345 |
| 毕节彝文双语职业学校 | 73 | 24 | 159 | 35 | 12 | 12 | 5 |
| 毕节工程职业学校 | | | 1408 | 375 | 63 | 63 | 63 |
| 赫章县平山农业技术高级中学 | 279 | 2333 | 5983 | 999 | 191 | 191 | 154 |

# 普通高校教职工情况(2015年)

| 指标 | 合计 | 正高级 | 副高级 | 中级 | 初级 | 无职称 |
|---|---|---|---|---|---|---|
| 教职工数 | 1655 | 53 | 384 | 530 | 293 | 395 |
| 专任教师 | 1315 | 44 | 359 | 453 | 256 | 203 |
| 博士研究生 | 26 | 3 | 19 | | | 4 |
| 硕士研究生 | 375 | 3 | 102 | 242 | 24 | 4 |
| 本科 | 892 | 38 | 233 | 203 | 223 | 195 |
| 专科及以下 | 22 | | 5 | 8 | 9 | |
| 行政人员 | 141 | 5 | 9 | 33 | 27 | 67 |
| 教辅人员 | 107 | 2 | 13 | 41 | 9 | 42 |
| 工勤人员 | 70 | | | | | 70 |
| 科研机构人员 | 14 | 3 | 2 | 3 | | 6 |
| 其他附设机构人员 | 8 | | 2 | 1 | 1 | 4 |
| 聘请校外教师 | 17 | | 3 | | 1 | 13 |
| 离退休人员 | 276 | 4 | 80 | 30 | 1 | 32 |

注:普通高校数据由贵州工程应用技术学院、毕节职业技术学院和毕节医学高等专科学校提供。

# 毕节医学高等专科学校专科分专业学生数(2015年)

单位:年、人

| 专业 | 招生数 | 在校学生数 | |
|---|---|---|---|
| | | 一年级 | 二年级 |
| 普通专科生 | | 1865 | 847 |
| 护理 | 735 | 602 | 271 |
| 助产 | 262 | 227 | 200 |
| 医学检验技术 | 415 | 346 | 172 |
| 医学影像技术 | 290 | 228 | 115 |
| 中药 | 119 | 78 | |
| 药学 | 322 | 248 | 89 |
| 康复治疗技术 | 170 | 136 | |

# 贵州工程应用技术学院普通

| 专业 | 年制 | 毕业生数 | 授予学位数 | 招生数 | |
|---|---|---|---|---|---|
| | | | | 总计 | 其中:应届生 |
| 普通本科生 | | 2485 | 2430 | 1568 | 1065 |
| 其中:女 | | 1131 | 1123 | 685 | 466 |
| 高中起点本科 | | 2423 | 2370 | 1487 | 984 |
| 历史学 | 4 | 54 | 53 | | |
| 信息与计算科学 | 4 | 44 | 44 | | |
| 安全工程 | 4 | 76 | 73 | | |
| 英语 | 4 | 160 | 160 | 72 | 48 |
| 车辆工程 | 4 | | | 44 | 28 |
| 生物科学 | 4 | 64 | 62 | 46 | 34 |
| 计算机科学与技术 | 4 | 39 | 35 | | |
| 计算机科学与技术(软件) | 4 | | | 37 | 26 |
| 计算机科学与技术(移动互联网) | 4 | | | | |
| 计算机科学与技术(物联网) | 4 | | | 32 | 23 |
| 计算机科学与技术(移动3G4G) | 4 | | | 55 | 41 |
| 汉语言文学 | 4 | 174 | 174 | 102 | 49 |
| 工程管理 | 4 | | | | |
| 采矿工程 | 4 | 133 | 132 | 41 | 32 |
| 测绘工程 | 4 | | | | |
| 地质工程 | 4 | | | 42 | 27 |
| 水利水电工程 | 4 | | | 46 | 30 |
| 土木工程 | 4 | | | 55 | 35 |
| 机械电子工程 | 4 | | | 42 | 29 |
| 光电信息科学与工程 | 4 | 42 | 41 | | |
| 地理科学 | 4 | 62 | 61 | | |
| 过程装备与控制工程 | 4 | | | 42 | 29 |
| 地理信息科学 | 4 | | | 42 | 33 |
| 机械设计制造及其自动化 | 4 | | | 44 | 33 |
| 经济学 | 4 | 108 | 104 | | |
| 学前教育 | 4 | 128 | 127 | 44 | 14 |
| 思想政治教育 | 4 | 59 | 57 | | |
| 物理学 | 4 | 64 | 64 | 52 | 39 |
| 体育教育 | 4 | 107 | 105 | 44 | 35 |
| 数学与应用数学 | 4 | 102 | 101 | 45 | 27 |
| 化学 | 4 | 85 | 85 | 53 | 26 |
| 小学教育(文科方向) | 4 | 51 | 51 | | |
| 小学教育(理科方向) | 4 | 51 | 50 | | |
| 小学教育(语文方向) | 4 | | | 46 | 20 |
| 小学教育(数学方向) | 4 | | | | |
| 应用物理学 | 4 | 39 | 39 | | |
| 应用物理学(应用电子技术) | 4 | | | | |

# 本科、专科分专业学生情况(一)(2015年)

单位:年、人

| 在校学生数 | | | | | 预计毕业生数 |
|---|---|---|---|---|---|
| 总计 | 一年级 | 二年级 | 三年级 | 四年级 | |
| 6592 | 1570 | 1685 | 1809 | 1528 | 1586 |
| 2995 | 686 | 727 | 913 | 669 | 691 |
| 6452 | 1488 | 1627 | 1809 | 1528 | 1528 |
| 91 | | | 44 | 47 | 47 |
| 33 | | | | 33 | 33 |
| 155 | | 53 | 44 | 58 | 58 |
| 315 | 72 | 78 | 67 | 98 | 98 |
| 44 | 44 | | | | |
| 191 | 46 | 49 | 43 | 53 | 53 |
| 88 | | | 46 | 42 | 42 |
| 63 | 37 | 26 | | | |
| 30 | | 30 | | | |
| 61 | 32 | 29 | | | |
| 112 | 55 | 57 | | | |
| 382 | 102 | 64 | 124 | 92 | 92 |
| 118 | | 55 | 63 | | |
| 248 | 41 | 53 | 83 | 71 | 71 |
| 43 | | | 43 | | |
| 42 | 42 | | | | |
| 46 | 46 | | | | |
| 323 | 55 | 108 | 103 | 57 | 57 |
| 42 | 42 | | | | |
| 34 | | | 34 | | |
| 150 | | 52 | 56 | 42 | 42 |
| 42 | 42 | | | | |
| 42 | 42 | | | | |
| 274 | 44 | 99 | 87 | 44 | 44 |
| 103 | | | 49 | 54 | 54 |
| 263 | 45 | 80 | 79 | 59 | 59 |
| 105 | | | 50 | 55 | 55 |
| 185 | 52 | 47 | 47 | 39 | 39 |
| 170 | 44 | 43 | 41 | 42 | 42 |
| 195 | 45 | 56 | 44 | 50 | 50 |
| 205 | 53 | 52 | 47 | 53 | 53 |
| 108 | | | 59 | 49 | 49 |
| 88 | | | 46 | 42 | 42 |
| 92 | 46 | 46 | | | |
| 46 | | 46 | | | |
| 34 | | | | 34 | 34 |
| 28 | | 28 | | | |

# 贵州工程应用技术学院普通

| 专业 | 年制 | 毕业生数 | 授予学位数 | 招生数 | |
|---|---|---|---|---|---|
| | | | | 总计 | 其中:应届生 |
| 应用化学 | 4 | 81 | 78 | | |
| 化学工程与工艺 | 4 | | | 43 | 29 |
| 社会体育指导与管理 | 4 | 98 | 98 | | |
| 舞蹈学 | 4 | | | 53 | 50 |
| 视觉传达设计 | 4 | 106 | 99 | 43 | 38 |
| 音乐学 | 4 | 73 | 69 | 76 | 54 |
| 广播电视学 | 4 | 101 | 97 | 47 | 24 |
| 特殊教育 | 4 | 42 | 42 | 43 | 21 |
| 特殊教育 | 4 | | | | |
| 信息管理与信息系统 | 4 | 53 | 46 | 53 | 35 |
| 美术学 | 4 | 102 | 99 | 45 | 40 |
| 人力资源管理 | 4 | 125 | 124 | 58 | 35 |
| 专科起点本科 | | 62 | 60 | 81 | 81 |
| 英语 | 2 | 6 | 6 | | |
| 安全工程 | 2 | 2 | 2 | | |
| 计算机科学与技术 | 2 | 6 | 5 | 7 | 7 |
| 机械设计制造及其自动化 | 2 | | | | |
| 地理科学 | 2 | | | | |
| 土木工程 | 2 | | | 31 | 31 |
| 采矿工程 | 2 | 10 | 10 | | |
| 汉语言文学 | 2 | 12 | 11 | 9 | 9 |
| 人力资源管理 | 2 | 7 | 7 | | |
| 特殊教育 | 2 | 4 | 4 | | |
| 音乐学 | 2 | 1 | 1 | 1 | 1 |
| 舞蹈表演 | 2 | | | | |
| 小学教育 | 2 | | | | |
| 小学教育 | 2 | 1 | 1 | 3 | 3 |
| 体育教育 | 2 | 4 | 4 | | |
| 思想政治教育 | 2 | 1 | 1 | | |
| 学前教育 | 2 | 2 | 2 | 1 | 1 |
| 经济学 | 2 | 6 | 6 | 29 | 29 |
| 普通专科生 | | 129 | | 280 | 220 |
| 其中:女 | | 51 | | 147 | 124 |
| 高中起点专科 | | 129 | | 280 | 220 |
| 建筑工程技术 | 3 | 48 | | 66 | 46 |
| 旅游服务与管理 | 3 | 28 | | | |
| 体育教育 | 3 | | | 30 | 24 |
| 学前教育 | 3 | | | 74 | 64 |
| 会计 | 3 | 53 | | 94 | 71 |
| 机械制造与自动化 | 3 | | | 16 | 15 |

# 本科、专科分专业学生情况(二)(2015年)

单位:年、人

| 在校学生数 | | | | | 预计毕业生数 |
|---|---|---|---|---|---|
| 总计 | 一年级 | 二年级 | 三年级 | 四年级 | |
| 78 | | | 34 | 44 | 44 |
| 88 | 43 | 45 | | | |
| 103 | | 39 | 28 | 36 | 36 |
| 199 | 53 | 46 | 59 | 41 | 41 |
| 245 | 43 | 31 | 88 | 83 | 83 |
| 250 | 76 | 47 | 72 | 55 | 55 |
| 144 | 47 | 47 | 50 | | |
| 115 | 43 | 37 | 34 | 1 | 1 |
| 31 | | 31 | | | |
| 90 | 53 | 37 | | | |
| 322 | 45 | 68 | 104 | 105 | 105 |
| 196 | 58 | 48 | 41 | 49 | 49 |
| 140 | 82 | 58 | | | 58 |
| | | | | | |
| 2 | | 2 | | | 2 |
| 8 | 7 | 1 | | | 1 |
| 7 | | 7 | | | 7 |
| 3 | | 3 | | | 3 |
| 42 | 31 | 11 | | | 11 |
| 11 | | 11 | | | 11 |
| 9 | 9 | | | | |
| | | | | | |
| | | | | | |
| 2 | 2 | | | | |
| 4 | | 4 | | | 4 |
| 1 | | 1 | | | 1 |
| 3 | 3 | | | | |
| | | | | | |
| 1 | | 1 | | | 1 |
| 9 | 1 | 8 | | | 8 |
| 38 | 29 | 9 | | | 9 |
| 603 | 280 | 140 | 183 | | 183 |
| 327 | 147 | 58 | 122 | | 122 |
| 603 | 280 | 140 | 183 | | 183 |
| 145 | 66 | 47 | 32 | | 32 |
| 53 | | 24 | 29 | | 29 |
| 30 | 30 | | | | |
| 152 | 74 | | 78 | | 78 |
| 207 | 94 | 69 | 44 | | 44 |
| 16 | 16 | | | | |

# 贵州工程应用技术学院成人

| 专业 | 年制 | 毕业生数 | 招生数 |
|---|---|---|---|
| 成人本科生 | | 341 | 136 |
| 其中:女 | | 160 | 62 |
| 函授本科 | | 296 | 120 |
| 其中:女 | | 130 | 59 |
| 专科起点本科 | | 296 | 120 |
| 人力资源管理 | 3 | 5 | |
| 采矿工程 | 3 | 12 | 19 |
| 安全工程 | 3 | | 4 |
| 土木工程 | 3 | | |
| 计算机科学与技术 | 3 | 7 | 1 |
| 经济学 | 3 | | 3 |
| 学前教育 | 3 | 2 | 6 |
| 思想政治教育 | 3 | 21 | 3 |
| 物理学 | 3 | 20 | |
| 体育教育 | 3 | 19 | 4 |
| 数学与应用数学 | 3 | 45 | 6 |
| 小学教育 | 3 | 4 | 4 |
| 汉语言文学 | 3 | 161 | 70 |
| 业余本科 | | 45 | 16 |
| 其中:女 | | 30 | 3 |
| 专科起点本科 | | 45 | 16 |
| 工程管理 | 3 | | 14 |
| 英语 | 3 | 20 | 2 |
| 音乐学 | 3 | 14 | |
| 美术学 | 3 | 11 | |
| 体育教育 | 3 | | |
| 成人专科生 | | 1035 | 291 |
| 其中:女 | | 774 | 227 |
| 函授专科 | | 1033 | 291 |
| 其中:女 | | 773 | 227 |
| 高中起点专科 | | 1033 | 291 |
| 数学教育 | 3 | 5 | |
| 建筑工程技术 | 3 | 100 | 5 |
| 计算机教育 | 3 | 26 | 1 |
| 初等教育 | 3 | 11 | 3 |
| 学前教育 | 3 | | 45 |
| 会计 | 3 | | |
| 语文教育 | 3 | 855 | 221 |
| 煤矿开采技术 | 3 | 36 | 16 |
| 业余专科 | | 2 | |
| 其中:女 | | 1 | |
| 高中起点专科 | | 2 | |
| 英语教育 | 3 | 2 | |

# 本科、专科分专业学生情况(2015年)

单位:年、人

| 在校学生数 | | | | 预计毕业生数 |
| --- | --- | --- | --- | --- |
| 合计 | 一年级 | 二年级 | 三年级 | |
| 659 | 136 | 260 | 263 | 263 |
| 241 | 62 | 106 | 73 | 73 |
| 602 | 120 | 240 | 242 | 242 |
| 213 | 59 | 93 | 61 | 61 |
| 602 | 120 | 240 | 242 | 242 |
| | | | | |
| 147 | 19 | 37 | 91 | 91 |
| 17 | 4 | 4 | 9 | 9 |
| 10 | | 10 | | |
| 3 | 1 | | 2 | 2 |
| 11 | 3 | 4 | 4 | 4 |
| 16 | 6 | 8 | 2 | 2 |
| 7 | 3 | 4 | | |
| 12 | | 4 | 8 | 8 |
| 24 | 4 | 20 | | |
| 61 | 6 | 35 | 20 | 20 |
| 20 | 4 | 8 | 8 | 8 |
| 274 | 70 | 106 | 98 | 98 |
| 57 | 16 | 20 | 21 | 21 |
| 28 | 3 | 13 | 12 | 12 |
| 57 | 16 | 20 | 21 | 21 |
| 14 | 14 | | | |
| 21 | 2 | 10 | 9 | 9 |
| 6 | | 3 | 3 | 3 |
| 9 | | 7 | 2 | 2 |
| 7 | | | 7 | 7 |
| 3541 | 291 | 1575 | 1675 | 1675 |
| 3137 | 227 | 1450 | 1460 | 1460 |
| 3541 | 291 | 1575 | 1675 | 1675 |
| 3137 | 227 | 1450 | 1460 | 1460 |
| 3541 | 291 | 1575 | 1675 | 1675 |
| | | | | |
| 8 | 5 | 1 | 2 | 2 |
| 16 | 1 | | 15 | 15 |
| 9 | 3 | 2 | 4 | 4 |
| 1288 | 45 | 630 | 613 | 613 |
| 5 | | 1 | 4 | 4 |
| 2120 | 221 | 920 | 979 | 979 |
| 95 | 16 | 21 | 58 | 58 |

# 毕节职业技术学院专科分专业学生情况(一)(2015年)

单位:年、人

| 专业 | 年制 | 毕业生数 | 招生数 | | 在校学生数 | | | |
|---|---|---|---|---|---|---|---|---|
| | | | | 应届毕业生 | 总计 | 一年级 | 二年级 | 三年级 |
| 普通专科生 | | 1731 | 2413 | 2303 | 6036 | 2413 | 2163 | 1460 |
| 其中:女 | | 1061 | 1761 | 1761 | 4414 | 1761 | 1585 | 1068 |
| 高中起点专科 | | 1731 | 1208 | 1142 | 4831 | 1208 | 2163 | 1460 |
| 煤矿开采技术 | 3 | 178 | 15 | 15 | 115 | 15 | 38 | 62 |
| 矿井通风与安全 | 3 | 13 | 5 | 5 | 13 | 5 | | 8 |
| 畜牧兽医 | 3 | 32 | 31 | 27 | 64 | 31 | 16 | 17 |
| 电子信息工程技术 | 3 | 11 | 10 | 9 | 24 | 10 | 1 | 13 |
| 汽车制造与装配技术 | 3 | 27 | 32 | 32 | 56 | 32 | 18 | 6 |
| 水利工程 | 3 | 60 | 46 | 45 | 100 | 46 | 33 | 21 |
| 工程造价 | 3 | 68 | 53 | 53 | 98 | 53 | 45 | |
| 园林工程技术 | 3 | 24 | 28 | 26 | 50 | 28 | 13 | 9 |
| 环境艺术设计 | 3 | | 36 | 32 | 36 | 36 | | |
| 农产品质量检测 | 3 | 13 | 11 | 11 | 11 | 11 | | |
| 汽车检测与维修技术 | 3 | | 34 | 34 | 34 | 34 | | |
| 中草药栽培技术 | 3 | 29 | 43 | 40 | 70 | 43 | 18 | 9 |
| 建筑工程技术 | 3 | 127 | 79 | 77 | 226 | 79 | 82 | 65 |
| 矿山机电 | 3 | | 3 | 3 | 3 | 3 | | |
| 视觉传达艺术设计 | 3 | 4 | | | | | | |
| 学前教育 | 3 | 356 | 181 | 164 | 831 | 181 | 335 | 315 |
| 医学检验技术 | 3 | | 98 | 96 | 292 | 98 | 194 | |
| 旅游管理 | 3 | 23 | 17 | 16 | 37 | 17 | 15 | 5 |
| 医学影像技术 | 3 | | 61 | 57 | 495 | 61 | 208 | 226 |
| 护理 | 3 | 515 | 159 | 154 | 1694 | 159 | 938 | 597 |
| 酒店管理 | 3 | 32 | 23 | 20 | 45 | 23 | 11 | 11 |
| 营销与策划 | 3 | 29 | 24 | 21 | 25 | 24 | 1 | |
| 物流管理 | 3 | 20 | 26 | 26 | 39 | 26 | 13 | |
| 金融保险 | 3 | 22 | | | | | | |
| 会计电算化 | 3 | 101 | 67 | 60 | 191 | 67 | 75 | 49 |
| 财务管理 | 3 | | 62 | 59 | 143 | 62 | 61 | 20 |

# 毕节职业技术学院专科分专业学生情况(二)(2015年)

单位:年、人

| 专业 | 年制 | 毕业生数 | 招生数 | | 在校学生数 | | | |
|---|---|---|---|---|---|---|---|---|
| | | | | 应届毕业生 | 总计 | 一年级 | 二年级 | 三年级 |
| 计算机网络技术 | 3 | 17 | 12 | 11 | 49 | 12 | 24 | 13 |
| 软件技术 | 3 | 12 | 13 | 12 | 14 | 13 | 1 | |
| 计算机应用技术 | 3 | 18 | 39 | 37 | 76 | 39 | 23 | 14 |
| 对口招收中职生 | | | 753 | 709 | 753 | 753 | | |
| 畜牧兽医 | 3 | | 9 | 9 | 9 | 9 | | |
| 环境艺术设计 | 3 | | 3 | 2 | 3 | 3 | | |
| 园林工程技术 | 3 | | 7 | 7 | 7 | 7 | | |
| 工程造价 | 3 | | 1 | 1 | 1 | 1 | | |
| 汽车检测与维修技术 | 3 | | 1 | 1 | 1 | 1 | | |
| 计算机应用技术 | 3 | | 3 | 2 | 3 | 3 | | |
| 软件技术 | 3 | | 1 | 1 | 1 | 1 | | |
| 计算机网络技术 | 3 | | 2 | 2 | 2 | 2 | | |
| 财务管理 | 3 | | 5 | 5 | 5 | 5 | | |
| 会计电算化 | 3 | | 10 | 8 | 10 | 10 | | |
| 营销与策划 | 3 | | 2 | 2 | 2 | 2 | | |
| 酒店管理 | 3 | | 3 | 3 | 3 | 3 | | |
| 护理 | 3 | | 543 | 511 | 543 | 543 | | |
| 医学影像技术 | 3 | | 49 | 46 | 49 | 49 | | |
| 旅游管理 | 3 | | 2 | 2 | 2 | 2 | | |
| 医学检验技术 | 3 | | 47 | 45 | 47 | 47 | | |
| 学前教育 | 3 | | 52 | 50 | 52 | 52 | | |
| 建筑工程技术 | 3 | | 6 | 6 | 6 | 6 | | |
| 中草药栽培技术 | 3 | | 7 | 6 | 7 | 7 | | |
| 五年制高职转入 | | | 452 | 452 | 452 | 452 | | |
| 学前教育 | 2 | | 128 | 128 | 128 | 128 | | |
| 护理 | 2 | | 242 | 242 | 242 | 242 | | |
| 会计电算化 | 2 | | 61 | 61 | 61 | 61 | | |
| 计算机应用技术 | 2 | | 21 | 21 | 21 | 21 | | |

# 毕节市医疗卫生机构、

| 机构分类 | 机构个数 | 实有床位数 | 在岗 | | | | | |
|---|---|---|---|---|---|---|---|---|
| | | | 合计 | 卫生技 | | | | |
| | | | | 小计 | 执业(助理)医师 | | 注册护士 |
| | | | | | | 执业医师 | |
| 总计 | 5183 | 33255 | 39661 | 25448 | 7978 | 5287 | 10412 |
| 一、医院 | 261 | 23519 | 18224 | 15150 | 4346 | 3456 | 7209 |
| 综合医院 | 215 | 18382 | 14495 | 12047 | 3466 | 2713 | 5742 |
| 中医医院 | 13 | 2242 | 2155 | 1833 | 551 | 470 | 731 |
| 中西医结合医院 | 4 | 192 | 139 | 113 | 30 | 23 | 64 |
| 专科医院 | 29 | 2703 | 1435 | 1157 | 299 | 250 | 672 |
| 口腔医院 | 1 | 15 | 28 | 23 | 9 | 6 | 13 |
| 妇产(科)医院 | 8 | 403 | 351 | 293 | 80 | 68 | 169 |
| 精神病医院 | 11 | 1679 | 545 | 447 | 88 | 77 | 286 |
| 麻风病医院 | 1 | 117 | 145 | 107 | 57 | 45 | 40 |
| 骨科医院 | 1 | 150 | 67 | 65 | 14 | 9 | 33 |
| 康复医院 | 3 | 184 | 190 | 136 | 28 | 25 | 91 |
| 其他专科医院 | 4 | 155 | 109 | 86 | 23 | 20 | 40 |
| 二、基层医疗卫生机构 | 4639 | 8855 | 18193 | 8207 | 2825 | 1259 | 2679 |
| 社区卫生服务中心(站) | 37 | 465 | 538 | 454 | 172 | 105 | 182 |
| 社区卫生服务中心 | 20 | 465 | 495 | 412 | 157 | 93 | 164 |
| 社区卫生服务站 | 17 | | 43 | 42 | 15 | 12 | 18 |
| 卫生院 | 238 | 8390 | 8380 | 6832 | 1980 | 839 | 2268 |
| 街道卫生院 | 4 | 175 | 157 | 126 | 48 | 20 | 51 |
| 乡镇卫生院 | 234 | 8215 | 8223 | 6706 | 1932 | 819 | 2217 |
| 中心卫生院 | 97 | 4672 | 4185 | 3410 | 1033 | 469 | 1103 |
| 乡卫生院 | 137 | 3543 | 4038 | 3296 | 899 | 350 | 1114 |
| 村卫生室 | 4111 | | 8851 | 504 | 374 | 112 | 130 |
| 门诊部 | 5 | | 23 | 18 | 7 | 4 | 10 |
| 综合门诊部 | 4 | | 14 | 9 | 4 | 2 | 4 |
| 专科门诊部 | 1 | | 9 | 9 | 3 | 2 | 6 |
| 诊所、卫生所、医务室 | 248 | | 401 | 399 | 292 | 199 | 89 |

注:卫生数据由市卫生局提供。本表人员合计中包括乡村医生5582人和卫生员2765人;不含乡镇卫生院在村卫生室工作的执业(助理)医师、注册护士数。

# 床位、人员情况(一)(2015年)

单位:个、张、人

| 职工 | | | | | | | |
|---|---|---|---|---|---|---|---|
| 术人员 | | | | | 其他技术人员 | 管理人员 | 工勤技能人员 |
| 药师(士) | 技师(士) | | 其他 | | | | |
| | | 检验师 | | 见习医师 | | | |
| 897 | 1420 | 779 | 4741 | 1802 | 1799 | 2474 | 1593 |
| 626 | 888 | 480 | 2081 | 1202 | 976 | 895 | 1203 |
| 457 | 738 | 393 | 1644 | 920 | 858 | 705 | 885 |
| 125 | 101 | 58 | 325 | 235 | 56 | 104 | 162 |
| 3 | 3 | 1 | 13 | 9 | 1 | 14 | 11 |
| 41 | 46 | 28 | 99 | 38 | 61 | 72 | 145 |
| | 1 | | | | | 4 | 1 |
| 11 | 14 | 10 | 19 | 5 | 6 | 17 | 35 |
| 12 | 11 | 8 | 50 | 24 | 17 | 29 | 52 |
| 7 | 3 | | | | 27 | 6 | 5 |
| 1 | 2 | 1 | 15 | 5 | | | 2 |
| 5 | 8 | 4 | 4 | 2 | 5 | 6 | 43 |
| 5 | 7 | 5 | 11 | 2 | 6 | 10 | 7 |
| 227 | 405 | 218 | 2071 | 559 | 490 | 950 | 199 |
| 16 | 25 | 17 | 59 | 19 | 7 | 70 | 7 |
| 16 | 24 | 16 | 51 | 16 | 7 | 70 | 6 |
| | 1 | 1 | 8 | 3 | | | 1 |
| 210 | 379 | 201 | 1995 | 535 | 483 | 880 | 185 |
| 3 | 7 | 3 | 17 | 7 | | 31 | |
| 207 | 372 | 198 | 1978 | 528 | 483 | 849 | 185 |
| 99 | 207 | 110 | 968 | 285 | 219 | 437 | 119 |
| 108 | 165 | 88 | 1010 | 243 | 264 | 412 | 66 |
| | | | | | | | |
| | | | 1 | | | | 5 |
| | | | 1 | | | | 5 |
| | | | | | | | |
| 1 | 1 | | 16 | 5 | | | 2 |

# 毕节市医疗卫生机构、

| 机构分类 | 机构个数 | 实有床位数 | 在岗 | | | | |
|---|---|---|---|---|---|---|---|
| | | | 合计 | 卫生技 | | | |
| | | | | 小计 | 执业(助理)医师 | | 注册护士 |
| | | | | | | 执业医师 | |
| 诊所 | 235 | | 374 | 372 | 272 | 184 | 86 |
| 卫生所、医务室 | 13 | | 27 | 27 | 20 | 15 | 3 |
| 三、专业公共卫生机构 | 282 | 881 | 3234 | 2086 | 803 | 568 | 524 |
| 疾病预防控制中心 | 10 | | 544 | 457 | 186 | 145 | 47 |
| 省辖市(地区)属 | 1 | | 79 | 64 | 2 | 2 | |
| 地辖市属 | 1 | | 58 | 51 | 15 | 14 | |
| 县属 | 8 | | 407 | 342 | 169 | 129 | 47 |
| 专科疾病防治院(所、站) | 2 | 240 | 191 | 151 | 55 | 54 | 63 |
| 专科疾病防治院 | 1 | 240 | 191 | 151 | 55 | 54 | 63 |
| 传染病防治院 | 1 | 240 | 191 | 151 | 55 | 54 | 63 |
| 专科疾病防治所(站、中心) | 1 | | | | | | |
| 药物戒毒所(中心) | 1 | | | | | | |
| 妇幼保健院(所、站) | 11 | 641 | 813 | 687 | 320 | 264 | 233 |
| 省辖市(地区)属 | 1 | 70 | 152 | 122 | 41 | 41 | 58 |
| 地辖市属 | 1 | 24 | 85 | 77 | 30 | 23 | 24 |
| 县属 | 9 | 547 | 576 | 488 | 249 | 200 | 151 |
| 妇幼保健院 | 11 | 641 | 813 | 687 | 320 | 264 | 233 |
| 急救中心(站) | 1 | | 41 | 23 | 5 | 5 | 9 |
| 采供血机构 | 2 | | 52 | 39 | 10 | 10 | 13 |
| 卫生监督所(中心) | 9 | | 173 | 152 | | | |
| 地辖市属 | 2 | | 58 | 49 | | | |
| 县属 | 7 | | 115 | 103 | | | |
| 计划生育技术服务机构 | 247 | | 1420 | 577 | 227 | 90 | 159 |
| 四、其他卫生机构 | 1 | | 10 | 5 | 4 | 4 | |
| 医学在职培训机构 | 1 | | 10 | 5 | 4 | 4 | |

# 床位、人员情况(二)(2015年)

单位:个、张、人

| 职工 | | | | | | | |
|---|---|---|---|---|---|---|---|
| 术人员 | | | | | 其他技术人员 | 管理人员 | 工勤技能人员 |
| 药师(士) | 技师(士) | | 其他 | | | | |
| | | 检验师 | | 见习医师 | | | |
| 1 | 1 | | 12 | 4 | | | 2 |
| | | | 4 | 1 | | | |
| 43 | 127 | 81 | 589 | 41 | 329 | 628 | 191 |
| 9 | 27 | 19 | 188 | 18 | 10 | 54 | 23 |
| | 2 | 2 | 60 | | 3 | 2 | 10 |
| | | | 36 | | 4 | 2 | 1 |
| 9 | 25 | 17 | 92 | 18 | 3 | 50 | 12 |
| 8 | 25 | 10 | | | 22 | 12 | 6 |
| 8 | 25 | 10 | | | 22 | 12 | 6 |
| 8 | 25 | 10 | | | 22 | 12 | 6 |
| | | | | | | | |
| | | | | | | | |
| 15 | 54 | 34 | 65 | 5 | 67 | 50 | 9 |
| 5 | 18 | 8 | | | 21 | 6 | 3 |
| | 5 | 3 | 18 | | | 7 | 1 |
| 10 | 31 | 23 | 47 | 5 | 46 | 37 | 5 |
| 15 | 54 | 34 | 65 | 5 | 67 | 50 | 9 |
| 1 | | | 8 | | 2 | 5 | 11 |
| 2 | 9 | 9 | 5 | 2 | 4 | 6 | 3 |
| | | | 152 | | 1 | 6 | 14 |
| | | | 49 | | 1 | 3 | 5 |
| | | | 103 | | | 3 | 9 |
| 8 | 12 | 9 | 171 | 16 | 223 | 495 | 125 |
| 1 | | | | | 4 | 1 | |
| 1 | | | | | 4 | 1 | |

# 七星关区医疗卫生机构、

| 机构分类 | 机构个数 | 实有床位数 | 在岗 | | | | |
|---|---|---|---|---|---|---|---|
| | | | 合计 | 卫生技 | | | |
| | | | | 小计 | 执业(助理)医师 | | 注册护士 |
| | | | | | | 执业医师 | |
| 总计 | 748 | 8188 | 8580 | 5604 | 1817 | 1475 | 2439 |
| 一、医院 | 58 | 5902 | 4511 | 3814 | 1185 | 1103 | 1866 |
| 综合医院 | 42 | 4256 | 3421 | 2942 | 875 | 819 | 1471 |
| 中医医院 | 2 | 495 | 438 | 364 | 151 | 150 | 132 |
| 专科医院 | 14 | 1151 | 652 | 508 | 159 | 134 | 263 |
| 口腔医院 | 1 | 15 | 28 | 23 | 9 | 6 | 13 |
| 妇产(科)医院 | 2 | 80 | 75 | 70 | 13 | 13 | 48 |
| 精神病医院 | 4 | 609 | 168 | 140 | 40 | 35 | 71 |
| 麻风病医院 | 1 | 117 | 145 | 107 | 57 | 45 | 40 |
| 骨科医院 | 1 | 150 | 67 | 65 | 14 | 9 | 33 |
| 康复医院 | 2 | 85 | 88 | 45 | 9 | 9 | 29 |
| 其他专科医院 | 3 | 95 | 81 | 58 | 17 | 17 | 29 |
| 二、基层医疗卫生机构 | 637 | 1952 | 3110 | 1118 | 423 | 187 | 362 |
| 社区卫生服务中心(站) | 5 | 206 | 86 | 76 | 37 | 19 | 28 |
| 社区卫生服务中心 | 4 | 206 | 83 | 74 | 37 | 19 | 26 |
| 社区卫生服务站 | 1 | | 3 | 2 | | | 2 |
| 卫生院 | 35 | 1746 | 1035 | 924 | 275 | 137 | 328 |
| 乡镇卫生院 | 35 | 1746 | 1035 | 924 | 275 | 137 | 328 |
| 中心卫生院 | 19 | 1184 | 664 | 588 | 177 | 97 | 205 |
| 乡卫生院 | 16 | 562 | 371 | 336 | 98 | 40 | 123 |
| 村卫生室 | 529 | | 1918 | 47 | 41 | 5 | 6 |
| 诊所、卫生所、医务室 | 68 | | 71 | 71 | 70 | 26 | |
| 诊所 | 66 | | 69 | 69 | 68 | 24 | |
| 卫生所、医务室 | 2 | | 2 | 2 | 2 | 2 | |
| 三、专业公共卫生机构 | 52 | 334 | 949 | 667 | 205 | 181 | 211 |
| 疾病预防控制中心 | 2 | | 137 | 115 | 17 | 16 | |
| 省辖市(地区)属 | 1 | | 79 | 64 | 2 | 2 | |
| 地辖市属 | 1 | | 58 | 51 | 15 | 14 | |
| 专科疾病防治院(所、站) | 1 | 240 | 191 | 151 | 55 | 54 | 63 |
| 专科疾病防治院 | 1 | 240 | 191 | 151 | 55 | 54 | 63 |
| 传染病防治院 | 1 | 240 | 191 | 151 | 55 | 54 | 63 |
| 妇幼保健院(所、站) | 2 | 94 | 237 | 199 | 71 | 64 | 82 |
| 省辖市(地区)属 | 1 | 70 | 152 | 122 | 41 | 41 | 58 |
| 地辖市属 | 1 | 24 | 85 | 77 | 30 | 23 | 24 |
| 妇幼保健院 | 2 | 94 | 237 | 199 | 71 | 64 | 82 |
| 急救中心(站) | 1 | | 41 | 23 | 5 | 5 | 9 |
| 采供血机构 | 1 | | 33 | 22 | 5 | 5 | 8 |
| 卫生监督所(中心) | 2 | | 58 | 49 | | | |
| 地辖市属 | 2 | | 58 | 49 | | | |
| 计划生育技术服务机构 | 43 | | 252 | 108 | 52 | 37 | 49 |
| 四、其他卫生机构 | 1 | | 10 | 5 | 4 | 4 | |
| 医学在职培训机构 | 1 | | 10 | 5 | 4 | 4 | |

注:本表人员合计中包括乡村医生999人和卫生员872人;不含乡镇卫生院在村卫生室工作的执业(助理)医师、注册护士数。

# 床位、人员情况（2015年）

单位：个、张、人

| 职工 | | | | | | | |
|---|---|---|---|---|---|---|---|
| 术人员 | | | | | 其他技术人员 | 管理人员 | 工勤技能人员 |
| 药师(士) | 技师(士) | | 其他 | | | | |
| | | 检验师 | | 见习医师 | | | |
| 193 | 318 | 197 | 837 | 336 | 444 | 302 | 359 |
| 154 | 185 | 123 | 424 | 282 | 220 | 194 | 283 |
| 104 | 143 | 93 | 349 | 231 | 145 | 128 | 206 |
| 26 | 19 | 17 | 36 | 36 | 26 | 29 | 19 |
| 24 | 23 | 13 | 39 | 15 | 49 | 37 | 58 |
| | 1 | | | | | 4 | 1 |
| 4 | 3 | 2 | 2 | 2 | 1 | 4 | |
| 5 | 6 | 4 | 18 | 6 | 13 | 10 | 5 |
| 7 | 3 | | | | 27 | 6 | 5 |
| 1 | 2 | 1 | 15 | 5 | | | 2 |
| 3 | 3 | 2 | 1 | | 2 | 3 | 38 |
| 4 | 5 | 4 | 3 | 2 | 6 | 10 | 7 |
| 22 | 74 | 42 | 237 | 52 | 62 | 38 | 21 |
| 2 | 5 | 3 | 4 | | | 8 | 2 |
| 2 | 5 | 3 | 4 | | | 8 | 1 |
| | | | | | | | 1 |
| 20 | 69 | 39 | 232 | 52 | 62 | 30 | 19 |
| 20 | 69 | 39 | 232 | 52 | 62 | 30 | 19 |
| 10 | 41 | 24 | 155 | 33 | 46 | 15 | 15 |
| 10 | 28 | 15 | 77 | 19 | 16 | 15 | 4 |
| | | | | | | | |
| | | | 1 | | | | |
| | | | 1 | | | | |
| | | | | | | | |
| 16 | 59 | 32 | 176 | 2 | 158 | 69 | 55 |
| | 2 | 2 | 96 | | 7 | 4 | 11 |
| | 2 | 2 | 60 | | 3 | 2 | 10 |
| | | | 36 | | 4 | 2 | 1 |
| 8 | 25 | 10 | | | 22 | 12 | 6 |
| 8 | 25 | 10 | | | 22 | 12 | 6 |
| 8 | 25 | 10 | | | 22 | 12 | 6 |
| 5 | 23 | 11 | 18 | | 21 | 13 | 4 |
| 5 | 18 | 8 | | | 21 | 6 | 3 |
| | 5 | 3 | 18 | | | 7 | 1 |
| 5 | 23 | 11 | 18 | | 21 | 13 | 4 |
| 1 | | | 8 | | 2 | 5 | 11 |
| | 7 | 7 | 2 | 2 | 2 | 6 | 3 |
| | | | 49 | | 1 | 3 | 5 |
| | | | 49 | | 1 | 3 | 5 |
| 2 | 2 | 2 | 3 | | 103 | 26 | 15 |
| 1 | | | | | 4 | 1 | |
| 1 | | | | | 4 | 1 | |

# 大方县医疗卫生机构、

| 机构分类 | 机构个数 | 实有床位数 | 在岗 | | | | |
|---|---|---|---|---|---|---|---|
| | | | 合计 | 卫生技 | | | |
| | | | | 小计 | 执业(助理)医师 | | 注册护士 |
| | | | | | | 执业医师 | |
| 总计 | 674 | 4801 | 4601 | 3538 | 1039 | 628 | 1464 |
| 一、医院 | 44 | 3364 | 2515 | 2150 | 534 | 420 | 1085 |
| 综合医院 | 35 | 2463 | 1989 | 1670 | 424 | 325 | 837 |
| 中医医院 | 3 | 365 | 340 | 314 | 77 | 69 | 144 |
| 中西医结合医院 | 3 | 106 | 62 | 50 | 12 | 10 | 23 |
| 专科医院 | 3 | 430 | 124 | 116 | 21 | 16 | 81 |
| 妇产(科)医院 | 1 | 50 | 28 | 28 | 9 | 4 | 19 |
| 精神病医院 | 2 | 380 | 96 | 88 | 12 | 12 | 62 |
| 二、基层医疗卫生机构 | 594 | 1411 | 1979 | 1288 | 454 | 175 | 367 |
| 社区卫生服务中心(站) | 2 | 20 | 39 | 38 | 12 | 6 | 20 |
| 社区卫生服务中心 | 2 | 20 | 39 | 38 | 12 | 6 | 20 |
| 卫生院 | 35 | 1391 | 1215 | 1107 | 310 | 112 | 338 |
| 乡镇卫生院 | 35 | 1391 | 1215 | 1107 | 310 | 112 | 338 |
| 中心卫生院 | 12 | 721 | 494 | 469 | 134 | 47 | 141 |
| 乡卫生院 | 23 | 670 | 721 | 638 | 176 | 65 | 197 |
| 村卫生室 | 516 | | 652 | 70 | 63 | 15 | 7 |
| 门诊部 | 1 | | 4 | 4 | 3 | 1 | 1 |
| 综合门诊部 | 1 | | 4 | 4 | 3 | 1 | 1 |
| 诊所、卫生所、医务室 | 40 | | 69 | 69 | 66 | 41 | 1 |
| 诊所 | 37 | | 61 | 61 | 58 | 37 | 1 |
| 卫生所、医务室 | 3 | | 8 | 8 | 8 | 4 | |
| 三、专业公共卫生机构 | 36 | 26 | 107 | 100 | 51 | 33 | 12 |
| 疾病预防控制中心 | 2 | | 62 | 55 | 28 | 18 | 4 |
| 县属 | 2 | | 62 | 55 | 28 | 18 | 4 |
| 专科疾病防治院(所、站) | 1 | | | | | | |
| 专科疾病防治所(站、中心) | 1 | | | | | | |
| 药物戒毒所(中心) | 1 | | | | | | |
| 妇幼保健院(所、站) | 1 | 26 | 33 | 33 | 23 | 15 | 8 |
| 县属 | 1 | 26 | 33 | 33 | 23 | 15 | 8 |
| 妇幼保健院 | 1 | 26 | 33 | 33 | 23 | 15 | 8 |
| 卫生监督所(中心) | 1 | | 12 | 12 | | | |
| 县属 | 1 | | 12 | 12 | | | |
| 计划生育技术服务机构 | 31 | | | | | | |

注:本表人员合计中包括乡村医生568人和卫生员14人;不含乡镇卫生院在村卫生室工作的执业(助理)医师、注册护士数。

# 床位、人员情况（2015年）

单位：个、张、人

| 职工 | | | | | | | |
| --- | --- | --- | --- | --- | --- | --- | --- |
| 术人员 | | | | | 其他技术人员 | 管理人员 | 工勤技能人员 |
| 药师(士) | 技师(士) | | 其他 | | | | |
| | | 检验师 | | 见习医师 | | | |
| 134 | 215 | 111 | 686 | 354 | 266 | 104 | 111 |
| 98 | 130 | 68 | 303 | 224 | 184 | 78 | 103 |
| 72 | 112 | 58 | 225 | 169 | 172 | 60 | 87 |
| 23 | 15 | 9 | 55 | 42 | 10 | 10 | 6 |
| 1 | 1 | | 13 | 9 | 1 | 4 | 7 |
| 2 | 2 | 1 | 10 | 4 | 1 | 4 | 3 |
| | | | | | | | |
| 2 | 2 | 1 | 10 | 4 | 1 | 4 | 3 |
| 35 | 79 | 39 | 353 | 127 | 81 | 21 | 7 |
| 1 | 3 | 2 | 2 | 2 | 1 | | |
| 1 | 3 | 2 | 2 | 2 | 1 | | |
| 33 | 76 | 37 | 350 | 124 | 80 | 21 | 7 |
| 33 | 76 | 37 | 350 | 124 | 80 | 21 | 7 |
| 17 | 35 | 17 | 142 | 46 | 14 | 9 | 2 |
| 16 | 41 | 20 | 208 | 78 | 66 | 12 | 5 |
| | | | | | | | |
| | | | | | | | |
| | | | | | | | |
| 1 | | | 1 | 1 | | | |
| 1 | | | 1 | 1 | | | |
| | | | | | | | |
| 1 | 6 | 4 | 30 | 3 | 1 | 5 | 1 |
| 1 | 4 | 3 | 18 | 3 | 1 | 5 | 1 |
| 1 | 4 | 3 | 18 | 3 | 1 | 5 | 1 |
| | | | | | | | |
| | | | | | | | |
| | | | | | | | |
| | 2 | 1 | | | | | |
| | 2 | 1 | | | | | |
| | 2 | 1 | | | | | |
| | | | 12 | | | | |
| | | | 12 | | | | |

# 黔西县医疗卫生机构、

| 机构分类 | 机构个数 | 实有床位数 | 在岗 | | | | |
|---|---|---|---|---|---|---|---|
| | | | 合计 | 卫生技 | | | |
| | | | | 小计 | 执业(助理)医师 | | 注册护士 |
| | | | | | | 执业医师 | |
| 总计 | 585 | 3470 | 4128 | 2536 | 916 | 534 | 930 |
| 一、医院 | 24 | 2547 | 1838 | 1477 | 542 | 315 | 587 |
| 综合医院 | 21 | 1957 | 1447 | 1189 | 497 | 276 | 402 |
| 中医医院 | 1 | 200 | 219 | 159 | 26 | 21 | 89 |
| 专科医院 | 2 | 390 | 172 | 129 | 19 | 18 | 96 |
| 妇产(科)医院 | 1 | 60 | 70 | 40 | 11 | 10 | 28 |
| 精神病医院 | 1 | 330 | 102 | 89 | 8 | 8 | 68 |
| 二.基层医疗卫生机构 | 529 | 823 | 2008 | 847 | 289 | 149 | 284 |
| 社区卫生服务中心(站) | 4 | 12 | 104 | 83 | 26 | 13 | 24 |
| 社区卫生服务中心 | 4 | 12 | 104 | 83 | 26 | 13 | 24 |
| 卫生院 | 27 | 811 | 820 | 672 | 196 | 101 | 236 |
| 乡镇卫生院 | 27 | 811 | 820 | 672 | 196 | 101 | 236 |
| 中心卫生院 | 11 | 469 | 406 | 323 | 99 | 52 | 104 |
| 乡卫生院 | 16 | 342 | 414 | 349 | 97 | 49 | 132 |
| 村卫生室 | 479 | | 1061 | 69 | 48 | 17 | 21 |
| 诊所.卫生所.医务室 | 19 | | 23 | 23 | 19 | 18 | 3 |
| 诊所 | 19 | | 23 | 23 | 19 | 18 | 3 |
| 三.专业公共卫生机构 | 32 | 100 | 282 | 212 | 85 | 70 | 59 |
| 疾病预防控制中心 | 1 | | 103 | 84 | 42 | 32 | 16 |
| 县属 | 1 | | 103 | 84 | 42 | 32 | 16 |
| 妇幼保健院(所、站) | 1 | 100 | 158 | 108 | 43 | 38 | 43 |
| 县属 | 1 | 100 | 158 | 108 | 43 | 38 | 43 |
| 妇幼保健院 | 1 | 100 | 158 | 108 | 43 | 38 | 43 |
| 卫生监督所(中心) | 1 | | 21 | 20 | | | |
| 县属 | 1 | | 21 | 20 | | | |
| 计划生育技术服务机构 | 29 | | | | | | |

注:本表人员合计中包括乡村医生811人和卫生员181人;不含乡镇卫生院在村卫生室工作的执业(助理)医师、注册护士数。

# 床位、人员情况(2015年)

单位:个、张、人

| 职工 | | | | | | | |
|---|---|---|---|---|---|---|---|
| 术人员 | | | | | 其他技术人员 | 管理人员 | 工勤技能人员 |
| 药师(士) | 技师(士) | | 其他 | | | | |
| | | 检验师 | | 见习医师 | | | |
| 94 | 138 | 76 | 458 | 101 | 150 | 254 | 196 |
| 58 | 94 | 48 | 196 | 57 | 75 | 144 | 142 |
| 49 | 85 | 44 | 156 | 45 | 68 | 94 | 96 |
| 7 | 9 | 4 | 28 | | 5 | 49 | 6 |
| 2 | | | 12 | 12 | 2 | 1 | 40 |
| 1 | | | | | 1 | | 29 |
| 1 | | | 12 | 12 | 1 | 1 | 11 |
| 31 | 29 | 18 | 214 | 29 | 32 | 88 | 49 |
| 6 | 8 | 5 | 19 | | 2 | 18 | 1 |
| 6 | 8 | 5 | 19 | | 2 | 18 | 1 |
| 25 | 21 | 13 | 194 | 29 | 30 | 70 | 48 |
| 25 | 21 | 13 | 194 | 29 | 30 | 70 | 48 |
| 12 | 16 | 10 | 92 | 23 | 22 | 32 | 29 |
| 13 | 5 | 3 | 102 | 6 | 8 | 38 | 19 |
| | | | | | | | |
| | | | 1 | | | | |
| | | | 1 | | | | |
| 5 | 15 | 10 | 48 | 15 | 43 | 22 | 5 |
| 4 | 7 | 5 | 15 | 15 | 2 | 15 | 2 |
| 4 | 7 | 5 | 15 | 15 | 2 | 15 | 2 |
| 1 | 8 | 5 | 13 | | 41 | 7 | 2 |
| 1 | 8 | 5 | 13 | | 41 | 7 | 2 |
| 1 | 8 | 5 | 13 | | 41 | 7 | 2 |
| | | | 20 | | | | 1 |
| | | | 20 | | | | 1 |

# 金沙县医疗卫生机构、

| 机构分类 | 机构个数 | 实有床位数 | 在岗 合计 | 卫生技 小计 | 执业(助理)医师 | 执业医师 | 注册护士 |
|---|---|---|---|---|---|---|---|
| 总计 | 600 | 2508 | 4441 | 2841 | 985 | 582 | 1026 |
| 一、医院 | 22 | 1641 | 1912 | 1493 | 383 | 324 | 671 |
| 综合医院 | 18 | 1100 | 1256 | 970 | 247 | 198 | 458 |
| 中医医院 | 2 | 323 | 571 | 465 | 123 | 116 | 177 |
| 专科医院 | 2 | 218 | 85 | 58 | 13 | 10 | 36 |
| 妇产(科)医院 | 1 | 33 | 34 | 29 | 6 | 5 | 17 |
| 精神病医院 | 1 | 185 | 51 | 29 | 7 | 5 | 19 |
| 二.基层医疗卫生机构 | 549 | 837 | 2009 | 1093 | 495 | 198 | 304 |
| 社区卫生服务中心(站) | 6 | 2 | 44 | 44 | 20 | 14 | 14 |
| 社区卫生服务中心 | 2 | 2 | 24 | 24 | 13 | 10 | 6 |
| 社区卫生服务站 | 4 | | 20 | 20 | 7 | 4 | 8 |
| 卫生院 | 25 | 835 | 1014 | 827 | 305 | 121 | 249 |
| 乡镇卫生院 | 25 | 835 | 1014 | 827 | 305 | 121 | 249 |
| 中心卫生院 | 9 | 504 | 551 | 434 | 169 | 72 | 129 |
| 乡卫生院 | 16 | 331 | 463 | 393 | 136 | 49 | 120 |
| 村卫生室 | 476 | | 897 | 173 | 137 | 40 | 36 |
| 门诊部 | 3 | | 10 | 5 | 1 | 1 | 3 |
| 综合门诊部 | 3 | | 10 | 5 | 1 | 1 | 3 |
| 诊所.卫生所.医务室 | 39 | | 44 | 44 | 32 | 22 | 2 |
| 诊所 | 33 | | 34 | 34 | 27 | 18 | 1 |
| 卫生所、医务室 | 6 | | 10 | 10 | 5 | 4 | 1 |
| 三.专业公共卫生机构 | 29 | 30 | 520 | 255 | 107 | 60 | 51 |
| 疾病预防控制中心 | 1 | | 34 | 30 | 18 | 16 | 4 |
| 县属 | 1 | | 34 | 30 | 18 | 16 | 4 |
| 妇幼保健院(所、站) | 1 | 30 | 55 | 51 | 20 | 19 | 13 |
| 县属 | 1 | 30 | 55 | 51 | 20 | 19 | 13 |
| 妇幼保健院 | 1 | 30 | 55 | 51 | 20 | 19 | 13 |
| 采供血机构 | 1 | | 19 | 17 | 5 | 5 | 5 |
| 卫生监督所(中心) | 1 | | 16 | 15 | | | |
| 县属 | 1 | | 16 | 15 | | | |
| 计划生育技术服务机构 | 25 | | 396 | 142 | 64 | 20 | 29 |

注:本表人员合计中包括乡村医生607人和卫生员117人;不含乡镇卫生院在村卫生室工作的执业(助理)医师、注册护士数。

# 床位、人员情况（2015年）

单位：个、张、人

| 职工 | | | | | | | |
|---|---|---|---|---|---|---|---|
| 术人员 | | | | | 其他技术人员 | 管理人员 | 工勤技能人员 |
| 药师(士) | 技师(士) | | 其他 | | | | |
| | | 检验师 | | 见习医师 | | | |
| 134 | 147 | 77 | 549 | 184 | 256 | 357 | 263 |
| 78 | 94 | 44 | 267 | 108 | 135 | 75 | 209 |
| 47 | 64 | 30 | 154 | 30 | 130 | 64 | 92 |
| 27 | 26 | 11 | 112 | 78 | 5 | | 101 |
| 4 | 4 | 3 | 1 | | | 11 | 16 |
| 2 | 3 | 2 | 1 | | | 3 | 2 |
| 2 | 1 | 1 | | | | 8 | 14 |
| 49 | 44 | 25 | 201 | 75 | 84 | 59 | 49 |
| 3 | 1 | 1 | 6 | 4 | | | |
| 3 | | | 2 | 1 | | | |
| | 1 | 1 | 4 | 3 | | | |
| 46 | 43 | 24 | 184 | 70 | 84 | 59 | 44 |
| 46 | 43 | 24 | 184 | 70 | 84 | 59 | 44 |
| 17 | 21 | 11 | 98 | 46 | 55 | 35 | 27 |
| 29 | 22 | 13 | 86 | 24 | 29 | 24 | 17 |
| | | | | | | | |
| | | | 1 | | | | 5 |
| | | | 1 | | | | 5 |
| | | | 10 | 1 | | | |
| | | | 6 | | | | |
| | | | 4 | 1 | | | |
| 7 | 9 | 8 | 81 | 1 | 37 | 223 | 5 |
| | 3 | 2 | 5 | | | 4 | |
| | 3 | 2 | 5 | | | 4 | |
| 1 | 2 | 2 | 15 | | | 4 | |
| 1 | 2 | 2 | 15 | | | 4 | |
| 1 | 2 | 2 | 15 | | | 4 | |
| 2 | 2 | 2 | 3 | | 2 | | |
| | | | 15 | | | 1 | |
| | | | 15 | | | 1 | |
| 4 | 2 | 2 | 43 | 1 | 35 | 214 | 5 |

# 织金县医疗卫生机构、

| 机构分类 | 机构个数 | 实有床位数 | 在岗 | | | | |
| --- | --- | --- | --- | --- | --- | --- | --- |
| | | | 合计 | 卫生技 | | | |
| | | | | 小计 | 执业(助理)医师 | | 注册护士 |
| | | | | | | 执业医师 | |
| 总计 | 701 | 4282 | 5092 | 2885 | 810 | 509 | 1152 |
| 一、医院 | 32 | 3225 | 1931 | 1605 | 400 | 293 | 682 |
| 综合医院 | 28 | 2775 | 1629 | 1325 | 293 | 238 | 575 |
| 中医医院 | 2 | 340 | 234 | 217 | 91 | 44 | 78 |
| 专科医院 | 2 | 110 | 68 | 63 | 16 | 11 | 29 |
| 妇产(科)医院 | 1 | 50 | 40 | 35 | 10 | 8 | 18 |
| 其他专科医院 | 1 | 60 | 28 | 28 | 6 | 3 | 11 |
| 二.基层医疗卫生机构 | 635 | 957 | 2489 | 996 | 290 | 145 | 404 |
| 社区卫生服务中心(站) | 2 | 59 | 67 | 63 | 25 | 20 | 29 |
| 社区卫生服务中心 | 2 | 59 | 67 | 63 | 25 | 20 | 29 |
| 卫生院 | 31 | 898 | 967 | 842 | 221 | 94 | 328 |
| 街道卫生院 | 4 | 175 | 157 | 126 | 48 | 20 | 51 |
| 乡镇卫生院 | 27 | 723 | 810 | 716 | 173 | 74 | 277 |
| 中心卫生院 | 11 | 393 | 376 | 357 | 91 | 46 | 132 |
| 乡卫生院 | 16 | 330 | 434 | 359 | 82 | 28 | 145 |
| 村卫生室 | 570 | | 1388 | 24 | 9 | 2 | 15 |
| 诊所.卫生所.医务室 | 32 | | 67 | 67 | 35 | 29 | 32 |
| 诊所 | 32 | | 67 | 67 | 35 | 29 | 32 |
| 三.专业公共卫生机构 | 34 | 100 | 672 | 284 | 120 | 71 | 66 |
| 疾病预防控制中心 | 1 | | 43 | 36 | 21 | 20 | 2 |
| 县属 | 1 | | 43 | 36 | 21 | 20 | 2 |
| 妇幼保健院(所、站) | 1 | 100 | 75 | 65 | 46 | 36 | 13 |
| 县属 | 1 | 100 | 75 | 65 | 46 | 36 | 13 |
| 妇幼保健院 | 1 | 100 | 75 | 65 | 46 | 36 | 13 |
| 卫生监督所(中心) | 1 | | 8 | 6 | | | |
| 县属 | 1 | | 8 | 6 | | | |
| 计划生育技术服务机构 | 31 | | 546 | 177 | 53 | 15 | 51 |

注:本表人员合计中包括乡村医生682人和卫生员682人;不含乡镇卫生院在村卫生室工作的执业(助理)医师、注册护士数。

# 床位、人员情况（2015年）

单位：个、张、人

| 职工 | | | | | | | |
|---|---|---|---|---|---|---|---|
| 术人员 | | | | | 其他技术人员 | 管理人员 | 工勤技能人员 |
| 药师(士) | 技师(士) | | 其他 | | | | |
| | | 检验师 | | 见习医师 | | | |
| 97 | 177 | 87 | 649 | 323 | 194 | 406 | 243 |
| 70 | 111 | 58 | 342 | 206 | 65 | 107 | 154 |
| 50 | 91 | 47 | 316 | 193 | 61 | 96 | 147 |
| 17 | 14 | 8 | 17 | 12 | 4 | 9 | 4 |
| 3 | 6 | 3 | 9 | 1 | | 2 | 3 |
| 2 | 4 | 2 | 1 | 1 | | 2 | 3 |
| 1 | 2 | 1 | 8 | | | | |
| 24 | 54 | 24 | 224 | 108 | 65 | 60 | 4 |
| 2 | 2 | 1 | 5 | 2 | 1 | 3 | |
| 2 | 2 | 1 | 5 | 2 | 1 | 3 | |
| 22 | 52 | 23 | 219 | 106 | 64 | 57 | 4 |
| 3 | 7 | 3 | 17 | 7 | | 31 | |
| 19 | 45 | 20 | 202 | 99 | 64 | 26 | 4 |
| 10 | 31 | 13 | 93 | 65 | 11 | 7 | 1 |
| 9 | 14 | 7 | 109 | 34 | 53 | 19 | 3 |
| | | | | | | | |
| | | | | | | | |
| | | | | | | | |
| 3 | 12 | 5 | 83 | 9 | 64 | 239 | 85 |
| | 2 | | 11 | | | 5 | 2 |
| | 2 | | 11 | | | 5 | 2 |
| 1 | 5 | 3 | | | 2 | 8 | |
| 1 | 5 | 3 | | | 2 | 8 | |
| 1 | 5 | 3 | | | 2 | 8 | |
| | | | 6 | | | 2 | |
| | | | 6 | | | 2 | |
| 2 | 5 | 2 | 66 | 9 | 62 | 224 | 83 |

# 纳雍县医疗卫生机构、

| 机构分类 | 机构个数 | 实有床位数 | 在岗 | | | | |
|---|---|---|---|---|---|---|---|
| | | | 合计 | 卫生技 | | | |
| | | | | 小计 | 执业(助理)医师 | | 注册护士 |
| | | | | | | 执业医师 | |
| 总计 | 569 | 2799 | 3582 | 2381 | 642 | 459 | 1033 |
| 一、医院 | 21 | 1812 | 1657 | 1377 | 291 | 259 | 735 |
| 综合医院 | 19 | 1433 | 1381 | 1147 | 249 | 218 | 617 |
| 中医医院 | 1 | 299 | 223 | 191 | 39 | 38 | 86 |
| 专科医院 | 1 | 80 | 53 | 39 | 3 | 3 | 32 |
| 精神病医院 | 1 | 80 | 53 | 39 | 3 | 3 | 32 |
| 二.基层医疗卫生机构 | 519 | 867 | 1735 | 829 | 257 | 121 | 270 |
| 社区卫生服务中心(站) | 7 | 95 | 73 | 68 | 19 | 15 | 32 |
| 社区卫生服务中心 | 2 | 95 | 53 | 48 | 11 | 7 | 24 |
| 社区卫生服务站 | 5 | | 20 | 20 | 8 | 8 | 8 |
| 卫生院 | 25 | 772 | 730 | 654 | 168 | 65 | 205 |
| 乡镇卫生院 | 25 | 772 | 730 | 654 | 168 | 65 | 205 |
| 中心卫生院 | 11 | 400 | 350 | 304 | 86 | 34 | 114 |
| 乡卫生院 | 14 | 372 | 380 | 350 | 82 | 31 | 91 |
| 村卫生室 | 474 | | 884 | 60 | 43 | 17 | 17 |
| 门诊部 | 1 | | 9 | 9 | 3 | 2 | 6 |
| 专科门诊部 | 1 | | 9 | 9 | 3 | 2 | 6 |
| 诊所.卫生所.医务室 | 12 | | 39 | 38 | 24 | 22 | 10 |
| 诊所 | 12 | | 39 | 38 | 24 | 22 | 10 |
| 三.专业公共卫生机构 | 29 | 120 | 190 | 175 | 94 | 79 | 28 |
| 疾病预防控制中心 | 1 | | 60 | 54 | 33 | 23 | 10 |
| 县属 | 1 | | 60 | 54 | 33 | 23 | 10 |
| 妇幼保健院(所、站) | 2 | 120 | 107 | 102 | 61 | 56 | 18 |
| 县属 | 2 | 120 | 107 | 102 | 61 | 56 | 18 |
| 妇幼保健院 | 2 | 120 | 107 | 102 | 61 | 56 | 18 |
| 卫生监督所(中心) | 1 | | 23 | 19 | | | |
| 县属 | 1 | | 23 | 19 | | | |
| 计划生育技术服务机构 | 25 | | | | | | |

注:本表人员合计中包括乡村医生332人和卫生员492人;不含乡镇卫生院在村卫生室工作的执业(助理)医师、注册护士数。

# 床位、人员情况（2015年）

单位：个、张、人

| 职工 | | | | | | | |
|---|---|---|---|---|---|---|---|
| 术人员 | | | | | 其他技术人员 | 管理人员 | 工勤技能人员 |
| 药师(士) | 技师(士) | | 其他 | | | | |
| | | 检验师 | | 见习医师 | | | |
| 81 | 128 | 79 | 497 | 249 | 132 | 101 | 144 |
| 59 | 75 | 43 | 217 | 177 | 81 | 68 | 131 |
| 40 | 67 | 39 | 174 | 135 | 76 | 62 | 96 |
| 18 | 7 | 3 | 41 | 40 | 4 | 4 | 24 |
| 1 | 1 | 1 | 2 | 2 | 1 | 2 | 11 |
| 1 | 1 | 1 | 2 | 2 | 1 | 2 | 11 |
| 17 | 46 | 29 | 239 | 67 | 49 | 27 | 6 |
| 1 | 2 | 2 | 14 | 9 | 2 | 1 | 2 |
| 1 | 2 | 2 | 10 | 9 | 2 | 1 | 2 |
| | | | 4 | | | | |
| 16 | 43 | 27 | 222 | 55 | 47 | 26 | 3 |
| 16 | 43 | 27 | 222 | 55 | 47 | 26 | 3 |
| 7 | 20 | 12 | 77 | 35 | 28 | 15 | 3 |
| 9 | 23 | 15 | 145 | 20 | 19 | 11 | |
| | | | | | | | |
| | | | | | | | |
| | | | | | | | |
| | 1 | | 3 | 3 | | | 1 |
| | 1 | | 3 | 3 | | | 1 |
| 5 | 7 | 7 | 41 | 5 | 2 | 6 | 7 |
| 2 | 4 | 4 | 5 | | | 4 | 2 |
| 2 | 4 | 4 | 5 | | | 4 | 2 |
| 3 | 3 | 3 | 17 | 5 | 2 | 2 | 1 |
| 3 | 3 | 3 | 17 | 5 | 2 | 2 | 1 |
| 3 | 3 | 3 | 17 | 5 | 2 | 2 | 1 |
| | | | 19 | | | | 4 |
| | | | 19 | | | | 4 |

# 威宁县医疗卫生机构、

<table>
<tr><th rowspan="4">机构分类</th><th rowspan="4">机构个数</th><th rowspan="4">实有床位数</th><th colspan="5">在岗</th></tr>
<tr><th rowspan="3">合计</th><th colspan="4">卫生</th></tr>
<tr><th rowspan="2">小计</th><th colspan="2">执业(助理)医师</th><th rowspan="2">注册护士</th></tr>
<tr><th></th><th>执业医师</th></tr>
<tr><td>总计</td><td>739</td><td>4363</td><td>6310</td><td>3569</td><td>1131</td><td>672</td><td>1458</td></tr>
<tr><td>一、医院</td><td>34</td><td>3025</td><td>2480</td><td>2043</td><td>653</td><td>461</td><td>1004</td></tr>
<tr><td>综合医院</td><td>30</td><td>2754</td><td>2219</td><td>1821</td><td>580</td><td>404</td><td>893</td></tr>
<tr><td>中医医院</td><td>1</td><td>60</td><td>76</td><td>70</td><td>28</td><td>22</td><td>18</td></tr>
<tr><td>中西医结合医院</td><td>1</td><td>86</td><td>77</td><td>63</td><td>18</td><td>13</td><td>41</td></tr>
<tr><td>专科医院</td><td>2</td><td>125</td><td>108</td><td>89</td><td>27</td><td>22</td><td>52</td></tr>
<tr><td>妇产(科)医院</td><td>1</td><td>50</td><td>58</td><td>49</td><td>13</td><td>12</td><td>26</td></tr>
<tr><td>精神病医院</td><td>1</td><td>75</td><td>50</td><td>40</td><td>14</td><td>10</td><td>26</td></tr>
<tr><td>二.基层医疗卫生机构</td><td>666</td><td>1266</td><td>3435</td><td>1232</td><td>385</td><td>167</td><td>383</td></tr>
<tr><td>社区卫生服务中心(站)</td><td>2</td><td>23</td><td>91</td><td>50</td><td>19</td><td>6</td><td>20</td></tr>
<tr><td>社区卫生服务中心</td><td>2</td><td>23</td><td>91</td><td>50</td><td>19</td><td>6</td><td>20</td></tr>
<tr><td>卫生院</td><td>34</td><td>1243</td><td>1801</td><td>1090</td><td>317</td><td>126</td><td>320</td></tr>
<tr><td>乡镇卫生院</td><td>34</td><td>1243</td><td>1801</td><td>1090</td><td>317</td><td>126</td><td>320</td></tr>
<tr><td>中心卫生院</td><td>15</td><td>690</td><td>991</td><td>613</td><td>176</td><td>65</td><td>180</td></tr>
<tr><td>乡卫生院</td><td>19</td><td>553</td><td>810</td><td>477</td><td>141</td><td>61</td><td>140</td></tr>
<tr><td>村卫生室</td><td>610</td><td></td><td>1503</td><td>52</td><td>29</td><td>15</td><td>23</td></tr>
<tr><td>诊所.卫生所.医务室</td><td>20</td><td></td><td>40</td><td>40</td><td>20</td><td>20</td><td>20</td></tr>
<tr><td>诊所</td><td>20</td><td></td><td>40</td><td>40</td><td>20</td><td>20</td><td>20</td></tr>
<tr><td>三.专业公共卫生机构</td><td>39</td><td>72</td><td>395</td><td>294</td><td>93</td><td>44</td><td>71</td></tr>
<tr><td>疾病预防控制中心</td><td>1</td><td></td><td>59</td><td>47</td><td></td><td></td><td>5</td></tr>
<tr><td>县属</td><td>1</td><td></td><td>59</td><td>47</td><td></td><td></td><td>5</td></tr>
<tr><td>妇幼保健院(所、站)</td><td>2</td><td>72</td><td>110</td><td>97</td><td>39</td><td>29</td><td>44</td></tr>
<tr><td>县属</td><td>2</td><td>72</td><td>110</td><td>97</td><td>39</td><td>29</td><td>44</td></tr>
<tr><td>妇幼保健院</td><td>2</td><td>72</td><td>110</td><td>97</td><td>39</td><td>29</td><td>44</td></tr>
<tr><td>卫生监督所(中心)</td><td>1</td><td></td><td>16</td><td>13</td><td></td><td></td><td></td></tr>
<tr><td>县属</td><td>1</td><td></td><td>16</td><td>13</td><td></td><td></td><td></td></tr>
<tr><td>计划生育技术服务机构</td><td>35</td><td></td><td>210</td><td>137</td><td>54</td><td>15</td><td>22</td></tr>
</table>

注:本表人员合计中包括乡村医生1124人和卫生员327人;不含乡镇卫生院在村卫生室工作的执业(助理)医师、注册护士数。

# 床位、人员情况（2015年）

单位：个、张、人

| 职工 | | | | | | | |
|---|---|---|---|---|---|---|---|
| 术人员 | | | | | 其他技术人员 | 管理人员 | 工勤技能人员 |
| 药师(士) | 技师(士) | | 其他 | | | | |
| | | 检验师 | | 见习医师 | | | |
| 92 | 183 | 89 | 705 | 102 | 252 | 854 | 184 |
| 66 | 131 | 61 | 189 | 67 | 157 | 173 | 107 |
| 59 | 121 | 55 | 168 | 62 | 151 | 153 | 94 |
| 4 | 6 | 3 | 14 | 5 | 2 | 2 | 2 |
| 2 | 2 | 1 | | | | 10 | 4 |
| 1 | 2 | 2 | 7 | | 4 | 8 | 7 |
| 1 | 2 | 2 | 7 | | 3 | 5 | 1 |
| | | | | | 1 | 3 | 6 |
| 23 | 36 | 16 | 405 | 29 | 73 | 630 | 49 |
| | 3 | 2 | 8 | 2 | | 39 | 2 |
| | 3 | 2 | 8 | 2 | | 39 | 2 |
| 23 | 33 | 14 | 397 | 27 | 73 | 591 | 47 |
| 23 | 33 | 14 | 397 | 27 | 73 | 591 | 47 |
| 16 | 21 | 10 | 220 | 3 | 33 | 315 | 30 |
| 7 | 12 | 4 | 177 | 24 | 40 | 276 | 17 |
| | | | | | | | |
| | | | | | | | |
| | | | | | | | |
| 3 | 16 | 12 | 111 | 6 | 22 | 51 | 28 |
| | 4 | 2 | 38 | | | 10 | 2 |
| | 4 | 2 | 38 | | | 10 | 2 |
| 3 | 9 | 7 | 2 | | 1 | 11 | 1 |
| 3 | 9 | 7 | 2 | | 1 | 11 | 1 |
| 3 | 9 | 7 | 2 | | 1 | 11 | 1 |
| | | | 13 | | | | 3 |
| | | | 13 | | | | 3 |
| | 3 | 3 | 58 | 6 | 21 | 30 | 22 |

# 赫章县医疗卫生机构、

| 机构分类 | 机构个数 | 实有床位数 | 在岗 合计 | 卫生技 小计 | 执业(助理)医师 | 执业医师 | 注册护士 |
|---|---|---|---|---|---|---|---|
| 总计 | 567 | 2844 | 2927 | 2094 | 638 | 428 | 910 |
| 一、医院 | 26 | 2003 | 1380 | 1191 | 358 | 281 | 579 |
| 综合医院 | 22 | 1644 | 1153 | 983 | 301 | 235 | 489 |
| 中医医院 | 1 | 160 | 54 | 53 | 16 | 10 | 7 |
| 专科医院 | 3 | 199 | 173 | 155 | 41 | 36 | 83 |
| 妇产(科)医院 | 1 | 80 | 46 | 42 | 18 | 16 | 13 |
| 精神病医院 | 1 | 20 | 25 | 22 | 4 | 4 | 8 |
| 康复医院 | 1 | 99 | 102 | 91 | 19 | 16 | 62 |
| 二.基层医疗卫生机构 | 510 | 742 | 1428 | 804 | 232 | 117 | 305 |
| 社区卫生服务中心(站) | 9 | 48 | 34 | 32 | 14 | 12 | 15 |
| 社区卫生服务中心 | 2 | 48 | 34 | 32 | 14 | 12 | 15 |
| 社区卫生服务站 | 7 | | | | | | |
| 卫生院 | 26 | 694 | 798 | 716 | 188 | 83 | 264 |
| 乡镇卫生院 | 26 | 694 | 798 | 716 | 188 | 83 | 264 |
| 中心卫生院 | 9 | 311 | 353 | 322 | 101 | 56 | 98 |
| 乡卫生院 | 17 | 383 | 445 | 394 | 87 | 27 | 166 |
| 村卫生室 | 457 | | 548 | 9 | 4 | 1 | 5 |
| 诊所.卫生所.医务室 | 18 | | 48 | 47 | 26 | 21 | 21 |
| 诊所 | 16 | | 41 | 40 | 21 | 16 | 19 |
| 卫生所、医务室 | 2 | | 7 | 7 | 5 | 5 | 2 |
| 三.专业公共卫生机构 | 31 | 99 | 119 | 99 | 48 | 30 | 26 |
| 疾病预防控制中心 | 1 | | 46 | 36 | 27 | 20 | 6 |
| 县属 | 1 | | 46 | 36 | 27 | 20 | 6 |
| 妇幼保健院(所、站) | 1 | 99 | 38 | 32 | 17 | 7 | 12 |
| 县属 | 1 | 99 | 38 | 32 | 17 | 7 | 12 |
| 妇幼保健院 | 1 | 99 | 38 | 32 | 17 | 7 | 12 |
| 卫生监督所(中心) | 1 | | 19 | 18 | | | |
| 县属 | 1 | | 19 | 18 | | | |
| 计划生育技术服务机构 | 28 | | 16 | 13 | 4 | 3 | 8 |

注:本表人员合计中包括乡村医生459人和卫生员80人;不含乡镇卫生院在村卫生室工作的执业(助理)医师、注册护士数。

# 床位、人员情况(2015年)

单位:个、张、人

| 职工 | | | | | | | |
|---|---|---|---|---|---|---|---|
| 术人员 | | | | | 其他技术人员 | 管理人员 | 工勤技能人员 |
| 药师(士) | 技师(士) | | 其他 | | | | |
| | | 检验师 | | 见习医师 | | | |
| 72 | 114 | 63 | 360 | 153 | 105 | 96 | 93 |
| 43 | 68 | 35 | 143 | 81 | 59 | 56 | 74 |
| 36 | 55 | 27 | 102 | 55 | 55 | 48 | 67 |
| 3 | 5 | 3 | 22 | 22 | | 1 | |
| 4 | 8 | 5 | 19 | 4 | 4 | 7 | 7 |
| 1 | 2 | 2 | 8 | 2 | 1 | 3 | |
| 1 | 1 | 1 | 8 | | | 1 | 2 |
| 2 | 5 | 2 | 3 | 2 | 3 | 3 | 5 |
| 26 | 43 | 25 | 198 | 72 | 44 | 27 | 14 |
| 1 | 1 | 1 | 1 | | 1 | 1 | |
| 1 | 1 | 1 | 1 | | 1 | 1 | |
| | | | | | | | |
| 25 | 42 | 24 | 197 | 72 | 43 | 26 | 13 |
| 25 | 42 | 24 | 197 | 72 | 43 | 26 | 13 |
| 10 | 22 | 13 | 91 | 34 | 10 | 9 | 12 |
| 15 | 20 | 11 | 106 | 38 | 33 | 17 | 1 |
| | | | | | | | |
| | | | | | | | 1 |
| | | | | | | | 1 |
| | | | | | | | |
| 3 | 3 | 3 | 19 | | 2 | 13 | 5 |
| 2 | 1 | 1 | | | | 7 | 3 |
| 2 | 1 | 1 | | | | 7 | 3 |
| 1 | 2 | 2 | | | | 5 | 1 |
| 1 | 2 | 2 | | | | 5 | 1 |
| 1 | 2 | 2 | | | | 5 | 1 |
| | | | 18 | | | | 1 |
| | | | 18 | | | | 1 |
| | | | 1 | | 2 | 1 | |

## 村卫生

| 指标 | 合计 | 按主办单位分 | |
|---|---|---|---|
| | | 村办 | 乡镇卫生院设点 |
| 机构数(个) | 4111 | 1238 | 127 |
| 执业(助理)医师(人) | 374 | 138 | |
| 注册护士(人) | 130 | 39 | |
| 乡村医生和卫生员(人) | 8347 | 3224 | 352 |
| 乡村医生 | 5582 | 1876 | 235 |
| 其中:以中医、中西医结合或民族医为主的人数 | 399 | 118 | 15 |
| 当年考核合格的乡村医生数 | 4074 | 1182 | 197 |
| 卫生员 | 2765 | 1348 | 117 |
| 年内培训人次数 | 35583 | 7846 | 906 |
| 在编执业(助理) 医师 | 50 | 25 | 2 |
| 执业(助理)医师和乡村医生中参保人数: | | | |
| 参加城镇居民养老保险人数 | 74 | 28 | |
| 参加农村居民养老保险人数 | 1 | | |
| 参加职工养老保险人数 | 11 | 1 | |
| 设备数: | | | |
| 简易呼吸器(个) | 1650 | 512 | 68 |
| 便携式高压消毒锅(带压力表)(个) | 3437 | 1102 | 120 |
| 冷藏箱 | 3644 | 1188 | 151 |
| 诊查(观察)床(张) | 4241 | 1243 | 131 |
| 无菌柜(个) | 2953 | 1031 | 110 |
| 中药柜(个) | 2501 | 620 | 83 |
| 西药柜(个) | 3699 | 886 | 95 |
| 担架(付) | 2835 | 1039 | 107 |
| 处置台(个) | 3011 | 950 | 99 |
| 总收入(万元) | 21631 | 7426 | 752 |
| 上级补助收入 | 6196 | 2160 | 188 |
| 内:人员补助经费 | 3389 | 1256 | 100 |
| 房屋设备补助经费 | 93 | 3 | |
| 实施基本药物制度补助经费 | 1905 | 635 | 45 |
| 村或集体补助收入 | 60 | 30 | 2 |
| 医疗收入 | 14041 | 4691 | 534 |
| 药品收入 | 11368 | 3863 | 445 |
| 内:基本药物收入 | 10007 | 3626 | 439 |
| 总支出(万元) | 16221 | 5856 | 580 |
| 人员经费 | 4251 | 1519 | 127 |
| 药品支出 | 10449 | 3837 | 442 |
| 内:基本药物收入 | 7716 | 2740 | 331 |
| 诊疗人次数 | 8240270 | 2454271 | 254152 |
| 其中:出诊人次数 | 462862 | 121526 | 10280 |
| 报告疑似传染病例数 | 2605 | 342 | 318 |
| 参加乡镇卫生院例会次数 | 49313 | 15076 | 1718 |

注:乡镇卫生院下设的村卫生室人员中,执业医师115人、执业助理医师186人、注册护士331人。

# 室情况（2015年）

| (应报机构) | | | 按行医方式分(已报机构) | | |
| --- | --- | --- | --- | --- | --- |
| 联合办 | 私人办 | 其他 | 中医 | 西医 | 中西医结合 |
| 37 | 1986 | 723 | 67 | 3671 | 373 |
| 3 | 210 | 23 | 10 | 271 | 93 |
| 2 | 72 | 17 | 1 | 108 | 21 |
| 87 | 3060 | 1624 | 94 | 7528 | 725 |
| 43 | 2559 | 869 | 81 | 4947 | 554 |
| 4 | 209 | 53 | 15 | 264 | 120 |
| 42 | 1891 | 762 | 46 | 3581 | 447 |
| 44 | 501 | 755 | 13 | 2581 | 171 |
| 136 | 14179 | 12516 | 425 | 31241 | 3917 |
| | 21 | 2 | 1 | 28 | 21 |
| | | | | | |
| | 45 | 1 | | 59 | 15 |
| | 1 | | | 1 | |
| | 10 | | | 9 | 2 |
| | | | | | |
| 31 | 703 | 336 | 17 | 1445 | 188 |
| 34 | 1613 | 568 | 49 | 3078 | 310 |
| 36 | 1604 | 665 | 42 | 3277 | 325 |
| 41 | 2114 | 712 | 65 | 3706 | 470 |
| 20 | 1239 | 553 | 34 | 2661 | 258 |
| 36 | 1260 | 502 | 38 | 2170 | 293 |
| 41 | 1942 | 735 | 59 | 3250 | 390 |
| 33 | 1121 | 535 | 30 | 2564 | 241 |
| 18 | 1382 | 562 | 44 | 2695 | 272 |
| 137 | 10224 | 3092 | 415 | 18784 | 2432 |
| 45 | 2218 | 1584 | 111 | 5570 | 515 |
| 33 | 1189 | 811 | 43 | 3095 | 251 |
| | 89 | 2 | 19 | 73 | 1 |
| 12 | 679 | 534 | 34 | 1689 | 182 |
| | 17 | 10 | | 60 | |
| 88 | 7351 | 1377 | 286 | 12002 | 1753 |
| 84 | 5845 | 1131 | 219 | 9706 | 1443 |
| 84 | 4754 | 1103 | 196 | 8481 | 1329 |
| 127 | 7136 | 2522 | 268 | 14053 | 1900 |
| 41 | 1251 | 1312 | 37 | 3818 | 396 |
| 82 | 5022 | 1067 | 216 | 8886 | 1348 |
| 77 | 3572 | 995 | 149 | 6647 | 920 |
| 36423 | 4367972 | 1127452 | 201644 | 6976623 | 1062003 |
| 20910 | 85818 | 224328 | 3215 | 413837 | 45810 |
| 56 | 1835 | 54 | 29 | 2127 | 449 |
| 456 | 23217 | 8846 | 760 | 43685 | 4868 |

# 分县村卫生室

| 指标 | 毕节市 | 七星关区 | 大方县 |
|---|---|---|---|
| 机构数(个) | 4111 | 529 | 516 |
| 执业(助理)医师(人) | 374 | 41 | 63 |
| 注册护士(人) | 130 | 6 | 7 |
| 乡村医生和卫生员(人) | 8347 | 1871 | 582 |
| 乡村医生 | 5582 | 999 | 568 |
| 其中:以中医、中西医结合或民族医为主的人数 | 399 | 18 | 20 |
| 当年考核合格的乡村医生数 | 4074 | 414 | 155 |
| 卫生员 | 2765 | 872 | 14 |
| 年内培训人次数 | 35583 | 1276 | 2611 |
| 在编执业(助理) 医师 | 50 | 3 | 3 |
| 执业(助理)医师和乡村医生中参保人数: | | | |
| 参加城镇居民养老保险人数 | 74 | | 18 |
| 参加农村居民养老保险人数 | 1 | | |
| 参加职工养老保险人数 | 11 | | |
| 设备数: | | | |
| 简易呼吸器(个) | 1650 | 118 | 36 |
| 便携式高压消毒锅(带压力表)(个) | 3437 | 490 | 372 |
| 冷藏箱 | 3644 | 513 | 190 |
| 诊查(观察)床(张) | 4241 | 528 | 388 |
| 无菌柜(个) | 2953 | 466 | 72 |
| 中药柜(个) | 2501 | 116 | 195 |
| 西药柜(个) | 3699 | 248 | 502 |
| 担架(付) | 2835 | 456 | 73 |
| 处置台(个) | 3011 | 418 | 335 |
| 总收入(万元) | 21630.8 | 3661.5 | 3130.4 |
| 上级补助收入 | 6196.2 | 1121.9 | 591.9 |
| 内:人员补助经费 | 3388.9 | 705.4 | 285.4 |
| 房屋设备补助经费 | 92.6 | 2.0 | 1.0 |
| 村或集体补助收入 | 59.6 | 14.0 | 12.6 |
| 医疗收入 | 14041.0 | 2104.0 | 2412.4 |
| 药品收入 | 11367.5 | 1637.6 | 1755.9 |
| 内:基本药物收入 | 10006.7 | 1637.6 | 1202.0 |
| 总支出(万元) | 16220.9 | 2780.8 | 1816.2 |
| 人员经费 | 4250.6 | 817.9 | 133.2 |
| 药品支出 | 10449.2 | 1641.5 | 1611.8 |
| 内:基本药物收入 | 7716.0 | 1406.7 | 927.7 |
| 诊疗人次数 | 8240270 | 1259092 | 959134 |
| 其中:出诊人次数 | 462862 | 35836 | 27194 |
| 报告疑似传染病例数 | 2605 | 142 | 35 |
| 参加乡镇卫生院例会次数 | 49313 | 7104 | 6055 |
| 辖区内行政村数 | 3642 | 563 | 378 |
| 其中设村卫生室的行政村数 | 3622 | 563 | 376 |

注:乡镇卫生院下设的村卫生室人员中,执业医师115人、执业助理医师186人、注册护士331人。

# 情况（2015年）

| 黔西县 | 金沙县 | 织金县 | 纳雍县 | 威宁县 | 赫章县 |
|---|---|---|---|---|---|
| 479 | 476 | 570 | 474 | 610 | 457 |
| 48 | 137 | 9 | 43 | 29 | 4 |
| 21 | 36 | 15 | 17 | 23 | 5 |
| 992 | 724 | 1364 | 824 | 1451 | 539 |
| 811 | 607 | 682 | 332 | 1124 | 459 |
| 111 | 150 | 8 | 52 | 34 | 6 |
| 668 | 457 | 613 | 296 | 1021 | 450 |
| 181 | 117 | 682 | 492 | 327 | 80 |
| 3363 | 5646 | 10901 | 3143 | 2825 | 5818 |
| 3 | 35 | 1 | 4 | 1 | |
| | | | | | |
| 27 | 13 | 1 | 1 | | 14 |
| 1 | | | | | |
| 7 | 4 | | | | |
| | | | | | |
| 179 | 206 | 254 | 309 | 300 | 248 |
| 374 | 356 | 446 | 435 | 550 | 414 |
| 450 | 362 | 565 | 450 | 655 | 459 |
| 655 | 577 | 546 | 448 | 637 | 462 |
| 342 | 311 | 446 | 398 | 503 | 415 |
| 301 | 370 | 431 | 418 | 278 | 392 |
| 475 | 611 | 592 | 438 | 400 | 433 |
| 321 | 264 | 430 | 416 | 549 | 326 |
| 345 | 354 | 469 | 310 | 460 | 320 |
| 3225.6 | 2679.1 | 2326.9 | 1934.6 | 3341.7 | 1331.0 |
| 654.5 | 638.1 | 1508.2 | 559.3 | 627.0 | 495.3 |
| 275.0 | 258.0 | 754.7 | 303.7 | 453.0 | 353.7 |
| 49.2 | 0.5 | 1.0 | 0.5 | | 38.4 |
| 0.9 | | 11.3 | 15.0 | 5.9 | |
| 2237.9 | 1964.1 | 709.6 | 1298.8 | 2531.1 | 783.0 |
| 1705.7 | 1726.7 | 536.6 | 1122.9 | 2233.7 | 648.3 |
| 1703.0 | 1633.8 | 514.6 | 1110.2 | 1633.8 | 571.7 |
| 2481.5 | 1855.9 | 1954.0 | 1660.9 | 2591.0 | 1080.5 |
| 441.5 | 364.7 | 1337.9 | 363.4 | 369.5 | 422.4 |
| 1746.6 | 1242.7 | 502.7 | 1154.2 | 1953.0 | 596.7 |
| 1685.7 | 643.9 | 454.5 | 1094.7 | 1003.4 | 499.4 |
| 2457390 | 885111 | 698059 | 576393 | 985497 | 419594 |
| 32408 | 38499 | 220582 | 42000 | 54297 | 12046 |
| 57 | 465 | 45 | 47 | 160 | 1654 |
| 6532 | 4935 | 7036 | 5727 | 6138 | 5786 |
| 408 | 238 | 571 | 462 | 565 | 457 |
| 404 | 232 | 567 | 458 | 565 | 457 |

# 城乡居民基本医疗

| 县区 | 参保人数(人) |
| --- | --- |
| 毕节市 | 695.22 |
| 七星关区 | 110.48 |
| 大方县 | 75.89 |
| 黔西县 | 72.40 |
| 金沙县 | 58.86 |
| 织金县 | 86.91 |
| 纳雍县 | 77.12 |
| 威宁县 | 118.34 |
| 赫章县 | 64.29 |
| 百里杜鹃管理区 | 8.46 |

注:基金支出不含上缴市级统筹的大病保险金。

# 社会保险

| 县区 | 参保人数(万人) | | | | | | 基金收 | | |
| --- | --- | --- | --- | --- | --- | --- | --- | --- | --- |
| | 城镇职工基本医疗保险 | 城镇职工基本养老保险 | 工伤保险 | 失业保险 | 生育保险 | 城乡居民基本养老保险 | 城镇职工基本医疗保险 | 城镇职工基本养老保险 | 工伤保险 |
| 合计 | 28.75 | 21.73 | 30.93 | 18.60 | 22.12 | 307.39 | 90722 | 156034 | 23063 |
| 市直 | 4.59 | 3.82 | 3.32 | 2.74 | 3.86 | | 15370 | 28337 | 1510 |
| 七星关区 | 3.13 | 3.83 | 2.63 | 1.78 | 2.12 | 44.31 | 15982 | 20295 | 2297 |
| 大方县 | 3.10 | 2.32 | 2.98 | 1.94 | 2.26 | 33.43 | 4475 | 16535 | 1829 |
| 黔西县 | 2.80 | 2.03 | 2.93 | 1.70 | 2.09 | 28.38 | 10923 | 16166 | 2078 |
| 金沙县 | 3.00 | 2.37 | 4.70 | 2.21 | 2.25 | 31.04 | 11932 | 22309 | 6166 |
| 织金县 | 2.72 | 2.17 | 3.05 | 1.56 | 1.90 | 37.80 | 8373 | 11748 | 4325 |
| 纳雍县 | 2.42 | 1.56 | 3.30 | 1.52 | 2.31 | 30.10 | 3475 | 14123 | 2227 |
| 威宁县 | 3.89 | 1.82 | 4.23 | 2.92 | 2.97 | 57.30 | 12014 | 12431 | 837 |
| 赫章县 | 2.48 | 1.32 | 2.37 | 1.58 | 1.80 | 30.25 | 5104 | 10326 | 785 |
| 百里杜鹃 | 0.25 | 0.26 | 1.22 | 0.27 | 0.23 | 4.02 | 1066 | 1311 | 808 |
| 金海湖新区 | 0.36 | 0.23 | 0.20 | 0.38 | 0.34 | 10.76 | 2007 | 2452 | 201 |

注:本表数据由市人力资源和社会保障局提供。

# 保险基本情况（2015年）

| 基金收入（万元） | 基金支出（万元） |
|---|---|
| 305141.50 | 225581.58 |
| 50069.77 | 43257.63 |
| 34215.41 | 30426.09 |
| 32930.96 | 24532.84 |
| 26549.02 | 17975.78 |
| 39841.33 | 30210.59 |
| 34765.19 | 22134.15 |
| 53414.26 | 33116.90 |
| 29529.79 | 20783.69 |
| 3825.77 | 3143.91 |

# 基本情况（2015年）

| 入（万元） | | | 基金支出（万元） | | | | | |
|---|---|---|---|---|---|---|---|---|
| 失业保险 | 生育保险 | 城乡居民基本养老保险 | 城镇职工基本医疗保险 | 城镇职工基本养老保险 | 工伤保险 | 失业保险 | 生育保险 | 城乡居民基本养老保险 |
| 12623 | 2994 | 26305 | 82094 | 90623 | 19703 | 6253 | 1205 | 82251 |
| 3108 | 567 | 3230 | 20001 | 18644 | 756 | 5882 | 278 | |
| 1492 | 312 | 3276 | 13767 | 15281 | 1004 | 68 | 197 | 13818 |
| 837 | 91 | 1692 | 6351 | 8611 | 1652 | 29 | 137 | 9007 |
| 1177 | 227 | 2054 | 6856 | 10611 | 1458 | 71 | 152 | 9031 |
| 1441 | 482 | 2393 | 7901 | 8709 | 5129 | 69 | 113 | 8025 |
| 921 | 320 | 2926 | 8642 | 6839 | 4524 | 37 | 90 | 10728 |
| 863 | 230 | 1850 | 4584 | 7124 | 2777 | 20 | 120 | 8733 |
| 1448 | 401 | 5562 | 7159 | 7599 | 310 | 10 | 15 | 12071 |
| 864 | 221 | 2202 | 6387 | 7094 | 1014 | 64 | 72 | 7626 |
| 222 | 69 | 290 | 184 | 58 | 1073 | 3 | 18 | 1068 |
| 250 | 76 | 830 | 261 | 54 | 6 | | 14 | 2144 |

# 居民最低生活保障

| 指标 | 毕节市 | 七星关区 | 大方县 | 黔西县 |
|---|---|---|---|---|
| 城市居民最低生活保障人数 | 60917 | 27368 | 3587 | 5502 |
| 女性 | 27239 | 14595 | 1463 | 1343 |
| 老年人 | 8974 | 2357 | 467 | 1095 |
| 在职人员 | 2131 | 1990 | 4 | 97 |
| 灵活就业 | 17967 | 8586 | 720 | 2140 |
| 登记失业 | 6231 | 4325 | 50 | 169 |
| 未登记失业 | 11205 | 6952 | 1159 | 545 |
| 在校生 | 10193 | 2404 | 883 | 1052 |
| 其他未成年人 | 4351 | 754 | 304 | 404 |
| 城市居民最低生活保障户数 | 29719 | 11893 | 1859 | 3045 |
| 农村最低生活保障人数 | 565039 | 98615 | 57843 | 35552 |
| 女性 | 234527 | 44750 | 21870 | 9853 |
| 老年人 | 198046 | 38414 | 23526 | 16388 |
| 未成年人 | 121507 | 15462 | 10561 | 5724 |
| 残疾人 | 64234 | 17002 | 5000 | 2095 |
| 农村最低生活保障户数 | 297106 | 62706 | 35436 | 20899 |

注:本页及以后数据由市民政局和威宁县民政局提供。

## 情况（2015年）

单位：人、户

| 金沙县 | 织金县 | 纳雍县 | 威宁县 | 赫章县 |
|---|---|---|---|---|
| 1717 | 6833 | 1837 | 5770 | 8303 |
| 632 | 3181 | 609 | 1947 | 3469 |
| 275 | 2095 | 614 | 1619 | 452 |
|  | 5 |  | 35 |  |
| 353 | 1194 | 680 | 1093 | 3201 |
| 124 | 623 |  | 811 | 129 |
| 466 | 1258 | 5 | 429 | 391 |
| 376 | 1095 | 538 | 1062 | 2783 |
| 123 | 563 |  | 856 | 1347 |
| 1174 | 3745 | 1344 | 3120 | 3539 |
| 23522 | 65184 | 49769 | 153939 | 80615 |
| 8630 | 27100 | 23041 | 65466 | 33817 |
| 7621 | 27516 | 15127 | 42715 | 26739 |
| 6419 | 11017 | 16641 | 37811 | 17872 |
| 3390 | 8169 | 4847 | 16461 | 7270 |
| 12648 | 40916 | 22128 | 61252 | 41121 |

# 社会捐

| 指标 | 毕节市 | 市本级 | 七星关区 | 大方县 |
|---|---|---|---|---|
| 捐赠款数额 | 5019.2 | 4341.8 | | |
| 捐赠衣被合计 | 50 | 50 | | |
| 捐赠其他物资价值 | 1.6 | | | |
| 受益人次数 | 52850 | 52000 | | |

# 农村五保集中分散

| 指标 | 毕节市 | 七星关区 | 大方县 | 黔西县 |
|---|---|---|---|---|
| 集中供养人数 | 9041 | 1425 | 1313 | 844 |
| 女性 | 1214 | 214 | 167 | 79 |
| 老年人 | 7053 | 1158 | 1063 | 662 |
| 未成年人 | 848 | 177 | 105 | 59 |
| 残疾人 | 1712 | 159 | 222 | 186 |
| 分散供养人数 | 14812 | 3335 | 1976 | 1705 |
| 女性 | 2917 | 913 | 363 | 170 |
| 老年人 | 10423 | 2631 | 1456 | 1305 |
| 未成年人 | 2496 | 529 | 307 | 249 |
| 残疾人 | 2747 | 415 | 315 | 265 |

## 赠情况(2015年)

单位:万元、人次

| 黔西县 | 金沙县 | 织金县 | 纳雍县 | 威宁县 | 赫章县 |
|---|---|---|---|---|---|
| | 10.5 | | 9.9 | | 657.0 |
| | | | 1.6 | | |
| | 850 | | | | |

## 供养对象情况(2015年)

单位:人

| 金沙县 | 织金县 | 纳雍县 | 威宁县 | 赫章县 |
|---|---|---|---|---|
| 866 | 896 | 1045 | 1790 | 862 |
| 86 | 68 | 131 | 304 | 165 |
| 756 | 760 | 692 | 1279 | 683 |
| 25 | 22 | 73 | 294 | 93 |
| 139 | 114 | 311 | 396 | 185 |
| 1635 | 1283 | 1233 | 2509 | 1136 |
| 325 | 171 | 242 | 430 | 303 |
| 924 | 1042 | 745 | 1582 | 738 |
| 511 | 14 | 132 | 551 | 203 |
| 280 | 227 | 394 | 522 | 329 |

# 婚姻登

| 指标 | 毕节市 | 七星关区 | 大方县 | 黔西县 |
|---|---|---|---|---|
| 登记结婚件数 | 100797 | 15449 | 15266 | 11162 |
| 登记结婚人数 | 201596 | 30898 | 30532 | 22324 |
| 其中：20～24 | 52832 | 6865 | 8296 | 5898 |
| 25～29 | 68131 | 11463 | 10433 | 6359 |
| 30～34 | 30145 | 4913 | 4786 | 2952 |
| 35～39 | 19473 | 2809 | 2886 | 2394 |
| 40以上 | 31015 | 4848 | 4131 | 4721 |
| 内地居民登记结婚件数 | 100797 | 15449 | 15266 | 11162 |
| 内地居民登记结婚人数 | 201596 | 30898 | 30532 | 22324 |
| 初婚人数 | 199891 | 30449 | 30292 | 22048 |
| 再婚人数 | 1716 | 449 | 240 | 276 |
| 其中:女性 | 859 | 229 | 120 | 138 |
| 恢复结婚件数 | 787 | 168 | 120 | 137 |
| 内地居民登记离婚 | 8556 | 1806 | 1248 | 1179 |

# 记情况（2015年）

单位：件、人

| 金沙县 | 织金县 | 纳雍县 | 威宁县 | 赫章县 |
| --- | --- | --- | --- | --- |
| 8121 | 14848 | 11846 | 16282 | 7823 |
| 16242 | 29696 | 23692 | 32566 | 15646 |
| 3678 | 7534 | 6740 | 9504 | 4317 |
| 5120 | 10332 | 8680 | 10474 | 5270 |
| 2245 | 4906 | 3566 | 4638 | 2139 |
| 1704 | 3100 | 2069 | 3225 | 1286 |
| 3495 | 3824 | 2637 | 4725 | 2634 |
| 8121 | 14848 | 11846 | 16282 | 7823 |
| 16242 | 29696 | 23692 | 32566 | 15646 |
| 16058 | 29509 | 23570 | 32489 | 15476 |
| 184 | 187 | 122 | 88 | 170 |
| 92 | 73 | 74 | 44 | 89 |
| 92 | 110 | 48 | 44 | 68 |
| 1645 | 1161 | 749 | 349 | 419 |

| 指标 | 毕节市 | 七星关区 | 大方县 | 黔西县 |
|---|---|---|---|---|
| 60岁以上老年人口数 | 956446 | 172677 | 93081 | 107960 |
| 65岁以上老年人口数 | 705429 | 125348 | 64191 | 82682 |
| 80岁以上老年人口数 | 91417 | 22280 | 10267 | 12097 |
| 100岁以上老年人口数 | 201 | 40 | 33 | 18 |
| 老龄系统接待来信来访次数 | 865 | 20 | 755 | 43 |
| 老年法律援助中心 | 98 | | 33 | 30 |
| 其中:涉老案件数 | 16 | | 5 | |
| 维权协调组织数 | 603 | | 38 | 30 |
| 老年活动站/中心/室数 | 12367 | | 141 | 12115 |
| 其中:老年人参与人数 | 99917 | | 7365 | 88000 |
| 享受高龄补贴的老年人数 | 72800 | 22280 | 11571 | 610 |
| 享受护理补贴的老年人数 | 605 | | | |
| 享受养老服务补贴的老年人数 | 605 | | | |
| 老年医院数 | 34 | | | 33 |
| 其中:床位数 | 255 | | | 230 |
| 老年临终关怀医院数 | 4 | | | 4 |
| 其中:床位数 | 38 | | | 38 |
| 年底在院人数 | 20 | | | 20 |
| 老年人协会 | 3866 | 482 | 310 | 689 |
| 其中:参加人数 | 94431 | | 6310 | |
| 村、居老年人协会 | 2977 | | 309 | 362 |
| 其中:参加人数 | 84381 | | 6298 | 21720 |
| 乡、街道老年人协会 | 577 | 482 | 1 | 45 |
| 其中:参加人数 | 2578 | 964 | 12 | |
| 县、市老年人协会 | 289 | | | 282 |
| 其中:参加人数 | 785 | | | |
| 其他老年社团组织 | 16 | | | 8 |
| 其中:参加人数 | 1791 | | | 620 |
| 老年学校 | 201 | | 29 | 35 |
| 其中:在校人数 | 15246 | | 3423 | 2100 |

## 业情况（2015年）

单位：人、次、个

| 金沙县 | 织金县 | 纳雍县 | 威宁县 | 赫章县 |
|---|---|---|---|---|
| 98036 | 139672 | 109391 | 149209 | 86420 |
| 70681 | 129590 | 69773 | 103641 | 59523 |
| 9199 | 10082 | 9624 | 9869 | 7999 |
| 16 | 21 | 29 | 17 | 27 |
| 3 |  | 20 |  | 24 |
| 1 |  | 1 |  | 33 |
| 5 |  | 3 |  | 3 |
| 10 |  | 26 |  | 499 |
| 45 |  | 25 | 40 | 1 |
| 600 |  | 2830 | 852 | 270 |
| 9199 | 10694 | 9695 | 752 | 7999 |
|  |  |  |  | 605 |
|  |  |  |  | 605 |
|  |  |  | 1 |  |
|  |  |  | 25 |  |
|  |  |  |  |  |
|  |  |  |  |  |
|  |  |  |  |  |
| 241 | 573 | 454 | 650 | 467 |
| 13000 | 25802 | 4992 | 8640 | 35687 |
| 214 | 573 | 427 | 627 | 465 |
| 8500 |  | 4684 | 7520 | 35659 |
| 21 |  | 26 |  | 2 |
| 850 |  | 724 |  | 28 |
| 6 |  | 1 |  |  |
| 700 |  | 85 |  |  |
| 6 |  | 1 |  | 1 |
| 1000 |  | 72 |  | 99 |
| 22 | 29 | 30 | 2 | 54 |
| 1500 | 710 | 4109 | 445 | 2959 |

# 民间组织登记(社团)

| 指标 | 毕节市 | 市本级 | 七星关区 | 大方县 |
|---|---|---|---|---|
| 年末职工人数 | 11133 | 839 | 582 | 190 |
| 其中:女性 | 1355 | 79 | 227 | 44 |
| 单位数 | 643 | 161 | 53 | 46 |
| 社会团体职工中的党员人数 | 1685 | 61 | 99 | 30 |
| 市级社团 | 161 | 161 | | |
| 县级社团 | 378 | | 53 | 46 |

# 社会福利机构

| 单位 | 毕节市 | 市本级 | 七星关区 | 大方县 |
|---|---|---|---|---|
| 编制登记农村养老机构 | 224 | | 36 | 34 |
| 编制登记社会福利院 | 5 | 1 | 1 | 1 |
| 民政登记社会福利院 | 4 | 1 | 2 | |
| 社会福利医院 | 6 | 1 | 1 | 1 |
| 儿童福利院 | 6 | 1 | 1 | |
| 编制登记军队离退休干部休养所 | 2 | 2 | | |
| 编制登记为残疾人提供工作岗位机构 | 1 | 1 | | |

# 社会服务及设施

| 单位 | 毕节市 | 市本级 | 七星关区 | 大方县 |
|---|---|---|---|---|
| 社会指导中心设施 | 40 | 1 | | |
| 社区服务中心设施 | 263 | | 46 | 37 |
| 社区服务站设施 | 3229 | | 550 | 391 |
| 民政登记养老机构 | 20 | | | |
| 社区养老机构和设施 | 415 | | 13 | 116 |
| 社区互助型养老设施 | 326 | | 38 | 37 |

## 情况（2015年）

单位：人、个

| 黔西县 | 金沙县 | 织金县 | 纳雍县 | 威宁县 | 赫章县 |
|---|---|---|---|---|---|
| 378 | 406 | 453 | 205 | 7742 | 338 |
| 85 | 87 | 96 | 33 | 658 | 46 |
| 89 | 59 | 29 | 51 | 104 | 51 |
| 100 | 27 | 64 | | 1283 | 22 |
| 89 | 59 | 29 | 51 | | 51 |

## 情况（2015年）

单位：人

| 黔西县 | 金沙县 | 织金县 | 纳雍县 | 威宁县 | 赫章县 |
|---|---|---|---|---|---|
| 21 | 19 | 26 | 25 | 37 | 26 |
| 1 | | | | | 1 |
| | 1 | | | | |
| | 1 | 1 | 1 | | |
| 1 | 1 | | | 1 | 1 |

## 情况表（2015年）

单位：人

| 黔西县 | 金沙县 | 织金县 | 纳雍县 | 威宁县 | 赫章县 |
|---|---|---|---|---|---|
| | | | | 39 | |
| 31 | 25 | 32 | 26 | 39 | 27 |
| 385 | 241 | 573 | 427 | 437 | 225 |
| | 15 | | 5 | | |
| 141 | | | 5 | | 140 |
| 48 | 44 | 57 | 47 | | 55 |

# 中国统计出版社最新图书简目

（仅供参考，以实际出版为准）

## 统计资料

| | | |
|---|---|---|
| 中国统计年鉴 | 中国统计摘要 | 中国发展报告 |
| 中国经济普查年鉴2013 | 国际统计年鉴 | 金砖国家联合统计手册 |
| 中国-东盟国家统计手册 | 中国农村统计年鉴 | 中国县域统计年鉴 |
| 中国城市统计年鉴 | 中国对外直接投资统计公报 | 中国地区经济监测报告 |
| 中国贸易外经统计年鉴 | 中国零售和餐饮连锁企业统计年鉴 | 中国商品交易市场统计年鉴 |
| 大中型批发零售和住宿餐饮企业统计年鉴 | 中国农产品价格调查年鉴 | 中国住户调查年鉴 |
| 中国价格统计年鉴 | 中国能源统计年鉴 | 全国农产品成本收益资料汇编 |
| 中国环境统计年鉴 | 中国建筑业统计年鉴 | 国外资源、能源和环境统计资料汇编 |
| 中国工业统计年鉴 | 中国城乡建设统计年鉴 | 中国房地产统计年鉴 |
| 中国城市建设统计年鉴 | 中国科技统计年鉴 | 中国第三产业统计年鉴 |
| 中国证券期货统计年鉴 | 中国劳动统计年鉴 | 中国高技术产业统计年鉴 |
| 工业企业科技活动资料 | 中国社会统计年鉴 | 中国人口和就业统计年鉴 |
| 中国人才资源统计报告 | 中国教育经费统计年鉴 | 中国文化及相关产业统计年鉴 |
| 文化及相关产业统计概览 | 中国民政统计年鉴 | 中国民族统计年鉴 |
| 中国残疾人事业统计年鉴 | 中国妇女儿童状况统计资料（英） | 中国乡镇街道行政区域简册 |
| 中国基本单位统计年鉴 | | |

## 省级综合统计年鉴系列

北京 天津 河北 山西 内蒙古 辽宁 吉林 黑龙江 上海 江苏 浙江 安徽 福建 江西 山东 河南 湖北 湖南 广东 广西 海南 重庆 四川 贵州 云南 西藏 陕西 甘肃 青海 宁夏 新疆 新疆生产建设兵团

## 市（县）级综合统计年鉴系列

天津滨海新区 石家庄 唐山 邯郸 保定 沧州 邢台 廊坊 承德 衡水 秦皇岛 张家口 太原 大同 阳泉 长治 晋城 朔州 晋中 运城 忻州 临汾 呼和浩特 呼和浩特新城区 鄂尔多斯 包头 沈阳 大连 长春 延吉 四平 通化 哈尔滨 齐齐哈尔 黑龙江垦区 上海浦东新区 南京 无锡 徐州 常州 苏州 南通 连云港 淮安 盐城 扬州 镇江 泰州 宿迁 江阴 丹阳 杭州 宁波 温州 嘉兴 湖州 绍兴 金华 衢州 舟山 台州 丽水 合肥 安庆 马鞍山 福州 厦门 宁德 漳州 南昌 九江 上饶 新余 抚州 萍乡 赣州 吉安 景德镇 济南 青岛 潍坊 枣庄 日照 滕州 郑州 洛阳 平顶山 三门峡 商丘 信阳 济源 武汉 十堰 荆州 宜昌 荆门 咸宁 长沙 广州 深圳 惠州 东莞 南宁 柳州 桂林 来宾 海口 三亚 成都 贵阳 昆明 西安 安康 兰州 庆阳 银川 乌鲁木齐 兵团一师 兵团十师

## 调查年鉴系列

天津 山西 内蒙古 辽宁 吉林 上海 福建 江西 河南 湖北 湖南 广西 重庆 四川 云南 甘肃 宁夏 新疆

## 统计方法应用/实用手册

实用SAS统计分析教程　　马克威统计分析与数据挖掘应用案例

乡镇统计人员岗位知识培训系列教材：辅助调查员岗位基础知识　乡镇统计人员岗位基础知识

县级统计人员岗位知识培训系列教材：Excel在统计工作中的应用　简明统计分析

EXCEL在基层统计工作中的应用　　统计公文知识问答

## 统计通俗读物/统计科普图书

漫话诺贝尔经济学大师与数学情缘　魅力统计　漫话信息时代的统计学　统计使人更聪明

漫游数据王国　探访随机世界　新中国统计工作历史流变1949-1999　无处不在的统计

## 重点图书

新编英汉汉英统计大词典　　中华医学统计百科全书

挑大学选专业2016—考研择校指南　　挑大学选专业2016—高考志愿填报指南